제1권
풍수의 근본문제와 생지백대명혈 간산기
生地百大名穴 看山記

산맥지도

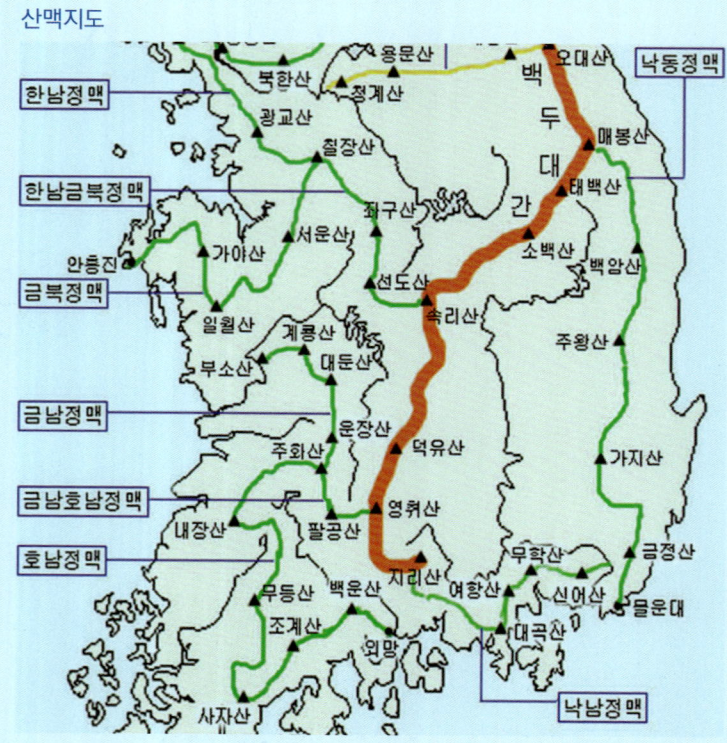

풍수의 근본문제와
생지백대명혈 간산기
生地百大名穴 看山記

저 자 **하남촌장**
보조자 **의산**

제1권

간산과 결록의 뜻

　간산(看山)이란 어떤 지역에 대하여 풍수지리적 관점에서 자세히 살피는 것을 말한다. 관산(觀山) 답사(踏査) 답산(踏山)과 혼용되는데 엄격히 말하면 관산은 구경한다는 의미가 있고 답사와 답산은 현장조사라는 뜻이 있다.

　결록(訣錄)이란 선사(先師)들이 산천을 답사하여 혈(穴)이 맺힌 곳(穴處)을 찾고는 위치와 발복의 내용을 글로 표현한 문장(文章)을 말한다. 대개 작은 혈은 제외하고 전국에 내어 놓을 수 있는 큰 혈(大穴)을 대상으로 하고, 은유적으로 표현하여 천기누설을 막고 인연 있는 사람이 알아 보게 하였다. 결록(訣錄) 비결(祕決) 비급(祕笈, 요즘은 인쇄하여 판매하므로 비밀이 아니다) 유산록(遊山錄)등의 이름으로 전해오고 이를 도면으로 그린 것을 산도(山圖)라 하는데 산도에 결록을 적어 넣는 것이 많다. 또 일제 강점기 무렵 풍수고수들이 선사의 결록을 답사하고 자기 나름으로 혈처를 표시하는 산도를 작성한 것을 만산도(萬山圖)라 하는데 참고할 만한 것도 많다.

　결록은 物形論을 채택하고 있는데 이해하기 쉽고 위치 노출을 피할 수 있는 장점이 있다. 결록은 신빙할 수 없는 것이라 주장하는 사람도 있으나, 이는 찾을 실력이 없는 풍수들의 말이다. 유명결록지를 찾아보면 80% 정도는 실재로 존재하는 것을 확인할 수 있다. 더욱이 전국 생지 명당의 80~90%는 결록에 포함되어 있으니 어찌 결록을 무시할 수 있겠는가.

세 권(三卷)의 책(冊)을 내면서

1.
2023.6. 『결록지 간산기』 상권(上卷)을 발간한 바 있는데, 일반인들은 결록과 간산이란 용어부터 모르겠다고 한다. 그만큼 풍수라는 분야가 전문성이 있다는 말이 된다.

2.
풍수의 중요작업은 명혈(名堂과 같은 말인데 편의상 이미 쓰여있는 큰 穴을 명당이라 부른다)을 찾는 일이다. 그러기 위해서는 첫째, 풍수의 근본문제에 관하여 이해와 소신이 있어야 되고 둘째, 이미 쓰여있는 유명한 묘를 보고 눈을 높여야 하며 셋째, 결록을 연구해야 된다.

3.
종전 책(『결록지 간산기』)은 풍수의 근본문제와 중요한 생지에 한정함으로써 부족함을 메울 길이 없었다. 이에 종전 책을 절판(絶版)하고 『풍수의 근본문제와 생지백대명혈 간산기』 『결록지 350선(選) 간산기』 『조선백대명당 간산기』라는 세 권(卷)을 발간한다. 그러므로 새로 발간하는 세 권은 동일한 기조로 쓰여진 연속된 성격을 띈 책이다. 풍수의 근본문제편에서는 생기의 형성과 소멸, 발복의 작동원리(동기감응론), 형기론과 이기론, 기감론 등을 담았고 생지백대명혈과 결록지 간산기편에서는 비전(祕傳)해오던 결록지를 담았다. 조선백대명당편에는 쓰여져 있는 음택 가운데 백대명당급을 다루었다. 다만 양택도 중요한 명혈은 일부 포함시켰다.(2024.6.)

앞머리 글

1. 인사글

이 책을 읽는 독자들께 환영인사를 드립니다. 아울러 풍수공부와 기행을 하면서 만난 많은 분들께서 배풀어 주신 호의에 감사하고, 혜공노인과 故홍성진 스님에게는 그리움을 전합니다. 저자의 보조자 의산은 자동차를 운전하여 천리길을 안내하고 조언을 해준 공로자입니다.(이하 존칭 경어 생략)

2. 글을 쓴 방향

* 결록지는 옥룡자 유세비록(유청림 편저, 2010년), 두사충과 일이승의 용혈도(무학대사지리전도서, 정관도 편저, 2002년), 장익호 유산록(전편 1983.7, 후편 1990.9), 유청림 풍수기행(2011년), 만산도(1975년, 고광창 수집)를 주된 자료로 삼아 생지를 간산하였다. 이런 기조로 제1권을 발간하였다가 이미 쓰여진 명당 중 백대명당에 대한 간산기도 필요함을 깨닫고 다시 간산을 진행하여 이미 발간한 책(풍수의 근본 문제와결록지 간산기)를 폐기하고 세 권의 책으로 새 출발을 하였다.

* 형기론적 입장(형세론과 국세론 포함)에서 간산한 것이므로 어려운 이론이나 용어는 사용하지 않고 될 수 있는 한 쉽게 쓰려고 노력하였다.

* 필자는 불자로서 인과응보를 믿는 터이므로 탈신공개천명(奪神功改天命, 곽박의 장서에 등장하였는데 시초는 운명개척론으로 출발한 개념이다)이라 하여 풍수가 모든 것을 결정한다는 풍수제일주의를 경계하였다. 옥룡자도

탄가(嘆歌)에서 자기 어머님 묘를 비봉포란 석중토혈에 모셨다가 3년만에 이장해야 될 처지가 되자 아는 것도 소용없으니 그저 순천적덕(順天積德)해야 된다고 탄식하였다.

  * 도시개발이 급속히 이루어지고 있어서 도시근교는 피하고(서울 전역과 일부 경기 북부은 간산하지 않았다), 2018년부터 2024년 5월까지 450여 곳의 결록지와 소위 조선백대 명당을 간산한 기록이다. 풍수카페에 게재하였던 글을 정리하고 미게재분을 추가하였다.

  * 옥룡자 유세비록을 고대 간산기, 두사충 일이승의 용혈도를 중세 간산기, 해방 후 2천 년대까지의 간산기를 근대 간산기로 본다면 이 책은 현대적 간산기라 하겠다.

  * 풍수에서 천기누설 금지는 철칙이다. 결록은 용혈사수향을 기재하였는데 주산 득수파구 좌향을 표시하였으면 대체로 혈처를 찾을 수 있으나 각자의 공부방법에 따라 구체적 지적지가 다를 수 있다. 이 책은 지도에 혈처로 접근할 수 있는 안내를 표시하였으나 결록지는 천기누설을 막기 위하여 구체적 장소는 표시를 삼가였다.

  * 진혈을 찾은 것이 틀림없는가? 풍수는 주관이 많이 반영되므로 유명 혈

처는 풍수들의 지적지가 십여 개씩 된다. 결록에 적힌 용혈사수향에 어느 정도 부합하느냐, 이치에 맞냐, 현장에 생기가 있느냐의 여부를 기준으로 삼아서 독자가 판단할 몫이다.

* 지금 세상은 왕비 장상이 대대로 배출된다는 일은 있을 수 없다. 과거에는 양반은 평민과 천민 수의 10%로 경쟁자가 적었고 양반이 권력을 세습하고 당파에 의하여 출세길이 갈렸으므로 의롭지 않는 출세도 많았다. 그러므로 어떤 가계가 어떤 명당에서 몇 사람의 정승을 배출하였다는 숫자 계산은 큰 의미가 없다. 오히려 어떤 역할이나 업적을 남긴 인물이 배출되었는지 어찌하여 매국노가 배출되었는지 하는 음양택의 기능적 측면을 밝히는 간산이 중요하다.

* 인생관이 확립된 사람이 올곧듯이, 풍수관이 뚜렷해야 우왕좌왕하지 않는다.

* 화장문화의 발달로 매장문화가 사라지고 풍수도 쇠퇴하는 추세인데 몇몇 대학에서 풍수학위 과정을 운영하고 있음은 다행한 일이다. 세상은 끊임없이 변하는 터이므로 옛 사람들의 생각이나 이론을 생각없이 답습하는 일은 피해야 된다. 조만간 유능한 신인들이 많이 배출되어 이론적으로나 사회적으로 문제의식 있는 글을 많이 발표하고 새바람을 일으킬 것을 고대한다. (2024.6.)

3. 제1권의 내용

풍수의 근본 문제편은 꼭 알아야 되는 생기의 생성과 소멸, 발복의 작동 원리로서 동기감응론과 혼령론, 혈 찾는 방법론으로서 형기론, 이기론, 기감론을 담았고 생지백대 명혈편에는 생지로 남아 있는 명혈로서 논쟁이 많은 백여 곳을 담았다.

목차

결록과 간산의 뜻 · 4
세 권의 책을 내면서 · 5
앞머리글 · 6

제1장. 풍수의 근본문제 ·················· 17

1. 풍수지리는 학문이 될 수 있을까? · 19
2. 해방 후에 풍수신안이 있었는가? · 21
3. 동기감응론을 비판함 · 22
4. 삶과 죽음의 세계 그리고 무덤 · 32
5. 이기론과 형기론 그리고 명산도 · 38
6. 기는 어디서 와서 어디로 사라지는가 · 46
7. 산은 분산(分散)전개(展開)하고
   물은 통합(統合)합류(合流)하는 질서가 있다 · 57
8. 명당발복은 필연적인가? · 60
9. 발복추산에 대하여 상론이 不可한 이유 · 62
10. 일이승 산도에 작성자로 기재된 노정은 누구인가? · 64
11. 토정과 풍수 · 66
12. 국(局)을 어떻게 볼 것인가? · 69
13. 진혈에는 혈토가 반드시 있는가? · 70
14. 전국에 生地名穴은 몇 개나 있을까? · 72
15. 나의 심혈법 · 76

16. 헷갈리기 쉬운 방향과 방위에 관한 풍수용어 · 78
17. 백운학이 박정희 대통령의 운명을 맞힌 연유는? · 87
18. 풍수로 대통령후보의 당락을 예측할 수 있는가? · 94
19. 석숭을 부러워하지 말자 · 103
20. 이런 짓을 하지 맙시다 · 105
21. 음택명당의 구조(藏風得水와 龍穴砂水向時) · 108

제2장. 생지 백대 명혈 113

1. 경기 2혈
- 여주시 금반형 · 115
- 양주시 배양산 아래 어옹수조 · 120

2. 충북 9혈
- 보은군 북이십리 태산 아래 운리 신월형 · 123
- 보은군 속리산 상제봉조(49대 제왕지지) · 124
- 보은군 속리산 우복동 · 126
- 옥천군 서대산 래맥의 작약미발 3혈 · 141
- 옥천군 청산면 비응축토 · 148
- 옥천군 환산 옥녀세발 · 150
- 제천시 청풍 오봉쟁소 · 154
- 진천군 엽돈재 금계포란 · 157
- 충주시 장미산 비학등공 · 161

3. 충남 17혈

- 자미원국(紫微垣局)은 어디에 있는가? · 167
- 고전(古典)적 의미의 자미원국은 허상(虛像)이다 · 172
- 금산군 국사봉 영라하수 · 176
- 어찌하여 영라하수 혈처라고 주장하는가? · 180
- 금산군 제원면 천내리 부사도강 · 182
- 부사도강형의 간산기에 대한 후기 · 191
- 공주시 계룡산 동학사 회룡은산형 · 194
- 공주시 동해리 동이점 오룡쟁주 · 198
- 공주시 계룡산 마화위룡(馬化爲龍) · 204
- 공주시 선인독서와 조병갑 묘 · 212
- 금산군 서대산 군신봉조 · 219
- 논산시 연소 · 225
- 대전시 금반하엽 · 226
- 보령시 성주산 목단 · 229
- 보령시 의평리 행주형 양택 · 238
- 부여군 아미산 금반하엽형 · 239
- 부여군 은산면 가곡리 매화낙지 · 242
- 서산시 서우망월 · 249
- 서천군 비인면 복종형(伏鐘形) · 258
- 예산군 신양면 해복형 · 268

4. 전북 24혈

- 순창군 회문산 오선위기와 장군대좌 · 280
- 회문산에 상아저혈과 천마시풍혈이 있는가? · 300
- 고산 운암산 선인독서 · 302

- 고창군 오산면 반암리 금반혈인가 선인취와혈인가? · 311
- 군산시 임피면 술산리 복구형 · 317
- 남원시 대강면 오공형 · 333
- 남원시 사매면 화사형 · 335
- 남원시 장군격고출동형 · 336
- 남원시 천황산 장군대좌와 목단반개화 · 337
- 정읍시 두승산 선인좌부와 선인포전 · 341
- 무주군 덕유산 천제혈 · 352
- 무주군 안성면 동부 덕유산 비룡재천 · 355
- 무주군 지소산 아래 대소리 연화도수 · 356
- 부안군 변산반도 장군탈주망진형 · 358
- 부안군 변산반도 와우형 · 364
- 순창군 복흥면 추령 장군대좌 · 369
- 완주군 용복리 남당산 대혈 · 371
- 완주군 고산(완산) 비봉웅창자화 · 373
- 임실군 관촌면 방미산 비룡등공 · 374
- 임실군 덕치면 금반형 · 376
- 정읍시 태인면 왕자봉 아래 군신봉조 · 377
- 진안군 갈용리 남토 제일지 · 385
- 진안군 首穴 옥녀등공 · 394
- 진안군 양택 대혈 · 401

5. 전남·광주 25혈
- 광양시 망덕산 상제봉조 · 406
- 광양시 천황산에 상제봉조혈이 있는가? · 411
- 광양시 옥룡면 중흥산성 군신봉조 · 415

- 나주시 만월괘서 · 418
- 광주시 본량동 신촌 만월괘서 · 422
- 강진군 월출산 14대 천자지지 · 425
- 고흥군 기룡형 · 429
- 고흥군 상수구 · 430
- 고흥군 선인무수형 · 433
- 고흥군 지주결망과 일월 명당 · 436
- 고흥군 팔영산 운중선좌 · 438
- 곡성군 옥녀단좌 · 447
- 곡성군 통명산 아래 장군대좌 · 448
- 무안군 달산리 竹田마을 비봉귀소 · 454
- 무안군 승달산 노승진념형 · 459
- 무안군 승달산 운중반월 · 463
- 무안군 승달산 호승예불 · 467
- 영광군 구수리 어옹수조 · 477
- 영광군 백수읍 구수리 아룡도강 · 480
- 영광군 법성면 용사취회형 · 485
- 영광군 법성포 아룡도강형 · 495
- 장성군 북하면 삼손룡 · 504
- 장흥군 대덕읍 금구농월형 · 513
- 장흥군 상수구形 · 521
- 장흥군 선인무수 · 525
- 장흥군 유치면 용문리 군왕대좌 · 530
- 장흥군 유치면 월조계림 · 533

6. 경북 8혈

- 건천읍 여근곡 · 537
- 경주시 교동 행주형 양택대혈 · 541
- 대구시 달성군 달창저수지 위 금계포란 · 541
- 문경시 연주패옥과 아호리 양택 · 543
- 문경시 조령비조형 · 552
- 상주시 화령 근처 상제봉조 · 556
- 영양군 日月山 상운봉일 · 557
- 포항시 옥녀봉 아래 옥녀금반형 · 562

7. 경남 · 부산 12혈

- 가짜 영남 제일명당 경남합천 황매산 무지개 터 · 564
- 거제시 서상리 제왕 등단형 · 567
- 김해시 대동면 초정리 와우형 양택 · 569
- 밀양시 상동면 30대 거부지지 · 571
- 밀양시 종남산 비봉포란(飛鳳包卵) · 573
- 산청군 금서면 복호 · 579
- 양산시 교리 삼룡복수형 · 580
- 의령군 자굴산 상제봉조 · 581
- 창원시 진해구 천자봉 아래 대혈 · 583
- 하동군 지리산 청학동 · 585
- 합천시 가야산 천년 도읍지와 오백 년 천자지 · 599
- 부산시 금정산 조자양혈(금샘혈) · 601
- 부산시 호포 금정산 복호봉호 · 605

제2권. 『결록지 350선 간산기』

제1장. 결록지 350선

1. 경기·강원 (7)
2. 충북 (34)
3. 충남·대전 (60)
4. 전북 (45)
5. 전남·광주 (93)
6. 경북·대구 (30)
7. 경남·부산 (90)

제2장. 장익호 재혈(10)

제3권. 『조선 백대 명당 간산기』

제1장. 조선 백대 명당

1. 명당 목록
2. 각 성씨의 시조묘 (46)
3. 강원과 경기 (19)
4. 충북과 충남 (21)
5. 전북과 전남 (24)
6. 경북과 대구 (23)
7. 경남과 부산 (21)

제2장. 대통령 생가와 선영

제1장

풍수의 근본문제

풍수지리는 학문이 될 수 있을까?

1. 풍수지리에 대한 사회적 인식

풍수지리란 땅이 거주자(양택의 경우) 또는 망자의 후손(음택의 경우)에게 주는 길흉화복의 영향력을 탐구하는 지식과 이론이다. 주로 좋은 영향력을 주는 소위 길지(吉地) 내지 명혈(名穴)을 찾는 것이 실무작업이다.

원조인 중국에서는 과거의 미신으로 규정 짓고 있고, 미국에서는 1990년대부터 주택 사무실 건물의 위치와 방향을 정하는 실용적 지침이 되고 있다. 일본과 서양에서는 양택 분야에 무게를 둔다. 우리나라는 음택을 중시하는 경향이 있는데 화장 문화가 번성함에 따라 쇠퇴하는 추세에 있지만, 적어도 우리 세대까지는 신라 말부터 이조 말까지 면면히 이어져 내려온 민속적 신앙으로서의 유전자가 몸에 배여 있는 것도 부인할 수 없다.

2. 풍수가 학문이 되려면?

어떤 지식이나 이론(이하 이론이라 함)이 학문이 되려면,

첫째, 객관적 체계를 갖추어야 된다. 각자의 주장에 일임되어 질서가 없으면 안된다. 풍수지리는 양균송(841~909)이 현장을 연구하면서 풍수잡설을 정리하여 체계를 정리한 이래 음양오행, 주역 등의 이론을 원용하면서 발전하여 형기론, 이기론, 기감론 등이 정립되었다. 그리고 사회적 환경이 변함에 따라 소재도 다양하게 생성되고 있다.

둘째, 사회적으로 유용한 기능 또는 가치를 지향(指向)해야 된다. 범죄를 조장하는 것과 같은 지식은 학문이 될 수 없다. 풍수사상은 기(氣)의 운용, 선조 추모 내지 뿌리 확인, 가계 내부의 단합, 효(孝)사상, 적덕선행(積德善行)을 지향하는 가치가 있다. 그러므로 풍수지리는 학문의 반열에 오를 수 있는 소질은 충분함에도 풍수들이 학문적 면모를 내팽개치는 자해(自

害)행위를 한 탓으로 미신류(迷信類)로 치부되어 모멸을 받기도 하고(학문 반열에 접근하지 못하는 무당은 이조 때 최저의 천민으로 천시당하였다), 화장문화의 확장으로 전시대(前時代)의 유물로 전락할 우려가 있다.

3. 어떤 부류의 학문인가?

풍수를 전공하는 학자들은 자연과학으로 분류되기를 원하지만 반복적 실험에 의한 증명 또는 인과관계의 증명, 다시 말하면 자연과학의 원리를 그대로 적용하기 어렵고 인간의 길흉화복은 여러 가지 환경요인이 복합적으로 작용되는 데다가 유전자(사주에 포함?)가 60% 이상의 영향력이 있다는 것이 다수설이고 보면 길흉화복과 풍수지리 사이의 인과관계를 단정짓기 어렵다. 그러므로 학문으로 인정받는다 하더라도 길흉화복의 가능성이 많다는 개연성을 추구하는 인문사회학으로 분류되어야 할 것이다.

4. 풍수토론의 필요성과 특성

이론의 객관화는 반드시 토론을 거쳐야 정화될 수 있으므로 토론이 참 중요한데 풍수토론에는 아래와 같은 특성이 있다.

첫째, 풍수에서 주관을 완전 배제할 수는 없으므로 이론이나 의견을 객관화시키기에는 한계가 있다. 토론이 평행선을 달리고 접점을 찾기 어려울 때는 "그건 나와 다른 당신의 생각이다"라는 선(線)에서 멈출 수밖에 없다.

둘째, 풍수는 토지의 성상과 기능에 대한 감평을 하는 경우가 많은 탓에 현장과 결부시킨 간산기(看山記) 형태로 토론이 전개되는 경우가 흔히 있다. 풍수 카페가 풍수의 활성화에 상당 도움이 되었는데 최근에는 유투브가 많은 독자를 확장하고 있다. 어떤 방법이든 건전한 활동이라면 풍수발전에 도움이 될 터이므로 성원을 보내야 된다.(2023년)

해방 후에 풍수신안이 있었는가?

* 문헌상 기록에 있는 최초의 신안은 신라 말 도선국사(625~702)이고 그 다음은 고려 말 무학대사이며, 임란 前 성거사와 박상의 등을 거쳐 임란 後 명나라 두사충과 그의 사위 나학천을 비롯한 시문용, 이문통(패철을 도입) 등의 귀화한 중국풍수들이 주도하였고 성지(155?~1623), 진묵대사(1563~1633), 일이승(1660년경 활동) 이의신, 홍성문, 갈처사 등이 전성기를 구가하였다. 만산도를 보면 이조 말기까지 신안과 고수급이 상당수 있었다고 생각된다. 그러나 해방 후 기록이 남게 된 시기에는 전설적 신안은 없고 그 아래 급수인 고수가 몇 사람 있었다고 보인다.

* 해방 직후 유명한 풍수로 이기론의 대부 지창룡(1922~1999), 형기론의 대부 장용득(1925~1995)이 있었으나 주역, 관상 등 명리학을 활용하였고 전설적인 풍수신안은 아니라고 생각한다. 그 다음으로 장익호 선생님의 유산록이 유명한데 후학에게 상당히 유익한 책이다. 나는 유산록을 근거로 장선생님의 재혈지를 9곳 가량을 답사하였던 바, 6곳은 혈이 없는 곳이고 나머지는 혈처에 묘가 없었다. 장선생님의 제자 김이중 씨도 여섯 곳은 유족들이 파묘하여 이장하였고 나머지는 어디에 있는지 모른다고 하였다. 이론과 실무에 모두 도통해야 신안이라 할 수 있을 것이다.

* 근래의 유명 고수들이 총출동한 곳이 한 곳 있다. 장익호, 고제희, 리귀홍, 유청림, 김기설, 이명석 등이 임피술산 복구형에 관하여 간산기를 남겼는데 미흡한 감이 있다. 흔히들 말하는 복구형(또는 면구형)은 개가 밥그릇을 앞에 두고 졸고 있는 참에 장난기 있는 동자가 나타나자 깜짝 놀라 앞다리로 밥그릇을 챙기고 바짝 긴장하는 형국을 말한다. 개가 엎드려 늘어지게 자고 있다면 무슨 기운이 모이겠는가? 이런 형국에서 案은 동자이다.

* 이곳은 개밥그릇과 앞다리가 잘 연결된 형상이므로 밥그릇도 案이 될

수 있다고 생각된다. 그럼에도 고수들은 동자냐 개밥그릇인가는 제쳐두고 子(동자-장익호), 壬(고제희), 건, 술, 유, 癸(밥그릇-일이승 유청림)라고 다투고 있다. 물론 혈처를 달리하므로 좌향이 다르기 때문이기도 하다. 지금의 고수라는 분들도 이와 같이 물형의 기능성을 무시하였다.

 * 결론을 말하면, 해방 후에는 신안은 배출되지 않았고 지금의 풍수들은 學人 아니면 실무에 관여하는 지사이다. 종종 틀릴 수 있음은 당연한 일이다.(2022.1.)

동기감응론을 비판함
(음택발복의 작동원리는?)

1. 풍수의 근본원리

 * 양택은 땅의 기운이 그 곳에 거주하는 사람에게 흥망성쇠의 영향을 준다고 설명하는데 대체로 인정받는 이론이다. 그러나 음택발복에 관해서는 일찍부터 사람이 죽으면 무(無)로 돌아가고 음택발복이란 없다는 견해(왕춘 30~100년)가 있는가 하면, 음택으로 인한 발복이 있다는 견해(220년경 청오자)로 나누어져 있었다. 어느 견해를 취하는가는 각자의 신념에 관한 문제이고, 딱히 어느 쪽이 옳다고 단정할 수 없다.

 * 음택발복을 인정할 경우, 어떤 경로로 후손이 발복 받느냐 하는 음택발복의 작동원리는 음택풍수의 기본과제이다. 일찍이 중국 풍수대가들이 만든 동기감응설이 전통적 통설이지만 구체적 내용은 다양하고, 우리나라에 도입되면서 토속신앙과 결합되어 더욱 복잡해졌다.

 * 도선국사가 학술적 풍수를 도입하였으나 무감편(無憾篇)에 "길지를 선택하여 장례하면 체백이 안온하여 복이 후손에게 미칠 것이니 이것이 곧

무감의 도리이다." "부모의 유해를 기운이 응결된 곳에 모시면 신령이 편안하여 복과 경사가 자식에게 미칠 것이고…"라는 구절이 있고 달리 설명이 없다.(무감편이 위작이라는 유력설이 있다) 고려 때에는 유력자만 묘를 쓸 수 있고 평민은 쓰지 못하였고 임란 이후에 평민들도 명당을 찾기 시작하였다고 생각된다. 그런데 발복구조를 모르더라도 혈처를 찾는데 전혀 지장이 없으니 사상적인 연구가 소홀하여, 중국의 풍수사상서는 있지만 우리나라는 사상서(思想書)가 거의 없고 혈 찾는 술법과 혈처의 장소를 기록한 결록과 산도만 비결로 전해왔다.

　＊ 최근 장례문화에 화장이 대세가 됨에 따라 화장하여도 발복이 되느냐 하는 문제가 대두되어 발복원리를 다시 볼 필요가 생겼다. 음택발복은 과학적 증명이 어렵지만 경험상 무시할 수도 없는 실정이고 보니 의견이 분분하다. 이진삼, 천인호의 "풍수동기감응은 친자감응인가?"(한국학 논집, 제49집, 계명대 한국학연구원, 2012.12. 논문)는 동기감응을 소개하고 발복의 주체와 장례문화에 관하여 새로운 시도를 하고 있었다. 이 논문을 비롯한 종래의 견해를 검토하고 내 나름의 논리를 제시하고자 한다.

2. 발복원리에 관한 여러 견해
가) 전통적인 견해는 동기감응론이다

　자식은 부모로부터 갈라져 나왔으므로 부자 간에는 동일한 기(同氣, 註; 혈처의 기와 다른 뜻이며, 우주의 구성분자로서의 기를 말한다)로 이루어졌고 부모의 백(魄, 시체 유골)을 땅에 묻으면 백이 생기(生氣, 註; 혈처의 기를 말한다)를 받고 그 생기를 동기체(同氣体)인 자식에게 전해준다. 다시 말하면, 부모뿐만 아니라 선조와 후손 간에도 동기가 있으므로 생기가 감응한다는 것이 동기감응론(同氣感應論)이다. 청오경, 금낭경, 의룡경, 지리신법, 인자수지에 나오고 주역(BC 700년)에 동기란 용어가 등장한다.

나) 생기를 전달 또는 투여하는 주체

① 백(유골)과 후손 사이에는 생물적 동기가 있고 유골이 동기인 후손에게 직접 생기(흉지는 흉기, 이하 같다)를 투여하는 주체라 한다. 전통적 견해이고 친자만이 동기감응을 한다는 친자감응설이다. 유골이 보존되어야 하므로 명당이 필요하다. 혼령은 상관없다.(진나라 곽박 著 금낭경, '장서'라고도 함)

② 유골이 동기인 혼령에게 생기를 주고 다시 혼령은 후손에게 생기를 준다는 견해. 친자감응설이고 명당이 필요하다.

③ 유골은 상관없고 혼령이 직접 동기체인 후손에게 길흉을 준다는 견해(의룡경). 명당은 소용없고 화장도 무방하다.

④ 생물적 동기가 아니더라도 조상의 혼령을 모시는 後人의 마음이 혼령을 움직여 동기를 만들고 동기감응을 일으킨다는 견해. 따라서 養子도 감응한다는 양자감응설이다. 유골이 관여하지 않으므로 명당이 필요없고 화장도 무방하다.(이진삼의 논문은 이 견해이다)

⑤ 초혼장 망자의 옷가지 등을 길한 곳에 묻거나(옷과 신발을 묻는 것을 衣履葬이라 한다), 제례를 지내도 발복효과가 있다는 견해(양균송 834~906 著 의룡경)-- 전쟁에서 시체를 찾지 못한 경우를 위한 위로의 장례이다(예컨대 임란의병장 김여온의 묘). 그런데 인자수지(서선술 1564년)는 일부 자식에게 불리한 묘지를 보충하기 위하여(예컨대 차남발복지에 묘를 쓰면 장남발복을 위하여) 별도 명지를 구하여 유품을 매장하고 묘를 조성해도 효력이 있다(소위 衆墳合力)고 한다. 발복의 원리를 해명하지 못하고 묘지남발을 초래할 대단히 위험한 견해이다. 대한현공풍수는 생사람의 손톱과 머리카락을 답산 시 묻고 다니는데 손톱 정도의 작은 신체 일부가 생체에게 전달할 만큼 많은 기를 받을 리 만무하다. 혼령이 손톱을 찾아갈 리도 없다. 간산비를 받기 위한 혹세무민이다.

원래 유교에서 동기감응론은 조상의 유해를 평온하게 모시는 것이 주 목적이고 조상이 평온하면 부수적으로 후손이 복을 받는다는 사상에서 출발하였다(1033~1106, 程子와 주자). 초혼장 등은 추모의 장소일 뿐(성삼문의 묘는 세 곳에 있다) 후손발복과 무관하다고 보아야 된다.

⑥ 화장을 하면 7백 도 이하에서는 DNA가 보존되고 1천 도 넘으면 없다는 말이 있다. 원래 동기라는 용어는 DNA보다 더 근본적인 개념이고 혼령이 상속인자만 찾아 다닌다는 논리도 없으므로 DNA의 존재여부는 발복과 100% 연관이 있다고는 생각되지 않는다. 혼령이 후손이 아닌 제3자에게 보은하였다는 이야기는 흔히 있다.

⑦ 요즈음 젊은이는 같은 주파수를 가진 生者끼리 또는 亡者와 生者끼리 감응한다고 한다. 전달할 생기를 어디서 취득하느냐가 문제된다.

다) 유골의 보존기간, 혼령이 있는 장소와 존재기간

 * 유골 단독주체설 또는 유골과 혼령 공동주체설은 유골이 4대(옛날 단명기준 100년)가 지나면 삭아 없어지므로 그 기간 동안 발복된다. 유골이 소멸되면 혼령도 사라진다. 의외로 유골이 명당기운을 받아 후손에게 좋은 영향을 준다는 유골단독설이 많다.(장익호 유산록)

 * 혼령 단독주체설은 유골과 관련 없으므로 400년간 발복할 수도 있고 자기를 모시는 후손(제사 주재자)집에 있다(의룡경). 오랜 기간이 지나면 소멸된다.

라) 불교와 유교의 사후세계

우리나라는 민속적으로는, 수명대로 살다간 영혼(祖上魂)과 사고를 당하여 죽은 영혼(怨靈 귀신)으로 나누고 조상령은 4대조까지 후손의 길흉화복에 관여하다가 신명세계(저승)로 사라진다. 나쁘게 죽은 원령은 이승과 저승사이를 떠돌면서 해악을 끼치는 혼이고, 굿으로 양기로 변화시켜 승천시켜야 된다는 생각이었다.

중국과 우리나라의 지도적 사상인 유교에 의하면, 공자(BC 551~479)가 괴력난신(怪力亂神)이나 사후세계는 말하지 말라고 한 말씀에 따라 후학들은 잠잠해 오다가 주자(朱子. 1130~1200)가 불교와 도가를 접하고는 공자 말씀으로 부족하다고 생각한 나머지 혼백(魂魄)사상 즉, 사람은 육신과 혼백으로 구성되어 있고 죽으면 혼은 하늘로 올라가고 백은 땅으로 돌아가서 흩어진다는 사상을 고안하였다.(이러한 사상을 新유교라 한다) 그러나 하늘로 간 뒤에는 어떻게 되는가 하는 문제, 즉 사후세계는 종교영역과 연관되기 때문에 더 이상 생각이 나아가지 못했다.

* 유교적 생각은 사람은 혼(魂, 정신)과 백(魄, 육신)으로 구성되어 있고 죽으면 혼은 기(氣)로 변하여 흩어지고 백은 땅에 묻히어 썩어 없어진다. 불교의 생각은 백은 겉옷에 불과하여 의미가 없고 혼 속에 있는 眞我가 저승으로 갔다가 다른 겉옷을 빌려입고 이생에 환생하는 윤회를 한다는 즉, 영속성이 있다는 것이다. 도올의 설명에 의하면 "불교의 윤회설은 혼불멸설(魂不滅說)임에 대하여 동양의 천지론은 혼백은 천지 그 자체의 공효(功效)이기 때문에 혼백은 천지로 돌아가고 재결합되어도 종전의 氣와는 연관이 없다는 것이다." 다시 요약하면 유교는 혼백이 산산이 분해되어 기(氣)로 된다는 것이고, 불교는 혼은 흩어지지 않고 윤회한다는 생각이다.

* 4대 봉제사에 관하여 도올의 설명은 "유교에서는 죽은 뒤 혼백은 흩어지므로 혼백이 잘 흩어지는 자리가 명당이고 혼백이 흩어지는 과정은 일시에 확 흩어지는 것이 아니고 4대 120년에 걸쳐 서서히 흩어진다. 그래서 4대 동안 제사를 모신다. 만약 사고를 당하여 일시에 흩어지면 혼은 원귀가 되니까 굿을 하여 양기로 변화시켜서 해산해야 된다."

마) 기독교는 천사가 혼령을 인도하여 주님이 계신 하늘(천국)로 간다는 생각이므로 매장묘는 추모 장소 이상의 의미가 없다. 그럼에도 풍수대가인 장익호 선생은 매장묘를 쓰고 십자가가 새겨진 비석을 세웠다. 다녀보면 기독교인의 매장묘가 흔히 있다.

바) 우리의 민속적 死後觀

* 李朝시대에는 생활이 여유 있는 양반과 생계에 허덕이는 평민으로 나누어져 있었다. 양반은 3년상(喪)을 치룰 수 있는 생활이 가능하고 유교를 따랐으나 평민들은 끼니 걱정을 해야 할 형편이고 불교를 믿었다. 그 결과 사후세계에 관하여 양반과 선비는 도올 김용옥의 말이 맞으나(세가들도 뒤로는 求山에 더 적극이었는데 이는 유교의 정도가 아니다), 평민들은 불교와 결합된 사후관을 믿었다. 즉 망자는 저승사자에 이끌려 7제(49일)까지는 저세상으로 가야 하고, 그렇지 못하면 저승과 이승 사이를 방황하는 원귀가 된다. 제사 때에는 혼(魂, 귀신)이 제삿밥을 먹으러 밤에 제주(祭主)집으로 찾아온다. 묘지는 귀신이 자주 찾는 장소인데 명당에 묘를 쓰면(무슨 작동원리인가는 모르지만) 명당기운으로 후손이 번성한다.

* 나의 외삼촌은 3년상을 모시고 제사 격식을 따지는 효심이 있었다. 1960년대 초 어느 날 외할아버지(당신의 아버지) 제사를 준비하고 있었는데 이웃에 사는 동네 아저씨가 찾아와서 전날 밤 꿈에 도포 입고 지나가시는 어르신을 만났다. "어디 가시냐"고 물으니 "제사밥 먹으러 왔더니 모두 자고 있어 그냥 간다"고 하시더라고 했다. 외삼촌은 대경실색하여 날짜를 따져보니 전날 저녁이 맞더라는 것이다. 그 뒤로 외삼촌은 시계를 옆에 놓고 밤 12시 15분에 제사를 모셔왔다.

사) 과학적 시각

동기감응의 사례로, 고대 중국풍수서적은 구리광산이 무너지면 그 광산의 구리로 만든 종이 운다.(금낭경 錦囊經) 산에 있는 밤톨에서 싹이 트면 창고에 보관된 밤톨도 싹을 틔운다는 예를 들고, 우리나라 영남대 교수가 같은 사람의 정자를 서로 다른 방에 두고 한쪽 방의 정자에 전기 충격을 주니 다른 방에 있는 정자도 충격을 받는 실험결과가 나왔다는 예를 든다. 위의 예는 동기감응 설명에서 천편일률적으로 인용되지만 밤톨이야 계절따라 싹 틔운 것이고 나머지도 교차검증 등 과학적인 검증으로 인정받지 못한 탓으로 풍수의 동기감응은 유사과학 내지 미신으로 치부된다.(나무위키 참조)

3. 비판
가) 벼랑에 몰린 음택 풍수

풍수는 중국에서 이론적으로 개화(開花)되어 우리나라와 일본으로 전파되었는데 일본은 양택풍수만 수용하였고 2차대전 후 중국과 북한은 공산화되면서 음택풍수는 반동으로 낙인되어 매장이 금지되었다. 현재는 한 주먹도 안 되는 우리나라만 음택풍수가 살아있는데 화장문화로 인하여 명맥이 미약한 형편이다. 현재는 도시설계, 건축설계, 인테리어 등 양기풍수가 활발하고 홍콩에서만 귀한 대접을 받는다고 한다. 이런 상황에서 음택풍수 이론에 열 올리는 것은 흥이 나지 않는 것도 사실이다.

나) 이론적 바탕이 무너졌다

동기감응을 비롯한 고전풍수의 사상적 근원은 역(易)과 음양오행 그리고 고대천문학이다. 오늘날의 과학으로 보면 천동설을 믿던 고전의 사상적 근원은 모두 틀렸다. 풍수신안이나 선철은 성현이 아니므로 그 당시 지식

수준을 벗어나지 못하고 오류를 범하는 것은 당연하다. 현재의 정보는 옛 신안 때보다 훨씬 발전하였으므로 천동설을 믿은 신안에게 매달리는 것은 스스로 미개인으로 전락하는 일이다. 풍수고전 어디에도 DNA를 통한 동기감응이란 말이 없다는 핀잔은 이치에 맞지 않는 말이다. 그 당시엔 DNA라는 단어 자체가 없었으니 말이다.

다) 수명이 끝난 풍수고전

음택 풍수이론에서 가장 큰 불만은 천 년 전의 고전에 너무 매달려서 새로운 변화가 없다는 점이다. 이진삼의 논문에서 가장 정성들여 인용한 문헌은 청오경(한나라, 청오자, 220년), 금낭경(진나라, 곽박, 276~324), 설심부(당나라, 복응천, 800년경?), 의룡경(당나라, 양균송880년, 옥룡자와 같은 시대), 발미론(송나라, 채원정, 960~1279), 산릉의장(1194년, 주자)이다. 위의 책들은 220년경부터 1200년경 사이의 책이니 풍수사상에 관한 限 수명이 다했다고 본다. 이기론은 최신판인 청나라 지리오결(1800년대 초?)로 족하고, 형세론은 송나라 채성우가 편찬한 명산록(1466년 고시과목 채택)이면 충분하다. 나머지 책은 내다 버려야 된다.

라) 발복과정이 중요하다

발복을 주는 주체와 발복과정(경로)은 서로 불가분의 관계에 있는데 이 논문은 혼령 또는 마음이 주체라고 하면서 발복과정을 밝히지 않았으나 전체적 논조로 보아 동기감응론을 따르는 것 같다. 그렇다면 동기란 무엇인가? 養父子가 발복하는 경우, 그들 사이에는 생물적 동기란 없기 때문에 무엇을 동기라 볼 것인가가 문제이다. 공경하고 공경 받는 마음이 동기라면 구태여 양부자 관계가 아닌 제3자라도 마음이 통하는 관계가 있을 수 있으므로 양자발복설은 참으로 모호하게 된다.

마) 후손에게 준다는 생기는 토지의 기운을 그대로 전달하는가? 아니면 유골이나 혼령은 혈의 기운을 변형시켜 후손에게 투여하는가에 관한 설명이 없다. 특정 음택이 특정 후손에게 발복하는 선별발복의 경우(예컨대 차남 발복지)를 설명하기 어렵다.

바) 사람이 사망하면 혼령이 저세상으로 가지 않고 4~5백 년 동안 자기를 섬기는 후손의 집에 머문다고 하는 바, 49제를 지내는 우리의 민속적 관념에 반하지 않는가? 제사 주재자인 장손집 한 지붕 밑에 수십명의 조상신이 함께 거주한다면 송신스러워서 어찌 살겠는가?

사) 발복주체가 혼령 또는 마음이고 유골은 관계없다면 명당 매장은 필요 없다는 말인가? 화장을 하게 되면 DNA는 파괴되지만 혼령은 편안하다는 견해도 있다.

아) 옥룡자나 일이승의 결록에 양자발복지는 매우 적다. 아마도 사람들이 양자가 발복하는 명당은 필요 없다고 생각하기 때문인 듯하다. 종족보존의 본능상 당연하다.

4. 동기감응이 아닌 혼령작용설(私見)
* 음택발복에 관하여 의견이 분분하지만 다른 견해를 압도할 이론이 없는 실정이고 보면 가장 약점이 적은 이론을 찾는 것이 정답에 가까울 수 있다.
* 사후에 저승으로 간 혼령은 3~4대(경우에 따라서는 그 이상)까지 혼령의 분신이 간간이 내려와서 이승에서 인연이 깊었던 유골이 있는 곳, 그리고 같은 DNA를 가진 후손 또는 은혜나 원혼이 깊은 사람을 찾는다.

유골이 명혈에 묻혀 있어 생기(흉지는 반대로 凶氣)를 받고 있으면 혼령은 그 기운에 감염(同化)되어 땅기운을 취사한 뒤에 후손이나 제3자에게 전달 또는 투여하여 길흉을 받도록 작용한다. 유골이 동기감응을 일으키는 것이 아니고 혼령이 역량을 행사하는 것이다. 후손에 한정하지 않고 제3자에게 기운을 전할 수도 있다. 유골이 없는 경우에는 땅기운과 관계없이 혼령단독의 역량으로 영향력을 행사한다. 다만 음택이 혼령의 영향력을 배가시켜주는 효과가 있으므로 음택이 없을 경우에는 혼령의 역량이 큰 경우(생시 큰 인물)에만 영향력이 있을 것이다.

* 私見은 동기감응설을 부정하고 혼령작용설을 주장하는 것이다. 동기감응도 혼령의 작용이다. 소설이라 하는 사람도 있겠지만, 혼령은 사후에 조만간 저승으로 간다는 민속적 관념에 맞고, 장손집에 몇 백 년 된 혼령까지 20~30명의 선조 혼령이 동거한다고 생각하는 사람은 별로 없을 것이고, 혼령과 同氣가 없는 양자 또는 제3자가 발복을 받는 경우가 있고, 음택이 발복에 무관하다는 것이 아니고 혼령의 역량을 배가하는 역할을 인정하고, 매장을 하지 않고 조장(鳥葬)이나 화장을 하는 지역에서도 선조의 음덕을 인정하는 근거를 설명할 수 있다. 가장 약점이 적은 이론이다.

* 선조 묘에 벌초하고 성묘하면서 로또1등 당첨되면 어려운 친인척과 의좋게 나누겠다고 간절히 기도하였더니 1등 당첨을 하였다는 사례를 말하는데 음덕발복이라기 보다는 念力의 효과인 듯하다.

외손녀가 명당에 쓰인 외조부모 묘에 가서 잡초도 뽑으며 머물다가 온 뒤 그해 사법시험에 합격했고 다른 외손들도 참배하고 복을 받았다는 사례와 진묵대사(1562~1633) 어머니 묘는 참배하면 한가지 소원은 들어준다(고시레란 말이 생긴 곳)는 사례는 동기감응이 아니고 명당기운으로 역량이 배가된 혼령에 의한 발복사례로 보인다.(2021.7.)

삶과 죽음의 세계 그리고 무덤

1. 사람은 땅에서 태어나 땅으로 돌아가는가?

* 이 문제는 풍수관을 확립하는데 필수적인 문제인데 참으로 풀기 어려운 고차원적인 문제이다. 사람의 실체에 관하여 자기 나름으로 정리된 생각이 없다면 혈자리를 좀 본다 한들 잔재주 부리는 술사이거나 푼돈벌이 하는 동네지관 또는 혹세무민하는 차원을 벗어 날 수 없을 것이다.

* 우선 육신에 관하여 땅에서 나서 땅으로 돌아간다는 말은 맞다. 정자와 난자가 결합하여 태아가 되었다가 출생한 다음 성장, 노쇠, 사망(生老病死)하는 모든 과정에서 육신은 지구상에 있는 영양분을 섭취하여 살아간다. 그러므로 육신은 지구상에 있는 원소와 분자로 구성되어 있고(유전자조차 재생되어 오는 것이다) 지구상에 없는 물질은 없다. 죽어서 매장되면 땅으로 돌아가는 것은 눈에 보이고 화장하여도 재와 열기로 변하여 끝내 땅으로 돌아간다. 질량불변이다.

* 그러나 우리의 육신은 물리적 구성만으로 가동되는 것은 아니다. 양분을 섭취하여 36.5도의 저온에서 에너지로 변환시키는 화학작용을 하고 한 주먹의 쌀을 먹고 70kg의 몸을 1천m 고지까지 운반하는 등산을 한다. 병원가서 부품을 수리하면 80년은 쓸 수 있다. 이렇게 성능과 내구성 좋고 연비 좋은 엔진을 본 적 있는가? 활동과 아울러 씨앗을 만드는데 그 원동력은 어디서 오는가? 생명력이다. 사람에게는 육신과 생명력 외에도 정신적 존재인 넋(영혼)이 있다. 죽는다면 어떻게 되는가? 사후 세계는 生時의 세계보다 훨씬 알아채기 어려운데 아래 항목으로 쓴다.

2. 사람은 죽어서 무엇이 되는가?

* 사후 세계에 관하여 지역과 생활환경, 민족, 종교, 학파, 개성에 따라

생각이 천차만별이고 수많은 사람이 연구와 사유(思惟)를 해왔으나 정답은 각자의 몫으로 남아 있다.

 * 중국인들은 민속적으로는, 죽음과 동시에 사라지는 낮은 등급인 백(魄)과 죽은 뒤에도 존재하는 조상숭배의 대상인 혼(魂)으로 나눈다.

우리나라는 민속적으로는, 수명대로 살다간 영혼(祖上魂)과 사고를 당하여 죽은 영혼(怨靈 귀신)으로 나누고 조상령은 4대조까지 후손의 길흉화복에 관여하다가 신명세계(저승)로 사라진다. 원령은 이승과 저승 사이를 떠돌면서 해악을 끼치는 혼이고 굿으로 양기로 변화시켜 승천시켜야 된다.

중국과 우리나라의 지도적 사상인 유교에 의하면, 사람은 육신과 혼백으로 구성되어 있고 죽으면 혼은 하늘로 올라가고 백은 땅으로 돌아가서 흩어진다. 그러나 하늘로 간 뒤에는 어떻게 되는가 하는 문제 즉 사후세계는 종교영역과 연관되기 때문에 추급하지 못했다. 그리고 魂에 대하여 "기(氣)를 말한다, 육신을 벗어났다가 돌아올 수 있고, 여러 모습(多面性)을 갖고 있다"고 하고 魄에 대하여 육신(눈에 보인다)이라는 견해와 죽은 자의 넋(눈에 보이지 않는다)이라는 견해가 있는 등 복잡하다.

 * 불교는 사람은 죽으면 진아(眞我: 참된 나)는 저승으로 가서 윤회한다고 하며 유물론자는 죽으면 그뿐이라 한다.

 * 대체로 육신(肉身)외에 영혼이 있다는 생각은 고대부터 인류에게 공통되었다. 다만 영혼이 머무는 장소는 어딘가? 얼마나 오래 이 세상에 머무는가? 후손의 길흉화복에 관여하는가?가 쟁점이다.

우리나라는 영혼이 4대까지는 이승에 머문다고 생각하여 무덤을 만들고 잘 관리하며 4대 봉제사를 지낸다. 불교는 49제를 지낸다.

외국의 예를 보면 영혼이 머무는 시기와 장소는 생활환경에 따라 다르게 생각했다. 이집트 미이라는 영혼이 언젠가는 육신을 찾아서 돌아온다는 생각으로 만든 것이고, 수렵생활을 하던 원주민(인디언)은 '죽은 당신은 거기 무덤에 있지 않다. 영혼이 되어 자연 속에 있다'는 것을 알고 있다고 노래하였다, 일본 같은 섬나라는 화장을 하되 조상의 영혼을 모셨고, 몽고와 같은 유목민은 시체는 새 먹이로 주고 이동할 수 없는 노부모는 천막 속에 두고 간다.

　* 私見으로, 나는 불교와 유교를 기초로 하되 소박한 생각을 하고 있다. 즉, 사람은 육신, 생명력, 영혼으로 구성되어 있고 죽으면 육신(魄이다)은 땅으로 돌아가고 생명력은 영혼의 속성이므로 영혼과 함께 저승으로 가서 윤회한다. 귀신은 영혼의 한 단면이므로 결국은 저승으로 가서 영혼과 합쳐진다.

　그러면 영혼이 후손에 영향을 미치는 작동원리는 어떠한가? 이 문제는 제목을 달리하여 본다.

3. 영혼이 후손에게 영향력을 미치는 작동원리는?

　* 사람이 죽으면 영혼은 즉시 저승으로 가지만 영혼의 일부(영혼의 분신이라 할 수 있다)는 과거와 인연이 깊었던 이승으로 간혹 찾아 온다. 인연 깊은 곳이란 자신의 유전자(DNA)가 있는 시체 또는 후손 또는 사고 장소이다. 이승에 상주하는 것은 아니고 간혹 찾아와서 길흉화복에 영향력을 행사한다. 그 시기는 4대까지로 알려져 있으나 지금은 시간이 빨리 진행되므로 2~3대까지로 생각해야 될 듯?

　명혈에 모시면 더 자주 찾아와서 명당의 기운을 받아 영향력을 강화시켜 후손을 도울 것이고, 흉지에 모시면 흉한 기운을 받아서 흉사를 일으킬 것이다. 화장을 하여 묘지가 없다 하더라도 후손에게 애착이 강한 영혼이라면 자기와 인과관계가 있는 후손을 도울 것이다. 선조와 후손은 묘지보다는 유전자가 더 밀접한 연결고리가 된다.(후술하는 '무덤없이 발복한 사례' 참조) 자식은 부모의 유전자(DNA)를 대대로 물려받기 때문에 일족들의 외모를 보면 비슷한 모습이 있다.

 * 우주에는 인과응보와 윤회라는 기본질서가 있다. 선조의 영혼이 자손의 길흉화복에 영향력을 행사한다 하더라도 우주의 질서라는 큰 틀에서 벗어날 수 없다. 큰 틀 속에서 작은 변동을 부릴 뿐이다. 악업을 지은 자는 업보라는 댓가를 치러야 되는데 업장은 기도와 수행, 적덕선행으로 어느 정도 소멸시킬 수 있다. 업장소멸 없이 명혈을 얻기 어려울 뿐만 아니라 얻는다 하더라도 조상혼이 온전히 발복을 줄 수 없어서 감복될 것이다. 지관이 과분한 명혈을 점지해준다면 그 또한 인과의 대가를 치르게 될 것이다.

 사람들은 백이숙제는 굶어 죽고, 도둑들의 두목 도척은 장수하면서 호사하는 경우를 보게 되면 우주에 기본원리가 있는지 의심하여 天道란 있는가? 하고 탄식을 하게 된다.(물론 도척은 다음 세상에서 댓가를 받을 것인데 사람들은 당장의 인과를 기대한다)

 * 그러므로 탈신공개천명(奪神功改天命) 즉, 풍수가 운명을 바꾸고 팔자를 고친다는 풍수제일주의는 천도에 반하는 혹세무민의 수작이다.

4. 무덤없이 발복한 사례

 징기스칸은 동서고금을 막론하고 인류 역사상 가장 넓은 지역을 정복하였는데(핀란드와 이란까지 진격하였다), 몽고는 鳥葬을 하기 땜에 그의 선조 유골이나 묘지는 없다. 그럼에도 징기스칸은 조상의 영혼으로부터 武運을 도움받았을 것이다. 북한의 김일성과 김정일은 특수방부처리되어 미이라로 만경대 태양궁에 놓여 있는데 손자 김정은代까지 세계에서 최장(1945~현재) 최강의 권력자로 군림하는 것은 음택의 발복일까? 육관 손석우가 찾아낸 김일성의 선조 묘인 전주 모악산 김씨 묘는 그럴 정도의 대혈로 보이지 않는다.

5. 무덤은 어찌 할 것인가?

① 명혈이나 평안한 곳을 구하면 매장하는 것이 좋다. 땅 속은 알기 어려워서 좋게 보여도 나쁜 경우도 많다. 괜찮은 곳을 구하지 못하면 화장하여 수목장이나 평장(잔디장)하는 것이 뒤끝이 좋다.

② 몇 대조까지 관리해야 좋은가? 이장업자는 5~6년 정도 되면 탈살이 되고 20년 되면 많이 삭아지고 4대 즉 120년 지나면 거의 없어진다고 한다. 다만 명당이면 그때도 황골이 남고 물이 찬 곳이면 잘 썩지 않는다고 한다. 그러나 유골이 잘 보존되느냐 하는 것은 땅 탓만은 아니고 뼈가 단단한가, 칼슘 성분이 많은가, 하는 유골자체의 문제도 있을 것이다. 대체로 4대조까지는 보존하다가 이후에 관리할 자신이 없으면 파묘하여 화장함이 좋다. 어떤 이는 그대로 방치하면 자연장이 되므로 파묘하지 말라고 한다. 설마 그 분들도 영혼이 언젠가는 육신을 찾아 돌아온다거나 또는 4대조까지 영혼이 무덤에 常住하고 항상 후손의 주위를 맴돈다는 따위의 미개한 생각을 하는 것은 아니겠지만 무슨 근거로 그대로 두라고 하는지 모르겠다.

山地를 다녀 보면 무연고된 무덤이 즐비하고 특히 이름있는 산 정상 부근에는 어김없이 유골이 깔려있다. 대박이면 좋고 아니라도 그만이라는 심정으로 조상 유골을 산정 바위틈 여기저기에 투기하는 수준이다. 은천 선생은 당나라 일행선사가 산 하나에도 여러 곳에 혈이 많이 맺힌다는 이론 즉 雜五行說을 만들어 우리나라 산천을 더럽혀서 인물이 나지 않도록 음모를 꾸몄다고 하는데 그 폐단이 실감난다. 오래 방치되어 나무가 자란 경우에도 평탄화되는 것은 아니고 무덤 형태는 남아 있기 때문에 자연스럽게 수목장으로 변한다는 주장은 잘못이다. 요즘은 산돼지들이 파헤쳐 유골이 드러날 지경인 묘도 많다. 석물 있는 무연묘는 더 보기 흉하다. 발복이 동기감응의 효과라면 후손이 찾아오지 않고 무성한 잡목뿌리 밑에

외로이 있는 유골은 후손을 원망할 터이니 후손에게 좋을 리 없다.

③ 자연보존에 유의해야 된다. 석물은 작은 비석이나 상석으로 족하다.

④ 매장을 하든지 납골을 하든지 간에 국토 이용료를 부과하고 체납하면 당국이 파묘하여 산골(散骨)하는 제도가 필요하다. 일본의 장사제도를 참고하면 좋을 것이다. 오래 보존하고자 하는 집안은 이용료를 꼬박꼬박 내면 된다. 묘지도 適者保存이다.

＊박정희 조부모 묘는 발복처인 덕택으로 잘 보존되어 있으나 증조, 고조, 현조는 후손 중에 박정희 대통령이라는 큰 인물이 있는데도 무연분묘가 되어 흉하다. 관리 못하는 선조 묘는 수목장이나 잔디장으로 정화하는 게 후손의 책무이자 도리이다.

＊오세훈 서울시장은 차기 대권을 넘보는 성공한 인물인데 10여 년 전에 그의 선산이 국가에 수용되자 친족들이 이장을 권했으나 마다하고 수목장을 하였다고 한다. 八字가 인과 없이 오직 묘지때문에 왔다갔다 하는 경우는 없다고 본다. 한때 풍수들이 박원순, 조국, 유시민의 선조 묘를 찾아서 몰려다니고 박원순은 선조 묘를 잘못 손 본 탓으로 추락한 것처럼 호들갑을 떨었다. 그러나 박시장의 경우는 그의 성격 결함이 원죄임을 직시해야 되고(청렴하다고 칭송하나 대권욕심에 명당동네라는 가회동 주택을 28억 원에 전세 내어 시장공관으로 사용했다), 조국에 대하여는 그의 법대 선후배가 그를 경멸하는 이유를 경청해야 된다. 이렇듯 떠오르는 유망주들의 선조 묘를 답사하는 경우에도 재미삼아 왈가왈부하는데 그쳐야 된다. 그들의 운명을 판정하려고 하여서는 안 된다.

⑤ 사람은 죽어서 고향에 묻혀야 하고 무덤을 화원으로 조성하는 것도 좋다고 하는 사람이 있다. 지금 30대 이하는 대도시에서 태어났기 때문에 시골 고향(태어나 자란 곳 또는 선영이 있고 정이 가는 곳)은 없다. 그들에게 시골은 친근하지도 않고 찾아가는 것도 불편하여 끝내 내팽개치게 된

다. 묘지를 화원으로 꾸미면 잔디보다 훨씬 정성이 필요하다. 효자 자식을 두지 못한 부모들은 낭만적인 생각을 버릴 때가 되었다.

⑥ 어떤 이는 묘지 조성은 발복을 기대한 처사라고 하나 추모의 의도도 많다. 수많은 공원 묘원은 발복을 기대하지 아니하고 오직 추모로 모신 것이다. 공원 묘지를 지나다가 어떤 묘지에 초등 3~4년 정도 되어 보이는 오누이 사진과 엄마 사랑해요, 라는 손글자가 코팅되어 있는 것을 보고 한참 동안 숙연한 일이 있었다. 함부로 발복에 미쳐서 묘를 조성한다고 폄하할 일은 아니다.

6. 화두로 삼아야 한다

조상의 혼이야 있든 없든 유골이 自家發電하여 후손에게 길흉화복의 텔레파시를 보낸다는 단순한 동기감응 이론은 매우 엉성하다. 그 이론에 따른다면 화장을 하면 조상님의 발전소를 방화(放火)하는 셈이 된다. 生과 死 그리고 무덤은 참으로 어려운 문제이지만 음택풍수들이 마땅히 화두(話頭)로 삼아야 할 문제이다.(2021.4.)

이기론과 형기론 그리고 명산도

1. 풍수지리의 근본 이론

이기론과 형기론은 혈처 찾는 방법론으로써 풍수 입문에서부터 부딪치는 근본문제 중 하나이다. 각기 수십 개의 이론으로 세분되고 사용하는 용어도 서로 다른 내용인 경우가 흔히 있다. 내 나름으로 파악한 용어와 견해를 사용하고 私見을 주장하기도 하였다. 말하자면 편의적이고 주관적인 서술이 섞여 있다.

2. 이기론(理氣論)과 형기론(形氣論)의 개념

* 사람이나 유골에게 좋은 기운이 모여 있는 곳을 혈(穴 또는 穴處)이라 하고, 혈 가운데 발복이 크고 오래 가는 곳을 대혈(大穴) 또는 명혈(名穴) 또는 명당(名堂. 이와 달리 明堂은 혈 앞 공간)이라 한다. 산사람이 사는 양택명당과 죽은 시신이 묻히는 음택명당이 있는데 모두 좋은 기운이 결집되는 것은 동일하나 음택은 氣가 예민, 강력함에 대하여 양택은 무디고 온화하다는 차이가 있을 뿐 기운의 질적(質的) 차이는 없다. 음택은 기운이 강렬해야 유골에게 영향을 미칠 수 있고, 양택은 기운이 강하면 가족 중 감당하지 못하고 탈이 나는 사람이 생길 것이다. 가족 중 성공한 者라 하여도 집안에 우환이 생기면 즐거울 수 없기 때문에 가족 모두에게 좋은 곳이어야 된다.

풍수는 명혈을 찾는 이론과 실무라 하겠는데 이기론(理氣論)과 형기론(形氣論)으로 나누인다.

* 이기론은, 山水는 음양오행으로 구성되어 있고 음양오행은 일정한 원리에 따라 움직이다가 조화를 이룬 곳에 혈이 맺히므로 그 원리를 잘 알아서 혈처를 찾아야 된다는 견해이다. 용의 음양(陰陽)과 방위(方位)가 중요하다고 한다. 정오행, 팔괘, 구궁, 주마육임(走馬六壬), 정음정양(淨陰淨陽), 사대국(四大局), 쌍산오행 등 수 많은 술법이 있다.

이기론은 대체로 吉한 방위를 추구하는데 행룡 수구 묘의 좌향에 관한 방위를 자세히 규정하였다.

㈎ 행룡(行龍)에 관한 정음정양법을 보면, 양룡(임감 간인 을진 병오 곤신 신술)은 양룡으로, 음룡(계축 갑묘 손사 정미 경태 건해)은 음룡끼리 이어져야 생룡이다. 이렇게 이어지면 30도 내지 60도로 예쁘게 굴곡을 이루게 된다고 한다.(고재희 평역『손감묘결』)

㈏ 수구(破)의 방위를 중시하는데 이를 기준으로 수, 목, 화, 금의 四局으

로 분류하고 을진, 정미, 신술, 계축이 가장 길하다고 한다.

(다) 좌향을 정하는 방법으로 ① 수구를 기준으로 하는 법(포태법 88향법) ② 입수방위를 기준으로 하는 법(용상팔살) ③ 득수득파(황천수 황천풍) ④ 청백과 관련하여 우선수와 좌선수로 나누고 거기에 맞추어 정하는 법 등 여러 가지로 나누인다. 청나라 조정동이 지었다는 지리오결이 이기론의 교과서이다.

* 형기론은 혈이 맺힌 곳은 음양이 조화된 곳인데 산수의 외형적 모양과 그 안에 있는 성질, 다시 말하면 성상(性象; 성격과 형상)을 파악하여 기를 느끼는 감각 즉 기감(氣感)으로 찾아야 된다는 견해이다. 산세의 모양이나 형세상의 아름다움을 유추하여 혈이 맺힌 터를 찾는 이론이지만 형세론·국세론이 모두 포함되고 물형론도 이 범주에 속한다. 술법으로 간룡법, 장풍법, 득수법이 있다.

자연은 천태만상이고 생성과 구조에 일정한 원리를 추출할 수 없다는 것이 형기론의 근본이론이다.

* 풍수가 추구하는 좋은 기(氣)를 통상 생기(生氣)라고 설명하고 말지만, 기에는 순기, 강기, 서기(瑞氣), 흉기, 온기, 열기, 한기, 냉기, 살기, 생기, 음기, 양기 등 수 많은 종류가 있고(私見) 기를 받는 사람에 따라 영향력도 달라진다. 송나라 채성우가 편찬한 明山論(이조 고시과목)이 형세론의 교과서이다.

* 요컨대 이기론은 용혈사수향에서 행룡의 방위, 사격의 방위, 수구의 방위 등 방위를 중시함에 대하여 형기론은 행룡과 사격의 모양이 좋은가(性象)를 따진다.

3. 두 견해가 공통적으로 다루어야 하는 문제

아래의 문제는 이기이든 형기이든 반드시 다루어야 되는 것으로 서로 이견이 없는 경우도 많다.

* 혈처의 구조요소로 용(龍), 혈(穴), 사(砂), 수(水), 향(向), 시(時)가 거론되는데, 이기론은 위의 6개항을 모두 따지는데 대하여 형기론은 향과 시는 따지지 않는다. 다만 위의 구조가 어떻게 이루어져 있을 때 좋은가 하는 점은 서로 다른 경우가 많다. 예컨대 행룡에 관하여 이기론은 어떤 방위로 꺾어지면서 나아가는가를 따지지만 형기론은 술 취한 것처럼 갈지자(之字)로 비틀거리고(위이굴절:逶迤屈節) 어린애가 팔다팔닥 뛰는 것처럼 요철(凹凸) 기복(起伏)하는 모양을 좋게 본다.

* 기는 어디서 오는가? 태조산으로부터 중조, 소조, 주산을 경유하면서 여러 기운이 합쳐져 혈처에 모였다는 점은 공통된다. 형기론은 사격에서도 기운을 보내어 혈처의 기운에 가세한다고 본다. 이기론이 도식적임에 대하여 형기론은 유기적이라 할 수 있다. 예컨대 문필봉에 관하여 이기론은 신(辛)방에 있어야 좋다고 하지만 형기론은 또렷한 모양을 갖추면 어느 방향에 있든 학문에 좋은 기운을 보내준다고 본다.

* 혈처 부근에는 여러 가지 증표 즉 혈증(穴證)이 나타나는 바, 보통 입수 뇌두가 또렷하고 혈 주위에 선익이 있고 빗물이 혈처 주위를 두르고 혈토가 단단하고(非石非土) 순전여력이 있고 돌(突)의 경우 하부에 수염같은 하수사가 있어 숨을 쉴 수 있고 높은 유돌(乳突)의 경우 사다리처럼 올라갈 수 있는 우각사나 지각이 있어야 좋고 최종적으로 땅속의 기운이 은은히 솟아나 있는 둥근 흔적, 즉 태극훈(혈운 월운)이 보여야 명혈이라 한다. 최종단계인 혈운은 상당한 안목이 있어야 볼 수 있다. 혈증은 외부 모습으로 찾는 것이니 형기론의 분야에 속하겠으나 이기론에서도 원용한다. 두 견해가 일치하여 공유하는 부분이다.(다만 혈증에도 오행론을 고집하는 이기론자도 있으나 소수이다)

* 음택발복의 작동 원리는 두 견해에서 해답이 도출되는 것은 아니고 사

후세계를 어떻게 보느냐 하는 형이상학적 문제이고 음택이론에서 필수적으로 알아야 할 기본이다. 주자(1130~1200년)가 혼백이론을 전개한 이래 별다른 발전이 없다. 시신에 산천의 영기가 배합하여 후천혼(後天魂)이 생기고 후천혼의 기운이 후손에게 길흉의 영향을 준다(김영소 만산도)는 견해가 대표적이다. 그러나 음택이 후손에게 주는 영향은 길(吉)함에 그치지 않고 흉(凶)함도 있고 오히려 이기론에서는 흉지가 더 많다고 본다. 그렇다면 산천의 영기뿐만 아니라 흉기도 작용할 수 있으니 유골 중에는 영기를 받은 좋은 뼈와 흉기를 받은 흉한 뼈가 있다는 말이고 시신 자체는 삭아 없어지는 무생물인데 산천의 영기나 흉기에 의하여 혼이 생겨 영물이 되거나 흉물이 된다는 말이 된다. 기를 지자기로 보는 견해가 많은데 유골 자체에 혼령이 생긴다는 관념은 유골이 지자기를 발산하는 발전체(發電体)라는 말이 된다. 말이 안 된다(語不成).

4. 이기론의 변형

* **통맥법**-- 이기론으로 부족하다고 생각하여 형기론을 보충하는 견해가 통맥법이다. 이 견해는 신라시대에 유리자가 만든 우리나라 자생풍수라는 주장도 있으나 풍수의 시조 양균송(841~907. 초기에는 감룡경 등 형기론, 후기에는 천옥경 등 현공이기론)도 그 이전의 잡다한 풍수이론을 오랫동안 연구하고 실험하여 집대성하였다는 점에 비추어 신라시대 유리자가 풍수이론이 全無한 상황에서 독창적인 이론을 창안하였다는 말은 믿기 어렵다. 삼국유사나 삼국사기에 유리자에 관한 기록은 없다. 오늘날 이기론과 형기론은 많든 적든 모두 상대방의 이론을 일부씩 수용한다고 보아야 되겠지만 최종적으로 이기론과 형기론이 서로 충돌할 경우 예컨대 행룡방위가 사룡이라 하더라도 산줄기가 위이기복하여 생기가 있을 경우 어느 이론을 따를 것인가에 따라 결론이 달라질 것이다.

* **현공풍수**-- 용·혈·사·수·향(소위 지리오결)에 시간의 변화를 첨가하는 이기론이다. 시간에 따라 길한 방위가 변하고 주기는 20년이라 한다. 3주기(1갑자)가 지나면 봉분의 좌향을 바꾸어야 된다. 2003년경 대만 홍콩에서 유입되었다 한다(김두규 풍수학 백과사전). 발복을 구체적으로 추산하기 때문에 역술적, 명리적 요소가 강한 이론이다. 어렵기도 하고 혹세무민으로 추락할 우려가 있다.

5. 형기론의 변형

* **제살법**-- 형기론으로 혈 찾기가 가능하고 이기를 손잡을 필요가 없는데도 재혈할 때(마음이 약해서 흉함을 피하자는 심정으로?) 이기론의 좌향법을 도입하여 흉살을 피하고자 한다. 장선생님 유산록은 간룡출맥이어야 진룡으로서 혈을 맺는다고 주장하고, 용맥이 진행하는 방위는 따지지 아니하므로 형기론이다. 그러나 좌향에서 이기론의 흉살 방위술법을 도입하였다.

* **물형론**-- 혈처의 모양을 세상의 형상에 비유하여 표현하는 說明論이다. 가을 하늘 뭉게구름 가운데 마치 말이 물마시는 모양과 같은 모습의 구름이 있다 하여도 구름이 지상(地上)의 물 마시는 말(實物)을 보고 흉내낸 것은 아니다. 혈처가 세상의 물형을 보고 조성된 것이 아니므로 비유적 표현이라는 말이다. 주자의 산릉의 장에서 비롯되었다고 하나 산세가 아기자기한 우리나라에서 발전되었다고 한다. 선철의 결록과 산도에 많이 활용되는 덕으로 대중화되었을 것이다. 물형 중 혈처는 힘쓰는 곳, 긴장한 곳, 정신을 집중하는 곳에 결혈되고 기가 흩어지거나 빠진 곳은 혈이 될 수 없다. 방위보다는 모양에 중심을 두고 있으니 형기론에 속한다.

6. 장단점과 현실

* 이기론은 방위가 핵심이고 형기론은 有情 無情이 척도가 된다. 이기론은 이론이 많으니 자연 금기가 많고 보통인은 알기 어려우니 혹세무민하기 좋은 술법이다. 유명한 지관을 보면 역술과 명리에 밝은 이가 많았다. 이기론은 굉장히 복잡하고 어려운데 지리오결이 행룡 방위와 88좌향법으로 총정리하였다.

이기론의 필수요건인 방위는 패철이 있어야 측정할 수 있다. 宋代(1280 멸망) 이전에는 사각모양의 토규(土圭. 윤도와 동일?)가 사용되고 이후에 방위가 세분되는 패철(풍수용 나침반)이 발전되었다.(지리오결에는 양균송이 패철을 개발하고 조국공이 발전시켰다고 하나 토규의 현물이 전해 오지 않는 터라 거짓으로 본다)

우리나라는 1467년 일층 나침판(윤도)이 도입되고 1600년 5층 나경(지금 최고층 나경은 40층이라 한다)이 도입되었다.(선조33년 실록기재) 사도세자릉 이장 시(1789년) 비로소 흉살론이 등장하여 이기론의 좌향이 대두되었다고 본다.

이와 같이 이기론은 패철이 발달한 청나라 시대에 최고조에 이른 다음 술수화하여 혹세무민하는 일이 잦은 탓으로 멸망경이라는 비판을 받는다.

* 형기론은 일정한 법칙이 없으니 보는 사람마다 다를 수 있다는 비판을 받는다. 그러나 10년 이상 경력 있는 풍수 열 사람이 명혈에 가면 奇穴이 아닌 이상 육칠 명은 명혈임을 인정한다. 형기론에서 엘로드나 관룡자로 기를 측정하는데 사람마다 측정이 다른 것은 아니고 숙련자는 대체로 일치한다. 뿐만 아니라 이기론에서도 각자 주장하는 혈처가 일치하지 않기로는 동일하다.

* 순수 이기론만으로는 혈 찾기가 어렵겠으나 형기론은 이기의 도움없이 찾을 수 있다. 오늘날 지관들은 형세와 국세를 포함한 형기론에 따라

혈을 찾고 좌향에서는 이기론의 수법을 많이 원용하는 현실이다.

가장 많이 사용되는 88향법은 득수와 파구를 기준으로 하는데 향을 잘 맞추면 버릴 땅이 없다고 말할 정도로 방위가 중요하고 흉한 곳도 방위를 잘 잡으면 길하다고 한다. 좋은 장지를 구하기 어려운 현실에서 좌향으로 유족을 달래려는 수법이다. 어떤 견해를 취하든 간에 혈 찾는 것이 중요한데 해방후 풍수인 중에는 神眼은 없지 않을까.

* 세상이 변함에 따라 이기론은 발붙이기 어렵게 되었다. 오행상생설은 현재의 과학에 맞지 않고, 혈처의 主人 姓씨를 정하는 법은 다문화 가족인이 수백만 명이 되고 어머니 姓을 택할 수 있고 심지어 제3의 姓자유선택으로 가는 추세에 어디로 갈 것인가, 자식도 하나만 낳는 추세에 차남 발복지는 무용지물인가. 아이돌 가수가 젊은이들의 꿈인 것을 상상이나 하였던가. 주인 성씨 추산이라든지 발복추산은 조만간 흘러간 옛 노래가 될 것이다.

7. 명혈도(산도)

* 선철의 작품으로 알려진 명당에 관한 결록이나 도면은 물형으로 혈처를 표시하여 전해 온다. 글로만 된 결록은 장소를 알기 어려우나 산도(용혈도, 명산도, 보통 도면에 결록을 적어 놓는다)는 많은 도움이 된다. 결록으로는 옥룡자, 두사충, 봉안의 것이 믿을 만하고 산도로는 일이승(그의 스승 일지승 포함), 두사충의 산도가 유용하다. 물론 위작과 변조품이 섞여 있다. 만산도에는 이름 없는 고수가 작성한 산도가 포함되어 있는데 신안의 결록을 후세의 고수가 보고 작성하였다는 점을 염두에 두어야 된다. 또 하나 주의할 점은 산도는 이미지 도면이고 축척을 적용한 지도가 아니므로 네비게이션과 같이 생각해서는 안 된다.

* 지관들이 용상팔살이니 황천대살이니 하여 폭망하는 좌향이 있다고

겁을 주는데 옥룡자(827~898)나 일이승(1660)같은 시대에는 패철이 없었으니 존재하지 않은 개념이고 정조 때 좌향론이 등장하였다고 추측한다. 필자의 경험상 길지급 이상의 혈처에서는 자연으로 좌향이 생기고 팔살에 해당하는 경우는 매우 드물었다.

고재희 평역 손감묘결을 보면 옥룡자 유산록의 1,000여 개 명당비결 중 좌향이 언급된 것은 12개뿐이고 그나마 용상 팔살에 해당되는 경우가 많다고 한다. 옥룡자나 일이승이 결록과 산도에서 방위를 표시한 것은 혈처 표시용으로 사용한 것일 뿐 이기론의 방위를 표시한 것이 아니다. 성지대사(광해조 시대인)의 산도 중 부산 금정산 조자양형 대혈이 있는데 용상 팔살에 해당된다.(건해입수에 자좌오향, 형기상으로 볼 때 이 좌향이 맞았다) 오층 나침판이 도입되지 않았던 1600년까지 8층 나침판을 적용하는 흉살의 술법은 없었지만 잘 지내왔는데 나침판이 발전함에 따라 골치 아프게 된 것이다. 과연 흉살좌향은 있는 것일까? 옥룡자나 성지대사는 감각적으로 흉살을 알지 못했을까? 흉살이론을 알았다면 피하였을까? 자못 궁금하다.(2021.6.)

기(氣)는 어디서 와서 어디로 사라지는가?
(용맥과 기맥)

1. 문제점
* 용맥과 기맥에 관한 전통적 형기론자의 생각은, 산(山, 룡(龍)이라고도 한다)은 줄기(龍脈)를 이루면서 내려오는데 물(水)을 건널 수 없고 물은 산을 넘을 수 없다. 그런 연유로 용은 물을 만나면 멈춘다. 한편 기(氣運이라고도 한다)는 용을 따라 줄기(氣脈)를 이루면서 내려온다.

이와는 반대로 용맥은 밭을 뚫고 물을 건너기도 하고(穿田渡水) 바다를 건너기도 한다는 설명도 있으므로 혼란스럽다.

* 이러한 혼란은 용맥과 기맥을 분리하여 생성, 활동, 소멸을 챙겨보지 아니한 탓에 원인이 있다고 본다. 일찍이 풍수학의 시조 양균송(880년 활동, 최치원과 동 시대)도 삼불장(三不葬) 중 하나로 용은 있어도 혈이 없는 곳에 장사하지 못한다고 하여 용과 기를 분리하여 논하였다.

* 최근에는 지기(地氣)는 지하에서 수직 상승하고 용맥과 관계없다. 또는 기운은 안산쪽에서 건너오기도 한다는 주장이 제기되고 있다. 이 견해는 조산이나 주산 그리고 사신(四神, 청백·현무·주작)도 논하지 않는다.

* 전통적 형기론을 기맥론이라 하고 최근 이론을 지기론이라 할 수 있는데, 지기론자도 용혈사수향(龍穴砂水向)의 방위를 논하지 않으므로 형기론에 속한다.

이기론은 패철의 방위에 따라 병기, 생기, 사기 등 기맥의 성격을 정하는데 굉장히 복잡하다.

2. 용맥의 형성과 활동

* 지구는 46억 년 전에 태양계와 함께 탄생하였고 인류 역사는 20만 년이라 한다. 원시 지구는 열에 의하여 녹은 상태이었다가 식어서 대기권, 지각, 맨틀, 핵의 순서로 층(層)을 이루고 안정되었으나 내부는 끊임없이 움직이고 있다. 핵층의 고열(섭씨 5천 도)이 상층의 맨틀을 가열하여 지각을 유동(流動)시킨다. 지구 표면은 암석으로 이루어진 8개의 대륙판(大陸板)과 2개의 해저판(海底板)으로 덮혀 있고 판은 수 억 년을 주기로 서로 모이거나 떨어지는 유동현상을 보인다. 지금은 떨어졌던 지각이 모이고 있다고 한다.

* 지구판

　* 한국은 유라시아판에 속하는데 태평양 해저판이 밑으로 파고들면서 압력을 가하는 바람에, 지구판에 크고 작은 주름을 짓게 하고 높고 낮은 기복을 생기게 하였다. 지구 최고봉인 에베레스트산에서 한반도까지 주름이 이어졌다고 본다. 간룡(幹龍)은 지나가면서 수많은 지룡(支龍)을 펼치지만, 작은 지룡끼리 결합하거나 서로 교잡하는 일은 없다. 산맥(龍脈)이 화산 폭발로 생겼다고 알기 쉬우나, 기다란 산맥은 지구판의 유동으로 생긴 주름이다. 우리나라 산맥은 같은 유라시아판 위에 있으므로 지하에서는 서로 잇대어 있지만 지표면 위에서는 산은 각자의 영역이 있고, 산의 영역이 서로 맞부딪치는 경계에는 개울이나 강이 생겨서 서로 분리된다.

　용(龍)이 진행하다가 개울을 만날 경우 건너편에 다른 용맥(산등)이 있으면 즉, 용은 다른 용과의 경계에 이르면 멈추게 된다. 산은 물을 건너지 못한다는 표현은 이를 두고 말한 것이다. 그러나 용맥이 끊어지지 않고 연결되어 있는 이상, 계속 진행하여 논밭을 뚫고 가거나 바다 밑을 건너는 경우도 있다. 예컨대, 남해는 금오산과 노량해협 밑으로 연결된 해저용맥을 통하여 들어가는 것이다. 그러나 금오산은 용맥이 연결되어 있지 아니한 섬진강을 건너 광양 망덕산과 합친다든지 광양에 있는 산이 바다 밑을 통하여 남해로 건너오는 일은 없다. 그러므로 전통적 견해는 모순 없이 성립되는 것이다.

한편 제주도와 같은 경우는 육지와 산맥으로 연결된 것이 아니고 독자적으로 지각판에서 화산 활동으로 솟았다고 본다.

* 그러므로 산과 물이 여기저기로 서로 얽혀 있어 서로 교잡(交雜)하는 것 같아도 서로 침범하지 않는 질서가 있는 것이다.

* 금오산과 남해 용맥

사진출처 :
카카오맵 스카이뷰
(https://map.kakao.com)

3. 기(氣)의 생성

* 우주는 끊임없이 변하면서 순환한다. 천하만상(天下萬象)이 움직이지 않고 변하지 않는 것은 없다. 우선 우주 자체가 확장과 수축을 되풀이한다. 그리고 물질을 분해하여 보면 소립자(素粒子; 광양자, 전자, 양성자, 중성자, 양전자등)는 입자와 파동의 형태를 아울러 가진 이중성(二重性)을 띠는 것이다. 즉 입자는 파동의 에너지를 따라 흐르는 것이다.

* 지구의 핵은 고압과 고열로써 자기장을 만드는 동시에 맨틀을 가열시키고 가열된 맨틀은 지각을 유동시킨다. 지구 내부에서 만들어진 자기장은 80km(대기권 중 열권) 상공까지 펼쳐져 있다.

* 지구의 구조

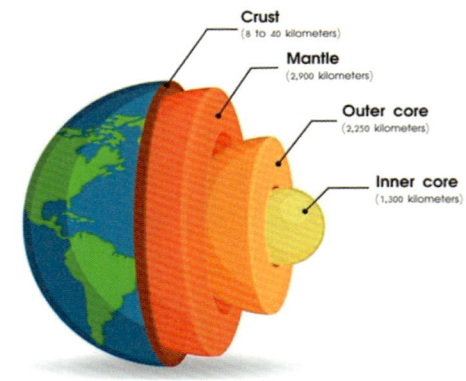

* 이상은 다음이나 네이버에 올려진 상식이고, 이하는 필자의 사견(私見)이다.

지기(地氣)란 지구의 내부에서 만들어지는 자기(磁氣)와 유사한 파장이고 쉽게 움직이기 때문에 기운(氣運)이라고도 한다. 소립자의 구성과 역할에 대하여 현대 과학으로도 모르는 부분이 많기 때문에 지기는 측정되지 않고 있지만 많은 사람이 감지하는 존재이다.

4. 지기의 활동

* 지기는 지구 내부에서 밖으로 발산되는데 수직으로 발산되기보다는 회전하면서 발산되고, 지각 중 맨틀에 가까운 곳으로 올라와서는 토막으로 끊기지 않고 기맥(氣脈, 기운이 연결된 線)을 형성하여 용맥에 따라 흐르면서(아마도 맨틀과 가깝기 때문인 듯) 발산한다. 기맥은 흐르면서 발

산하지만 중간중간에 지기가 보충되므로 용맥의 말락지까지 소멸되지 않고 흐른다. 지기가 보충되는 지점은 태조산이 아닐까 짐작한다. 그런 이유로 혈처의 용맥은 태조산부터 따지는 것이다. 그리고 긴 용맥은 미처 지기를 보충 받지 못하는 바람에 핵심 지기만 용맥을 따라 흐르고 외부로 자기가 발산되지 않기 때문에 사룡이 된 경우를 볼 수 있다. 이와 같이 생룡의 중간에 사룡을 거치는 경우에는 지기가 박환·변환되어 나쁘지 않다고 본다.

* 에베레스트산(7대 대륙붕, 최고봉 8,800m), 곤륜산(중국 북서쪽에 있는데 그보다는 무릉도원이 있는 상상의 산이다), 또는 백두산의 지기가 남해안까지 내려온다고 생각하는 사람은 없을 것이다.

* 용맥이 파괴되면 기맥의 진행도 일시 중단되지만 스스로 길을 개척하여 연결된다. 마치 미세혈관은 수술로 자르고 연결시켜 주지 아니하여도 스스로 재생되는 것과 같다.

* 지구 내부에서 발생된 원시 지기는 길흉화복의 색채를 띠지 않으나 용맥을 따라 흐르면서 변화되어 길흉화복의 역량을 갖게 되는데, 사람에게 이로운 기운을 생기(生氣)라고 한다.

* 지기가 지각(地殼) 밑에서 수직 상승한다는 견해는 다음과 같은 이유로 찬성할 수 없다.

① 옛날부터 기감 고수들이 지기는 태조, 소조, 주산, 입수를 거쳐 혈처에 모여든다고 느꼈고 지금의 엘로드 사용자도 같은 측정을 하고 있으며(다만 지기 직상승을 주장하는 풍수는 직상승으로 감지하고 있다) ② 입수 뒷쪽 용맥을 훼손하여 손해를 보았다는 사례가 많고 ③ 평야 또는 용맥이 부실한 곳에 혈이 생기지 않으며 ④ 지기론자는 온천수를 비유하는데 온천수는 용암(마그마)이 위에 있는 암반을 가열하고 마침 암반 위에 지하호수가 있었으므로 따뜻한 지하수가 생기는 경우이다. 그러므로 온천수가 있는

범위는 제법 넓기 때문에 그 지역 내에서는 여러 곳에 취수공을 뚫어도 온천수가 나온다. 수직상승론자는 지름 2~5m의 원형으로 솟아난다고 하나 온천수와 같다면 그 부근에 많은 혈이 생겨야 옳은데 그렇지 않다.

＊지기의 운행은 태풍과 같은 모습이 아닐까 생각한다.

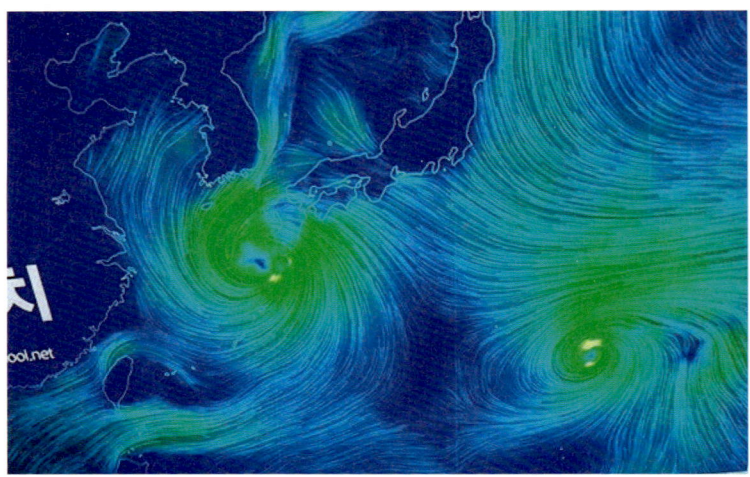

5. 혈처

＊혈처는 생기가 모여 있는 곳으로 하늘에서 내려오는 천기가 합쳐지는 곳(천기하림 지기상승)이라 한다. ①지기(地氣)는, 기맥을 이루면서 용맥을 타고 오지만 용맥에 지기가 따라오지 않는 무기지(無氣地)가 상당히 많다. 기맥이 진행하는 지하 깊이는 지형과 환경에 따라 다를 것이다. 혈처에서는 보통 지하 3자(1m)부터 10자(3m, 왕릉)이다. ②천기(天氣)는, 지표면에 영향을 미치는 에너지로서 태양광 30%, 대기권에서 방출되는 적외선 68%가 있는데 그 중에 포함되어 있을 것이다. 이러한 천기는 햇빛처럼 일률적으로 높은 하늘에서 동일한 각도로 내려오고 수용하는 지표의 환경에 따라 영향력이 다르게 된다. 공기와 같아서 특별한 지점에 특별한 천기가 내려온다고 생각되지 않는다.

* 혈처에 관한 限 사격에서 비추어 주는 기운이야말로 개별 혈처의 개성(個性)을 결정하는 요인이 된다. 예컨대 문필봉, 노적봉, 일자문성, 투구봉 등의 사격 기운이 혈처의 발복 종류를 결정하는 중요 요인이 된다. 이때 사격에서 혈처로 기맥이 어떻게 통하는가? 기맥은 지하에서는 용맥을 타고 오는데 사격과 혈처가 동일한 용맥(예컨대 自己案)이 아니라면 공중으로 조사(照射)하는 것이라 생각한다.

　* 천기가 하늘에서 여러 각도로 내려온다는 주장-- 논산 김장생 묘 아래 허씨 묘에서 북광 풍수가 예시한 그림이다. 그러나 천기는 하늘에서 평행선으로 내려올 것이다.

　* 풍수의 요체는 장풍득수(藏風得水), 변화와 조화인데 장풍이란 바람으로부터 숨는다는 것, 다시 말하면 기운은 바람을 만나면 흩어지므로 바람으로부터 피해야 된다는 뜻이다. 득수란 글자대로 풀이하면 물을 얻는다는 뜻인데 광중에 물이 차면 대흉으로 보는 터이므로 풍수 입문시에는 헷갈리게 된다. 물은 기운을 차단하거나 방향을 전환시키는 작용을 하므로

물의 기세(形勢)를 얻는다는 것, 즉 물이 기운을 혈처에 모이도록 하는 형세를 취해야 된다는 뜻이다(이기론은 물이 오고가는 방향이 吉해야된다는 것을 뜻한다). 적게는 봉분 꼭지로부터 물이 갈라져 봉분 아래에 합쳐져서 혈판을 좌우에서 감싸는 경우(소위 乘金 또는 合襟水)로부터 크게는 물이 현무를 돌아 혈 앞쪽으로 흘러가는 경우(소위 수전현무; 水纏玄武), 또는 대강(大江)이 보이지 않는 지점에서 보호해 주는(소위 暗拱) 경우이다.

 * 수전현무-- 전두환 생가

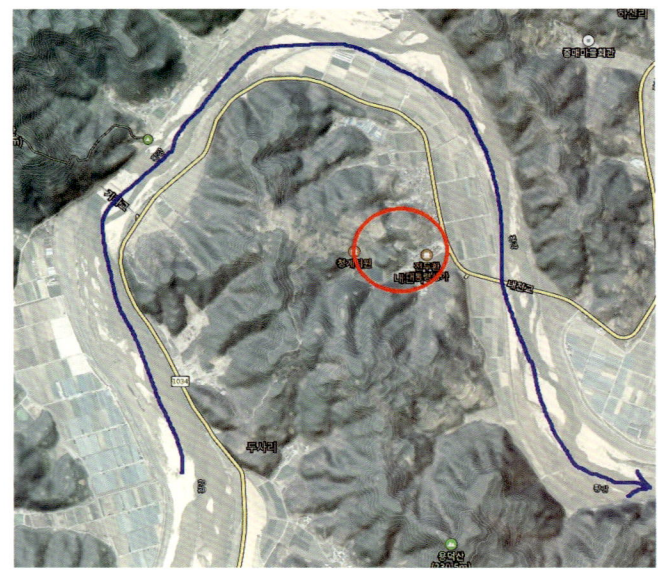

사진출처 :
카카오맵 스카이뷰
(https://map.kakao.com)

 * 전통적 형기풍수는 어떤 용혈사수의 조건이 혈처가 되는가를 경험으로 축적하여 지식을 정립하고 거기에 맞는 곳을 찾는 귀납적 방법이다. 이에 대하여 최근의 지기풍수는 개인의 기감에 의존하는 심혈방법이므로 기감을 객관적으로 정립할 수 없고 스승과 제자가 있을 수 없다. 지식을 객관화(客觀化)할 수 없다면 무속이다.

6. 기운은 어디로 가는가?

* 혈처에 모인 기운은 순환하면서 증발하고 미처 증발하지 못한 기운(餘氣)은 전순(氈脣, 순전이라고도 한다)으로 빠져나간다. 인자수지책은 혈장을 만들고 남은 지기가 계속 흘러가는 현상을 말하고 길지 않아야 된다고 한다. 그러나 신숭겸이나 대구서씨 시조묘를 보면 순전이 상당히 길다. 혈처가 유(乳)로 생겼으면 전순도 乳로 밋밋하게 내려가지만, 와(窩)나 겸으로 생겼으면 전순도 짧다. 문제는 돌(突)인데 반드시 하수사(下須砂, 두 갈레 턱수염) 또는 지각이 배출구 역할을 해주어야 된다. 獨山이나 童山에 장사하지 말라는 격언(格言)은 청백의 보호가 없어 좋지 못하다는 의미도 있지만, 그 보다는 지기의 배출구가 없어서 신진대사가 원활하지 못하다는 의미가 크다.

* 조선 백대 명당에 속하는 김반의 묘(한밭문화회관에서 인용, 감사합니다)-- 하수사가 있다.

* 돌형(突形)인 동산이나 높은 장유(長乳)인 경우에는 몸통에 가지가 붙거나 앞쪽으로 수염 또는 완만한 전순이 있어야 기운이 발산되면서 순환이 이루어진다. 이조 때 태실은 대체로 동그란 동산의 정상에 있어서 진혈이 아니다.(例: 성주 태종태실, 사천 단종태실, 아래는 창원 진동 태봉리 태봉)

* 지기의 배출을 강조하는 이유는 첫째, 순환한 다음 소멸하여 신진대사가 이루어져야 하는데 이를 챙기지 않고 둘째, 돌팔이 지관을 믿고 전순이나 하수사를 망가뜨리거나 또는 흙을 보토하여 묘역을 확장하는 바람에 아까운 명혈을 파손하는 경우가 많기 때문이다. 최근 박연○ 회장의 조부 묘를 가보니 전순을 예쁘게(?) 보토한 탓으로 묘 앞이 습기로 가득하였다.

7. 발복

* 발복의 작동원리, 시기, 내용에 관하여 논란이 많은데 여기서는 지기와 관련하여 간단히 본다. 음택은 지하에 형성되는데 대하여 양택은 지상에 기운이 결집되었다가 흩어진다. 당해 양택 거주자 뿐만 아니라 인근에 있는 사람도 기운을 받아서 혜택을 보기도 한다. 독립운동가 백산 안희제(의령 입산리), 박정희 대통령 때 막강한 권력자 이후락 정보부장(울산 석천리) 등의 생가는 평범한데 인근에 있는 종택은 대명당이다. 특히 석천리 학성이씨 고택은 잉어 명당으로 유명한데 울산시 파견 관리 공무원이 40세가 넘도록 자식이 없어 단념하고 지냈는데 고택을 3년 관리하였더니 46세에 아들을 낳았다면서 명당 효험이라고 자랑하더라.

* 인생살이는 원래 고해(苦海)라 길흉이 교차하는 것은 어쩔 수 없는데 요즈음 유튜브를 보니 형제들이 요절하면 흉지에 선조를 모셨다고 호들갑을 뜬다. 박정희 대통령도 어머니가 낙태하려고 간장을 마시고 언덕에서 뛰어 내렸다고 하니까 뱃속부터 생명의 위협을 느꼈을 것이다. 이명박 대통령은 6·25 한국전쟁 때 동생과 누나가 집에 폭격을 당하여 사망하였다고 한다. 어려움이 있어야 단련되고 보상으로 기쁜 일이 오는 것이다.

* 음양택으로 길흉이 결정된다는 풍수만능주의는 혹세무민이다. 팥을 심었으면 밭이 아무리 좋아도 팥이 나지 콩이 나지는 않는다. 풍수 위에 인과응보라는 上位法이 있으니 적덕선행하라고 도선국사가 신신당부했다.(2023.12.)

산은 분산(分散)전개(展開)하고 물은 통합(統合)합류(合流)하는 질서가 있다

1. 산맥의 형성과 질서

지구판(地球板)이 이동하면서 생기는 압력으로 지구판에 주름이 생기게 되는데 이러한 주름이 산맥이다. 우리나라가 속한 유라시아판은 해저판이 밑으로 들어왔다가 밀려나가는 운동을 하여 지표에 변화를 가져온다. 한때 三海(진해·김해·남해)와 三山(울산·부산·마산)은 가라앉고 西海는 떠오른다는 말이 있었는데(탄허스님의 예언이라는 말이 있으나 탄허 문중은 부인한다) 해저판의 이동으로 인하여 그러한 현상이 생길 수 있을 것이다.

산은 연결되어 산맥을 형성하고 바다로 내려가는데 진행과정에서 수많은 작은 산줄기(小枝)를 펼쳐서 육지를 형성하는 것이다.(해저에 형성된 산맥은 해저산맥이다) 여기서 산은 각자의 영역이 있고 다른 산과 만나는 경계에는 개천이 생겨서 서로의 영역을 구분하고 뒤섞이지 않는 질서가 있다. 산이 물을 만나면 멈춘다(界水卽止)는 말은 산이 경계선인 물(川이나 江)을 만나 그 산의 영역이 끝났다는 말이다.

산은 작은 산줄기로 분산되어 어지럽게 전개하더라도 결코 뒤섞이지 않는 분산의 질서가 있음에 대하여, 물은 바다로 내려가면서 다른 물과 합쳐져 큰 강이 되는 합류의 질서가 있다.

2. 쌍룡합일의 의미

 * 쌍룡합일(雙龍合一)의 결혈지라는 말이 있으나, 용(龍, 산을 의미한다)은 결코 합치는 법이 없다. 풍수적 역할을 하는 지기(地氣)는 용을 따라 오되 한 가닥이 아닌 여러 가닥(氣脈)이 한 줄기의 용을 따라 내려오는 경우가 있는데, 쌍룡합일이란 두 가닥의 기운이 용을 따라 오다가 혈처에 합쳐진다는 의미로 보아야 된다.

 * 백두산과 같이 화산 폭발로 생긴 천지 둘레와 전두환 조부 묘처럼 운석이 떨어져 분지를 이룬 경우에는 쌍룡합일처럼 보일 수도 있으나 자세히 보면 높은 정상(頂上)이 없어져서 생긴 착시 현상이다.(한라산은 해저 화산의 폭발로 생긴 것이고, 육지의 산맥이 연결되지 아니한다) 산정(山頂) 호수는 지하수로 인하여 생긴 것이고 지하수맥은 지하 30m 내지 300m 깊이에서 층을 이루면서 바다로 나아가고 지표수(地表水)와 행로가 다르다.

3. 긴 강(長江)을 사이에 둔 산의 분리

 * 금강은 장수 뜬봉샘에서 시발하여 용담댐-무주-대청호(속리산 보청전 합류)-공주-부여를 거쳐 군산에서 바다로 들어간다. 3백km에 가까운 거리를 구절양장(九折羊腸)처럼 꼬불거리는 여정을 거치지만 댐 제방과 같

은 인위적(그래도 수구는 있다)인 시설을 제외한다면 어느 한 곳이라도 산줄기가 합쳐지는 곳은 없다. 수 많은 산들이 얽혀 있는데도 자기영역을 고수하는 질서를 준수하는 현상은 신기하다.

　＊ 호남정맥의 경우를 보면 산맥의 경계를 이루는 보성강은 삼계봉에서 시발하여 주암댐을 거쳐 구례 섬진강에 합수된다. 보성강은 호남정맥의 북쪽 경계인데 강을 사이에 두고 산하(山河)가 펼쳐져 있고 많은 산태극 수태극(山太極水太極)을 만들고 있지만 마주한 두 개의 산이 서로 손을 내밀어 연결되는 곳은 어디에도 없다.

사진출처 : 카카오맵 스카이뷰(https://map.kakao.com)

4. 기맥의 형성(形成)과 행로(行路)

　＊ 지기는 지구핵의 고열로 인하여 발생한 다음 용암층을 거쳐 지구표면으로 분출되어 지기장을 만든다고 추측된다. 이때 분출방법은 지구판의 두께가 얇은 화산 또는 산악지대일 터인데 지상의 산하(山河)에 일정한 질

서가 유지되고 있는 이상, 지기가 움직이는 데에도 일정한 질서가 형성되어 있다고 보는 것이 합리적이다. 전통적인 견해는 지기는 기맥을 형성하면서 용맥에 따라 이동한다는 것이다. 이에 대하여 최근 유행하는 기감론에 의하면 기운은 용맥과는 아무런 상관이 없이 혈처로 모여든다는 것이고 이 점이 전통적 견해와 근본적 차이점이다.

* 우리는 산하(山河)에 질서가 있다는 사실을 잊어버리는 탓에 풍수이론을 정립하는데 자의적이고 나아가 자연을 훼손하거나 경시하는 경향이 있는 것이 아닐까?(2024.4.)

명당발복은 필연적인가?

명혈에 묘를 쓴다는 것은 그 혈의 성상(性象)에 따른 발복가능성을 높여준다는 뜻일 뿐 필연적으로 발복한다는 뜻이 아니다.

발복은 여러 가지 요인 예컨대 시대적 사회적 환경(인맥 지맥등), 고인의 유전자, 불자인 나로서는 윤회와 因果 등에 의하여 결정된다. 사주 보는 者에게 물으면 사주팔자가 80~90%를 좌우한다 하고, 성명철학자에게 물으면 이름이 중요하다고 하고, 지관에게 물으면 풍수지리가 천명을 바꾸는 탈신공개천명의 효험이 있다고 하고, 무당에게 물으면 귀신에게 잘 보여야 된다고 하고, 부적이 만사형통이라는 사람도 있다, 어떤 이는 모든 게 하느님의 뜻이라 한다.

양심적인 명리학자에게 물으면 사주(환경과 성격 포함) 70%, 성명 5%, 기타(음양택 포함) 25%이지만 사람에 따라서 같은 요인이라도 약발이 다르다고 한다.

* 다수는 유전자(DNA)와 사주가 70% 영향을 미치고 풍수지리를 포함

한 나머지가 본인이 개척할 부분이라 생각한다. 자기 가계의 유전상 정자의 모양새가 난자의 벽을 뚫기 어렵게 생겼으면(정자의 모양도 가지각색이다), 百子千孫之地를 구하려고 뛰어다닐 것이 아니라 속히 인공수정해야 하고 아들만을 원한다면 미국 가서 수정하면 된다. 재물만을 추구하는 가계에 학문만 있는 음택을 쓰면 아무리 대혈이라도 발복하겠는가? 우량한 후손을 보려면 천리 밖에 사는 건장한 처녀를 며느리로 삼아야 된다. 안젤리나 졸리가 왜 멀쩡한 유방을 절제하였겠는가. 사상체질로 분류하는 건 옛말이고, 요즈음은 16 이상으로 체질을 분류하여 실용한다.

코페르니쿠스가 지동설을 주장한 것은 1543년이고 우리나라에 지동설이 들어온 것은 소현세자가 1645년(인조 23년) 중국에서 지구의(儀)를 들여 온 것이 최초이고 박지원 이후 실학파에 의하여 전파되었다. 천동설을 바탕으로 한 오행이론이나 12간지는 신주단지가 될 수 없다.

풍수가 영향력이 있는 건 경험적, 과학적으로 인정되고 후천적으로 얻을 수 있는 발복 요인이 되기 때문에 열광하는 것이다. 그러나 절대적일 수 없고 현대문명과 조화를 기해야 된다. 결국 발복으로 혈의 진위를 판단하는 건 정확하지 않다. 몇 대 장상이 나고 언제 누가 죽고 하는 구체적인 발복 추론은 맞으면 천기누설이고 틀리면 혹세무민이니 이래저래 죄 짓는 경망된 처사이다.

어떤 이는 동기감응의 주체는 유골보다 혼백이라고 주장하면서 득의해 하고 어떤 이는 발복의 작동원리(메카니즘)를 카페에서 물고 다닌다. 저 세상과 이 세상을 연결하는 고리를 알려면 육통 정도 득도를 하고 시간과 영(靈)의 세계를 합친 5차원 이상의 高차원에서 노니는 도인이 겨우 짐작할 수 있는 우주적 문제인데 아집에 젖은 俗人들이 무얼 알겠는가?(2020.4.)

발복추산에 대하여 상론(詳論)이 不可한 이유

1. 풍수의 품격

나는 평소 '사격에 富의 기운이 있으니 부자되겠다', '래용(來龍)이 강하고 안산이 가까우니 속발하겠다', '바람이 치니 흉하다'는 등 대체적인 길흉을 말하는 건 좋으나, '언제 어떤 발복이 있고 자식은 몇 명을 낳고 벼슬은 어디까지 오른다'는 등 귀신 씨나락 까먹는 발복추산은 사람들로부터 반쯤 돌았다는 말을 듣는 요인이 되어 풍수의 품격을 떨어뜨리니 삼가라고 주장해 왔다. 발복추산을 상론하는 일은 명리학에 맡기고 풍수는 피해야 된다.

2. 왜 발복추산을 하지 말아야 되는가?

첫째, 명당은 발복 가능성이 있다는 것일 뿐, 반드시 발복한다는 필연을 뜻하는 것이 아니다. 당해 명당에 부적격자이거나 인연이 맞지 않으면 발복은커녕 화를 입을 수도 있다. 세상 일은 수많은 요인에 의한 영향을 받는다. 그럼에도 발복추산을 강조하게 되면 필연적으로 발복된다는 주장이 되어 혹세무민하는 결과가 된다.

둘째, 발복추산은 어렵다. 경망스럽게 떠들면 죄를 짓는 것이다.

부처님이 제자들과 길거리를 지나다가 점치는 자가 있는 걸 보고 "장래 일은 아라한(나한) 정도는 되어야 겨우 알 수 있는데 저들은 죄를 짓고 있다" 하셨다. 옥룡자 유세비록 중 「개탄가」(유청림 편저, 135p)를 보면 "비봉포란 석중혈에 자기 엄마 묘를 쓰고 3년이 못되어 파괴되는 바람에 마을 앞으로 이장하였다. 그만큼 어려우니 길지를 얻으려면 아는 것도 소용 없고 적덕하고 하늘에 맡겨야 된다" 다른 개탄가는 흥망성쇠 가리기가 어렵다 하였다.

득도한 고승은 여섯 신통력(천안, 천이, 숙명 등)을 부수적으로 얻게 되는데, 地通力은 천안에 속한 하급 신통력이고 천안이 아니라도 상당한 수행경지에 이르면 지통력을 얻을 수 있다. 승려들은 교리상 세속적 영화를 추구하는 풍수를 공부하거나 풍수행(行)을 하지 아니한다. 다만 포교의 수단으로 풍수와 명리학 등의 잡술을 배운다. 득도를 하면 풍수이론서를 공부하지 않아도 부수적으로 지통을 얻게 되는 것이다.

그러므로 자장율사(590~658), 원효대사(617~686), 의상대사(625~702)가 1400년 전에 잡은 수많은 사찰 터가 아직도 기운이 왕성하다.

도선국사 옥룡자(827~898)가 중국에서 풍수를 배웠다고 하는데(당 일행선사에게서 배웠다는 건 시기적으로 맞지 않지만), 신라 시대인이라는 유리자의 저서 삼의록을 배웠다거나 나옹, 무학, 진묵대사가 도선의 몇대 제자라는 말은 황당하다. 옥룡자는 풍수에 심취하고 태조 왕건의 출생을 예언하는 등 외도를 하였지만 옥룡사를 지어 수백 명씩 승려를 양성하였다고 하니 고승임에 틀림없고, 일지승과 일이승은 행려승려類이고, 홍성문은 회문산 만일사의 기승(奇僧)이고, 성지는 권력에 붙은 사이비 승려이며, 성거사, 박상의, 두사충과 그 사위 나학천 등은 속인이다. 이런 사람들은 모두 地通하였다고 추측된다. 발복추산을 제대로 하려면 지통을 한 수준은 되어야 한다. 지금 내노라하는 풍수인이 땅의 과거, 현재, 미래를 알 수 있을 정도로 지통하였다고 하면 믿겠는가? 결록에서 천년장상지지 부여(富如) 석숭 등은 비유일 뿐 발복추산을 한 것이 아니다. 어떤 풍수학회는 몇 개월 배우면 결록도 낼 수 있고 발복추산도 할 수 있다고 하니, 3년을 내다보지 못한 탓으로 어머니 묘를 이장한 옥룡자가 울고 가겠다.

셋째, 발복추산은 소용이 없는 일이다.

오래된 묘는 그 집안이나 문중에 물어보거나 족보를 보면 발복을 알 수 있고, 앞으로 발복할 묘에 대한 추산은 장래에 가 보아야 정확히 알겠지만 미리 알아본들 어찌할 것인가? 흉지가 아니라는 것만 알면 된다.

넷째, 시대가 변했다.

지금은 무엇보다 부(富)를 중히 여기고, 결혼은 안해도 좋고, 자식은 딸 아들 구별 않고 하나만 낳고, 장사 후 3년이 안 되어 발복 안 되는가 안달을 하고, 벌초하기 힘든 묘는 찾지 않고, 정치여건상 몇 대에 걸친 왕비 장상은 탄생할 수 없다. 이런 판에 저기 묘를 쓰면 자식 10명(百子千孫)에 90년(3대) 뒤에 왕비 장상이 줄줄이 탄생하니 부모 묘를 쓰자고 하면 돌았다 할 것이고, 그렇지 않다 하여도 대부분이 지금 몇 십억 재산을 모은다는 말을 더 좋아할 것이다. 발복추산하고 다니는 사람들 때문에 샐쭉한 놈으로 보여질까봐 패철 차고 전철 타기가 영 껄끄럽다. 건강하고 부자된다는 웰빙 차원으로 접근해야 할 것이다.

다섯째, 장사법도 많이 바뀌어서 3일장으로 하고 하관시간을 따지지 않는다. 일이승 산도를 보면 우주순환에 맞추어 하관시간을 기재하였다. 이러한 장사법 변화는 어떻게 반영하고 추산할 것인가?(2021.8.)

일이승 산도에 작성자로 기재된 노정은 누구인가?

1. 일이승 작품으로 알려진 선인포전을 비롯한 전라도 지역의 산도에 작자를 노정(蘆汀)이라 표시하였는데 노정은 노사(蘆沙) 기정진이라는 有力說이 있다. 지리전도서를 보면 일이승 산도에서 경기 및 경상남·북은 작자이름과 작성일이 없고, 충북·전북은 일이승 표기를 한 것이 많고, 부여·익산 등지는 두사충 산도가 많으며, 전북 일부 및 전남은 노정 및 작성년일자(일부는 작성일자만 표기)가 기재되어 있다. 일이승의 전남 산도에 관하

여 작성시기와 산도 숫자를 보면, 정유년부터 임인년까지 6개 년에 걸쳐 약 80개에 이른다. 전남에 노정 외에 작성자가 일이승 명의로 된 산도는 따로 없다. 한편 유청림 편저『옥룡자 유세비록』을 보면, 일이승의 스승 일지승의 작품으로 노정의 산도가 그대로 실려 있다.

2. 심혈 년도표

	일이승 활동기(1600~1700)		노사 생존기(1798~1879)
정 유	1657년		1837년
무 술	1658년		1838년
기 해	1659년		1839년
경 자	1600년	1660년	1840년
신 축	1601년	1661년	1841년
임 인	1602년	1662년	1842년

노사의 생존년도는 1798~1879년이므로 위의 심혈시기는 선생이 39~44세 때이다. 노사 선생은 34세에 소과를 장원급제하고 40세부터 40여 차례 벼슬을 받지만 모두 사양하고 학문연구와 후진양성에 전념하였다. 성리학 6대가 중 한 사람으로 여러 문집을 남겼고 재주가 많아서 천문지리에도 통달하였다고 한다.

노사 선생의 행적으로 보아 지리에 밝았다 하더라도 한창 분주하던 40세 전후에 6개 년에 걸쳐 전남 일원을 유랑하며 80개 산도를 작성하였다는 것은 납득하기 어렵고, 근세라 할 수 있는 1840년 무렵의 행적이 숨겨져 있을 리 없고, 산도 원본이 그 집에서 나오지 않은 것도 이상하다. 그리고 일이승이 전남지역 산도를 한장도 만들지 않았을 리 없다. 결국, 노정이라 표시한 산도는 일이승의 작품이거나 또는 일지승과 일이승 사제의 합작품 정도로 이해되고 일지승 사제의 활동년도가 1660년경(두사충 1627년 死)임을 알 수 있다.

고창 금반옥호, 임피술산 복구형의 산도 작성자는 노정 이름으로 기재되어 있다. 금반옥호에서 혈처 부근에 있다고 표시된 변씨 묘는 인천 변성진(1549~1623) 묘이므로 일이승 활동시에 이미 쓰여 있었다. 노사 기정진은 두암초당에 風山高而水長이란 현판을 헌납할 정도로 인천 형제를 존경하였는데 예의없이 인천 묘 앞에 진혈이 있다는 산도를 남겼겠는가?(2019.12.)

토정과 풍수
(토정은 풍수신안인가?)

1. 토정의 풍수일화

토정 이지함(1517~1578)은 우리나라 기인 가운데 한 사람으로 여러 가지 일화가 있다. 천문, 주역, 복술, 의학에 능통하여 천문 인사에 관하여는 책을 저술하였지만 풍수지리는 저술하지 않았는데 그 이유는 현장에 가지 않고 풍수를 논(論)할 수 없기 때문이라 한다. 풍수에 관하여 비결서는 없지만 많은 이야기를 남겼고, 옥천 군서면에 작약미발형(함박꽃이 피려는 형)의 신후지를 소점하였다가 실혈하였다는 전설이 있다. 일화들은 정황상 허구일 가능성도 있으므로 가볍게 점검하고 토정의 풍수 눈높이를 가늠해 본다.

2. 토정의 신후지 전설

토정이 팔도유람을 하다가 옥천 어느 골짜기에서 갈증을 해소하려고 물을 마셨는데 물에서 작약 향내가 나므로 찾아보니 천하대혈 작약미발형이 있었다. 토정은 동행하던 하인 신개에게 자기의 신후지로 삼겠다고 일렀다. 토정이 죽자(1578년) 유족들은 하인을 앞세우고 신후지를 찾아 가던 중 목적지를 앞둔 어느 지점에서 하인이 갑자기 심장마비로 쓰러지면서 죽기 전에 목적지가 삼밭이라 말하였다. 유족은 삼밭이란 말로는 장지를 찾을 수 없어서 고향인 한산으로 돌아갔다. 옥천군 군서면 사정리 입구에 삼밭골이란 지명이 있었는데 사람들은 하인이 말한 삼밭이 그곳으로 알고 마전(麻田)이라 불렀다.

하인 신개가 죽었다는 곳은 홍산 맞은편인 은행리이다. 신후지가 마전 안쪽 골짜기 사정리 사기점이라는 說과 동평리 평곡이라는 說, 풍양홍씨 선산이라는 說이 있다. 풍산홍씨 도정공 홍중인은 1792년 사정리 일대의 산을 매입하여 선산으로 삼자 사람들은 홍씨들의 산이라 하여 홍산이라 부른다. 동네 사람들 말에 의하면 여전히 전국 풍수들이 작약미발형을 찾아 방문한다는 것이다. 이런 전설과는 별도로 금산리에 작약미발이라는 결록(법품스님 作?)이 있는데 그곳이 토정 소점지라는 견해도 있다.

어느 곳이 토정의 소점지인가? 답산 결과 평곡에 있는 작약미발이 가장 대혈이고, 토정의 신후지(예정지)일 가능성이 많다. "서대산 래맥의 작약미발 3혈"이라는 간산기를 쓴 바 있다.

3. 토정의 풍수 눈높이

* 토정의 풍수에 관한 이야기로, 성주산 목단형에 모감주나무를 심어 치표하였다가 몇 년 뒤 찾아가니 나무가 무성하여 혈처를 잃었다는 이야기, 비인 문수산에 복종형이 있다는 말을 듣고 백일기도 후 찾아가니 산신이 구경이나 하라면서 혈처를 가르쳐 주었는데 다음에 또 보려고 지장풀을 묶어 치표를 하는 바람에 산신이 노하여 온 들판 풀을 묶어 놓아 혈처를 잃었다는 이야기, 부여 곡부 매화낙지에서 구읍구소(九泣九笑; 아홉번 울고 아홉 번 웃다)하였다는 이야기, 부모 묘자리를 산신의 계시로 잡았다는 이야기, 조부 묘자리가 자신의 자식이 요절할 자리인데 형님들 자식이

정승된다는 지관의 말에 자신은 희생해도 좋다고 형님들을 설득하여 용사했다는 이야기가 있다.

 * 복종형에 관하여 박상의(1538~1621)가 동판을 묻어 치표하였다는 이야기, 민판서가 그 동판을 찾으려고 온 들판을 파보았다 하여 민경들이라고 부른다는 이야기, 명나라 해군제독 진린이 혈과 관련된 시를 남겼고 두사충의 사위 나학천이 봉안결을 남겼다는 이야기가 있다. 이와 같이 복종형의 결록은 토정이 사망한 뒤 임란 직후에 많이 거론된 혈지이고 지금의 풍수들도 진혈을 찾았다는 사람이 많이 있다.

 * 요즈음 풍수도 찾았다는 목단형에 대하여 토정이 치표를 하였다가 잃었다든지, 복종형을 스스로 찾지 못하고 백일기도하여 산신도움으로 찾았다가 失穴했다고 한다면 신안은 아니다. 대표적인 소점지 작약미발형은 그 당시 생지 명혈이 많이 있었으니 풍수고수라면 찾는 것이 어렵지 않았을 것이다. 도선국사도 오랜 공부 끝에 개안하였다고 하는데 토정이 불과 16세에 부모 묘터를 구산했다는 것은 믿기 어렵다. 보령에 있는 토정의 가족묘에 대하여 천석을 들이어 제방공사를 하였다는 것은 형님들이 공사한 것이 아닐까? 풍수에 능한 토정이 조부묘터를 잡지 않고 지관이 잡았다는 것은 당시 토정의 나이가 10세 남짓하였을 터이니(조부가 부모보다 몇 년 앞서 돌아가셨다면 그 정도의 나이이다) 그럴 수 있다. 토정은 박상의의 스승 성거사와 동시대인으로 임란 직전에 사망했다. 성주산 목단형에 관하여 토정과 성거사가 함께 글을 남긴 것(토정은 단편 시, 성거사는 긴 결록)은 시기적으로 사실일 수 있다.

 결론을 말하자면, 토정은 신안은 아니고 고수급이었다고 생각한다.(2021.12.)

국(局)을 어떻게 볼 것인가?
(두승산 선인포전과 좌부에 관련하여)

* 국(局)이란 穴과 沙를 합한 부분을 말하는데 형세론에서 주로 사용하는 용어이고 이기론에서는 내룡과 수구의 방향에 따라 4종으로 구분한다. 형세론적 의미를 보면 국이란 하나의 권(圈. 울타리)을 말하는 것으로 대국(大局), 중국(中局), 소국(小局)이 있다. 대국은 성(城)이 되고, 중국은 원(垣)이 되며, 소국은 당(堂)이 된다. 국이란 혈을 중심으로 전후 좌우를 둘러싼 전체를 의미한다(지학 局論을 再인용함). 이는 사전적 해석이고 통속적으로는 혈처는 기운을 붙잡아 담고 있는 그릇인데, 작게는 내명당을 위주로 혈처를 둘러싼 그릇을 말하고 좀더 넓게는 혈처에서 보이는 外명당과 사격으로 둘러 싸인 담장 안쪽을 말한다고 이해된다. 中局에서도 백리가 넘는 한 마리 용으로 울타리를 형성한 곳이 있지만 이는 예외적인 경우(덕유산 천제혈)이다. 중조나 태조산은 용의 혈통과 품격을 따지는데 필요하고, 기운을 안고 있는 국세 안에 있을 필요가 없다. 안산은 국내에 있어야 되겠으나 朝山은 국내에 있을 필요가 없고 국외에 있는 사격도 있을 수 있다.

* 그러므로 태조산을 기준으로 하는 넓은 대국(혈처에 직접적인 영향력이 없는 지역까지 포함한 국세)으로 혈의 대소 또는 명혈 여부를 가릴 수 없고 중국과 소국이 중요하다. 일이승은 두승산 8봉 아래 명금혈(鳴金穴)이 있다고 하는데 대국(大局) 기준으로 본다면 포전형과 동일한 국세 內에 있게 되니 똑같이 호남 8大穴이 되어야 하겠지만 실제는 차이가 있다. 소국(堂)과 중국(垣)은 혈처의 구조를 파악하기 위한 용어이므로 진혈(堂局)이 맺히지 않았다면 중국은 의미가 없다. 그러나 대국은 도시나 성곽의 구조를 파악하기 위한 용어이므로 개별 음양택의 존재와는 전혀 무관하

고 따라서 소·중국이 있든 없든 大局은 있을 수 있다.

* 좌부형과 포전형 사이에 대국을 따지는 것은 무의미하고 두 혈은 小·中局이 다르다.(2021.9.)

진혈에는 반드시 혈토가 있는가?

1. 혈토(穴土)란?

통속적(형기풍수상 개념이다)으로 흙의 색(土色)과 성질(土質)을 말하지만 이기풍수의 개념이라면 혈판 일원의 생김새를 오행으로 파악한 용어이다(예컨대 혈판은 평평해야 되므로 穴土라고 한다). 형기든 이기든 많은 사람이 혈이 되는 증거로 삼는다.

통속적인 의미의 혈토는 오색을 갖출 것과 비석비토(非石非土)로 돌처럼 단단하게 보이나 손으로 문지르면 콩가루처럼 되는 것을 이상적으로 여긴다. 탐침봉 사용자들이 채취하여 자랑하는 흙은 홍황자윤이다.

2. 통속적인 혈토의 종류에 관하여 설명한 책(김성수著, 「名堂」)을 인용한다. 이 쪽이 설득력 있다.

"흙(土)은 색(色)에 구애받지 않으나 황적색이 좋고 저혈토(豬血土)는 사토(死土)이다. 백색은 길토(吉土)이고 회색은 나쁘다. 청색은 길하나 밤색은 나쁘다. 흑색은 나쁘지만 윤택있는 흑색은 길하다. 만산(滿山)이 불흑(黑)인데 훈중에 흑색토가 있으면 이는 조화착색(造化着色)이라 미인이나 덕있는 자의 흙이다. 공자묘가 그렇다. 만산불니(不泥)인데 혈중에만 진흙이면 중심되는 룡혈이요, 만산에 물이 없는데 혈중에 샘이 있으면 용샘

길혈이다. 만산에 돌(石)이 없는데 훈중에 큰돌이 있으면 길혈로서 천추불패 덕인의 땅이다."(일부 번역하여 인용)

"세력이 멈춘 곳(勢止處)이 진혈처인데 사람마다 진혈처 찾기보다 토색 좋은 곳을 갈망한 나머지 흙만 견고하고 윤기나는 곳에 장사하여 敗絶한다. 세지처가 석반이면 뚫고 써라. 浮穴, 와탄혈(窩坦穴)에는 배토, 객토하여 봉분을 만들라."

지관이 토색(土色) 때문에 참사당한 역사가 있다. 1834년 순조가 죽자 산릉(왕릉 예정지)을 조성하던 중 흙색이 거무스레하고 지반이 움직인다는 이유로 지관 이시복이 참수형을 당하였다. 그 뒤 파주 교하에 장사지냈다가 철종 때인 1855년 서초구 헌릉(이방원 묘) 옆으로 이장하고 1857년 순원황후를 합장하였다. 이 묘가 인릉인데 지관들이 극찬하였으나 6년 뒤 대원군 집권으로 순원황후의 친정 안동김씨들은 60년 세도에서 몰락했다. 개인의 명당은 국운을 이길 수 없는 것이다.

3. 私見

도로 절개지나 토목공사 현장에 가서 보면 홍황자윤 흙이 있는 곳이라 하여도 혈이 안 되는 곳을 흔히 볼 수 있다. 반대로 혈이라 하여 모두 좋은 흙으로 가득 찬 것도 아니다. 호남지역은 대체로 황토가 많아서 토색이 붉으나 영남은 갈색이 많다.(믿기 어렵지만, 황토는 수십만 년 간 중국에서 황사가 날라와 쌓인 것이라 한다) 세상에 물 좋고 정자 좋고 반석 좋은 곳은 없다. 아마도 흙 좋은 곳은 소혈일 가능성이 많을 것이다. 혈로써 다른 요건을 갖추고 있다면 돌 위라도 다른 곳의 좋은 흙을 가져와서 봉분을 만들거나(培土葬) 또는 얕게 묻고 보충하거나(補土葬) 기존의 천광(구덩이)의 나쁜 흙을 비석비토로 대체하는 것(代土葬?)이 가능하지 않을까 생각한다.

山書에 하늘은 완전한 것을 만들지 않으니 인력으로 보완하라는 말(天無完工 功借人力)이 자주 등장한다.

혈탐지력을 과시하기 위하여 혈토탐침봉으로 남의 땅을 쑤셔대는 것이 능사가 아님을 강조한다. 진혈 찾기는 엘로드로 탐지하는 것에 만족해야 된다.(2020.7.)

전국에 生地名穴은 몇 개나 있을까?

1. 결록지와 명혈

생지 명혈을 답사하는 사람들이 항상 의문을 품는 문제이다. 명혈 중 등수가 높은 중등 이상의 대혈은 90% 이상이 결록과 산도(이하 결록이라 한다)에 수록되어 있고 10% 정도가 결록에 없다고 본다. 그러므로 결록을 계산해 보면 명혈의 숫자를 짐작할 수 있겠으나 결록책은 서로 중복되는 부분이 많고 위작도 섞여 있어서 정확하게 계산하는 것은 불가능하다.

평생을 결록 연구에 매달린 청산선생은 약 2,700개라 하고, 장익호학회는 장선생님이 연구한 자료를 보면 수만 개의 명혈이 있다고 하며, 어떤 풍수는 각 산마다 자체적으로 수십 개의 혈이 생겨 있다 하고, 좌향을 중시하는 풍수는 어떤 곳이든 좌향을 잘 맞추어 놓으면 길지가 된다고 한다. 수만 개가 된다는 주장은 장삿속이거나 자기최면에 걸린 것이므로 경계해야 된다. 정확하게 계산하는 것은 불가능하지만 억지로 계산해 보기로 한다.

2. 결록을 남긴 선사들

* 선사들 가운데 결록을 남긴 분들은 도선국사(옥룡자, 827~898 충청과 전라), 무학대사(1327~1405, 경북지역), 두사충(?~1627?, 전국), 나학

천(두사충의 사위, 봉안결, 충청도지역), 성지대사(?~1623, 경주와 김해지역), 박상의(선조~광해, 전북과 충청) 일이승(전국, 1660년경 활동, 스승인 일지승 산도와 함께 남긴 듯) 이의신(16~17세기, 전라도지역)이다. 결록은 충청도와 전라도가 많고 경북은 적다. 무학대사 소점으로 알려진 곳은 의외로 국세가 작아 소혈처럼 보이지만 발복은 알차다. 박상의와 이의신은 비슷한 연대에 활동한 것 같으나 결록을 체계적으로 남긴 것 같지 않고 나학천결은 입수하지 못했다. 남사고와 이지함은 임란 직전 인물인데 지리대가로 알려져 있으나 결록을 남기지 않았다. 그밖에 유명 무명의 비결이 전해지고 있으나 지방결록 또는 작자가 선사로 인정받지 못한 풍수이므로 믿음이 가지 않는다.

 * 도선국사가 풍수를 체계적으로 전파한 이래 무학을 거치면서 왕과 양반들이 풍수에 심취하였으나 보편화되지 않았다. 임란 때 두사충 일행의 중국풍수들이 들어와서 풍수行을 하고 나경을 전파함으로써 음택풍수가 평민에게도 널리 전파되었던 것 같다.

작성자	책 이름	개 수	비 고
도선국사	옥룡자 유세비록	465혈	전라도 위주
두사충	무학지리전도서 부록	결록 1222 (경기 280)	북한지역 생략
일이승 두사충 용혈도	위의 부록	532혈	옥룡자결 일부 포함
이학선 편저	해동명산록	1270 (경기 241, 이북 56)	위의 결록 다수 포함

3. 결록 숫자

웬만한 결록은 옥룡자, 두사충, 일이승의 결록에 모두 포함되어 있고 해방 후에 만들어진 책으로 『해동명산록』(이학선 편저 92년 刊)과 장익호 유산록(전편 1983년, 후편 1990년)이 있다. 해동명산록은 여러 필사본을 정리한 것이고 유산록은 전해오는 결록 중 두사충. 일이승의 결록과의 중복을 피하고 전국 결록지를 답사한 간산기인데 산맥의 래룡을 체계화하였다. 그 밖에 결록지와 관련된 몇 권의 책이 있으나 독자적인 결록은 없다.

* 도선, 두사충, 일이승의 총합계 2,219(경기 280개)개는 중복이 적다. 해동명산록은 이북을 제외하면 1,214개인데 대부분 두사충 등 여러 고수의 결록을 인용한 것이다.

* 아래는 해방 후 발간된 책에 수록된 명혈의 수.

장익호	유산록	전 152, 후 900	기존 결록 중 유명한 혈 포함
이정암	한국 최고 명당	670(경기 268)	기존 결록과 중복 많다
이소영	만산도	939 (결록과 도면)	위와 같다
고광창 수집	만산도	680결(경기 99) 도면 580	위와 같다
이명석	명산의 혈을 찾아서	156(경기 62)	위와 같다

* 이상 현재까지 발표된 생지 명혈은 총합계 3,687(경기 429개)인데 유산록(약1,000개)외에는 중복이다.

* 그렇다면 중등급 이상의 명혈은 총 3,500개(도선 두사 일이승 등 2,200개, 유산록 1,000개, 전체의 10%로 추정되는 미결록 등 300개 총합계 3,500개)로 추산할 수 있다. 다만 두사충 결록은 장소를 찾을 수 있는 힌트가 적어서 태반이 쓸모가 없다.

4. 사용 가능한 결록지의 수(數)

＊유산록 발간 시까지 전국 생지명혈은 3,500개라 할 수 있으나 그중 서울, 경기, 세종시, 대전시 등지는 도시개발, 커피숍, 전원주택, 행정규제로 인하여 사용하기 어렵다. 그 수를 3분의 1인 1,200개로 보아야 되므로 나머지는 2,300개가 되지만, 이미 사용되었거나 혈처 부근에 혈처지 킴이 역할을 하는 기존 묘가 있는 경우가 2분의 1정도 되므로 1,100개가 남는다. 거기서 다시 민원, 고산지역, 산돼지피해 우려 등의 장애를 2분의 1로 치면 사용 가능한 혈은 겨우 600개 정도 된다.

＊결록이나 산도에 실리지 않은 사용가능한 초등명당이 명혈(600개)의 3~4배(배수는 내가 산을 다녀본 느낌)인 2,000개, 그 이하 길지급이 역시 3~4배인 8,000개, 길흉이 교차하는 보통급이 32,000개이고 그 이하는 전부 흉함이 많은 흉지이다. 결록에 없는 초등명당과 길지급 합계 42,000개가 우리의 求山대상이 되어야 한다. 흉지가 의외로 많다. 오죽하면 김영소 만산도는 흉지 요건이 18.000개라 하였겠는가. 흉함을 피할 자신이 없으면 화장을 해야 된다.

5. 명혈을 대하는 자세

生地 大穴 600개를 매년 30개씩 사용한다면(매년 사망자는 26만 명 정도 된다) 20년 후에 바닥이 난다. 명혈은 아끼고 사랑하며 후손에게도 남겨준다는 마음가짐이 필요하다. 그런 자세를 가지면 인연이 닿아 좋은 곳을 차지할 수도 있을 것이다.(2021.9.)

나의 심혈법(局勢, 形勢, 物形)

* 풍수에서 혈 찾는 법(尋穴法)은 근본적으로는 혈이 맺히는 원리를 形氣論的으로 파악하느냐, 아니면 理氣論的으로 파악하느냐, 또는 統合論的으로 파악하느냐에 따라 달라진다. 다만 형기론과 이기론이 각론(各論)에서 무수한 가지를 치기 때문에 尋穴法이 무수하게 제시되는 것이다. 그래도 장풍득수를 갖추어야 된다는 공통점이 있으므로 주산, 청백, 수구가 공통되는 긴요한 구성요소로 된다.

* 근세의 고수 하남 장용득(1925~1992)은 길흉화복을 가져다 주는 묘를 연구하여 패철을 12방위로 축소하여 혈처와의 배합·불배합 이론을 만들었다. 그러나 혈처 부근에서 토질, 초목 등이 양질이냐의 여부를 따졌으므로 형기론이 가미되었다. 결국 통합론적 입장으로 볼 수 있으나, 혈처를 중심으로 보기 때문에 현무 입수를 중시하고 主山 이전의 행룡은 살피지 않는다. 전체적으로 볼 때 혈처를 중심으로 한 미시적 관찰법이다.

* 역시 근세의 대가로 평가 받는 장익호(1913~2000)는 태조산에서부터 따진다. 예컨대 태조산에서 출발할 때 간룡이 아니고 다른 가지의 호송산으로 출발하였다면 공망룡으로 그 래룡(來龍)에는 혈이 맺히지 않는다고 본다. 그러나 좌향을 정할 때 패철을 사용하여 흉살을 따지는 이기론을 수용하였다. 전체적으로 볼 때 거시적 관찰법이다.

* 일련의 행룡 중 어느 산이 태조산인가를 판별하기 어렵고 태조로부터 나올 때 공망산인가의 여부를 판별하기도 쉽지 않다. 생룡(生龍)이 사룡(死龍)으로 변하였다가 다시 생룡으로 변하거나 또는 그 반대의 경우도 있고, 행룡 도중에 기운의 성격이 복합되거나 변화한다. 그러므로 혈처 기운의 성격에 영향을 많이 주는 중조 내지 소조(나는 현무 뒤의 부모산을 주산이라 하는데 소조로 보는 견해가 많다)부터 행룡모양, 생사, 성격을

보아야 맞다고 본다. 그러므로 중국(中局)부터 성격과 모양을 보면서 혈처를 추적한다. 중국에는 혈처에서 보이지 않는 소위 暗供하는 산과 물길도 포함시켜야 된다. 주산에서 입수까지도 중요하지만 혈처 주변(혈장)이 더욱 중요하다. 유정한가 무정한가, 모양이 예쁜가, 성격이 청수한가 등 형기를 따진다. 좌향은 패철을 무시하고 입수와 전순 그리고 안산이 유정한 곳을 본다. 물형은 혈처의 성상(性象)을 비유적으로 표현한 것인데 신기하게 현장에 맞는 경우가 많다.

그러므로 나의 尋穴法은 국세, 형세, 물형론을 추구하고 좌향에서도 패철을 동원하지 않는 순수한 형기론이다. 이기론은 행룡과 좌향에서 방위를 따지는데 패철은 임란 무렵 중국지사 이문통 등이 우리나라에 전파한 것이고, 흉살 이론은 양택에서 출발한 개념인데 우리나라에서는 사도세자 묘 이장 시에 비로소 논의되었다. 너무 거미줄 같은 술법에 얽매이면 본질을 잃을 수 있다.

* 우리의 결록서는 고려초 도선국사가 비결을 최초로 작성한 뒤 한참 뜸하다가 조선초 무학대사 결록서가 있으나 경북 일원을 중심으로 하고 내용이 부실하였다. 임란 직전 성거사가 소수의 결록을 남겼고 정유재란 때 명나라 원군으로 왔다가 귀화한 두사충이 전국을 대상으로 하여 수많은 결록을 남겼으며, 그의 사위 나학천은 충청도 지역을 중심으로 한 봉안결을 남겼다. 그 뒤 1660년 무렵 일지승과 일지승 사제가 전국을 대상으로 많은 산도를 작성하였고(옥룡자 결을 다수 재현함) 이때가 풍수결록의 전성기이었다.

그 이후 현재까지는 선철들의 결록을 산도(용혈도)로 작성한 만산도가 몇 種 있고, 새로운 대규모 결록은 나오지 않았다. 아마도 새로운 명혈을 발굴하기가 사실상 어려웠기 때문이라 생각된다. 우리나라의 결록이나 산도는 모두 中局을 바탕으로 하고 혈장 주변의 사격을 살피는 형세론을 취하고 종합하여 물형을 정하는 물형론을 따른다. 행룡과 좌향에서 방위를 따지는 이기론적 고려는 전혀 없는 순수한 형기론이라 할 수 있다.
(2022.12.)

헷갈리기 쉬운 방향과 방위에 관한 풍수용어
(형기론자의 패철사용법)

1. 방향과 방위

* 혈처는 생기가 감도는 곳인데, 혈처를 찾는 방법론으로 형기론과 이기론 그리고 통맥법회 등의 절충론이 있다. 형기론은 혈처의 주변 환경(혈처에서 보이지 않는 곳까지 포함한다. 소위 暗拱이다)이 유정한가의 여부를 핵심으로 하는 이론이고, 이기론은 방위가 오행, 팔괘 등의 법칙에 맞는가가 핵심이론이다. 그러므로 형기론은 좌향과 행룡에 방향을 표시하였더라도 그야말로 어느 방향(方向)이라는 의미일 뿐이다. 이에 대하여 이기론은 방향에 오행이나 팔괘의 기능적 역할을 부여한 방위(方位)의 개념으로 쓰인다. 이기론의 방위 개념은 방위간의 상관관계(예컨대 황천살, 배합, 정음정양 등)를 예정하는 개념이므로 굉장히 다양하고도 복잡하다. 사전(辭典)에 의하면, 방향은 어떤 곳을 향한 쪽을 말하고 방위는 동서남북의 四方을 기준으로 하여 나타내는 위치 또는 음양오행, 간지, 팔괘를 배치하여 그 방향에 따라 길흉을 판단하는 술법이라 한다.

* 순수 형기론을 고집한다면 나침판으로 족하고 복잡한 패철은 필요가 없다. 그러나 형기론자임을 자처하면서도 이기론이 채용하는 패철의 1층(팔요황천살)과 2층(팔로사로황천살)의 살(煞)을 수용하는 풍수가 많다. 이기론은 더 나아가 3층(삼합오행), 4층(正吾배합 정음정양), 5층(분금재혈), 6층(사격, 三吉방은 卯庚亥, 六秀는 간병손辛兌丁), 8층(물의 방위,

88향법)까지 활용한다.

  * 흉살 방위를 겁낼 이유가 있는가? 하느님이 천지를 창조할 때 한 손에 패철을 들고 山河를 만든 것이 아니다. 봉분 뒤의 입수에서 물이 봉분 양 옆으로 나누어졌다가 봉분 아래에서 합수되는 형태가 이상적이다. 어느 방향이든 물이 빗나간다든지 바람이 쳐들어온다면 방위를 따지지 않고 나쁘므로 비보가 필요하다. 형기론자가 흉살론을 채택한다든지 88향법이나 포태법을 기웃거리는 것은 마음이 약해서 변절한 것이거나 흑심을 품고 술책을 부린다고 보아야 된다.

2. 형기론자의 패철사용법

  * 나는 순수 형기론자이지만, 산야를 답사해 보면 혈이 되는 곳은 흉살 방위에서 물이 흐르고 바람이 쳐들어오는 경우는 거의 없다. 옥룡자 결에는 좌향 기재가 없고 두사충의 용혈도에는 행룡의 방향과 좌향을 기재하는 경우가 상당히 많으나 득수 파구까지를 기재한 것은 적다. 일이승 결은 좌향, 득수, 파구를 기재한 것은 매우 적다. 이들 신안이 24정침을 사용하여 방향을 특정한 것은 순전히 혈처를 안내하는 역할을 할 뿐, 이기론에서 말하는 방위를 뜻하는 것이 아니다. 그러나 결록에는 어김없이 모두 물형을 기재하고 있으므로 결록지를 찾으려면 물형론을 알아야 된다.

  * 이와 같이 유명한 명혈 결록은 이기론을 채택하지 않고 있다. 그 이유는 첫째, 결록 작성 시에 이기론 자체가 성숙되지 못하였다는 점을 생각할 수 있다. 즉, 이기론은 4층 이상의 패철이 필수적으로 필요한데 패철이 우리나라에 도입된 시기는 임란 직후인 1660년경 명나라 이문통이 귀화하면서 전파한 것이다. 그때까지 정밀한 이기론을 현장에 적용할 수 없었다. 결록 작성 신안은 성거사, 두사충, 나학천, 일이승 등인데 모두 임란 전후 시대인이다. 흉살 이론은 사도세자 이장 때(1789년) 비로소 대두되

었다. 그러므로 여러 결록과 용혈도, 만산도 등이 물형론을 채택하고 이기론까지 나아가지 아니한 것은 작성시기로 보아서 당연한 일이다.

　둘째, 당시에 정음정양법과 같은 간단한 이기론은 전파되어 있었는데(무학대사지리전도서에 정음정양법 이외의 이기는 멸망경이라 했다) 왜 물형론을 고집하였을까? 혈 찾기와 재혈하기에 물형론을 포함한 형기론으로 충분하였기 때문일 수 있다.

　셋째, 이조 말기에 전파된 88향법 또는 최근에 유행하는 현공 이론을 알았다면 형기론(물형론을 포함)을 버리고 이기론을 취하였을까? 신안들은 여전히 형기론을 취하였을 것이고, 그렇다고 하더라도 신안들의 실력을 낮게 볼 사람은 없을 것이다.

　* 이기론의 방위론 즉, 방향에 기능성을 부여한 것(예컨대 임자계 등의 정양방위는 천기하림의 기능, 신유경 등의 정음방위는 지기상승의 기능)을 어떻게 볼 것인가? 지구가 오행과 팔괘에 따라 질서정연하게 작동된다고 볼 수 없다. 남반구는 주야 계절이 북반구와 반대이고, 우리나라는 동고(東高) 서저(西低) 지형임에 대하여 중국은 西高 東低로 양자강이 西에서 東으로 흐른다. 지형이 다르고 萬物은 萬象인데도 일률적으로 적용되는 이기론보다는 자연현상에 바탕을 둔 형기론이 더욱 자연에 부합된다.

　* 패철은 보통 9층 120분금으로 된 것이 널리 사용된다. 1층 팔요황천살, 2층 팔로사로황천살, 3층 삼합오행, 4층 지반(자오)정침으로 구성되어 있는데 순수 형기론은 자오정침으로 방향을 특정하면 되므로 4層 24方 한 개의 층 만을 필요로 한다. 그러므로 쟁반 크기의 패철을 자랑스럽게 갖고 다니는 것을 보노라면 가방 크다고 공부 잘하는 것이 아닌데, 라는 생각이 든다.

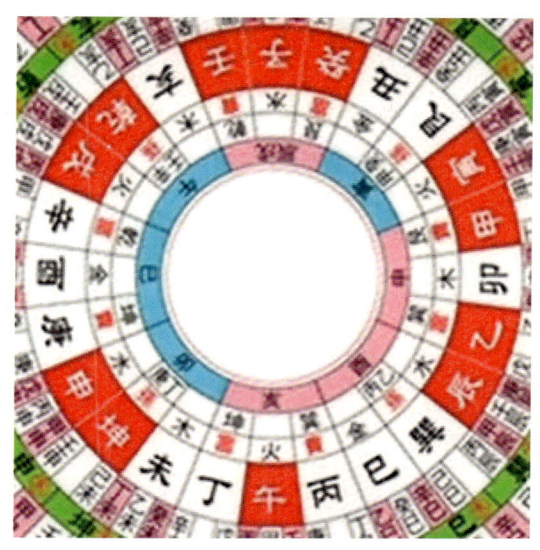

3. 방향표시 용어 使用例

가) 좌향-- 봉분 뒤쪽(坐)에서 앞쪽(向)으로 직선 연결하는 선상의 방향이다. 패철로 재어보면 되고 방향이 헷갈리는 일은 없다. 좌향을 정하는 방법으로 이기론은 보통 88향법(청시대의 지리오결에 수록, 좌향과 수구의 각도를 기준으로 길흉을 정하고 8층 천반봉침을 사용한다)을 채택하고 방위를 잘 택하면 버릴 땅이 없다고 한다. 최근 현공 이론은 시기에 따라 기운을 받는 방위가 다르다고 하여 20년이 지나면 묘의 좌향을 바꾸어야 된다고 한다. 형기론은 좌우와 안산이 유정한 방향을 추구한다.

나) 행룡방향-- 산줄기(龍)가 나아가는 방향이다. 널리 유행하는 정음정양법은 정음방위(지기상승방향, 丑艮卯巽巳丙丁未庚酉辛亥 패철4층에 노란색)와 정양방향(천기하림방향, 壬子癸寅甲乙辰午坤申戌乾, 붉은색)으로 나누어 동일한 음양끼리 승계해야 된다는 행룡과 좌향법이다. 형기론은 위이굴곡(逶迤屈曲, 굽어지고 꺾어지다) 기복(起伏, 凹凸, 일어서고 엎

드리고)하는 모습이 생동감 있으며, 예쁜가를 중시하고 방향은 문제 삼지 않는다. 그런데 행룡방향을 지적하는 표현이 해득하기 어려운 경우가 많이 있다. 예컨대 甲作 또는 갑룡, 갑향(甲向)전두(轉頭), 갑입수(입수는 봉분 뒤에서 용이 들어오는 쪽을 보면 갑방향이라는 뜻이니 오해가 적다) 등은 잘못 해석하게되면 영 엉뚱한 곳으로 가게 된다. 실제 장익호 유산록에 오류를 볼 수 있고 일이승 산도에도 천기누설을 피하려고 고의로 오기한 경우가 있다.

① 손사낙맥의 예-- 유산록 후편 223p 와룡산에서 巽巳로 낙맥한 大枝는 명지재에서 낙맥하여 대결하였으니 삼천포 주혈로 극귀혈이다. 詳論禁-- 와룡은산형인데 손사낙맥을 오해하면 10km 차이가 난다.

사진출처 : 카카오맵 스카이뷰(https://map.kakao.com)

② 甲乙回頭--장성 북30리 손룡 12절 하 甲乙회두(回頭) 비룡등공형—이 산도는 의문이 있다.

유명한 장성 三巽龍혈에 관하여 일이승 결(일지승도 같다)은 병오곤 행룡 7봉 아래 손기 12절 다시 갑묘로 횡작 갑좌로 선녀직금혈이 결혈되었다고 한다. 손기 12절한 뒤 甲회두한 대혈이 병풍산 아래에 두 개가 있을 수 없다. 같은 혈이 아닌가 생각된다. 아래 지도에서 경향을 바라보는 쪽이 갑묘회두이다.

  * 장성 비룡등공 산도

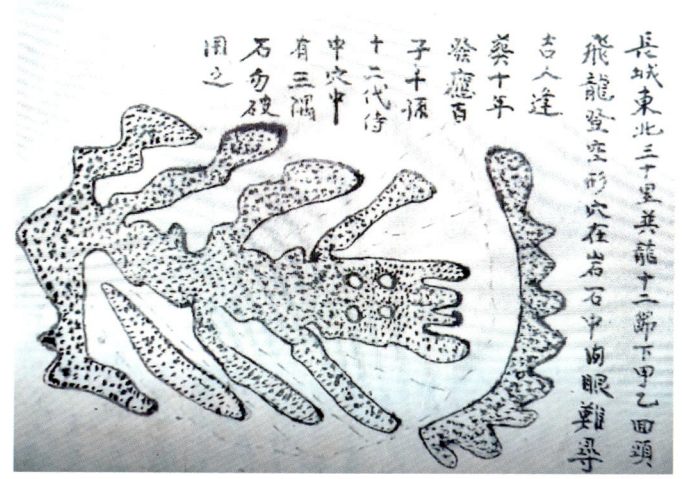

  * 지도

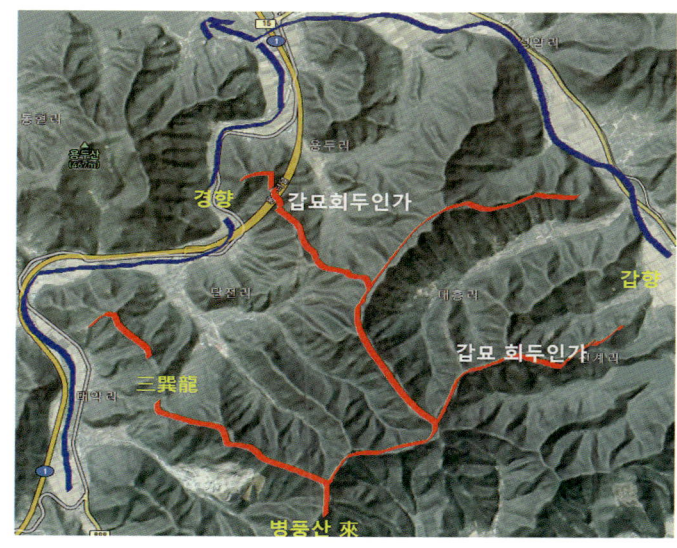

사진출처 :
카카오맵 스카이뷰
(https://map.kakao.com)

제1장_풍수의 근본문제 · 83

③ 을진입수에 을좌 유좌-- 유산록 전편 299p, 공주 무성산 말락(末落) 작약반개형, 을진입수에 을좌 유좌. 채죽산이 안산-- 그러나 辛作인데 乙作이라 착오하였다. 다만 유산록 지적지는 주혈은 아니고 차혈이다.

* 채죽산과 혈처 지도

사진출처 : 카카오맵 스카이뷰(https://map.kakao.com)

* 채죽산 사진

사진출처 : 카카오맵 로드뷰(https://map.kakao.com)

④ 오래병작(午來丙作)-- 일이승 산도(무학대사지리전도서 554p) 方伯 五千穴-- 거창 송하에 오래병작으로 결혈되었다 하고 도면에 부자정(도면 상 夫子亭은 父子亭이 옳다)이 표시되어 있다. 송하는 소재지를 알 수 없다.

부자정은 현재 합천 봉산면 상현리 199에 있다. 합천댐 건설로 수십m 아래에서 현재 위치로 이전하였다. 그런데 오래병작이라 함은 강쪽에서 숙성산 정상을 향하여 올라가는 행룡이므로 결혈될 곳이 없다. 만약 일대에 혈이 맺힌다면 숙성산에서 壬子로 출발하여 내려와야 된다. 진혈처를 숨기려고 산도를 흩트려놓았다.

* 방백오천 지도

사진출처 : 카카오맵 스카이뷰(https://map.kakao.com)

* 방백오천 산도

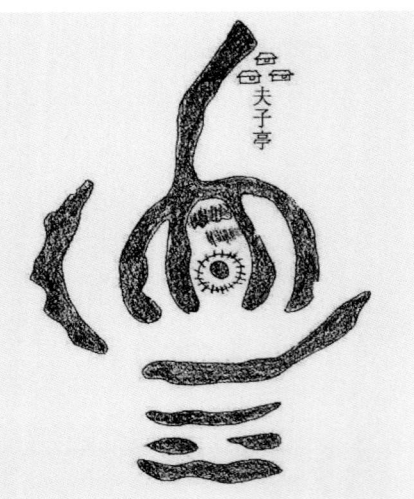

다) 득수파구, 기타 사격-- 나아가는 행룡의 경우와는 달리 사격의 위치는 고정되어 있다. 혈처에서 보았을 때 당해 사격의 위치가 어느 방향인가를 측정(격정이라는 용어를 쓰기도 한다)하면 된다. 형기론은 사격이 있는 방향보다는 생김새를 중시함에 대하여, 이기론은 그 사격이 어느 방위에 있느냐를 중시한다(예컨대 문필봉은 손방에 있어야 좋다). 일이승 산도에 삼길육수가 기재된 경우가 간혹 있는데, 이기론에서 길한 방위를 말하는 것은 아닌 것 같다. 형기론에서 본다면 9개의 방위에 좋은 산이 있어야 된다는 것이니, 곧 담장을 빙둘러 쌓은 것 같은 원국(垣局)을 뜻하는 것이다.

라) 우선룡(右旋龍) 좌선룡(左旋龍)-- 이기론에서 채택하는 당국(當局)의 구조를 말한다. 우선국은 백호가 길게 환포하는 국세를 말하고 우선룡은 입수래용 아래 혈처가 선회하는 방향이 오른쪽이라는 뜻이다. 이기론은

우선룡에 左旋水局을 좋다고 본다. 이기론 중에서도 뒤늦게 발달된 이론으로 형기론에서는 무시해도 좋다. 형기론에서 보면 좌우청백은 끝이 맞닿아 있으면 형제간에 싸운다 하여 불길하고, 서로 개이빨처럼 교차하고 그 사이로 물이 굽이굽이 흐르는 것이 좋다

마) 낙맥-- 맥이 떨어진 곳의 방위를 말한다. 예컨대 南낙맥이라면 남쪽에 떨어졌다는 뜻이다.

4. 방향과 방위에 관한 표현을 재정립하자

행룡의 방향에 관한 표현은 수백 년 전에 중국에서 만들어진 표현방법이 검토없이 그대로 이어져 오고 있는데 현장에 적용하려면 헷갈린다. 여러 학문 분야에서 어려운 한자 용어는 쉽게 고쳐 쓰는 운동이 있었다. 풍수는 한글화하기 어렵겠지만 용어는 정비할 필요가 있다. 그러한 차원에서 행룡의 방향은 행룡이 변화하는 기점을 출발점으로 삼아서 ○출(出)이라 표현하면 어떨까? 西出東流水와 같이 물에 관해서는 出이란 용어를 이미 쓰고 있었다. 행룡은 짧은 거리에서 각도가 변화하므로 向을 표시하기는 어렵다.(2023.1.)

백운학이 박정희 대통령의 운명을 맞힌 연유는?

1. 어떤 풍수 동호인의 질문

* 백운학이 5·16 직전에 박정희 대통령의 운명, 즉 5·16 군사쿠데타와 20년 장기집권 후 비참한 말로(末路)를 맞는다는 사실을 족집게처럼 맞힌 사실에 대하여 어찌하여 그럴 수가 있느냐고 공개 질문한 풍수가 있었다.

* 필자는 명리학에 문외한이지만 어줍잖은 대답이라도 해 본다. 백운학은 직접 만난 적이 없으나 부산 박도사는 만난 적이 있어서 일화를 소개하여 사주 명리가의 면모를 짚어본다. 다만 이 문제는 역술인 카페의 관할이 아닐까 생각된다.

2. 두 가지 전제

이 문제는 두 가지 전제를 깔고 있다. 첫째, 박정희 대통령의 운명이 쿠데타를 성공시키고 20년 장기집권 후 비참하게 생을 마감한다는 내용으로 확정 불변할 것(박정희 대통령의 운명이 변화무쌍하다면 예측 불가능하다), 둘째, 사람의 운명을 예측할 수 있는 능력을 가진 사람이 있느냐 하는 전제이다. 운명이란 존재하지 않는다고 믿는 사람은 이 글을 읽을 필요가 없다.

3. 우선 사람의 운명은 어떻게 결정되며 확정 불변인가?

* 운명의 결정요인에 대하여 말이 많으나 보통은 사주 60~70%, 성명 5%, 음양택 10~20%, 환경 등 기타(인생을 바꿀 기회가 세 번은 찾아온다는 말이 있다) 20%로 본다. 나는 유전자(DNA)를 포함한 사주를 65% 이상의 비율로 본다. 유전자는 당사자의 용모와 성격, 신체기능의 성능을 결정하는 중요한 요인이 된다. 예컨대 간이 나쁜 집의 가계는 간을 조심해야 된다. 나는 신흥 부자를 만나면 선대 살림이 어땠느냐고 꼭 물어보는데 대개는 조부 또는 증조부 때는 천석군이었는데 아버지 때 망하여 어려웠다고 한다. 신흥 부자는 경제머리가 있는 유전자를 물려 받았다는 말이 된다. 일제 때 독립투사 후손은 공부할 형편이 안 되어 해방 후 가난하게 살고 친일파들은 대학공부를 할 수 있어 해방 후에도 잘 산다고 말하는 사람이 있다. 가만히 그 가계를 보면 독립투사는 성격이 깐깐하고 이

득보다는 소신을 쫓는 고집쟁이임에 반하여, 친일파는 기회주의자요 권력에 빌붙어 일신의 영달을 추구하는 성향이 있다. 누가 현실에서 경제적으로 부유할 지는 자명하다

　* 음양택의 영향력에 대하여는 필연적 발복론, 풍수제일주의, 탈신공개천명은 혹세무민하는 말이고 발복 가능성을 높여주는 요인일 뿐이다.

　* 佛家에서는 전생의 업을 금생의 운명결정 요인으로 보지만 수행과 기도에 의하여 변경될 수 있음을 강조한다. 전생에 못 다한 일을 금생에서 계승한다는 분도 있으나 우주의 폭을 너무 좁게 보았다. 우주의 다른 별에 윤회할 수도 있고 윤회가 동종의 생물로 순회할 가능성은 많지 않다.

　* 성명의 영향력은 시대의 변화에 따라 많이 감소하였다. 한때는 훈이, 준이 등이 유행하더니 아름, 한솔, 해오름 등 한글이름이 유행하고 요즈음 영어유치원에 가면 영어식 이름을 작명해 준다.

　* 흔히 운이 좋다느니 운이 없다느니 하는 말을 하는데 이때의 운이란 좋은 기세를 의미한다. 운명과 별개의 차원은 아니고 운명의 한 조각(片鱗)으로 보면 된다.

　* 위와 같은 요인으로 결정되는 운명은 확정불변인가? 萬物은 萬象이라, 사람에 따라 변동 가능성이 많은 운명이 있는가하면 변동의 여지가 없는 사람도 있다. 산에 가면 대들보감은 희귀하고 서까래와 잡목은 많다. 박정희 대통령은 대들보감으로 불변적 운명을 타고났기 때문에 운명예측 능력자가 있다면 족집게처럼 맞힐 수 있을 것이다.

4. 운명을 예측할 수 있는 능력자가 있는가?

　보통 사람은 입체 즉 공간으로 구성되는 3차원의 세계만을 인식하고 그 이상의 세상은 느끼지 못한다. 그러나 우주는 시간, 즉 과거와 미래를 알 수 있는 4차원 또 영적인 세상을 통하는 5차원 등 더 많은 세상이 있다.

스티브 호킹(1942~2018) 박사는 십 수 차원의 세계를 상상할 수 있다고 했는데, 우리로서는 어떤 세상을 말하는지 도저히 상상이 안 된다. 불가에서는 득도(깨달음)를 하면 육통의 신통력을 얻는다고 하는데, 남의 운명을 예측하는 능력은 天眼通의 일부 즉 시간과 영적인 세상을 통하는 5차원 세계 중 일부를 도통하는 경지일 것이다.

5. 어떻게 하면 능력자가 될 수 있는가?

첫째는, 수행으로 도인의 경지에 이르러야 된다. 불가에서는 나한(아라한)의 경지에 이르러야 장래를 어렴풋이 알 수 있다 했고 도가에서는 신선의 경지에 이른 도인이 되면 천안통을 얻는다고 한다. 그러나 그런 경지의 도인은 입이 무거워 발설하지 않는다.

둘째는, 명리학 공부는 풍수만큼이나 오래된 역사가 있고 송시대 자평진전이 교과서라고 한다. 사주, 주역, 기문둔갑, 관상학, 성명학, 골상학 등 명리학을 깊이 공부하면 어느 정도 예측할 수 있으나 족집게가 되기엔 부족하다. 풍수로 치면 이기론에 통한 수준일 게다. 롯데 신격호 회장의 사주에 십악패살이 있다는데 이기론으로는 그 분의 사주를 옳게 풀 수 없을 것이다.

셋째는, 잡신에 접신된 무속이다. 무속은 예측능력이 있으나 잡신에게 매달려 있는데(소위 신명제자) 잡신은 변덕이 심하고 오래 머물지 않는다. 3년~5년이 정설이다. 그래서 사람들은 이제 막 신 내린 무당집을 찾는다

넷째는, 명리학을 공부하고 신기(맑은 영, 또는 타고난 영매의 기질, 또는 점잖은 잡신에게 가볍게 접신)가 있는 역술가는 이기와 형기를 겸한 풍수와 같이 경지가 높다고 할 수 있다. 과거와 현재는 신점이 용하고 미래는 역술이 용하다고 하니까 두 가지를 겸해야 족집게가 될 수 있다. 이름을 날린 백운학이나 박도사 같은 사람이 이에 속할 것이다.

6. 운명예견 능력자의 末路

  * 사람들은 장래가 불안해서 또는 궁금해서 철학관이나 점집을 찾는다. 몇 년 전 전국역술인협회가 조사한 바에 의하면 역술인은 30만, 무속은 15만이라 했고 시장규모는 4조원이라 한다.(인구 백 명 당 역술인과 무당이 한 명 꼴이 되고 1인 당 1년에 1천만 원 수입이 있다는 말이 된다) 풍수카페를 보면 풍수 애호가는 2만 명쯤으로 추측됨에 대하여 명리학과 무속 색채가 있는 카페 회원수는 예사로 3천 명을 넘어서고 10만 명 회원을 거느린 카페도 있다. 순수 풍수지리카페는 천 명을 넘기 힘드는 것은 다 이유가 있다. 1990년 무렵 당국의 조사에 의하면 백운학이란 명칭의 철학관은 29곳에 이르렀다고 했다.

  * 역술인은 변화 가능성이 있는 운명을 타고난 사람에게 좋은 조언을 할 수 있으므로 선인이 될 수도 있고 반대로 혹세무민하는 악인이 될 수도 있다. 박대통령과 같이 변화 가능성이 없는 운명이라면 역술인 중 고수는 예측이 가능하겠으나 천기누설을 자행하는 셈이 되니 조심해야 할 것이다. 천기를 누설하여 남의 운명을 변경시키거나 천기누설로 돈벌이에 열중하면 신벌을 받는다. 減壽당하거나 또는 말년에 고통을 받을 것이다.

  * 현대 三大 역술가로 자강 이석영(1920~1983), 도계 박재완(1903~1992), 제산 박재현(1935~2000. 박도사)을 든다. 백운학은 끼이지 못하나 일반인에게는 더 유명하므로 四大巨人이라 부르고 싶다. 백운학은 본명이 이제민으로 대구에서 유명한 역술가이었는데 박정희의 신수를 보아주고 유명해져서 서울로 진출하였다. 1979년 66세에 사망하였다.(다만 백운학은 신상이 명백하게 밝혀지지 않고 가짜가 많아서 혼란스럽다)

  * 역술인도 神·財·壽·緣·名의 五不言을 지키고 정도를 걸으면 신벌을 받을 일이 없을 터이나 족집게 능력을 보여주지 않으면 장사가 안 되니 천

기누설은 불가피하다. 4대 거인 중 도계 선생만이 장수하였으니 그분은 처신이 좋았던 것 같다. 공부를 많이 하고 청빈하였다고 하며 묘지는 충남 금산 화로리에 있다는데 흉지 중의 흉지라고 혹평하는 풍수도 있다.

7. 부산 박도사의 일화

* 박도사(제산 박재현. 함양군 서상면 옥산마을 출생)는 부산거리에 박도사 철학관 간판이 여러 군데 걸릴 정도로 유명한 역술인이다. 필자는 1986년경 지인을 따라 박도사 집을 방문한 적이 있다. 예약접수 손님은 2일 뒤에 면접시간이 잡힐 정도로 인기가 있었는데, 그날은 일요일이어서 10여 명의 손님만 면담이 잡혀 있었다.

* 박도사는 손님 사주를 보아주다가 잠깐 쉬는 시간에 손님 가운데 필자와 사업가 한 분을 지목하면서 사주 맞추기 참 어려운 사람이니 맨 뒤에 보자고 했다. 다른 손님을 모두 보고난 뒤 사업가를 보았는데 "배 두 척 중 한 척을 모래사장에 올려 놓았다. 부인은 학교 문 앞에 어슬렁거린다. 부도는 면하겠다"고 했다. 사업가는 "배 두 척으로 사업을 하는데 운영이 어려워서 한 척은 팔려고 부두에 매어 놓았다. 처는 학교 선생이다. 부도 안 난다고 하니 감사하다"면서 큰 절을 하고 금일봉을 놓고 가더라. 맨 끝에 내가 보았는데 "여기에 차비도 없이 왔구나…". 아픈 데를 찌르더라.

* 박도사 자신은 삼성 이병철 회장의 자문역이었는데(백운학이 고문으로 있다가 죽은 뒤 박도사가 일시 있은 듯?) 회장이 돌아가시면 3년 내에 망할 것 같아 미리 사직하고 부산에 왔다고 하였으나 그 뒤 삼성은 더 부자가 되었다.

* 박도사 고향 마을은 박씨들 집성촌인데 선산에 을자형의 선조 묘가 있고 그 발음으로 60년에 만석꾼이 한 명씩 배출한다. 해방 전에 만석꾼이 태어난 이래 60년이 되었으니 다시 만석꾼이 태어날 때가 되었는데 소식

이 없다.(필자는 속으로 당신이 만석꾼 아니냐고 생각했다. 당시 1인 당 10만 원 받고 재산을 많이 모았으나 사업하다가 실패했다고 한다. 자기 사주는 못보는 것 같다)

* 음택에 무슨 기미가 있는지 보려고 선산 묘지에 며칠 잤는데 특별한 감흥을 느끼지 못했다 한다.(음택엔 관심이 없더라)

* 박도사가 지리산 산골에서 동료와 공부하고 있을 때의 일이다. 눈이 와서 외부출입이 어려운데 동네 촌부가 뛰어와서 산모가 난산으로 죽어가는데 살려달라고 했다. 박도사가 문풍지를 떼어 불사르고 그 재를 주면서 물에 타 먹이면 순산할 것이라 했다. 과연 효과가 있어서 융숭한 대접을 받았다. 그 뒤 같이 공부하던 동료가 동일한 경우를 당하자 동일한 처방을 하였는데 효과가 없었다. 박도사는 당시 점괘를 보니 곧 순산할 괘가 나와서 그렇게 처방하였는데 동료는 점괘를 보지 않고 그냥 따라하였으니 실패한 것이라 설명했다.

* 1994년경 박도사는 고객 100명에게 천만 원씩 거두어 고향으로 가서 덕운정사라는 기와집 3동을 ㄷ자 형으로 짓고 돈 낸 고객만을 상대로 점을 보아주었다. 필자가 친구 스님과 함께 구경갔더니 박도사가 마침 외출 중이어서 맘 놓고 이리저리 구경하면서 대화했다.

스님 : "박도사 오래 살지 못하겠다."
필자 : "왜 그런데요?"
스님 : "자기 분수도 모르고 집을 절같이 지어 거드름을
　　　　피우지 않느냐."
필자 : "그럼 본채에 부처님 모시고 자기는 행랑채에 살면 되지 않느냐."
스님 : "그렇게 하면 좋지만 말해줄 사람도 없고
　　　　말을 들을 사람도 아니다."

* 10년쯤 지나서 구경갔더니 박도사는 오간 곳 없고 마당에 잡초가 무성하더라. 일 년에 한 번씩 기일에 제자들이 모여서 제사를 모신다고 하더라. 집은 청룡쪽 행랑채가 기운이 조금 있고 그 동네 길지급 수준이었다. 위암으로 죽었다고 하는 것으로 보아 귀향할 때 위암을 앓았던 것 같고, 죽기 전 수 년 간 중풍을 앓아 고생하다가 67세에 죽었다고 한다.
  * 빼빼 마르고 천재형으로 생겼더라. 박도사가 점괘를 말하면 서기가 받아 적었고 말하는 것이 곧 유창한 문장이더라.

8. 어느 누구가 알리오?

  운명과 사후 세계의 실체는 발가벗고 살던 원시인이 동굴에 벽화를 그리던 시대로부터 거대한 안테나를 설치하고 외계인과 대화를 시도하는 지금에 이르기까지 수많은 사람이 연구하고 수만 권의 책을 내어 놓았으나 異見을 잠재울 정답은 없다. 어느 누가 알리오마는 나서는 사람이 없어서 불초가 욕 먹을 각오를 하고 등판하였다.(2021.2.)

풍수로 대통령 후보의 당락을 예측할 수 있는가?
(풍수와 명리)

1. 윤석열과 이재명 후보의 경우

  대통령 선거철이 되면 어느 후보가 당선될 지가 전 국민의 관심사가 되고 팽팽한 접전이면 관심이 고조된다. 이런 분위기에 응하여 운명철학자들(역술인, 성명철학, 관상, 풍수, 무속 등)은 각자 나름의 예측을 내어놓는데 이런 현상은 앞으로의 선거에서도 계속될 것이다. 이론적 뒷받침이 없는 무속 등은 제외하고 대중적 신뢰를 받는 풍수와 사주명리학자들의 주장을 본다면, 풍수들은 후보의 음양택을 자료로 상대방보다 더 좋은 명당을 가진 후보가 선거에서 승리한다고 하고 명리학자들은 더 좋은 사주와 시운을 만나는 후보가 이긴다고 한다.

2022.3.9. 실시된 제20대 대통령선거에서 윤석열 후보와 이재명 후보는 초접전 양상이었고 선거결과도 윤후보가 0.7%인 247,077표 차이로 승리하였다. 선거를 앞두고 대체로 풍수들은 이후보의 음양택이 더 좋다는 이유로 이후보의 승리를 예측하였고 사주명리학자는 윤후보의 당선을 예측하였다. 풍수가 판정패한 셈인데 그 이유는 풍수의 기능을 오해하였기 때문이라 생각한다.

두 후보의 음양택을 살핀 다음, 풍수와 명리학의 기능성(機能性)을 본다.

2. 이후보의 음양택

* 이후보의 생가는 안동시 예안면 도촌리 670이다. 척박하고 인가가 몇 채밖에 없는 심심산골이다. 어떤 풍수는 명혈이고 발복처가 되었다고 평하였으나 다수는 혈처로 보지 않는다.

* 이후보의 조부모 묘는 생가에서 멀지 않은 도촌리 산22이다. 좁은 골짜기이고 입구가 벌어져 들어가 볼 필요가 없었다. 고조 증조 묘는 경북 봉화군 명호면 관창리 산258인데 평범하고 혈처가 아니다. 증조(부부 합장) 묘를 명혈로 보는 견해도 있으나 봉분이 드러나서 바람을 타겠다. 이 묘에는 상석이 있는 것으로 보아 당시에는 잘 살았던 것 같다.

* 이후보의 부모 묘는 증조 묘 밑에 있는데 부친은 1986년 돌아가시고 (그 무렵 이후보가 사시에 합격한다) 모친은 2020년에 돌아가시자 화장하여 합장하였다. 다수가 이 묘를 명혈이라 한다.

* 혈처 중국-- 內백호가 내려가면서 혈처 쪽으로 감고 있다.

사진출처 : 카카오맵 스카이뷰(https://map.kakao.com)

* 혈처 소국-- 동산에서 횡으로 가지가 나가면서 다시 횡으로 떨어졌다.

사진출처 : 카카오맵 스카이뷰(https://map.kakao.com)

* 부모 묘와 청량산-- 안산인 청량산이 압권이다. 험하기 때문에 오른쪽 순한 곳으로 틀어야 한다는 견해도 있으나 음양의 대립이 장점인 이곳 혈의 구조를 무시한 것이다.

* 부모 묘는 언덕밑에 바람을 피하고 있다.

* 증조부 묘-- 이 묘가 명혈이라는 풍수의 도해.(주산과 기맥선이 현장과 다른 것 같다)

 * 만리산과 청량산(대국)

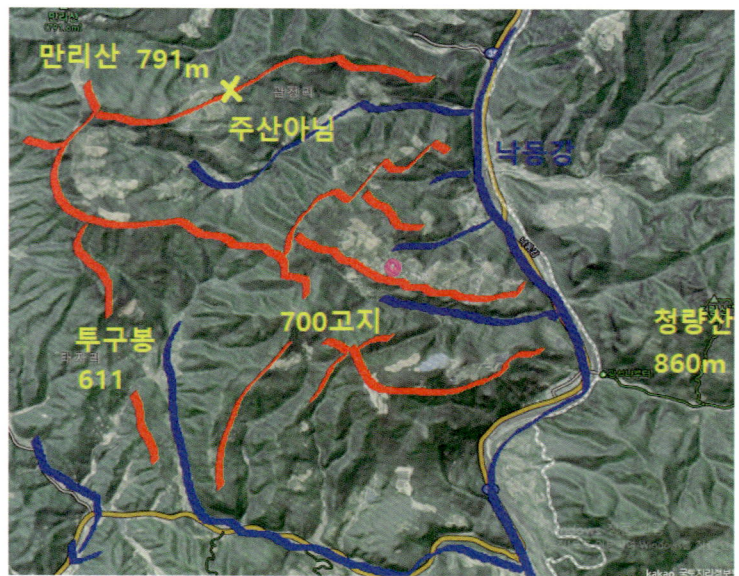

사진출처 : 카카오맵 스카이뷰(https://map.kakao.com)

* 이후보 부모 묘는 음양이 마주하는 대혈이다. 안산인 청량산은 화산으로 험악한 男性山임에 대하여 주산인 만리산은 토성과 금성을 합친 듯 풍성하기가 그지없는 女性山이다. 두 山 사이에 낙동강이 흐르고 혈처와 안산의 간격, 그리고 높이가 알맞아 조화를 이룬다. 다만 안산이 너무 험하기 때문에 안산을 휘어잡을 강골인 후손은 대성할 것이고 안산에 눌리는 후손은 견디기 힘들 것이다.

3. 윤후보의 음양택
* 장군산 중 장군대좌

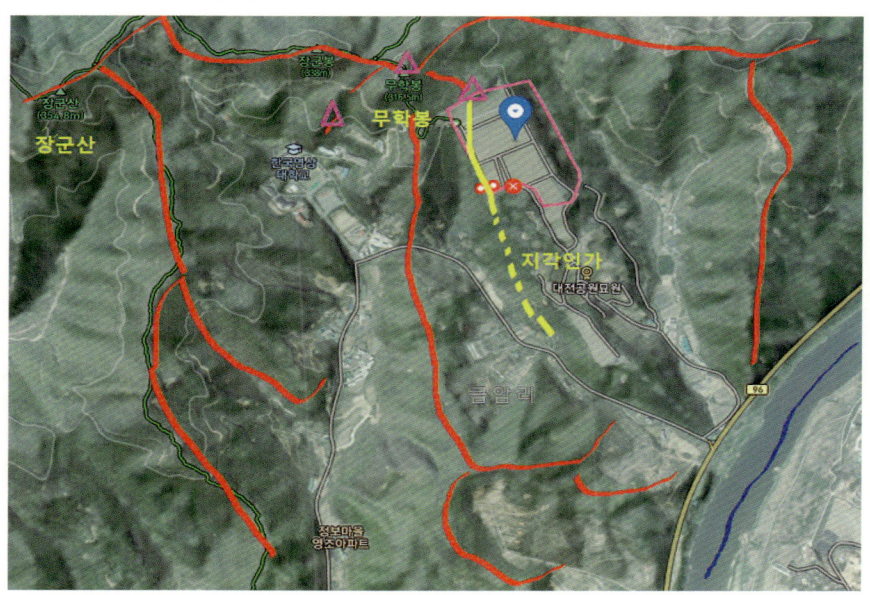

사진출처 : 카카오맵 스카이뷰(https://map.kakao.com)

* 선조 묘-- 세종시 장군면 금암리 174-1 대전공원 묘원. 2009년 고조 증조 조부를 한 봉분에 화장하여 합장하였다. 반궁수를 트집 잡아 혹평하기도 하고 묘지 아래로 내려간 산가지가 기운을 끌고 내려가므로 묘처는 과룡이고 혈이 맺히지 않는다고 평하기도 한다. 그러나 묘지에 가서 보면

현무에 삼봉이 품자(品字)를 이루고 길게 내려와 결혈하였다. 묘지 밑으로 내려간 산줄기는 지각이다. 지각인가의 여부는 내려간 가지에 혈이 맺힌 곳이 있는지 여부에 달려 있다. 물은 반궁수이지만 혈처에서는 보이지 않고 먼 산이 아름답게 울타리를 만들고 빈틈이 없다. 국세가 유연하므로 크게 유연하게 보아야 된다. 일대는 토목공사를 하였으나 옆에 있는 소나무 뿌리를 보면 묘터는 생지임을 알 수 있다. 넓은 묘역 중앙에 결혈지가 있다는 견해도 있으나 이 묘의 앞에 단상처럼 생긴 곳이 혈증이 된다. 청양군 장평면 적곡리 산8-2에 있는 五代祖 묘가 명당이라는 견해가 있으나 국세가 원국을 이루지 아니하므로 대혈은 아니다.

4. 풍수와 명리학의 기능

* 운명을 결정하는 대표적 요소로 풍수와 사주를 들고 있는데 풍수 20% 사주 70%의 영향력이 있다고 한다. 탈신공 개천명(양균송의 금낭경에 나오는 말)이라 하여 풍수가 절대적인 영향력이 있다는 주장도 있으나 소수설이다. 물론 운명을 믿지 않는 강심장파도 많다. 풍수는 땅의 기운으로 발복을 받는다는 원리인데 음양과 오행론을 적용하여 길흉화복을 풀이하

고, 명리는 사주(출생년월일시)에 의하여 사람의 운명이 결정된다는 원리인데 오행과 주역(周易)을 적용하여 풀이한다. 판단자료는 다르되 풀이에 오행을 적용한다는 점에서 일맥상통하는 점이 있다

* 풍수는 토지의 기운을 받아 발복하는 것이므로 음택은 장후 기운 받는 기간이 필요한데, 결록을 보면 보통의 경우는 장후 10년 내지 20년에 발복하여 고조까지 유효기간이 계속된다고 한다. 장사 이후의 장래 즉 자손들의 출생에 영향이 있다는 것이고 묘를 쓴 당대는 대개 재복을 받을 뿐이다.(아전이 명당에 부모를 묻어도 당대에 정승이 되는 것을 기대할 수 없다)

이후보는 1964.12.생으로 부친 장사 무렵(1986) 사시에 합격했다. 윤후보는 1960.12.생으로 1991년 사시에 합격하고 2009년 공주 등지에서 조부, 증조, 고조를 화장 이장하여 한 봉분에 합장(납골)하였으며 이장 무렵 부장검사로 재직했다. 윤후보의 이장 전 선영은 알지 못하므로 화장 납골묘를 두고 논한다. 화장에 대하여 동기감응설은 효과가 없다고 하나 혼령설은 효과가 있다고 한다. 나는 동기감응도 혼령을 통하여 이루어지고 혼령이 직접 감응할 때도 있다고 본다. 두 후보는 명당용사 때에 변호사, 검사라는 상당한 발전 가능성이 있었다.

* 명리학은 사주팔자를 판단자료로 삼는데 한 시진(2시간)을 단위로 삼기 때문에 2020년을 기준으로 보면 62명이 같은 사주를 갖고 출생한다.(2000년 1일 출생자는 1,753명임에 대하여 2020년은 746명이다. 심각한 출산율이다) 모두 같은 운명인가? 명리학자들은 같은 사주라도 출생환경과 본인의 의지와 노력 등에 따라 달라진다고 한다. 출생시간을 분초로 나누면 더 정확할 것인데 주역으로 계속 추적하면 세분화가 가능하다고 한다. 명리학은 당사주(음양), 송대 서자평이 쓴 연해자평(오행), 소강절의 상수학(주역풀이), 자미두수(천문)의 순으로 발전되었다.

명리학자들은 "사람의 운명은 귀신이나 사람의 잔꾀로 옮길 수 없다(상수학을 체계화한 하락이수), 정해진 것은 하나도 없다, 분수는 정해져 있고 이를 활용하면 성공할 수 있다."라고 하여 코걸이귀걸이식으로 말한다. 대체적 의견은 "운명의 큰 틀은 정하여져 있고 그 안에서 작은 변화가 있다"는 것이다. 私見으로 큰 인물의 사주는 변함이 없고 평범한 사람의 운명은 작은 요인에도 변화할 수 있다고 본다. 운명을 변화시키는 요인으로 풍수, 성명학 등을 들 수 있는데 대통령과 같은 큰 인물의 운명은 변화 가능성이 없는 사주로써 풍수적 요인에 의하여 변경되지 않는다.

5. 후보의 당락을 예측할 운명학은 무엇인가?

사주팔자에 없는 사람은 대통령이 될 수 없고 풍수는 도움이 되거나 장애가 될 수 있을지언정 대통령을 결정하는 요인은 될 수 없다. 두 후보는 태어날 때 천지운행의 체계상 사주가 정하여져 있고 음택명당은 상당한 기반을 닦은 뒤에 용사된 것이므로 사주가 정해지는데 영향이 없었다. 다만 명당은 대통령되는 길을 좀더 쉽게 인도할지 모른다는 점에서 비교평가를 해보는 것이다.

풍수요인이 대통령을 결정하는 요인이 되는 것처럼 오해한 나머지 음양택을 보고 당락을 점쳤다가 예상이 빗나가자 황급히 카페에 게재하였던 글을 내리는 모습을 보면 우습다.

앞으로의 선거에서도 풍수가 당락을 점치는 것은 피할 수 없는데 선호하는 후보 쪽을 편파적으로 평가하는 글은 피하고 사주가 우선한다는 점을 밝히는 것이 옳다고 생각한다.(2022.8.)

석숭(石崇)의 부(富)를 부러워하지 말자

* 석숭(249~300)은 서진(西晉, 265~316)시대의 토호로 오나라를 토벌할 때 공로가 있었고 형주자사로 재직하였다. 서진은 삼국통일을 한 뒤 사회적 안정과 경제적 번성을 누리게 되었는데 집권세력이 타락하고 사치를 일삼은 탓에 50년 만에 화북을 흉노족 유총에게 빼앗기고 강남의 호족들이 결성한 동진(317~420)으로 살아남았다

* 석숭은 정치적으로 부패하지만 경제적으로 풍요로운 서진시대에 형주자사를 맡았는데, 형주란 양자강 중류의 넓은 지역으로 물류교역의 요충지이고 자사(刺史)란 황제가 각주에 한 사람씩 파견하는 민간 감찰관으로 제후와 태수를 감찰하는 막강한 권한이 있었다. 석숭은 권력을 이용하여 무역업을 독점하고 상인들에게 통관세를 받고도 탐나는 상품이 있으면 부하들을 시켜 뒤따라가 강탈하였다. 강도짓과 해적질을 일삼고 무역을 독점하여 막대한 부(富)를 축적한 것이다. 초대 황제 사마염은 1만 명의 미녀를 후궁으로 거느리고 사치하였고 지배계급 전체가 부패하였으니 석숭이 날뛰기가 얼마나 좋았겠는가.

* 석숭은 낙양 서쪽 금곡에 고래등 같은 별장을 지어놓고 100여 명의 처첩과 800여 명의 하인을 두고 호사하였고 잔치 자리에서 손님에게 술을 먹이지 못하는 시녀는 참수하였다. 한자리에서 3명의 시녀를 참수한 일도 있었다. 석숭이 황제의 외삼촌 왕개 사이에 부(富)와 사치 경쟁을 벌인 여러 일화가 전해온다. 왕개가 비싼 비단으로 20km 장막을 만들자 석숭은 더 비싼 비단으로 25km의 장막을 만들었다. 왕개가 산모 우유를 먹인 돼지로 요리를 해 먹자 석숭은 닭에게 비단 옷을 입히고 우유를 먹여서 기른 후 요리하여 먹었다.

* 황제가 바뀌고 실세가 된 손수가 석숭에게 애첩 녹주를 달라고 요구하

자 석숭은 반란을 도모하였으나 실패하는 바람에 재산은 몰수당하고 처가 3족까지 50여 인이 참수 당하였으니 그의 나이 51세 때이었다.

　* 개 같이 벌어, 미친 놈 같이 쓰고, 돼지 같이 죽었다. 공자님은 도(道)에 맞지 않는 재물은 누리지 말라고 했으나 중국에서 석숭은 녹(祿)을 상징하는 인물로 신선으로 추앙받는다. 우리는 부자인 놀부보다 가난한 흥부를 더 치켜세우는 나라인데 석숭을 추앙한다면 생각 없이 중국을 따라가는 처사이다.

　* 간혹 우리나라 풍수들이 중국을 다녀와서 유명인들의 발복처에 관한 간산기를 게재하기도 하지만 풍수서에 가장 많이 등장하는 석숭의 발복처에 관해서는 말이 없다. 일족 50여 인이 몰살당했으니 발복처가 보전될 수 없었을 것이다.

　* 산서(山書)에 부자의 모델로 석숭 외에 도주공(陶朱公)이란 이름이 거론되는데 중국 최초의 大사업가로 추앙되는 사람이다. 사기(史記)에 의하면 그는 원래 범려로 월나라 구천을 도와 오나라 부차를 격파한 참모였다. 오나라를 평정한 뒤 이름을 숨기고 제나라로 가서 부지런히 농사지어 수십만 전을 모았다. 제나라 사람들이 범려가 현명한 사람임을 알고 재상으로 기용하려 하자, 재산을 흩어버리고 도망가서 정도 땅에 이르러서 그곳이 천하의 중심임을 알고 도주공이라 개명하고 농·축산업과 상업에 전념하여 막대한 부를 쌓았고 가난한 사람을 도왔다. 늙어서 신선으로 살다가 갔다. 그러나 열국지에는 오나라를 정복한 뒤 미인계로 부차에게 진상하였던 서시(西施)를 데리고 잠적하여 신선이 되었다는 이야기도 있다. 서시는 왕소군, 초선, 양귀비와 함께 중국 4대 美人인데 아름다움도 지나치면 불행하다. 왕소군은 오랑캐에게 진상되어 두 명의 왕과 혼인하고 아들이 왕이 되었으나 나머지 미인들은 모두 비명횡사하였다. 도주공은 부의 규모가 석숭만 못하는 데다가 범려와 동일인지도 의문이 있는 등 애매한 부분이 있다.(2023.5.)

이런 짓을 하지 맙시다

1. 혈토 탐침봉을 사용하지 맙시다

산은 의외로 예민합니다. 흙을 파내어 생채기가 나면 완전복구는 불가능하고 흔적이 남습니다. 지하에 구멍을 내면 지표수가 흘러 들어가서 지하를 오염시킵니다. 그런데 몰지각하게 혈토탐침봉을 사용하여 지하에 구멍을 내고 혈토를 찾았다고 자랑하는 사람이 있습니다. 자연을 파괴하는 자에게 자연은 진혈을 보여줄 리 없습니다. 그런 인사들이 찾았다는 혈처는 대부분 가짜혈입니다. 도로절개지를 보면 좋은 흙이 있는 층이 있으나 그곳이 혈처가 될 수 없는 경우가 많습니다. 지하 흙이 보기 좋다고 모두 명당인 것은 아닙니다. 소개하는 사진은 제법 알려진 풍수가와 장익호회에서 자랑스럽게 올린 것입니다.

* 배○○의 마화위룡에서

* 배○○의 일월 작약반개

◎ 芍藥半開形의 가짜 토질
가짜 명당에는 흙 색갈이 어떨까?
탐침봉으로 찍어보니 아니나 다를까 검은색의 흙이 나와 홍황자윤한 흙과는
거리가 너무 멀다

* 장익호카페

2. 대한○○ 풍수카페는 각성해야 됩니다

* 회원이 5천 명을 넘고 겸산 최○○, 중산 류○○ 등 유명인들이 운영하는 국내 두번째 규모의 카페입니다. 활동도 왕성하여 풍수계에 영향력이 막강할 것은 불문가지이니 그만큼 사명감 있게 처신하도록 요구되는 것도 당연합니다. 기구사용에 대하여 중립적 태도를 취하고 있으나 그 정도

로는 부족하고 적극적으로 자연훼손을 막아야 할 지위에 있습니다. 그렇다면 혈토탐지봉을 사용치 못하게 함은 물론 선전광고조차 말려야 되는데 아래에서 보듯이 선전을 게재하고 있습니다. 선전으로 보아 탐지봉 장사가 잘되는 것 같아 염려됩니다.

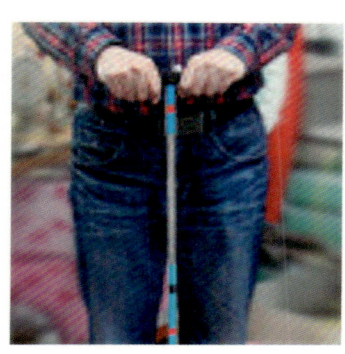

조립식 혈 탐침봉

상품가격 : **1,000** 원
상품설명 : 풍수에서 명당이나 혈자리에서 드릴식 탐침봉을 이용하여 땅의 색상과 토질등을 보고 구멍으로 온도계를 넣어 다른곳과의 온도차를 보고 혈자리를 증명 확인하는 도구 입니다.
판매가능지역 : 전국

* 대한○○풍수 카페에 아래의 글을 올린 것을 보고 질겁하였습니다.

♣♣♣이번 도제답산에는 참석하신 분들의 본인(가족포함)의 머리카락과 손,발톱 등을 좋은 길지를 찾아 묻을 계획입니다. 참석하실 분은 미리 준비하시기 바랍니다.♣♣♣

첫째, 머리카락과 손발톱을 길지에 묻으면 발복한다(반대로 쓰레기장에 버리면 흉사를 당한다?)는 것은 옥룡자나 양균송이 말한 바 없습니다. 방울 흔들며 칼춤 추는 무당들이나 나불대는 말입니다. 풍수가 무당인가?

풍수와 무당의 근본적인 차이는 객관적인 이치와 이론이 통하느냐의 여부에 있습니다. 무속을 조선의 과거시험에 출제하였다면 채점하는 것이 가관이었을 것입니다. 도제답산이라는 명목으로 거금을 받더니 돈값을 하려고 이벤트를 하다가 탈선한 것입니다.

둘째, 자기 땅에 묻지 않고 남의 땅에 허락없이 쓰레기를 묻는 건 범죄입니다. 땅주인이 좋아할 리 있겠습니까. 그렇다고 답산하는 도제의 선조묘역에 묻었을 리도 없습니다. 설령 발복효험이 있다 하더라도 남의 땅에 몰

래 묻으면 암장과 같아서 그런 심보로는 옳은 발복을 받을 수 없습니다

　셋째, 잘 썩지 않는 쓰레기를 좋은 땅에 묻고 다니는 건 자연훼손이고 자연보호단체로부터 해산요구를 받아도 할 말 없겠습니다.

이런 처사는 풍수관, 발복원리라는 기본공부가 전혀 안된 탓이고 혹세무민하는 죄악입니다.

3. 자연을 사랑합시다

　현재 풍수애호가 2만쯤 될 터인데 0.5%인 1백 명이 혈토탐지봉을 갖고 1년에 한 명이 20곳만 굴착해도 2천 곳이요, 십 년이면 2만 개소에 이르럽니다. 금수강산을 벌집으로 만들 작정인지 모르겠습니다.(2020.7.)

음택명당의 구조
(藏風得水와 龍穴砂水向時)

1. 생기(生氣) 응집처(凝集處)

　음택혈처는 생기가 뭉쳐 있는 곳, 즉 생기응집처라는 것이 예부터 사람들의 지배적인 생각이었다. 좋은 혈처를 명혈(名穴) 또는 명당(名堂)이라고도 부른다. 생기 응집처를 판별하는 잣대에 대하여 형기론은 주로 장풍득수국을 내세우고 이기론은 용혈사수향을 따진다.

　* 평소에 장풍득수(특히 득수)라는 용어에 대한 설명이 부족하다고 느끼고 있던 중, 최근 장풍득수가 유용한가에 대하여 의문을 제기하는 글을 읽었다. 풍수에 관한 견해가 천만 갈래로 나누어져 명멸(明滅)하고 있고 동일한 용어도 여러 가지 의미로 사용되고 있다. 당연히 여러 견해가 있을 수 있는데도 불구하고 다른 견해를 만나면 적대시하는 경향이 있는 것은 풍수

계의 풍토병(風土病)이다.

* 전통적 견해인 형기론의 입장에서 보면, 산은 움직이지 않는다는 이유로 음(陰)으로 보고 물은 유동한다는 이유로 양(陽)으로 보며, 산과 물의 음양조화로 혈처가 생기는데 장풍득수는 혈처(穴處)의 구조 내지 요건을 말한다. 풍수라는 용어 또한 장서(금낭경, 진나라 곽박)에서 장풍득수를 풍수라고 한 것에 기원이 있고, 이조 중기부터 널리 사용되었다고 한다(김두규, 풍수학사전).

* 명당의 구조론은 각 파에 따라 내용이 다르다. "명당의 구조"라는 제목으로 최대한 간단하게 총론(總論)을 쓴다.

2. 장풍득수(형기론자의 견해)

* 장풍득수란, 형기론에서 출발한 개념으로 "기운은 바람을 만나면 흩으지고 물을 만나면 멈춘다"는 기운의 성향(性向)을 뜻하지만 장풍득수하는 자리가 곧 혈처라는 뜻이 된다. 다시 말하면, 장풍득수는 음양의 조화로 생긴 혈처(穴處)의 구조 내지 요건을 말한다.

* 장풍득수의 형성 과정은 어떠한가?

① 응축된 생기의 출처에 관하여 풍수인에 따라 견해가 다른데, 필자는 지구핵의 고열로 인하여 전자파 유사의 파장이 생겨 지표상으로 발산되는 지기(地氣)가 주(主)된 생기이고 사격과 물 기타의 지상 공간(空間)에서 쏘아주는 기운이 보조적 생기가 된다고 본다.

② 혈처는 생기를 담는 그릇인데 어떤 구조(構造) 내지 여건(與件)이어야 적합한가? 예부터 기운은 바람을 만나면 흩어지고 물을 만나면 멈춘다(청오경). 기운은 용맥을 따라 흐르는데 물을 만나야 흐름을 멈추고(界水則止) 응집할 수 있으므로 바람보다 물이 우선이다(得水爲上, 藏風次之). 이러한 전제 아래 장풍득수되는 곳을 혈처라 하였다.

* 장풍득수의 구체적 내용은 어떠한가?

외부적 형상을 판단 자료로 삼는 형기론(형세론 포함)에서 주장하는 개념이므로 어렵게 생각할 것 없이 바람은 우리가 느끼는 공기의 움직임이고 물은 손을 적실 수 있는 물이다.

그러므로 장풍이란 혈처에 바람이 오고 가는 것(침범)을 막아주는 것을 말한다. 한편 득수란 글자대로 해석하면 천광에 물이 고이는 것을 의미하는 것이 되겠지만 그런 것은 아니다. 혈처가 물의 좋은 기세 내지 형세를 얻는 것, 다시 말하면 물이 혈처를 보호하는 자세를 말하는 것이다. 예컨대 강물이 현무를 돌아 나오는 경우(소위 수전현무) 또는 내청룡 밖에서 흐르면서 내청룡을 보호하는 경우에는 혈처에서 보이지 않더라도 암공수(暗拱水)라 하여 보이는 경우(소위 明朝水)보다 살기(殺氣)가 없어서 더 좋다고 본다. 주의할 점은 용(龍. 기운은 용따라 오는 것이므로 같은 뜻이다)은 물을 만나면 멈춘다는 뜻은 어떤 물이든 상관 없이 멈춘다는 뜻은 아니다. 어떤 산줄기가 다른 산줄기를 만나면 경계에 개울이 생기는데 이때의 물이 계수(界水)이다. 산맥이 끊어지지 않고 습지를 뚫고 나아가거나 바다를 건너(穿田渡水) 계속 진행하는 경우에 중간의 물은 계수가 아니다.

득수에 대하여 물은 재물을 뜻하므로 장풍득수에서 득수란 재물복이 있다고 설명하는 고수도 있다. 그러나 부(富)는 없어도 귀(貴)가 있는 명당도 흔히 있다. 그렇다면 예컨대 청백리가 나는 명당은 물이 없어도 된다는 말인가? 여기서 득수(得水)란 혈처를 보호하는 물을 뜻하고 발복요인으로의 물을 의미하는 것이 아니다.

* 요컨대 선조들은 경험상(경험을 근거로 귀납적으로 추론하는 것이 형기론이다) 사신사(四神砂)를 비롯한 사격과 물길이 유정한 경우를 혈이 생긴다고 보고 그러한 구조를 장풍득수국이라 하였던 것이다. 산태극수태극국세, 상제봉조형을 대혈로 본다.

3. 용·혈·사·수·향·시(이기론자의 견해)

용혈사수향(소위 地理五訣이다)으로 길흉을 예측할 수 있다고 하며 향을 최우선 시 한다. 각 방위에 나름의 기능이 있고 서로 오행상생하면 결혈처가 된다는 것이다(패철이 없으면 재혈이 불가능하다). 복잡하고 어려워서 술수화 되었는데 다시 시(時)까지 따져야 된다는 현공풍수론이 대두되어 혹세무민할 우려가 있다. 삼길(해, 묘, 경) 육수(간, 손, 태, 병, 정)에 적법한 사격이 있는 곳, 오귀조원국(혈처가 토성으로 중앙에 있고 나머지 四星이 각자 방위에 자리한 것)을 상급대혈로 보고 있다. 완비한 경우는 거의 없고 어느 정도를 구비하였으면 대혈이다.

장풍득수론이 오결 중 용(龍)을 빠뜨린 것 같으나 기운은 용을 따라오고 혈처는 기운이 있다는 전제이므로 용을 무시한 것은 아니다. 형기론자는 좌향(坐向)은 자연향을 중시하고 패철을 고집하지 않는다.

4. 기감론

* 풍수에서 생기를 느낄 수 있는 기감(氣感)은 어느 論者이든 필수적 소양이다. 타고난 근기(根氣)가 있으면 쉽게 고도의 기감을 터득할 수 있으나, 근기가 부족한 사람은 후천적으로 더 많은 노력이 필요하다. 기감을 수련하는 방법은 부지런히 산을 찾아가 교감하고 기존의 음택을 연구하는 것이 최상이다. 스님이 몇 년 용맹정진하고는 득도(得道)하였다고 오도송(悟道頌)을 읊는 경우가 많은데 망상인 경우가 허다하므로 고승이 검증을 한다. 스스로 신안(神眼)이라 자부하는 풍수도 함량 미달인 경우가 많다. 풍수관이 오염되어 있으면 기감도 접신(接神) 또는 망상으로 패망의 길로 가게 된다. 엘로드와 같은 기구는 기감을 확인하는 보충적 수단으로 유용하다.

* 기감론에도 여러 견해가 있으나 장풍득수나 지리오결을 챙기지 않고 자신의 기감에 의존하여 혈처를 찾는 견해이다. 거의 공통적으로 기운 또

는 기맥은 용맥과 무관하다는 생각을 한다. 즉, 생기는 용맥과 무관하고(땅에서 수직으로 올라온다는 주장도 있다), 좌향은 혈처에 들어간 이상 어느 방향이든 상관 없다고 한다. 최근에 유튜브에서 지지자가 많은 데 오직 소점자의 기감이 판단 기준이 된다는 것이므로 자의적인 감이 있다. 향은 아무렇게나 정해도 된다는 데에 이르면 아연해 진다.

5. 결론

* 명당의 요건으로, 형기론에서는 장풍득수론이 여전히 유용하고 이기론에서는 지리오결이 잣대가 된다. 물론 이기와 형기를 절충한 통맥법이 있으나 서로 용납할 수 없을 때, 예컨대 수구방위는 나쁜데 수구가 일월한문이나 화표로 아름답게 구성되어 있으면 선택의 기로에 서게 될 것이다. 기감론에서는 기감 외의 요건은 헛소리에 지나지 않을 것이다.(2024.5.)

제2장

생지백대명혈
生地百大名穴

생지명혈 목록 수백 개를 작성한 풍수가 적지 않은데
그들의 주장일 뿐 객관적 검증이 되지 않았다.
결록처럼 대략적 힌트라도 주면 좋은데
위치를 숨기니 검증할 수 없고 혹세무민하는 것인지 알 수 없다.
결록지를 추적하여 백대 명혈을 선정하는 방법이 최선이다.
다만, 필자가 발견한 몇 개의 명혈을 추가하였다.

경기도(2혈)

경기도 여주시 금반형
(우리나라 최대 양택으로 두사충이 좋아서 춤 추었다는 곳?)

1. 어떤 지방신문에 아래와 같은 요지의 기사가 실려있다. 즉,

* 여주와 이천의 경계에 있는 원적산 기슭에 36대 장상이 날 금반형의 집터가 있고, 그곳에는 36성씨가 살 수 있는 마을터가 있다. 결록은 "圓寂簇立(원적족립: 원적산은 빽빽이 서있고) 鸚鵡森羅(앵무삼라: 예쁜 새가 가득하다) 風邊察去來(풍변찰거래; 바람결에 바람의 오고 감을 살피고) 澤裡觀向背(택리관향배: 습한 곳에서 땅의 앞뒤를 살피다)"라고 하였다. 정유재란 때 두사충이 조선에 귀화하려하자 외조부되는 이여송이 금반형 비결서를 주었다. 두사충이 금반형을 찾아서 여주를 지나다가 이천 부발면 고백리에서 원적산 방향을 보고 산세가 너무 좋아서 춤을 추었다고 하여 그 고개를 두무재(杜舞岾, 두사충이 춤춘 고개)라고 한다.

* 원적산 아래 여주 외사리, 상대리, 이천 현방리 언저리 40리 안을 금반형으로 알고 있을 뿐 구체적 위치를 아직 아무도 모른다. 옛 사람들은 연화부수형(蓮花浮水形, 연꽃이 물에 떠있는 형) 또는 옥녀봉반형(玉女奉盤形, 옥녀가 상을 들고 있는 형)이라 한다.

* 아직 찾지 못했다는 사람도 있고 이천 내촌리 김좌근 별장터라고 말하는 사람도 있다. 동작동 국립묘지를 잡은 국풍 지창룡도 젊은 시절에 이곳에서 5년 간 농사를 지으며 금반형을 찾아다니다가 6·25 한국전쟁을 만나 밀양으로 피신하였다. 풍수지리를 연구하는 사람치고 이곳을 다녀가지 않은 사람이 없을 정도이다.

2. 설화에 관하여

* 우선 두사충은 임란 때 이여송의 지리참모로 활약했고 풍수지리에 능하여 비결책을 남겼다. 정유재란이 끝나고 귀국길에 올랐다가 되돌아 와서 귀화하였다.

임진왜란이 1592년에 일어나서 전쟁이 소강상태로 있던 중, 1597년 일본군 14만 명이 다시 침략하여 한 달만에 전국을 휩쓴 전쟁이 정유재란이다. 1598.9. 도요토미 히데요시가 사망하고 1598.11. 왜군이 철군함으로 전쟁이 종료되었으니 두사충이 귀화한 시기도 그 무렵일 터이다.

두사충은 정유재란 때 아들 둘을 데리고 귀화하였으나 부인은 중국에 남기를 원하여 오지 않았다. 정착지는 대구 대명동이고 뽕나무를 심어 널리 전파시키면서 이웃집 여인과 눈이 맞아 재혼하였다. 그는 아들을 데리고 신후지를 가르쳐주기 위하여 담티고개(만촌 2동)에 이르렀던 바, 기침이 심하여 말을 못하고 돌아오고 말았다. 이에 하늘의 뜻이라 생각하고 담티고개에 묻히고 말았다.

신후지로 추측하고 있는 곳은 수성구 성동 고산서원으로 알려져 있으나 고산서원은 퇴계 이황선생이 강론하던 곳이고 안산이 없어서 묘를 쓸 수 없는 곳이다. 문제는 그의 후손이 겨우 100여 호로 절손을 걱정해야 될 지경이니 신안이라 말하기가 민망하다는 점이다.

그의 사망 년도는 확실하지 않고 1620년대로 알려져 있는데 괴산 이담리 산61-1에 이석형의 현손 이인서(1554~1628) 묘를 점지하였다고 하니까 그 무렵까지 살았던 것 같다. 두사충은 대구에 정착하기 전에 청주 은적산 은적동(여주 원적산까지 직선거리로 63km)에 살았던 것 같다.

두사충 결록에 청주 오봉쟁소형이 있는데 자기가 살고 있는 곳에 가까운 백천동에 있다고 하고, 비단 천 동을 주면 가르쳐 준다고 하였다는 설화가 있다(유청림 풍수기행). 요약하자면, 두사충이 원적산 금반형을 탐방하였을 수 있다. 그런데 왜 여주금반형에 살지 않고 청주 은적산에 살았을까? 금반형이 없다는 말인가? 혹자는 두사충이 자기분수에 과하다고 생각하여 사양했다고 한다.

* 지창룡(1922~1999)은 34세에 동작동 국립묘지를 잡은 풍수지리, 관상, 명리학의 대가이다. 6·25 前 5년 간(1944~1949) 농사를 지으며 탐사하였다면 22세부터 5년 간이다. 지국수는 해방 후 일본에서 귀국하여 합천 해인사에서 명리학을 공부하였으므로 여주에 농사지었다는 것은 거짓말이다.

확인된 사실에 의하면, 울진에 살던 한학자 담양전씨가 해방 무렵 아들로 하여금 여주에 가서 살면서 금반형을 찾도록 시켰다. 아들이 수년 간 농사 지으면서 살피니 겨울에 보리 밭에 유난히 보리가 푸르른 곳이 있었다. 전씨 부자(父子)는 그곳을 금반이라 판단하고 땅을 비싸게 매수하고 집 지었고(외사리 102에 있는 금반형별장이다), 노인은 수년 전에 졸하였다고 한다. 신문기사는 오보이다.

3. 사전(事前) 연구

풍수를 공부하는 자는 위의 기사를 읽고 그냥 지나칠 수 없다. 그러나 무작정 찾아갔다가는 오리무중을 헤맬 수 있기에 사전 연구가 필요하다.

* 대국을 보니 원적산 아래 양택은 연화부수형(이천)과 금반형(여주)의 2개 물형이 있었다.

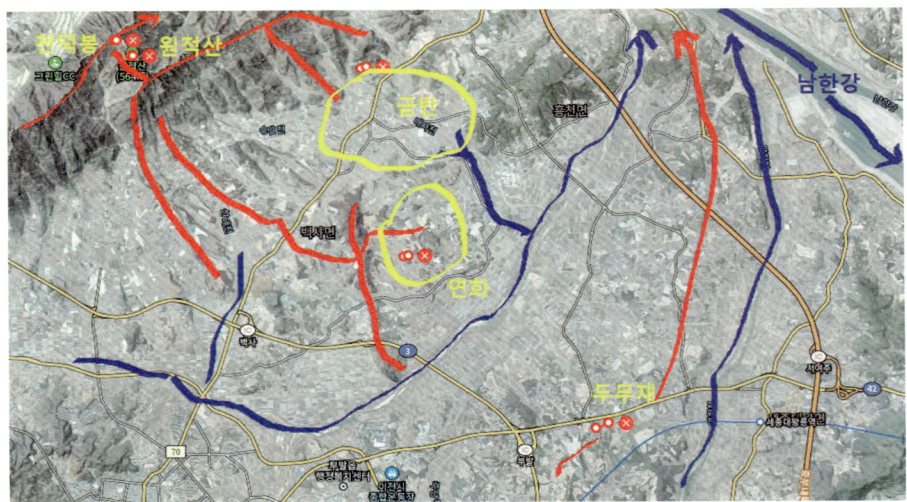

사진출처 : 카카오맵 스카이뷰(https://map.kakao.com)

* 중국 지도

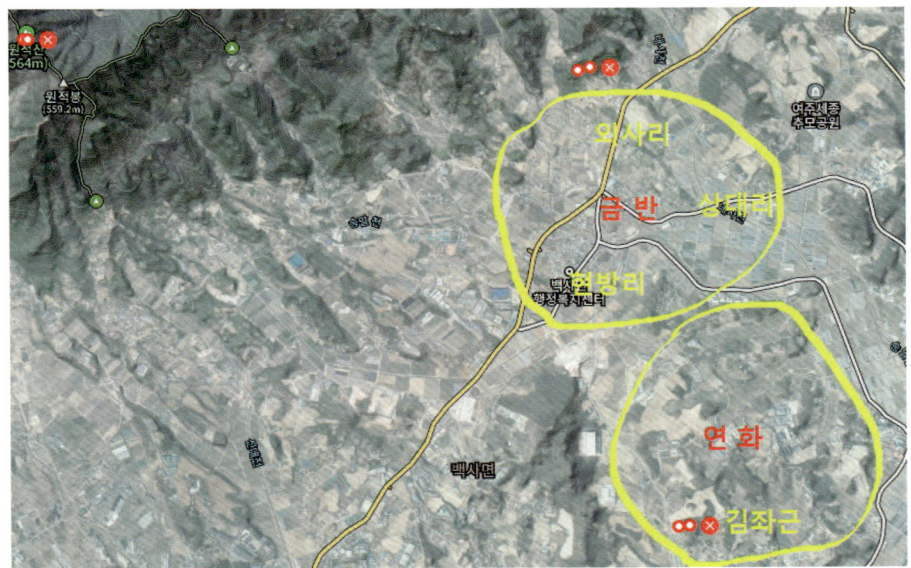

사진출처 : 카카오맵 스카이뷰(https://map.kakao.com)

4. 답사

*두무재에 가서 원적산 방향을 살펴보니 황사로 흐릿하여 춤 출 여지가 없다. 황사가 없어도 너무 멀어서 잘 보이지 않을 것이다. 두사충 정도 되는 신안은 현장 부근에 가지 않더라도 주산의 행도를 보면 명당을 짐작할 수 있고 춤을 출 수 있을 것이다. 이러한 풍수설화는 다른 곳에도 있다.

*연화부수 중 내촌리와 상용리를 돌아보니 내촌리 222-14에 있는 김좌근 별장이 명당이고(간산기 참조), 상용리는 야산으로 허접하다. 비결지는 마을을 이루고 살 수 있다고 하니 좁은 마을에 있는 김좌근 별장은 목적지가 아니다.

앞서 본 지도에서 금반이라 표시한 일대를 돌아보니 옥녀봉 아래 금반형이 있었다. 현장과 결록을 대조해보니 결록이 이해되더라. 두사충의 비결서책 중에는 이 혈에 관한 언급은 없다. 두사충이 답사를 하였다는 설화는 반신반의하게 된다. 남향, 중등상급.

*우의정 김관주(1743~1806)가 명당 찾아 외사리 356-14에 99칸 집(현재 나대지)을 지었는데 귀양가서 객사하였다. 장익호 유산록은 이천 백사면 모전리에 금반형이 있다고 하나 음택을 말한다.

*아직 장상이 배출되었다는 소식이 없으니 핵심 혈처는 비어 있고, 결록에 36성씨가 살수 있다고 하였으니 명당 찾아온 집들은 핵심처는 아니지만 길지급일 것이다. 또 다른 결록과 간산기가 있으나 혼란스럽고 혈처 찾는데 도움이 안 된다.(2024.5.)

경기도 양주시 배양산 아래 어옹수조
(죽은 자도 子孫을 본다는 혈)

1. 경기 동북부지역 간산

만산도를 보면 양근군(陽根郡)에 10개 남짓, 양주군(楊洲郡)에 50여 개의 산도가 있다. 양근군은 세조 이래 양근군이던 곳이 1908년 지평군과 합쳐 양평군이 되었다가 현재 양평군과 양평읍이 되었고 양주군은 서울과 양근군 사이의 북쪽(경기 북부)에 위치하고 현재의 고양군, 포천군, 의정부, 구리시, 남양주 등지를 포함한 넓은 지역이었다가 모두 분리되고 남은 지역이 2003년 양주시로 승격하였다. 생소한 곳인데 東國三大穴 中의 하나로 죽은 자도 자손을 본다(死者生孫地)는 대혈이 있다는 말에 호기심으로 2020.2. 탐방하였다.

2. 양주시 배양산(培養山)下 어옹수조(漁翁垂釣, 늙은 어부가 낚시 드리운 형)

* 유산록 전편 198p. "양주 사방(巳方) 50리, 천마산(天麻山) 西행룡, 배양산하, 간룡(幹龍) 자좌미파, 품자(品字), 9대 승상… 어옹수조형, 東國三大地中一也, 옥룡자운(云) 사자(死者) 생손(生孫)地…"

해설로서 "1969년 수리봉(註 남양주시 금곡동141-1)에서 大開帳하여 양날개는 중심맥을 보호하며 멀리 돌아 혈 앞에 모였고, 미금면 이패리(註: 남양주시 이패동)에 평지 결혈하였다."

＊어옹수조 산도

＊결록은 배양산 아래라고 하고 유산록은 이패리라 한다. 다음지도에서 배양산을 찾으니 진건읍 배양리 문재산을 가르킨다. 배양리 공동묘지 전면에서 좋은 혈을 찾았으나 동국 삼대혈은 아니다. 이패리는 양정역 일원인데 난개발과 신도시개발로 어수선하여 찾기 어려웠다. 차후를 기약하고 다음 목표지인 깃대봉 아래 상제봉조로 갔다. 혈처는 서후리 산75-1로 추정되었으나 거창신씨 종산인데 관리인이 입산을 막아서 그냥 왔다.

＊일주일 뒤에 이패리를 재차 탐방하여 어옹수조를 찾았으나 이패동에는 대혈이 없고 삼패동에 어옹수조인가는 모르겠으나 청국원종공신 연안이씨가 제자리(삼패동 산2)에 묘를 썼는데 사방에 기운이 충만한 중등 상

급의 대혈이더라. 신도시 개발로 이장 공고표가 박혀 있었다.(2020.3.)

 * 삼패동 연안이씨 묘

충청북도(9혈)

충북 보은군 北이십리 태산 아래 운리(雲裡) 신월형(新月形)

1. 산도와 결록

* 산도-- 이명석『명산의 혈을 찾아서』

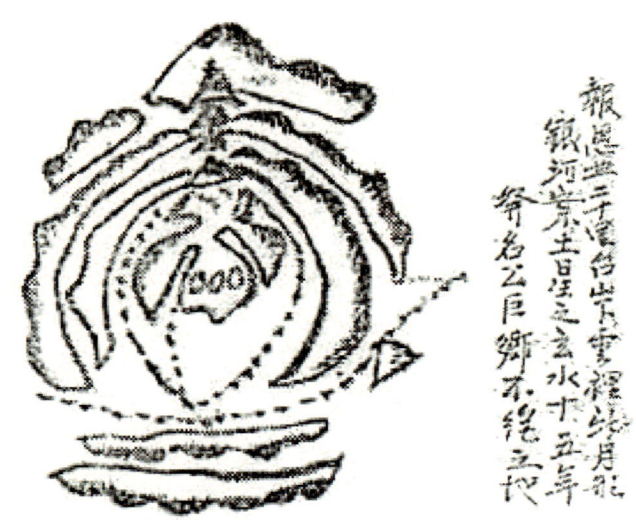

* 報恩北二十里 台山下 雲裡 新月形 銀河案 土星之玄水 十五年發 名公巨卿 不絶之地

2. 답사

구름 속 초승달 형이다. 속리산에서 말티재를 넘어 탁주봉(보은군 산외면 오대리) 아래에 아름다운 초승달이 떴다. 혈장이 풍후하고 자좌이다. 중등상급. 일이승 곁에 속리산 남쪽에 운련반월형과 삼태안 반월형이 있다고 하는데 오대리 반월형과 다른 곳이다.(2022.8.)

충북 보은군 속리산 49대 제왕지지
(운이 돌아 올 때가 있을까?)

1. 유산록

필자는 남원 보절면 만행산(천황산) 30대 군왕지에 실망하고 다른 곳의 상제봉조는 어떤가 탐혈해 보기로 하고 속리산, 서대산, 월출산을 잇달아 탐방했다.

유산록 전편 344p, 속리산(俗離山) 연봉(連峰) 중 최고봉인 천황봉은 오길박환성(五吉剝煥星)으로 수려하다. 한줄기를 찾아 따라가니 홀연 삼길성 아래 결혈되었다. 속리산 전체가 포위하여 상제봉조가 되었으니 장엄하다. 49대 제왕지지가 이곳에 숨겨져 있으니 언제 운이 돌아올 것인가(何時運回呼)?

2. 속리산

속리산은 소백산 줄기 가운데 있고 최고봉인 천왕봉(일제 때 천황봉이라 한 것을 천왕봉으로 개명, 1,058m)은 상주와 보은에 걸쳐 있다. 속리산은 한국 8景 中 하나로 워낙 유명하니 우리 국민은 아마 모두 다녀갔을 것이다. 최치원 선생이 "산비리속(山非離俗) 속리산(俗離山), 산은 속세를 떠나지 않으나 속세는 산을 떠난다"라 했고 이 글이 속리산 이름이 되었다고도 한다.

3. 탐혈

  천황봉 직맥과 속리산 전체가 포위한 곳은 도화리와 만수리 일대이다. 어느 지점을 지나니 불현듯 범상치 않은 기운을 느끼고 산을 올라간 즉, 소위 삼길성인 목성, 금성, 토성이 삼각을 이루었고 둘러싼 여러 봉우리들이 아름답고 위엄있어 한눈에 상제봉조임을 알 수 있었다. 혈장에는 근처에 오래된 묘가 있어 진혈자리를 지키고 있었다. 유산록에서 고묘에 관하여 언급이 없는 것으로 보아 우리와 다른 곳을 소점하였다고 짐작한다. 운이 돌아와야 된다는 건 무슨 뜻이며 또 때가 되면 적임자가 그 터에 들어갈 수 있도록 고묘가 비켜줄 것인가? 제왕이 탄생할 상등초급 대혈이나 현재 여건상 49대란 당치 않고 권력자가 한 둘 나오면 만족할 일이다.

  * 유산록 전편 346p 산도

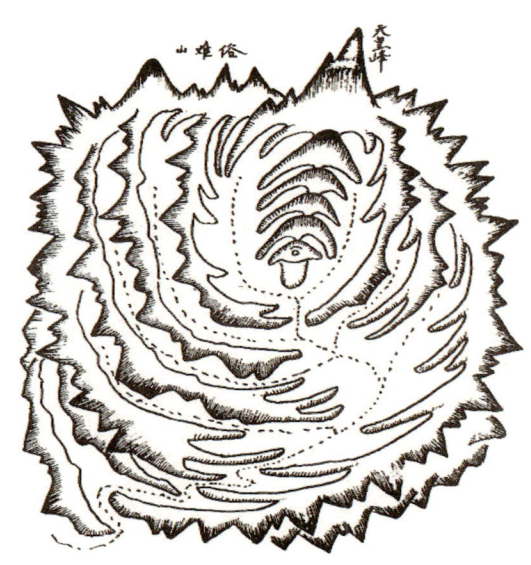

* 혈처의 원국

사진출처 : 카카오맵 스카이뷰(https://map.kakao.com)

결록지에 적혀있는 장기발복 제왕지로는 속리산 천왕봉 49대(1500년), 남원 만행산 30대(900년), 합천 가야산 500년, 영암 월출산 14대(420년)의 順이다. 전부 허황된 수치이고 남원 만행산을 제외하고는 제왕이 탄생할만한 기상이 있다.(2018.3.)

충북 속리산 우복동
(어떤 곳이고 어디에 있는가?)

1. 우복동(牛腹洞)에 관한 글

인터넷을 검색해 보면 우복동에 관한 글이 블로그 3,720건, 카페 4,820

건으로 나타난다. 물론 중복된 글도 많지만 합치면 5천 건은 넘어설 것 같다. 내용은 농작물, 맛집, 민박 등 농촌 마케팅과 기행기가 대부분이고 풍수적 해설은 50여 건이 채 안되며 심도있는 글은 5~6건에 지나지 않는다.

2. 속리산

속리산(천왕봉 1,058m)은 충북과 경북에 걸쳐 있고 기암괴석과 단풍이 절경이어서 우리나라 8경 중 하나로 소금강이라 부른다.

동해변을 타고 내려오던 백두대간이 내륙으로 들어서는 길목에 높이 솟았다. 동쪽으로 흐르는 낙동강, 서쪽으로 흐르는 한강, 남쪽은 금강이 되므로 삼파수라 한다. 속리산 법주사는 의신스님이 553년(신라 진흥왕) 창건하고 2018.6 유네스코 세계문화유산에 등재되었으니 세계적 명당이다. 진표율사가 이곳에 이르자 밭 갈던 소가 무릎을 꿇고 맞이하였고 이를 본 농부들이 감읍하여 율사를 따라 출가한 데에서 속리산이라 한다.

3. 우복동이란 언제부터 사용된 이름인가?

우리나라 3대 이상향으로 첫째는 지리산 청학동, 둘째는 속리산 우복동, 셋째는 성주(또는 합천 가야산) 만수동을 꼽는다. 청학동은 별천지로서 신선이 사는 곳이고 우복동은 민초들의 피난길지이고 성주 만수동은 범인들이 살만한 합천 가야산 부근으로 추측한다. 우복동이란 마을은 실존하는 지명이 아닌데 그 이름이 언제부터 사용되었는지는 명확하지 않다. 옥룡자와 일이승은 몇 개씩 결록(위작으로 보인다)을 남겼는데 우복동이란 용어를 사용하지 아니한 결록도 있고, 남사고의 격암유록과 여러 감결을 편집한 정감록(1700년대 초 작성)에는 우복동이란 지명은 없고 십승지중 四증항이라 이름한 곳이 있는데 이를 우복동일 것이라 추측할 뿐이다. 두사충 결록(위작으로 추측되지만)에서 우복동이란 명칭을 사용하였고(장익호 유산록은 두사충이 최초 발견했다고 한다) 이중환(1690~1752)의 택리지에 우복길지가 청화산에 있다 하였고 송명흠(1705~1768) 선생이 낙향하여 청화산 용유리 골짜기에 우복동이 있다고 말함에 따라 비결파가 몰려들어 한때 400여 호의 큰 마을이 형성되었다. 이로 미루어 보건데, 우복동은 민초들 사이에서 설화(說話)로 속리산에 있다는 피난지이었는데 뒤에 결록에 인용되었다고 추측된다. 현재 풍수들이 눈을 밝히고 찾는 곳 가운데 하나이다.

4. 피난지가 절실하였던 사정

* 한강 이북의 경우 고구려는 수, 당, 거란, 명과의 전쟁에서 수만 명 내지 수십만 명이 전사하고 임란과 병자호란 시에 피해가 막심하였는데도 이북에는 피난지로서의 십승지는 없고 한강 이남에 있다. 신라 때에는 왜구들이 남해안에서 노략질을 하였고 백제정복의 전쟁(660년 전사 3만5천), 신라와 당(唐)사이의 전쟁(670년 전사 3만), 신라 말기의 난세로 피난민 내지 유랑인들이 많았다.

* 그러나 본격적으로 피난지를 갈망한 것은 임란(1592~1598 전사46만, 진주성 싸움에서 6만의 軍民이 사망), 병자호란(1636~1637 전사 3만2천), 경신 대기근(1670)과 을신 대기근(1695, 양대기근으로 천만 인구 중 150만 명 사망) 등의 고난이 있었던 시기이다. 특히 임란 때에는 7년 간의 전란으로 전사자 외에 흉년·기근·역병·추위로 조선인구 천만 명 중 300만 명이 사망하였다. 정유재란 시에는 왜병들이 소규모 부대를 결성하여 임란 때 점령치 못한 호남 곡창지대를 노략질하여 농사를 못 짓게 하니 유랑민이 넘쳐났다. 이때 농토의 3분의 2가 황폐되었다 한다. 불결한 환경으로 질병이 유행하니 시체가 사방에 가득하고 거지들이 길을 메웠으며 사람들이 시체를 뜯어 먹는 참혹한 세상이었다. 임란 때 영의정

아계 李山海(1539~1609)는 길가에 시체가 즐비한데 굶주린 백성이 살을 베어가고 남은 시체는 까마귀 밥이 된다는 탄식을 詩로 남겼다.

 시체를 두고 까마귀와 서로 차지하겠다고 싸우는 참상이니 어찌 피난길지를 찾아 헤매지 않겠는가? 오죽하면 사명대사가 1604년 일본에 가서 포로(5~7만명이라 한다)를 귀국시키려고 하자 굶고 못살았던 사람들은 차라리 일본이 낫다고 귀국을 거절하는 바람에 3천 명만을 데리고 귀국하였다.

 선조 즉위(1567년) 시부터 사림 간의 권력투쟁으로 사색당파와 사화가 발생하고 권세가들의 수탈과 군인의 부패로 민심이 이반되고 조정은 전쟁을 기피하려고 무(武)를 멀리한 탓으로 왜병이 1592.2.에 부산포에 상륙하고 20여 일만에 모두 도망간 서울에 무혈입성하였다. 1636년 병자호란 때 최명길은 50만 명이 피해를 입었다고 하는데 그 중 수만 명이 청으로 끌려갔다고 본다. 그 뒤에도 사색당쟁은 더욱 치열하였으니 할 말이 없다

 * 전쟁과 기근이 휩쓸고 간 1600년대 말에는 피난지를 찾는 사람이 많아서 감결록과 산도가 불티나듯 팔렸을 것이라 추측하는 분도 있다.

5. 피난지의 요건

 * 피난지로는 단순 피난지(굶주려도 생명을 보존할 수 있는 곳), 길지급 피난지(가족이 굶지 않고 살 수 있는 곳), 오복(食色壽財孫) 길지급 피난지, 명당(부귀 권세 문장)급 피난지로 나눌 수 있다. 단순 피난지는 두 세 사람이 산골에서 화전을 이루며 궁핍하게 생활하는 곳이니 사람들이 갈망할 피난지가 아니다. 풍요로운 생활을 하려면 자급자족하고 이웃과 마을을 이루어 협동할 수 있어야 영농을 효율적으로 할 수 있으며 외롭지 않을 것이다. 어느 정도의 집단적 규모가 되어야 한다는 말이다. 원래 십승지로 대표되는 피난지는 절박한 상황에서 희망한 길지급이었으나 욕심

이 생겨 오복길지로 목표를 격상시켰다가 다시 호사스럽게 명당급을 추구하고 있다.

　* 십승지의 위치는 대체로 ①경북 풍기 금계촌 ②경북 봉화 춘양 ③충북 속리산 증항근처 ④경북 예천 금당동 ⑤전북 남원 운봉 동점촌 ⑥충남 공주 유구와 마곡사이 ⑦강원 영월 정동상류 ⑧전북 무풍 덕유산자락 ⑨전북 부안 호암아래 ⑩경남 합천 가야산 만수동을 꼽는다. 그중 풍기 금계촌은 개성의 비결派 다수가 이주하여 살았고 현재 인삼과 사과 재배로 생활이 풍요롭다. 예천 금당동은 피난지라기보다는 명당지로 이미 발복하였다. 나머지는 장소가 확실치 않다.

　* 우복동 후보지가 어느 정도 길지급인가 또는 명당인가는 풍수적으로 판단해야 할 간산자의 몫이다. 다만 판단 기준시점은 임란 이후의 옛날 여건, 예컨대 그 당시의 교통과 衣食住를 기준으로 삼아야 할 것이다.

　* 길지급 내지 오복 길지급 피난지의 요건으로 사람들은 ①교통상 외부와 차단되어 외부 침입이 어렵고 세금수탈을 피할 수 있는 곳 ②청학동은 천명이 피난할 수 있는 곳이고 우복동으로 알려진 용유리에 한때 400여 호가 몰려왔던 점을 생각하면 몇백 호가 몇 개의 작은 마을을 이루고 살 수 있는 곳 ③피난민들이 곡식을 가꾸어 자급자족할 수 있는 토지가 있는 곳 ④청정한 자연환경으로 질병없이 장수할 수 있는 곳을 든다. 이런 요건을 적용하여 결록과 후보지들을 점검한다

6. 산도와 결록의 허실

年代 순으로 본다.

　* 옥룡자(827~898)-- "청화산 남쪽에 매화꽃이 피었다. 운이 되면 벼락이 석문을 깨뜨려서 들어 갈 수 있다." 또는 "옥룡자 말하기를, 지회(遲徊) 우복동(牛腹洞) 뇌파비석문(雷破碑石門) 개석수문외(蓋石水門外) 대암횡와

(大岩橫窩) 근과일인(僅過一人) 입문시(入門時) 수지황촉(手持黃燭) 답수이(踏水而) 거삼리즉(去三里則) 유복암(有覆岩) 좌우개석벽방야(左右皆石壁方也) 내유오장비즉(內有五丈碑卽) 옥룡자유지정처(玉龍子遺趾正處) 천작석대삼층(天作石臺三層)"

그러나 오늘날 석문에 가려서 발견 못할 곳은 없는데 청화산 남쪽에 매화꽃 형국이라든가 넓은 공간이 있는 비밀 장소는 없다. 가짜 결록이다.

* 남사고(1509~1572)-- 정감록에 인용된 격암유록에는 십승지의 셋째로 속리산 四증항 근처를 들면서 난리를 만나 몸을 숨기면 하나도 다치지 않을 것이라 한다.(三曰 報恩 俗離山 四繒項 延地 當亂藏身 萬無一傷) 이 부분을 사람들은 우복동에 관한 결록이라 하는데 길지급 피난지를 말한 것이다. 정감록은 수십 개의 감결을 여러 사람이 집성한 것으로 1700년대 초에 제작되었다고 추측되고 필사본으로 전해 온다. 민중운동의 사상적 배경이 된 탓으로 이조 때 금서가 되었다.

* 두사충(임란 때 명군 참모~1627 死)-- 화령 근처를 지목한다
속리산 천황봉하(天皇峯下) 오성구회처(五星俱會處 오성이 모인 곳) 화령근처야(化嶺近處也) 장상지출여천지무궁(將相之出與天地無窮) 기중판서팔인문장(其中判書八人文章) 사업진동천지(事業震動天地) 운운.(장익호 유산록 후편 92p) 이 결록은 피난지결록이 아닌 명당결록이다. 피난지에 살면서 사업이 천지를 진동할 리 없고(우복동에 먼저 들어가 땅장사를 한다면 모르되) 여덟 판서가 난 마을이면 유명해져서 난세에는 도적의 표적이 될 것이다.

뒤에 게재하는 안내용 산도에 우복사기(祠記)가 부기되어 있는데 요약하면 "두사충이 이곳의 산도를 그렸다. 속리산 천황봉主山, 주흘산案, 상주

로부터 5십 리 화령 근처, 사람들에게 우복동이 어디냐고 물으면 모른다고 하지만 팔판동이 어디냐고 물으면 다들 안다." 이하 생략.(생략한 부분은 뒤죽박죽이고 해득하기 어렵다. 위작으로 추측하는 근거가 된다. 전문은 생략)

그러나 천황봉이 주산이면 문경 주흘산이 안산이 될 수 없다. 화령 근처가 상주로부터 5십 리가 되지만 동네 사람들 중 팔판동을 아는 사람은 물론 없다. 우복사기는 가짜결록이다.

* 일이승(1660년활약) 결록(유산록 후편 92p)-- 아래 결록 외에 속리산 동쪽 기슭이라는 결록도 있다.

"上中下三台分明(상중하의 삼태가 있고) 五姓與天地同行之基(다섯 성씨가 집짓고 오랫동안 살것이며)… 今世不敢生意(이 생에는 꿈도 꾸지마라)… 三災八難都是不照之地(삼재팔난이란 근처도 오지 않는다)… 若至下元甲運自然通棲(하원 갑자가 되면 자연스럽게 들어갈 수 있다) 經湖南塞士十餘人入居(호남의 가난한 선비 십여명이 들어와서 산다) …"이 결록은 인용한 부분 외에는 문맥이 난해하여 해득하기 어렵다(장익호 유산록 후편 93p) 전후를 뒤죽박죽으로 흩트려 놓았으니 필시 장사들의 상품이다.

* 이중환(1690~1752)의 택리지는 우복동이 청화산에 있다 하였으나 풍수가 아닌 실용적 관점에서 본 것이고,

* 이조판서 송명흠(1705~1768)은 낙향하여 용유동을 우복동이라 하고 살면서 후학을 가르쳤다. 이로 인하여 비결파가 몰려 일대에 4백여 호가 살았다 한다.

* 실학자 이규경(1788~1856)은 비판적 시각에서 우복동에 관한 자료를 모아 기록으로 남겼는데 우복동을 찾으려는 사람들의 기행문(路程記)

이 많았으니 산도와 결록이 많이 팔렸을 것이라 했다.

　＊ 결록들은 자체 모순되고 해득할 수 없는 부분이 많은 점으로 보아 1600년대 말경 피난지를 갈망하던 사람 사이에 위조품이 대량 판매되었다고 추측된다.

7. 산도

몇 종류가 있다.

　＊ 안내용으로 게재되는 산도-- 작자불명. 용유리 입구 도로에 석판이 있다.

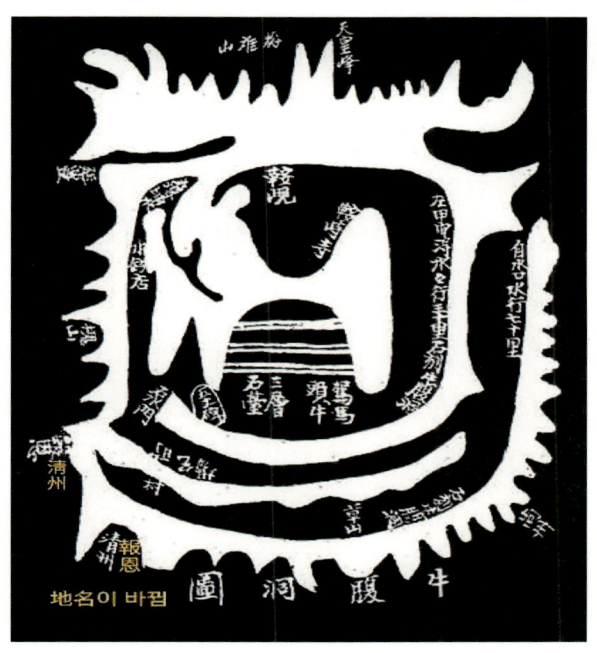

　＊ 올뫼 장광덕님이 조부의 유품이라는 도면을 게재하였다. 앞의 안내용 도면과 유사하고 옆에 우복사기 유사의 문장이 기재되어 있다.(전사를 금하므로 앞 부분을 퍼옴, 다음 블로그. 한문과 우리생활 2011.1.)

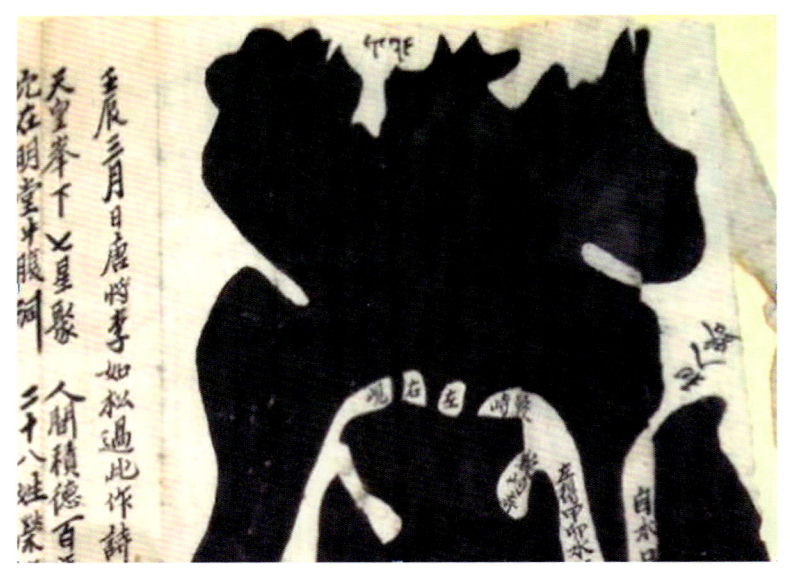

　　그러나 이 산도는 위작이다. '임진 삼월 이여송이 이곳을 지나면서 詩를 짓다'라고 하면서 28姓이 영화한다는 우복사기(祀記)를 적었다. 왜적은 1592.4. 부산포로 총 20만(선봉 5만2천) 명이 침입하여 18일만에 텅빈 서울을 점령하고 두 달 만에 전국을 휩쓸었다. 이때 왜군은 부산포와 탄금대 이외에는 아무런 저항을 받지 않아 하루에 60리씩 뛰어서 서울까지 진격했다. 日本 내에서는 성안에서도 결사 항전하는데 조선은 이상한 나라라고 놀랐다 한다. 의주까지 도망간 선조가 명나라에 원군을 애걸하자 이여송(1549~1598)이 明軍 4만 3천을 거느리고 임진 12.25. 압록강을 건넜다. 조선군과 합세하여 1593.1. 평양 전투에서 대승하고 곧 이은 백제관 전투에서 대패하여 전황이 소강상태로 되었다. 무슨 수로 임진 3월에 속리산을 지나갔겠는가. 유사한 결록이 많은 것은 위작 상품이 나돌았다는 증거이다.

8. 후보지

그렇다면 산도나 결록은 잠시 뒤로 미루고 속리산 일대를 모조리 뒤져서 길지급 이상의 피난지가 있는지 조사해보는 것이 합리적이다. 사람들이 주장하는 후보지만 해도 십여 곳이 넘는데 그 중 유력지를 점검하고 진정한 우복동을 찾고자 한다. 편의상 속리산 동서남북 4면을 나누어 살핀다.

가) 속리산(문장대 포함) 동편

*상주 화북 상오리 장각동-- 폭포 경치는 좋으나 다수 피난민의 피난지로는 비옥한 농토 등 규모가 부족하다. 일이승 결록이 속리산 동쪽 기슭이라고 한 곳도 이곳일 것 같다.

*상주 화북 용유리와 문경 농암 내서리 골짜기 일대-- 속칭 우복동이라는 곳으로 가장 유명한 곳이다. 지금은 관광지이고 역사적으로도 유래가 깊다. 쌍용계곡 입구에 명필(名筆) 봉래 양사언(1531~1586)이 바위에 洞天이란 초서를 음각으로 새겼고 송문흠이 양사언의 글씨임을 확인하는 문집을 남겼다. 무학대사가 춤추었다는 승무산도 앞에 있다

*속칭 용유리 우복동-- 청화산 남쪽인데 다수인은 광정마을과 화산마을(문경 농암면 화산리와 다른 곳)을 후보지로 보고 초지밭 삼단을 삼대로 본다.

그런데 광정마을은 골짜기 初入에 있고 청룡이 낮아서 바람을 맞더라. 전면이 높고 가까워서 나쁘다. 화산마을은 앞산이 무기력하고 뒷산이 무정하더라. 삼단초지는 안산이 박력 있어 좋으나 백호쪽에서 바람이 치고 기운이 없다. 전체적으로 비옥한 농경지가 없고 협소하여 화전민이나 살 곳이고 풍수적인 매력은 없다.

＊ 청화산 용유리 일원

사진출처 : 카카오맵 스카이뷰(https://map.kakao.com)

＊ 문경 농암 내서리 한농마을-- 확실한 피난처이다. 진입도로부터 찾기 어렵다. 人家가 없는 좁은 골짜기 길을 한참 간 다음 산으로 올라가야 되고, 출입도로가 외길이어서 되돌아 나와야 된다. 옛날에 이런 곳을 가리켜 거지도 찾아오지 못하는 동네라 했다. 비옥한 토지가 없고 갑갑한 동네이다. 이곳은 두사충 결이 말하는 주흘산이 보인다고 하지만 두사충 결록은 화령 부근이라 하였으므로 안산 하나에 촛점을 맞출 수는 없다

나) 속리산 남쪽

＊ 경북 상주 화서면 상현리-- 화서의 속칭은 화령이다. 이곳을 지적하는 분도 많다. 반송마을(상현1리)은 주위 산들이 흩어지고 볼품 없다. 무동마을(상현2리)은 주산이 허접하고 입구가 개방되어 있다.

＊충북 보은 마로면 적암리-- 구병산 시루봉(청화산 시루봉과 다르다)이 마을 청룡인데 기세가 대단하고 수구도 좋다. 대장군이 태어날 수 있겠다. 그러나 비옥한 농지가 없고 마을 형세가 거세어 피난지로는 부적격이다.

＊충북 보은 속리산면 구병리-- 유력한 우복동 후보지이다. 구병산은 속리산 건해맥-형제봉-동관리680고지-신선대-구병산으로 아름다운 행룡을 하였다. 구병리 마을도 들어갈 수 있는 길이 찾기 어려워 피난지로 적합하다. 일제강점기와 6·25 한국전쟁 때 피해를 입지 않았다 한다. 70년대 초 80여 호, 지금은 40여 호가 산다고 한다.(보기로는 더 적은 듯?) 기운이 강하고 앞산이 절벽이다. 수행인이 살기 좋은 곳이다. 피난지는 틀림없으나 길지급은 아니다.

＊구병리 국세

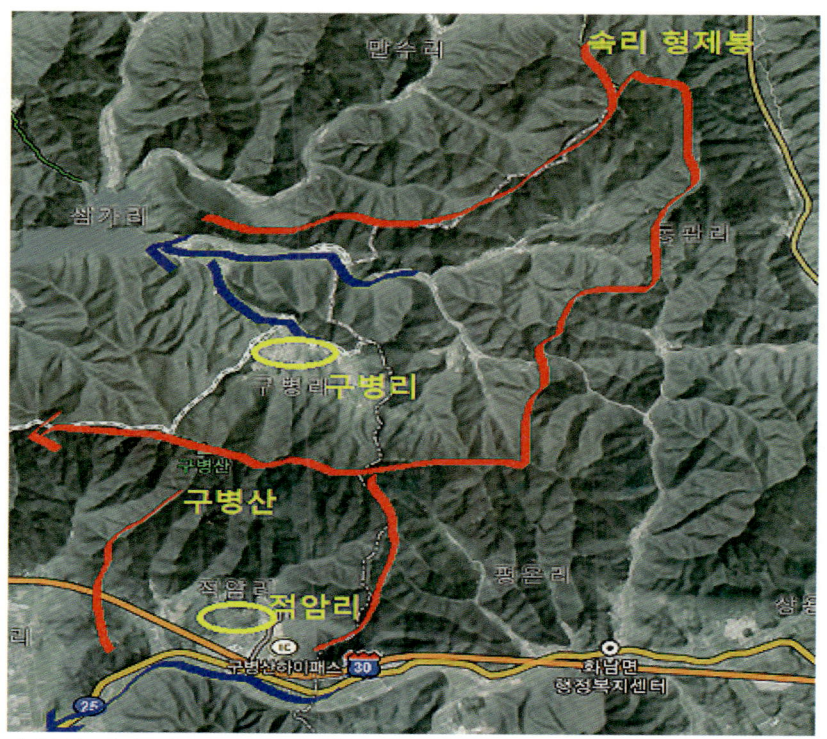

사진출처 : 카카오맵 스카이뷰(https://map.kakao.com)

다) 속리산 서쪽

* 보은 속리산면 북암리-- 주장하는 사람이 적어서 답사가 미흡했다.

* 자연인이 주장하는 삼층석대--북암리를 지적한 것인지 확실하지 않으나 1 내지 3의 臺를 우복동으로 보는 것이라면 찬성할 수 없다. 곡식은 밑에 있는 평지에서 충족할 수는 있다지만, 저러한 암반 위에 사람이 집짓고 살겠는가. 생활용수는 어떻게 조달하며(옛날에는 지하수 파는 것은 생각 못했을 것이다) 진출입 도로는 어떻게 개설하고 몇 사람이나 주거할 수 있을지?

라) 속리산 북쪽

상주 화북 운흥리(용화)-- 옛날엔 교통이 불편하여 외부와 단절되었을 것이고 땅도 넓다. 결록에 등장하지 않으나 사람들이 거론하는 곳이다. 길지급?

9. 우복산이 있는 이곳이 우복동 아닐까?

 다음과 같은 환경을 구비하고 있어서 십승지의 둘째인 우복동이 될 수 있다.

* 문경 농암면 화산리 일대

 우복동은 꿈속의 마을에서 찾을 것이 아니고 발을 딛고 살 수 있는 곳에서 찾아야 한다. 곡식만 자급자족해서는 부족하고 생활편의·교육·의료 등 文明생활도 자급해야 된다. 화산리 일대는 넓은 들이 있고 골짜기만 16개에 이르므로 각자의 기호에 맞는 곳을 찾아 안착할 수 있다.

 * 전체적인 구도-- 청화산의 왼쪽 간룡과 속리산의 왼쪽 간룡이 감싸고 안아 화산리를 만들고 우복산이 수구가 되었다. 속리산 동쪽 물은 전부 이곳에 모였다가 낙동강으로 흘러간다. 수량이 많고 깊은 산골 물은 마르지 않는다

 * 진출입구가 하나이고 교통이 어렵다-- 삼면이 산악지역이고 출입구는 동북 문경새재 방향이 유일한데 영강이 갈지자(之字)로 차단하고 있다. 꼭 화산리를 찾아 오겠다는 의도가 없다면 외부인이 올 수 없는 곳이다.

 * 풍수상 五福吉地級이다-- 속리산과 청화산의 기운이 합쳐져 있고 오성(넓게 규모를 잡으면 칠성)이 모였다. 수구가 좁고 內수구를 지난 물길도 갈지자로 흘러 기운이 쉽게 나가지 않는다. 청화산 시루봉의 기운을 받아 간혹 인물도 날 수 있다.

 * 화산리 대국-- 산도들은 비결지 상품으로 유통된 위작이므로 산도와 우복사기에 의거하여 찾아서는 안 된다. 진출입이 어렵고 수백 명이 살 수 있는 농토가 있는 곳 등 십승지의 기본요건을 갖춘 곳을 찾는 것이 중요하다.(2020.11.)

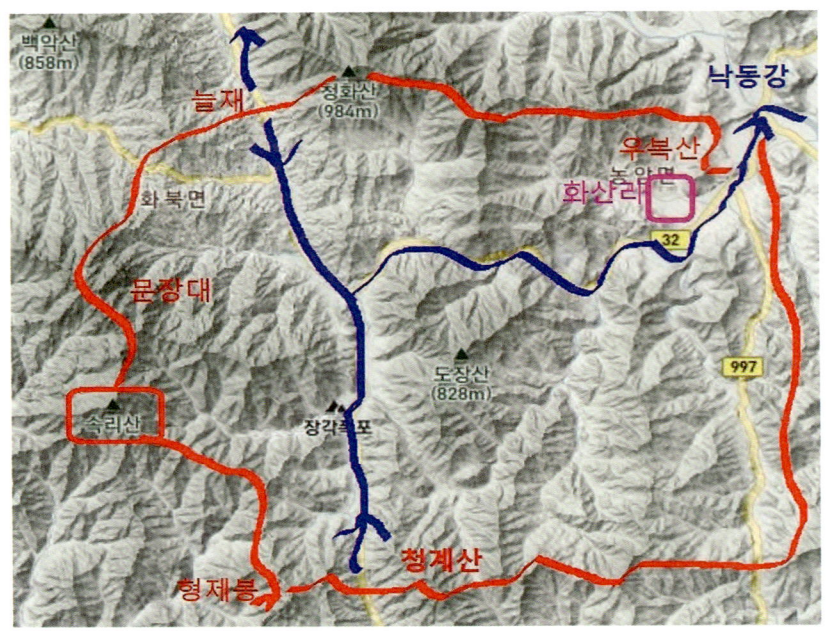

사진출처 : 카카오맵 스카이뷰(https://map.kakao.com)

* 화산리 중국-- 오성(五星)취기

사진출처 : 카카오맵 스카이뷰(https://map.kakao.com)

충북 옥천군 서대산 래맥의 작약미발 3혈
(결록지와 전설지)

1. 토정선생의 신후지 전설

토정이 서대산 래룡의 어느 골짜기에서 작약 향기를 맡고 작약미발형을 찾고는 신후지로 삼고자 하였다는 전설이 있다. 그곳이 어디인가? ①결록지인 서대산 북록 상제봉조형이라는 견해, ②현지 설화로 군서면 홍산 일원에 있다는 견해, ③마전리 삼밭골에 있다는 견해가 있다.

2. 금산리(작약미발인가? 상제봉조인가?)

* 결록(결록 속에 물형 없다)-- 서대산 북록 손사12절 횡락, 병오입수 오좌, 자파, 후유와잠, 앞에 掛燈, 수구삽천(빨간 사각의 서대산 글자는 불필요).

"沃川 西垈山 南四十里 西垈山北麓巽巳十二節橫落 丙午丙入首 午坐 子破 后有三岩 前有二岩 立見坐不見後有臥蠶 前掛燈 蛾眉案 鷄龍一峰相望 左右 訪花洞水口揷天 當代發 四十八代將相大聖人"

* 이규상 천하명당 248p 결록(결록 속에는 물형 없고 제목에 목단미발형이라 하였다)-- 금산리와 옥천읍의 경계, 穴稍高, 앞에서 보면 괘등 같고 뒤에서 보면 누운 누에 같다, 뒤에는 대암 있고 앞에는 쌍 입석이 있는데 혈처에서 不見, 오좌, 손곤축파.(토정 법품 성거사 三師訣이라 한다)

* 산도-- 『명당의 혈을 찾아서』

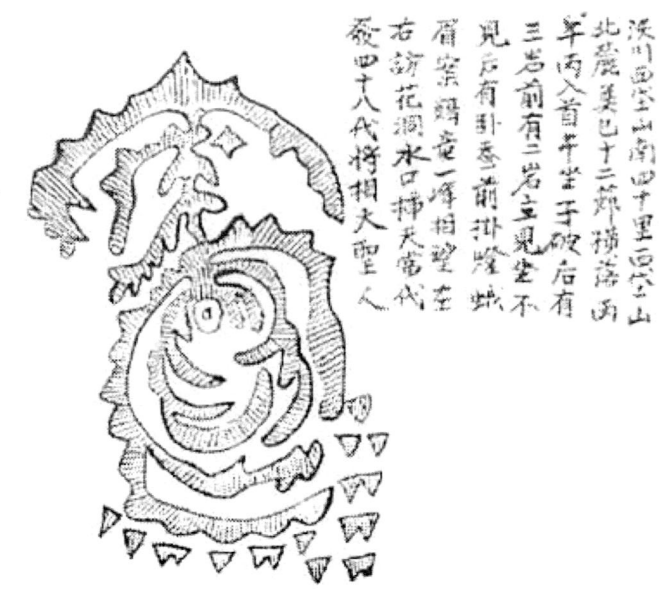

* 결록-- 沃川西垈山南四十里西垈山北麓巽巳
옥천서대산남사십리서대산북록손사

十二節橫落丙午丙入首午坐子破后有
십이절횡락병오병입수오좌자파후유

三岩前有二岩立見坐不見後有臥蠶前
삼암전유이암입견좌불견후유와천전

掛燈蛾眉案鷄龍一峰相望左右訪花洞
괘등아미안계룡일봉상망좌우방화등

水口揷天當代發四十八代將相大聖人
수구삽천당대발사십팔대장상대성인

＊ 답사한 바, 아래와 같이 금산리가 中局이다.

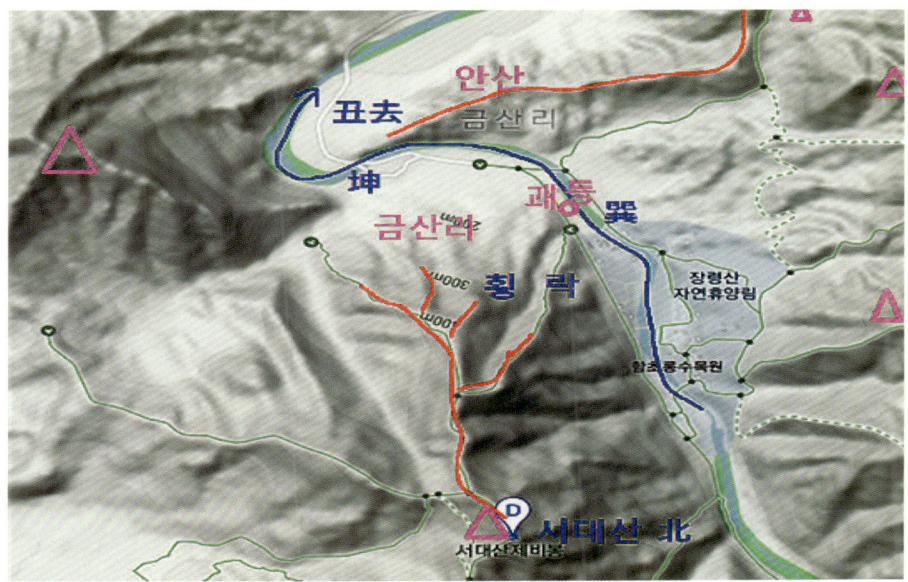

사진출처 : 카카오맵 스카이뷰(https://map.kakao.com)

＊ 아래에 있는 등잔-- 도로로 연결이 잘렸으나 오히려 등잔이 확실해 졌다.

사진출처 : 카카오맵 로드뷰(https://map.kakao.com)

＊ 완당 등 몇 사람이 금산리를 지적하는데 혈처는 조금씩 차이가 있다. 뒤에서 보면 누운 누에처럼 생겨서 탈살하였고 간방에 커다란 촛대가 있으며 혈상은 후덕하다. 주위가 높고 위엄이 있어서 제왕지라는 말은 과장되었지만 일리가 있다. 그러나 이 혈이 하얗고 풍성한 함박꽃이란 당치 않다. 작약미발형은 아니고 상제봉조형에 가깝다. 그러므로 토정의 신후지가 아니다. 中局으로 본다면 이규상의 결록이 옳다.

3. 토정 신후지 전설

　　＊ 옥천신문(2004.7.16. 이 기사가 널리 유포되고 있다)을 보면, 토정이 어떤 계곡에서 물을 마시고 보니 물에서 작약꽃 향내가 났다. 물길 따라 계곡을 들어가 보니 천하대혈인 작약미발명혈이 보였다. 대동하던 하인 신개에게 장차 신후지로 삼겠다고 이르고 세월이 지나서 1578년 죽었다. 유족들이 하인을 앞세우고 운구하여 행정리 부근에 이르러자 하인이 갑자기 심장마비로 죽어가면서 삼밭이라는 말만 남겼다. 유족은 혈처를 알 길 없어 고향 한산으로 돌아갔다. 사정리 입구에 삼밭골이 있으므로 사람들은 하인이 쓰러지면서 말한 곳이 그곳이라 알고 마전(麻田, 삼밭)이라고 부르고 신개가 죽은 들을 신개들이라 부른다. 현지인들은 수백 년 동안 풍수들이 작약미발을 찾아 왔으나 찾았다는 말이 없고 근자에도 전국의 풍수들이 찾아 온다고 한다.

　　＊ 혈처에 대하여 현지인들 사이에 마전동 안쪽에 사정리 사기점(고려 때부터 옹기공장) 마을에 있다는 설이 다수이고 동평리 평곡마을 뒤(홍씨 선산묘와 멀지 않은 곳)에 있다는 설이 소수이며 홍씨들은 홍산에 있는 자기들 선조묘가 작약미발이라고 주장한다. 홍산은 풍양 홍씨 도정공이 1714년 매입한 이래 홍씨 종산으로 사용하자 사람들이 홍산으로 불렀다. 도정공은 종중파 시조가 되었으니 공의 묘 또한 명혈로 보아야 된다.

* 홍산 일원의 지도

사진출처 : 카카오맵 스카이뷰(https://map.kakao.com)

4. 사정리說

* 유청림 선생님(102p)도 사정리 사기점 마을에서 보이는 곳을 지적하면서 서대산 곤신룡이 경태로 입수하여 경좌갑향, 좌선룡우선수, 석중토혈, 혈처 위에 파묘지가 있다고 하였다.

* 답사해 보니 유선생님 지적지는 생기가 없다. 진혈처는 그 옆 중출맥인데 은혈로 내려온 탓으로 혈처 찾기가 참 어렵다. 신좌인향이다. 혈 찾기는 어렵되 혈처 내용은 기대 이하이다. 보령 가족묘는 자좌오향의 명혈임에 대하여 이곳은 음달이고 명당으로는 뒤처진다. 토정이 신후지로 정하였을 리 없다.

* 사정리 작약미발 中局

사진출처 : 카카오맵 스카이뷰(https://map.kakao.com)

5. 동평리說

동평리에 주변이 아름답고 함박꽃과 같이 부드러운 대혈이 있었다. 돌혈이고 혈처에서는 보이지 않는 지각이 두 개 있다. 혈처와 같은 높이라면 겸혈이 되어야 하는데 그보다 낮은 지각이다. 이곳이라면 토정이 점찍을 만하지만 가족들과 함께 지내려면 고향 가족묘지가 좋았을 것이다.

* 함박꽃-- 혈처는 꽃술(花心)이다.

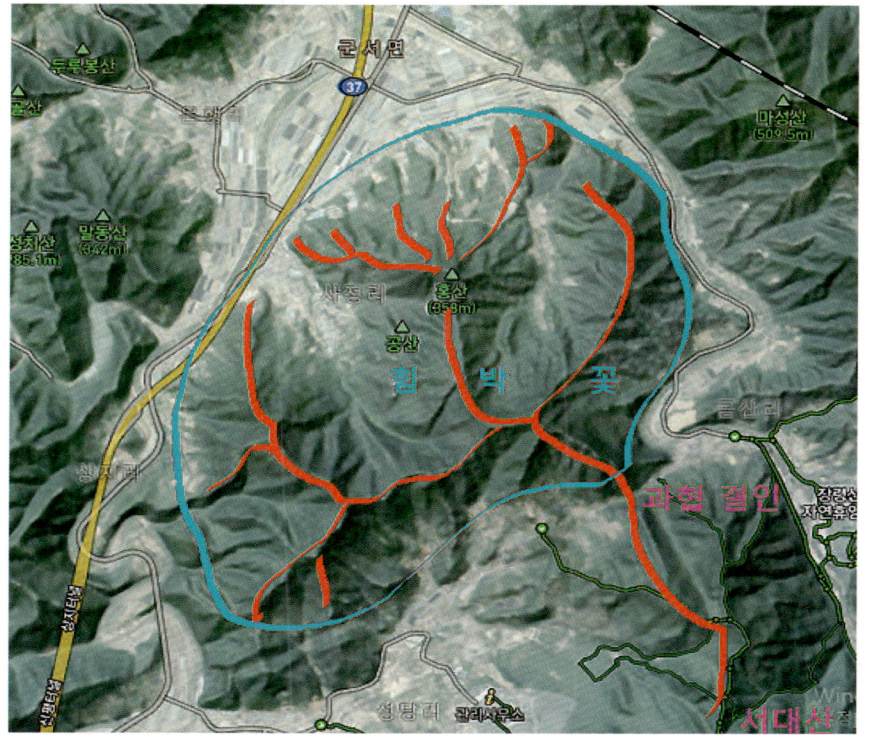

사진출처 : 카카오맵 스카이뷰(https://map.kakao.com)

6. 결록지와 전설지

　상제봉조에 관한 결록은 대체로 서대산 북록 손사12절 횡락 오좌라는데 일치한다. 득수와 파구가 다르다. 결록작성자는 불명인데 이규상은 토정 성거사 법품 등 三師訣이라고 하였다. 토정은 하인에게만 알렸다가 실혈 하였고 성거사는 이자백과 박상의의 스승이라고 하니까 토정과 임란 전 의 같은 시기 사람이므로 작성자는 아닐 것이다. 아마도 법품스님 작품이 아닌가 생각된다. 법품 등 결록 작성자는 토정신후지의 전설지를 찾아 보고 결록을 작성한 것이 아니고 독자적으로 서대산 북쪽 래룡을 답사한 결과 금산리에서 명혈을 찾은 것 같다. 물형 명칭에 관하여 통상의 경우와 달리 결록 본문 속에는 말이 없고 둥근 함박꽃 모양이 없다는 점에서 결록지는 작약으로 보기 어려운 터이니 토정의 신후지는 아니다. 전설지는 다수설인 사기점보다는 소수설인 평곡 쪽이 大명혈이다.(2022.1.)

충북 옥천군 청산면 비응축토
(혈이 독수리에 있는가, 토끼에 있는가?)

1. 결록

* 김기설의 해설

飛鷹逐兔形(비응축토형)-靑山(沃川郡)

靑山 東 項文洞(蟻項) 飛鷹逐形 長脈開翼 穴處峰坂 內案 橫奇峰 靑龍遠 或長回 白虎近 或單回 日月捍門 馬上貴人 葬後 七年大發 百子千孫 將相 名公巨卿 代不乏絶-萬山訣

"청산 동쪽 항문동(혹은 의항)에 날으는 매가 토끼를 쫓는 형국의 혈 자리가 있으니 길다란 맥이 날개를 펼친 가운데 혈 자리는 산봉우리 비탈진 곳에 있다. 가까이 있는 안산은 가로놓인 기이한 산봉우리이다. 청룡은 멀리 혹은 길게 둘렀고 백호는 가까이 혹은 홑으로 회포하였다. 해와 달 같은 산이 수구를 막아 서있고 마상귀인(천마위에 귀인이 앉아 있는 것 같은 산형)도 보인다. 장후 7년부터 발복하여 대발하며 백자천손 장상 명공거경이 대대마다 끊어지지 않는다."-만산결

다음의 지도를 검색해 보면, 팔음산(762m)이 명티리에 있고 삼방리에도 표시되어 있다. 삼방리 저수지에서 보면 동편 높은 봉에서 내려온 맥으로 중간에 팔음산이라고 표시된 맥이 지도를 보면 삼방교 위 안가사목 마을 앞까

지 내려갔다. 여기에 떨어졌다. 내룡이 급하다.

　* 완당 해설-- 답사 사진도 게재하였으나 어딘지 모르겠다. 앞에 있는 만산결을 인용하고 아래와 같이 해설하였다.

　"위 자리는 청산 동쪽 20리 팔음산下 삼방리 부근에 있다. 큰 매가 날개를 활짝 벌리고 좌우로 틀고 선회하면서 먹이를 몰고 골짜기로 내려오는 형세이며, 먹이가 세궁력진한 곳에 이르러 혈을 맺었다. 뒤에는 금수병장이 첩장하며 천산만수가 둘러싸여 무일점 허기하였다. 손신이 교응 삼십팔장이 옹위한다. 혈토 홍황자윤 견밀하여 대발지지이다."

　2. 답사

　* 비응大局-- 큰 팔음산(771m)에서 중출맥은 작은 팔음산(명티리 산 400m)으로 내려와서 골짜기 수구인 삼방리 산31에 이르는 용이다. 작은 팔음산이 독수리이고 끝부분이 토끼이다. 혈은 삼방리와 가사목(안 가사목과 바깥 가사목) 사이에 있다.

　비응축토는 독수리가 토끼를 쫓는 형세이고 여러 책에 있는 족보있는 물형이다. 비응축토에서 혈이 있는 곳은 동일해야 되겠지만 실제는 천태만상이다. 물형을 단순모양으로 볼 것이 아니라 살아있는 모양을 테마와 스토리로 구성해 보아야 된다. 혈이 독수리에 맺히는가, 토끼에 맺히는가? 독수리에 맺힌다면 독수리가 어떤 포즈(자세)를 취하는가? 완당 선생이 독수리가 골짜기로 토끼를 몰고 내려와 막다른 곳에 이르렀을 때 혈이 맺혔다고 말하는데 그것으로는 이 물형을 정확히 파악할 수 없다. 여기도 음양대립이 있다. 독수리에 대응할 라이벌은 무엇인가? 토끼산 일대에는 온통 무연 고총이 있고 일부는 이장해 갔다. 가사목 마을 뒷산 양지바른 곳에 있는 평범한 묘들이 잘 관리되고 있는 것과 대조된다. 자기 분에 맞지 않는 욕심은 결과가 어떤지를 보여준다.(2022.1.)

* 독수리와 토끼

사진출처 : 카카오맵 스카이뷰(https://map.kakao.com)

충북 옥천군 환산 옥녀세발
(王妃洗髮形이다)

1. 환산은 어떤 산인가?

* 환산은 옥천 西北 시오리 쯤에 있고 6개의 큰 봉우리가 고리처럼 지세를 이루고 있기에 붙인 이름으로 고리산이라고도 한다. 6개 봉우리 중 5개 봉우리에 보루가 설치되어 있고, 제3보루가 옥녀봉(523m, 봉수대)이고 제5보루(581m)가 정상이다.

* 환산 구글지도

사진출처 :
카카오맵 스카이뷰
(https://map.kakao.com)

* 남 덕유산에서 출행한 용은 장안산 팔공산, 마이산, 운장산, 백암산, 월봉산, 금성산, 만인산, 식장산, 환산의 행로를 거쳐 금강(대청호)에 멈추어 섰다. 행로 도중에 여러 가지산을 나누어 보내는 교차로 같은 큰 산이 장안산, 마이산, 운장산, 금성산이고, 분지되어 나온 산이 또 다시 작은 교차로를 만들기도 한다. 혈처가 있는 산이 주산이고 주산에 가까운 큰 산이 소조산이며, 그 뒤의 산이 중조산이고 중조산이 분지해 온 교차로 같은 큰 산이 태조산이 된다. 태조산은 여러 개의 간룡을 분산하는 산이다.

장익호 선생님이 강조하는 바와 같이 혈은 태조산과 같은 기질을 갖는다. 혈처로 오는 도중에 큰 산이 있다고 하여 함부로 태조산이 되는 것이 아니다.(태조산, 조산, 주산의 개념에 관하여 여러 견해가 있으므로 사견을 밝힌다)

* 환산 산성은 백제와 신라가 전투를 벌여 백제 성왕이 553년 전사한 곳이다. 환산은 대청호반에 위치하여 경치가 좋고 부소담악(浮沼潭岳, 산악이 물에 뜨다)과 추소정이 유명하고 송시열이 소금강이라 예찬했다.

* 부소담악과 추소정

2. 아흔아홉 봉우리

군북면사무소에서 동쪽으로 철길과 고속도로를 통과하여 환산을 일주하는 도로가 있다. 옥녀봉 부근을 지나면서 보면 온통 옥녀들이 도열해 있다. 귀가하여 자료를 찾아보니 원래 봉우리 100개가 있었는데 당나라 장수가 한 개를 부수어 아흔아홉 개가 되었다는 전설이 있었다. 형기론자는 수십 명의 옥녀가 모여 있는 광경을 보면 무슨 연유가 있는지 궁금하지 않을 수 없다.

* 옥녀

3. 완당 간산기

완당 선생은, 환산을 남북으로 얽어서 서북에 금수장막 둘러놓고 입으로 전해오는 옥녀산발형이 있다. 수차례 찾은 끝에 미인의 진면목을 볼 수 있었다. 옥녀봉 아래 동향 경대안, 금강은 암공, 웅장 기묘 화려, 우리나라 최대혈 중 하나, 대발 무궁할 것이다. 결록은 없으나 아름다운 혈이다, 라고 썼다.

4. 답사

옥녀산발(玉女散髮)형은 옥녀가 화장하기 위하여 머리를 풀고 거울 앞에 앉아있는 형이다. 거울(경대) 분갑 등이 있어야 하고 옥녀가 만날 장군이 있으면 좋다고 한다. 머리를 풀지 않고 화장하기 위하여 앉아 있는 形은 옥녀단장형이고, 물가에 머리를 풀고 있으면 세발형(洗髮)이다. 이곳은 우두머리 옥녀가 수십 명의 시녀를 거느리고 물가에서 머리를 감는 세발형이다. 시녀를 수십 명 거느렸으니 보통 옥녀가 아니고 왕비쯤 된다고 보아야 한다. 그러므로 왕비세발(王妃洗髮)형이라 할 수 있다.

진혈은 술좌(면경안)인데 드러나지 않고 조그마한 당국을 만들었다. 부근에 띄엄띄엄 무연고 묘들이 산재하여 아름다운 경관을 해친다. 무연묘 정리를 위한 제도 마련이 필요하다. 우리가 찾은 곳은 완당 지적지와 다르다.(2021.12.)

충북 제천시 청풍 오봉쟁소
(결록이 현장에 맞지 않는다)

* 결록과 해설- 완당

五鳳爭巢形(오봉쟁소형)-淸風

[淸風 亥方二十里許 五鳳爭巢形 鳳巢案 天女登空格 良玄來 亥 壬坎作 窩(乳)穴 癸坐 坤申得 巽辰流 內龍虎 短 外 龍虎 長回 以北大川 回流坤未 又甲卯大江 巽內合流 殘山 上聚結穴 北-紺岳山 南-萬壽山 東-三台山 西-天登山 乾-鳩鶴山 巽-錦繡山 艮-風流山 坤-地登山 八大名山中 八方 山水大聚 三川 粉黛 八百烟花 羅列 百子千孫 文武科甲 將相 封君 朱紫 滿門之地]-成居士訣

"청풍 서북방 이십리허에 오봉쟁소형(다섯 마리의 봉이 보금자리를 서로 다투는 형의 혈)이 있으니 봉황새의 둥지와 같이 생긴 산이 안산이 되었다. 천녀가 하늘로 올라가는 격이다. 간 해로 와서 해 임감으로 뇌두를 만들어 와혈되었고 계좌이다. 곤신방에서 득수하여 손진방으로 흐른다. 안쪽의 청룡과 백호는 짧으며 바깥 청백호는 길게 둘러서 회포하였다 북쪽에서 흘러오는 대천은 곤미방으로 돌아와서 갑묘방에서 오는 대강과 손방에서 합류한다. 잔산(간맥이나 간지에서 뻗어 나온 여맥의 산)의 높은 곳에 혈을 맺었다.

북-감악산, 남-만수산, 동-삼태산, 서-천등산, 건-구학산, 손-금수산, 간-풍류산, 곤-지등산 등 팔대명산 가운데 사면팔방의 산과 물이 크게 모여 들었다. 삼천분대와 팔백연화가 화려하게 펼쳐져 있다. 백자천손 문무과갑 장상 봉군이 다출하여 관복을 입은 자손이 문중을 가득 채운다."-성거사 결

이 자리는 충주호 중심부에 위치하여 산척면과 청풍면 경계에 있는 마미산 아래 부산이 주산이며, 중심출맥하 간건감 태교하여 높은 곳에 혈을 맺었으니 와중 미돌되었다. 월악산이 병방 탁립하였다. 문천무만 대발지지 되었다. 접근하기가 용이하지 않다.

 * 결록지의 지도-- 결록지가 말하는 팔방의 명산이 교차하는 곳은 제천 IC와 남제천IC 일원(제천 휴게소)이 된다. 또한 결록이 말하는 청풍亥方 20리는 제천 장선리와 마극리가 된다. 그러나 이 일대에는 해임감, 계좌가 없다.

 * 답사-- 완당은 부산리에 있는 마미산이 주산이고 중심출맥, 간건감 행룡 접근이 어려운 높은 곳에 있다고 한다. 충주 동량면 하천리 산71로 추측된다. 우리가 본 곳도 하천리이지만 주산에서 삼봉을 거쳐 평지낙

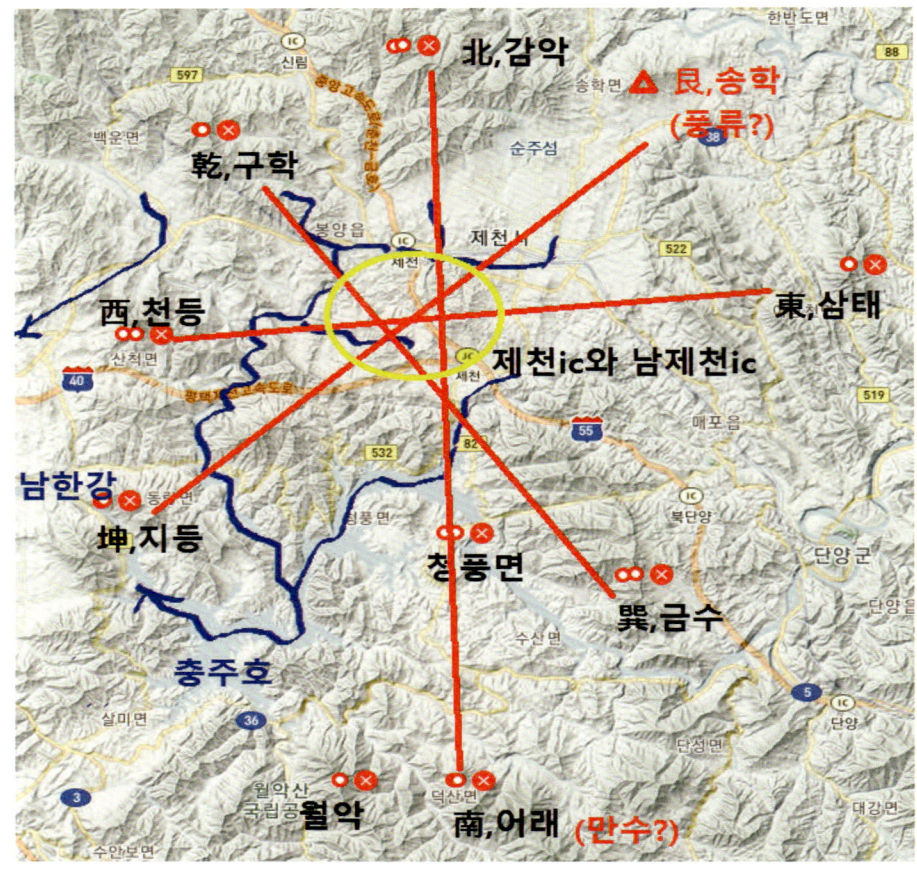

사진출처 : 카카오맵 스카이뷰(https://map.kakao.com)

맥한 곳으로 축좌(결록은 계좌)이다. 면위산은 설악-오대-치악-감악-삼태-제천-마미의 행룡이다. 결록은 현장에 맞지 않는다. 중상급의 대혈이다.(2023.2.)

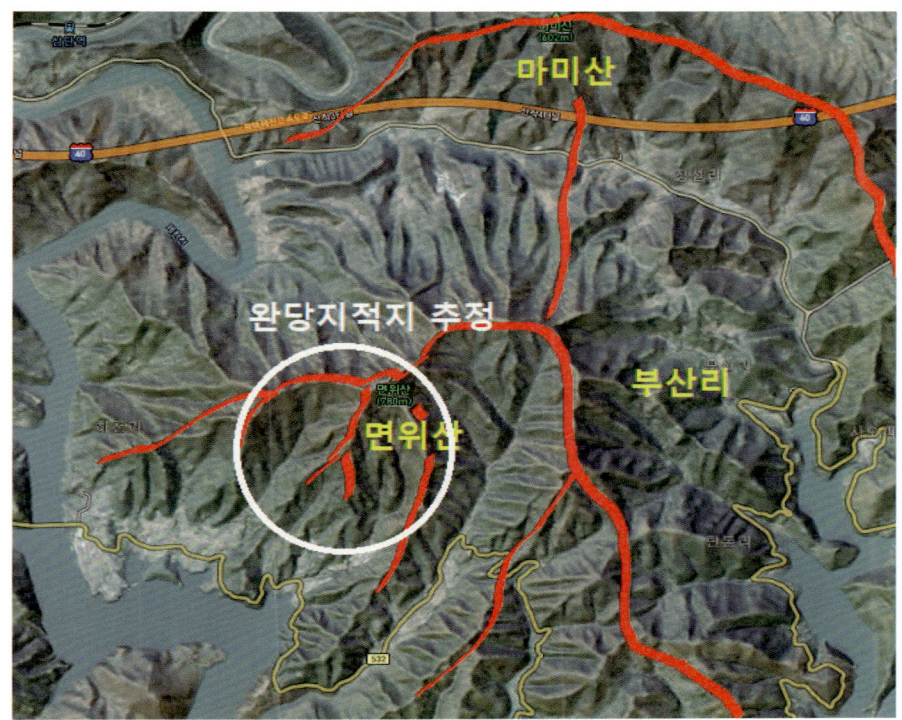

사진출처 : 카카오맵 스카이뷰(https://map.kakao.com)

충북 진천군 엽둔재(葉屯峙) 금계포란
(찾은 사람이 없다는 곳)

1. 찾은 사람이 없다는 곳

완당은 엽둔재 아래 금계포란형이라는 봉안결을 소개하면서 누구도 찾지 못하여 오랜 숙제로 남아 있다고 한다. 鳳眼은 두사충의 사위 나학천이라고 알려져 있고 충청도 일원에 관한 결록을 남겼으며 영호남에 관한 결록은 보지 못했다. 우리나라 풍수는 임란 때 이여송의 지리참모로 참전하였다가 정유재란 때 귀화한 두사충이 전국적인 결록을 만들고 그 일행 중 이문통이 이기론의 필수 도구인 패철을 전파한 덕으로 풍수가 발전하게 된 계기가 되었다. 이 혈에 관한 완당의 주장은 뒤에 보듯이 오점이라고 생각한다.

2. 찾은 사람이 없다는 곳
* 봉안결-- 완당 힐링 카페

金鷄抱卵形(금계포란형) - 鎭川진천 葉屯峙엽돈재
[鎭川西 葉屯峙下 左 金鷄抱卵形 南向 穴六尺五寸 日月 馬相貴한門 美砂俱備 大秀聳 當代富 三代文貴 五代淸顯(賢)]-鳳眼訣

"진천 서쪽 엽돈재 아래 좌선용으로 금계포란형이 생겼는데 남향이다. 일월 마상귀 등이 수구를 가로막아 한문하였고 아름다운 사격이 함께 고루 갖추었고 육수방(艮, 丙, 巽, 辛, 兌, 丁)에도 수려한 봉우리가 솟았다. 당대 발복하여 부자가 되고 삼대는 文貴(문귀-글로서 귀한 신분이 되는것 즉 높은 관직)가 나고 다섯대에 걸쳐 청현(淸顯-맑고 깨끗한 賢人)이 난다."

위 금계포란형은 자고로 널리 알려진 유명한 혈로서 회자되었으나 썼다는 사람이 없고 그 자리라고 운위하는 곳이 없어 오래 전부터 숙제로 남아 수차례 답사 끝에 12월 26일 드디어 비장되어 있는 당혈을 찾아 將軍山 줄기를 올라가니 명랑한 기상과 주도면밀한 국세가 과연 이곳이구나 하는 탄성을 자아내기에 충분하다.

결록대로 좌선용에 우선수로 금성수(金城水)를 이루어 혈을 감돌아 巽破 되었으며 癸坐이니 養向이다. 최길향으로 三門皆發之地, 丙午方水 조당하니 더욱 좋다. 七星案이다. 평평하게 늘리어 종축지세로 꽉 뭉친 乳穴은

圓融원융 豊厚풍후 美麗미려하다. 전후좌우를 둘러싼 산봉들은 금수장막 병풍을 펼친 듯하다. 그러나 어찌된 연고인가. 何人 있어 이미 오래 전에 묘를 썼는데 고총이 되었구나. 點穴점혈 立向입향 잘못되었다. 子坐午向 하였으니?

 이 자리가 어떤 곳인지 진가를 모르고 용사하였으니 그렇게 된 것 같다. 美地佳穴 乾 艮 坎 胎交穴태교혈이다. 백자천손 번성하고 大富 문무장상 현인지지 되었다.

 * 완당 간산-- 백곡면 구수리 장군산 아래, 고총 1기가 있다. 계좌가 맞는데 자좌로 했다.

 3. 간산

 * 장군산의 구조-- 장군산이 개면한 지역 중 남향으로 좌향을 잡을 수 있는 곳은 구수리 산6-1과 안구수리 뿐이다. 구수리는 김유신 장군이 무예를 연마할 때 사용한 말먹이통(구수)에서 유래되었다. 산6-1은 짜임새로 보아 대혈이 될 수 없다. 안구수리 마을에는 장군산 몸체에서 한 가닥 가느다란 줄기가 꼬불거리며 내려오는데 몇 채의 주택이 있다. 그 가운데 결혈된 곳이 있으나 중등초급 수준이다.

 * 장군산에 금계포란이 없는 이유-- ① 결록은 엽돈재 아래 左라 하였는데 장군산은 엽돈재 위 左이다. 엽돈재와 장군산은 서로 다른 산줄기에 있다. ② 장군산은 정상이 뾰족하고 몸체가 장군이다. 금계는 정상에 닭벼슬 같은 바위가 있거나 적어도 정상이 옆으로 펼쳐져야 된다. ③ 무엇보다도 닭알이 있어야 된다. 알이 없는데 무엇을 품겠는가.

 * 진혈은 엽돈재 아래 있고 삼봉을 이루어 닭벼슬처럼 보인다. 행정구역은 천안에 속한다. 국이 넓지 않으나 잘 짜여 있다. 간좌. 중등중급. (2023.2.)

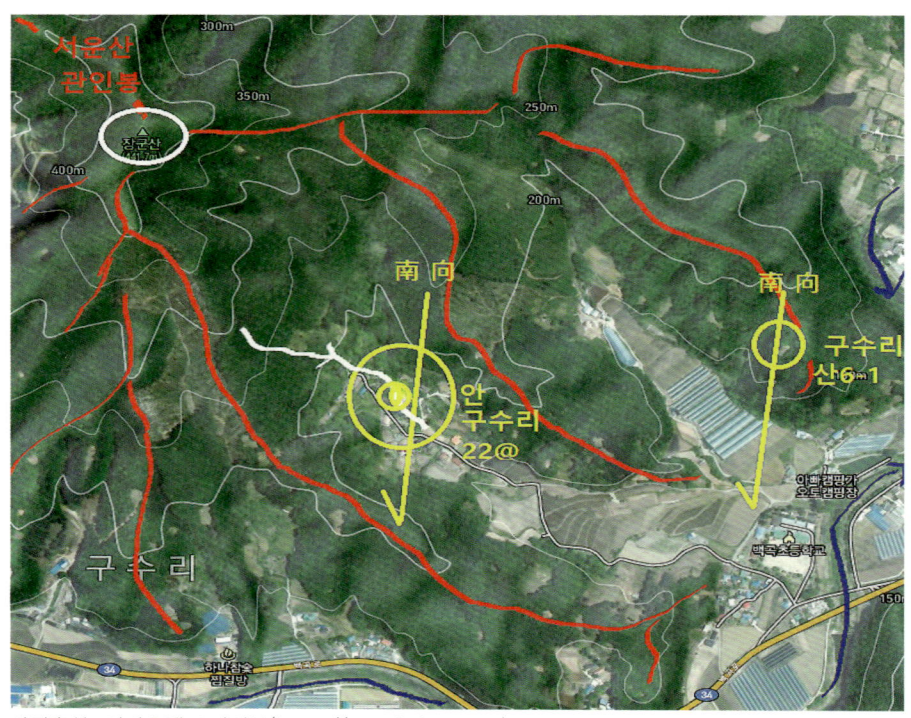

사진출처 : 카카오맵 스카이뷰(https://map.kakao.com)

* 진혈 뒤 주산

충북 충주 장미산 비학등공
(충청 有名大穴, 학은 없고 장미꽃은 있다)

1. 비학등공(飛鶴騰空)인가? 장미화심(薔薇花心)인가?

* 유청림 풍수기행 54p를 보면, 장미산(薔薇山) 또는 장미산(長尾山)이라 한다. 지사에 따라서는 장미화심혈이 있다거나 비학등공혈(혈처는 학정수리 鶴頂이라 한다)이 있다고 한다. 두 개의 물형이 가능한데 혈은 조금 위쪽에 맺혀 있다. 生地로 주인을 기다린다.

* 장익호 유산록 전편(1983년 作) 350p를 보면, "1981년 10월 답사하였는데 충청도에서 너무나도 유명한 大明堂으로 알려진 바람에 많은 사람이 찾아 헤매이지만 지금까지 아무도 모른다."고 한다.

* 김영소의 만산도에는 충주에 있는 명혈로서 봉안결 성거사결 산도가 도합 수십 개가 실려있으나 이 혈은 없다.

2. 결록

풍수기행은 작자불상의 필사본을 게재하였고 유산록은 원작자를 밝히지 않고 古訣이라고 하면서 풍수기행과 동일한 결록을 한글로 풀어서 게재하고 아울러 장선생님이 그린 산도를 실었다.

* 풍수기행 결록

忠州乾亥方三十二里許飛鶴騰空形銀河案蓮花出水格 太祖小俗離 山中祖車儀山小祖鳳凰山三次起落 辰巽來龍薔薇山四叢庚兌龍兌 作腦窩穴酉坐 內堂平圓玄應金泉湧出龍虎回抱結局 外堂廣闊巽方 大江水來卯方九曲朝合戌成方 乾寶蓮山坤芙蓉山艮天登山巽月岳山 四大名山之中周回三百里 百子千孫文章巨筆文科多出代代將相之地。

-「筆寫本」

* 유산록 산도-- 유청림과 장익호의 지적지는 모르겠다.

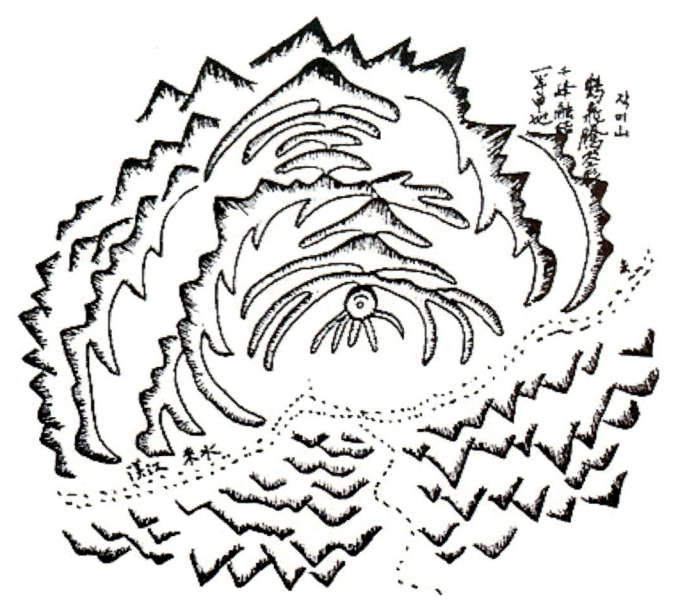

  * 결록 중 간산에 요긴한 용혈사수향을 추려보면, ①乾보련산 坤부용산 艮천등산 巽월악산의 四大명산이 주위 三百里를 싸고 있고, ②薔薇山 四叢 (네번째 더부럭하게 모인 곳) 경태(庚酉辛)룡 태작腦 와혈 ③酉좌 ④내당 평원 ⑤용호회포結局 ⑥대강수래 卯方 ⑦구곡조합 술방(풍수기행과 유산록은 모두 갑묘방에서 九曲水가 朝來하니 巽방에서 오는 남한강과 합수하여 戌乾방으로 흘러간다, 라고 해설함)

3. 답사
가) 장미산 본산에는 혈이 없다
  * 나는 1차 간산한 바 있으나 비학등공은 없고 장미화심만 있는 것이 아닐까 하는 의문이 있었다. 2차 간산 시에는 원점에서 간산하는 자세로 장

미산성에 올라가 관망하였다. 전체 윤곽을 보기 위해 장미산 봉학사까지 승용차로 가서 성벽에 올라 내려다 보니 가늘고 작은 산들이 펼쳐져 있는데 水體이므로 생기가 집중된 곳을 찾기가 어려웠다. 장미산은 마사흙山으로 작은 골짜기가 많고 찰기가 없어서 사룡 비슷했다. 평지로 내려가 탈바꿈을 할 때 혈이 생기는 것이 분명했다. 결록은 장미산(336m)은 태조 小속리산-중조 차의산-소조 봉황산의 행룡이라고 하나 봉황산이 태조이고 小속리산(충북 음성431m)은 무관하다.

나) 한양 조씨묘(헛뫼)

봉학사 입구 국도 윗쪽에 눈에 뜨이는 쌍분 4기가 일렬로 있었다. 맨 위로부터 판돈녕부사(判敦寧府事) 한양 조씨諱 자(慈), 子 군수 조지상, 손자 익산군수(判충주부사) 조순, 증손 괴산군수 조영손의 각 부부 묘이다. 4개의 비문을 보니 대략 아래와 같다.

중시조격인 조자는 이태조의 매부(妹夫)이고 가계는 고려 말부터 쟁쟁한 권신의 가문이었다. 조자와 후손은 승승장구하다가 3대조 영손은 연산 갑자士禍를 당하여 쫓겨서 충주로 이사하고, 10년 뒤 중종 을묘사화를 당하여 피신하여 도망다닌 탓으로 그와 윗 3대의 장지가 실전되었다. 오백 년이 지나도록 찾지 못함에 후손들이 한(恨)스러워 하다가 1982.6 公의 종덕(種德)을 기리어 선조 4쌍의 묘와 비석을 세운다고 하였다.

하필이면 충주 장미산에 헛뫼를 썼는가? 다시 비문을 보니 괴산군수 조영손은 3대 독자인데 5남 2녀를 낳아 후손이 번성하였고 중종 을묘사화 때 충주로 이사하였다고 전한다. 후손들이 충주 일원에 많이 살고 있어서 이곳을 점한 것이 아닐까 짐작해 볼 수 있는 대목이다.

원래 이곳은 찰기 없는 마사토로 지반이 무르고 산등성의 폭이 좁아 기운이 오지도 않고 오더라도 흩어지는(泄氣) 곳이다. 풍수기행은 2011년

간행되었는데 언급이 없고 유산록도 다른 곳을 지적하였다고 본다. 결론을 말하면 보기는 좋은데 속기 쉬운 가혈이고 한양 조씨 묘 4쌍은 후손들이 사화로 피난하는 바람에 선조 묘를 실전(失傳)하고 5백 년 후인 1982.6.에 조성한 헛묘이다.

* 한양 조씨 조자부부 묘-- 최근 사토한 모습이다.

* 조자 묘비의 전면과 비문

다) 四大명산의 큰 국세(大局)

결록에 혈을 중심으로 4대 명산이 삼백 리를 둘렀다고 하는데 건방 보련산의 경우 다른 산과 맞추어 보면 신방이라야 부합된다. 그런 탓인지 유산록은 건방 보련산은 삭제하였다.(나는 처음엔 착오 누락으로 오해했다) 4대 명산 주위 3백 리란 당치 않다. 대략 가흥리와 장천리를 지적한 것이라 보인다.

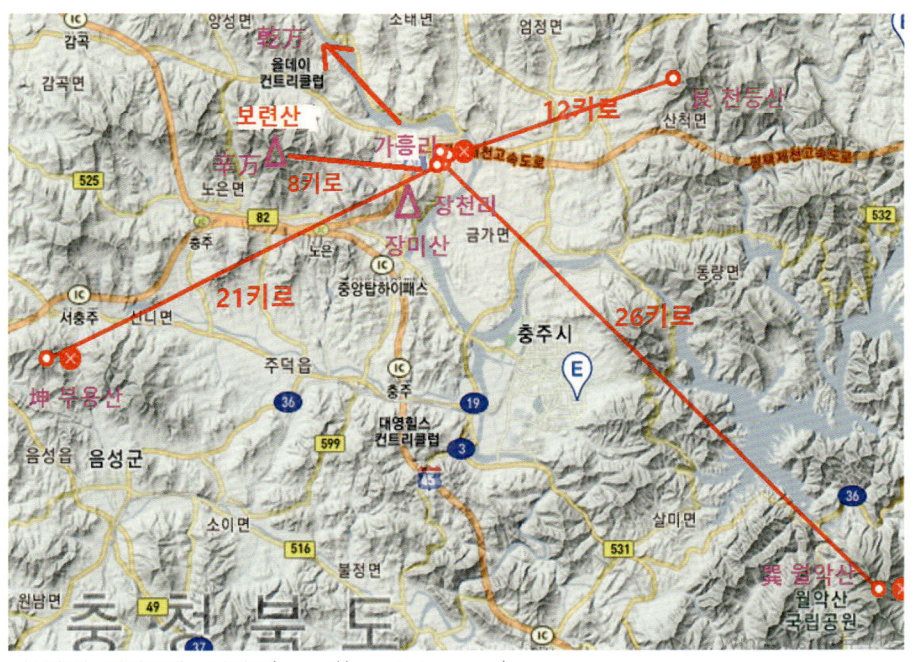

사진출처 : 카카오맵 스카이뷰(https://map.kakao.com)

라) 中국세(과연, 학이 날아 오르는 형상이 있는가?)

山城 위에서 보았을 때 목계대교를 지나가는 국도와 고속도로 부근에 비학이 있을 것이라 생각하고 현장을 답사하였으나 학을 찾지 못했다. 비학 등공은 주로 앞가슴을 내밀고 올라가는 형상이고, 내민 가슴과 목사이에 혈처가 있다. 결록은 와혈이라 하므로 찾기 어렵다.

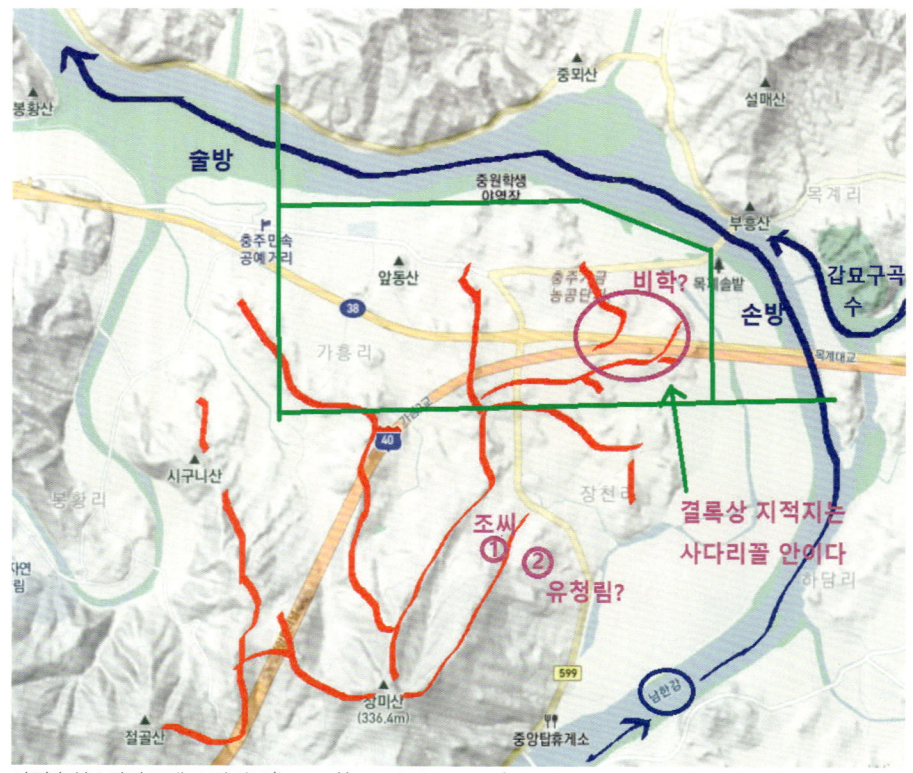

사진출처 : 카카오맵 스카이뷰(https://map.kakao.com)

마) 형세에 따라 찾으니 학은 없고 일차 찾았던 장미꽃이 있고 벌(蜂)을 案으로 삼았다. 거부속발지. 결록지는 대개 奇穴로서 허접하거나 예상 외의 곳에 있는 법이다. 여기는 학은 없고 장미꽃은 있다.(2021.10.)

충청남도 (17혈)

자미원국(紫微垣局)은 어디에 있는가?

1. 자미원국에 관한 논쟁

자미원국은 장익호 유산록 전편에서 내포지방에 있는 우리나라 최대 음택이라고 처음 소개되었고 손석우 소설 "터"에 등장하여 널리 알려 졌다. 우리나라 최대 음택이라는 견해, 양택이라는 견해, 존재하지 않는 허구라는 견해로 나누이고 혈처라고 주장되는 장소 또한 의견이 분분하다. 필자가 답사한 바로는 음택으로 내포지방에 있는데 지상 최대혈은 과장이고 상등초급 수준이다.

2. 내포지방은?

이중환 택리지에 의하면 내포지방은 좁게는 충남 예산, 당진, 서산, 홍성을 말하고 넓게는 청양, 보령, 서천 등을 포함한 가야산 주변 10개 고을을 말한다. 지금도 예산 삽교읍에 자연부락으로 내포라는 지명이 남아 있는데, 내포지방은 고려 때 당나라와의 교역창구로서 전성기를 누렸다. 유산록은 홍성 이북과 당진 이남 사이에 있는 내포지방에 자미원국이 있다고 한다.

지도를 보면, 가야산에서 내려온 산들이 홍성과 당진 사이를 채우고 있고 중출맥은 음암면 은봉산으로 가서 세 줄길로 나누어 정미면, 대호지산, 장군산 방면으로 갔다.

3. 양택이라는 견해

대전시 금병산하 자운대로 보는 견해, 계룡시 신도안이라는 견해, 익산 왕궁리 32만 평 등 10여 곳이 있다는 견해가 있다. 신도안은 말이 많은 곳인데 지금은 계룡산 군사기지 조성으로 온 들과 산이 평탄화 되었다. 자미원국은 아니지만 서산시 인지면 애정리336-1에 무학대사 탄생지라는 석조물이 있는데 비음(非陰)비양(非陽)의 명당이더라.

4. 음택의 자미원국

가) 자미원국이란?

자미원국에 관한 설명은 유산록에 자세히 적혀있고 손석우가 이론적 설명을 하였다. 유산록 전편 318p를 요약하면, "우주의 영향력으로 지구상에도 우주와 똑같은 형상이 생기는데 북극성과 북두칠성이 우주의 중심이므로 그 4대 성좌가 지구상에 반영된 자리가 사대원국(四大垣局) 즉, 자미(紫薇)원국, 천시(天市)원국, 태미(太微)원국, 천원국(天苑局)이고 원국(垣局)이란 산줄기가 겹겹이 둘러싸서 마치 대가(大家)의 울타리와 같다는 뜻이다. 4대원국 중 자미원국이 가장 아름다운데 황제침궁이 된다. 대간룡은 양택, 소간룡은 음택을 결실하는데 우리나라에 있는 자미원국은 음택이다. 자미원국에 관하여 우리나라 선철은 언급한 바 없고 중국 고서에 간단히 언급되어 있는데 당나라 양태진 지사가 내포지방에서 찾았다는 말이 전해온다." 계속하여 유산록 전편 324p는 "태조 속리산 천황봉에서 소조 가야산 석문봉을 거쳐 상왕봉을 지나 평지낙맥시 좌보성이 출현하였고 굽이치기를 거듭하여 내포지방에 좌보성 결혈이다. 좌보성 정상에 오르니 멀리 小祖 가야산이 운소하였고 혈은 여러 별(星)이 사면에 둘러싸고 있고 전후에 문이 있어 물은 동남으로 돌아 간다(水歸 玄武). 그리고 용수정경이란 책에서 황해까지 행룡하여 좌보성 두 다리에 남북으로 연소와 괘등결혈, 백리에 案無際(백리까지 안이 끝없다)"라고 하였다.

손석우 등 후세인은 72억(15억이란 주장도 있다)의 세계인을 지배할 대통령이 탄생할 자리라고 발복을 구체적으로 확정시켰다.

나) 음택에 관한 견해

간산기를 보면 다들 천기누설을 겁내어 구체적인 장소를 숨기고 있으나 흥에 겨워 힌트를 남긴 것도 있다. 필자가 보기엔 모두 신기루를 보고도 실체를 본 것같이 호들갑을 뜬다.

① 유산록 산도(서해안 내포지방)-- 물이 혈 앞을 둘러 양쪽으로 바다에 들어가는 모양새이므로 섬을 그렸다고 비판하는 학회도 있다. 산도는 지도가 아니고 이미지 도면이므로 섬을 그린 것이 아니다. 산도가 정확하다.

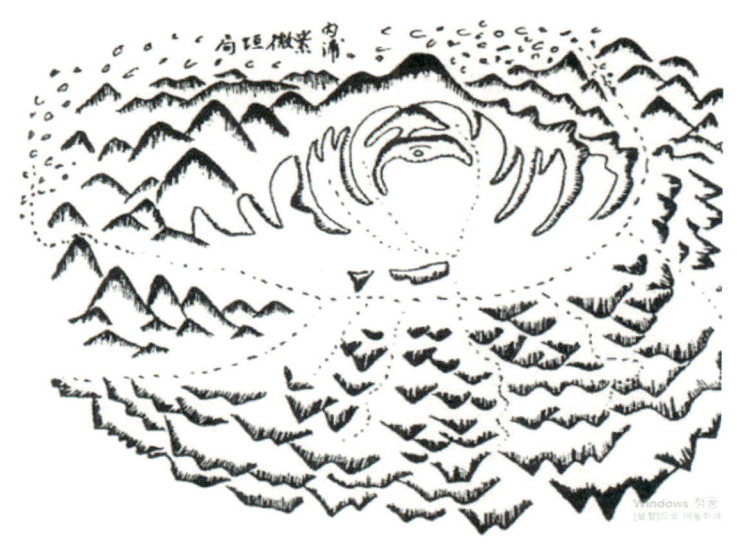

② 가야산 남연군 묘 부근-- 손석우는 선녀가 목욕하는 저수지가 있어야 된다고 하였고 그의 묘 앞에 상가저수지가 있는 점으로 보아 그 곳을 자미원국으로 본 것 같다. 그러나 손석우 묘에 대하여 다수는 허혈이라 한다.

③ 예산군 삽교읍 하포리 내포지방에서 보이는 곳. 주변에 묘가 많다.-- 김○설(2013.4 자미원 풍수카페), 봉산면 일원으로 보인다.

④ 배모씨는 유산록이 정확하다고 하면서 좌보성 아래 무곡성(높은 금성), 거문체(토성 와혈) 입수(2015.7.3. 대풍련카페)라고 주장한다. 그러나 주산이 높아야 연소가 결혈되고 낮으면 비둘기집이 결혈된다고 책에 쓰여 있다. 주장지의 사진을 보면 산이 낮고 국세가 작다.

⑤ 어떤 풍수의 견해-- 도비산과 석포산이 수구 한문, 안산은 백화산과 서각산, 안면도가 외백호, 청룡이 약하나 가야산이 보필, 30년 후 사용시기 도래(손석우는 1988년부터 사용기 도래를 주장함)라고 한다. 이 견해는 음암면 은봉산 일원으로 추측된다. 안산이 너무 멀고 청룡쪽이 빈약하여 소조 가야산의 보필을 받아야 한다고 하니까 최고명당이 될 수 없다.

⑥ 모성학 (2016.4.刊 천년의 터)에서 간월도 前이고 죽도와 간월도가 라성이 되었다-- 홍성군 서부면 궁리 일원으로 추측된다. 그러나 가야산맥이 아니고 덕숭산 지맥이다.

다) 진혈처

* 1차 간산에서 실패하고도 최고음택이 있다는 말에 미련을 버리지 못하고 세 번을 탐방하여 연지(蓮枝), 괘등(掛燈), 연소(燕巢)혈을 차례로 찾았다. 처음부터 연소혈을 찾았으면 더 이상 찾지 않았을 터인데 산이 우리로 하여금 3개의 혈을 찾아 보게끔 연지맹춘형(蓮枝萌春形, 봄을 맞이하여 연꽃가지에 싹이 트는 모양)부터 보여준 것 같다.

* 연소혈은 바다를 등지고 앉았고 유산록의 산도와 비슷하다. 그러나 독수리가 가까이에 있어서 가끔 제비가 곤욕을 치를 것 같더라. 누군가 몇 년 전쯤 터를 조성했던 흔적이 있었다. 한 걸음만 잘못 써도 독수리밥이 될 터이니 삼가고 삼가야 된다.

* 괘등은 산태극 수태극으로 좋으나 백호가 낮아서 비바람치는 날이면 괴롭겠더라. 이곳 괘등은 바다를 향하여 있으니 등대로 보아야 되는데 원래 등대의 신세란 그런 것이다. 연지맹춘혈은 남을 제압하는 위세는 없으나 올망졸망하게 갓 피어나는 연잎과 연꽃봉우리가 전면에 널리 퍼져 있고 물이 멀리서 암공하여 부, 귀, 손이 풍부하겠더라.

라) 어느 정도 발복이 있을까?

* 무엇보다도 전쟁이 그칠 날이 없는 지구에 세계 통일 대통령이 탄생한다면 손에 장을 지질 일이다. 한국사람으로 세계인을 가장 많이 지배한 사람은 앞으로도 통일교주 문선명씨 이상은 없을 것이다.

* 470광년 거리에 있는 성좌 4개가 지구탄생과 진화에 영향을 주었다는 말은 천동설과 같이 틀린 말이고 해와 달이 더 큰 영향을 주었을 것이다. 북극성은 은하계와 우주의 중심도 아니고 지구가 광대무비한 우주에서 차지하는 비중도 하찮다.

* 혈처의 위용을 보면 연소는 상등초급, 괘등은 중등상급이다. 세계 대통령급이 아니다. 발복이 과장되면서 재생산되었다고 생각한다. 그러나 최고 혈은 아니라 하여도 큰 명당이고 많은 변수를 감추고 있다.

마) 그렇다면 우리나라 최고 명당은 어디인가?

옥룡자는 금강산 비로봉, 라학천은 오대산 적멸보궁을 최고로 친다. 그러나 그런 자리는 세속인의 유골이 감당할 수 없는 곳이고 속인이 차지할 수 있는 최고 자리는 김수로 왕릉이다. 김해 김씨는 인구가 1천만 명에 달하고 밑바닥부터 임금까지 다 있다. 우리 국민의 줄기 세포라 할 수 있다. 건강한 체력에 생산력도 강하여 손세가 번성하고 어려운 농경시대를 잘 버텨왔다. 그 다음인 상등 상급지는 동래정씨 시조 묘와 각 성씨의 시조 묘이고, 대문중 중시조 묘는 상등초중급지이다.(2019.7.)

고전(古典)적 의미의 자미원국(紫微垣局)은 허상(虛像)이다

1. 고전적 의미의 자미원국

중국에서 사용된 개념인데 하늘에는 네 개의 별무리(星群; 자미 태미, 천시, 천원)가 있고 그 영향으로 땅에도 네 개의 원국(垣局; 빙둘러 울타리 친 모양)이 형성되어 있다. 하늘에서 자미원(북극성이 있는 큰 곰별자리)이 으뜸이니 지상의 자미원국은 天下第一之地라는 것이다.

2. 자미원국의 이론적 배경

* 고대에는 하늘은 둥글고 땅은 네모꼴(天圓地方)이고 별들이 달려 있는 하늘 지붕밑에 땅이 고정되어 있다고 생각하였다. 이런 인식에서 별무리를 반영하여 지상에 원국이 생겼다는 성원설(星垣說)이 주장되었다.

* 중국에서의 개념은 제왕의 도읍지는 성원(星垣)에 부합되는 곳이라 하여 도시에 적용되고 개인의 음양택에 적용되는 개념이 아니었고 우리나라에서도 세종시대의 국풍 문맹겸이 1452년 한양은 북악이 자미원, 낙천정이 천시원, 서쪽 영서역이 태미원이므로 도읍지로 탁월하다고 주

장하였다.

  ＊ 고대 서양에서는 일찍이 지동설이 주장되기도 하였으나 증명을 하지 못하는 바람에 공인받지 못하다가 1543년 코페르니쿠스가 지동설을 주장하고(다만 우주의 중심을 태양으로 보았다), 1623년 갈릴레오가 이론을 발전시켰다. 동양에서는 조선시대 이순지(1406~1465)가 코페르니쿠스보다 100년 앞서 월식을 보고 지동설을 주장하였고, 김석운(1658~1735), 홍대용(1765년)이 선교사의 책을 보고 지동설을 주장하였으나 성리학에 몰입된 양반들이 무관심하였다. 중국에서는 선교사에 의하여 1600년 초에 알려졌을 것이다.

  ＊ 뒤에 지동설이 확실해졌으면 별무리에 따라 지구상에 모양(국세)이 형성되었다는 성원이론은 수정 또는 폐기됨이 마땅하다. 종래의 생각과는 달리 지구가 둥글고 자전과 공전을 하는 바람에 北半球(위도 0도 기준)에서는 북극성이 항상 북쪽에 자리하고 있으므로 등대가 되지만 남반구에서는 남십자성이 등대가 되고, 북반구에서는 초생달이 먼저 뜨는데 남반구에서는 그믐달이 먼저 뜬다.(四柱에서 日柱를 달리 계산해야 맞다) 또 북반구에서는 남향집이 볕이 잘 들고 남반구에서는 북향집이 잘 든다.(음양택의 좌향도 달리해야 된다. 오행설이 맞지 않을 것이다) 지구에 가장 강력한 영향력을 행사하는 천체는 태양과 달인데 태양과 달을 반영한 태양원국, 달원국이란 말은 없다. 결국 지금까지의 음택풍수이론은 중국과 우리나라 지역의 신토불이쯤 된다.(일본은 화산 국가이므로 땅의 성질이 다르다)

  그럼에도 이론이 고쳐지지 아니한 것은 자미원국이 백성에게 관련이 없는 도읍에 관한 풍수이었으므로 무관심하였기 때문이다. 우주의 구조가 많이 밝혀졌는데도 성원(星垣)이론을 유지하는 것은 억지요 혹세무민이다.

* 북극성과 남십자성

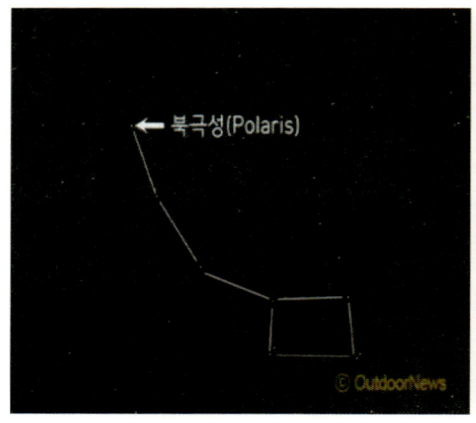 

(좌)북극성/ (우)남십자성

* 최근에는 시기별로 성군이 지구에 미치는 영향이 다르다는 식으로 미지근하게 이론을 정리하는 학파가 있으나 적어도 북반구에서 북극성은 항상 북쪽에서 아래로 내려다보고 있다. 시기에 따라 무엇이 달라지겠는가?

3. 자미원국을 설명한 문헌

* 중국의 양균송(841~909)이 그 이전의 이론을 집대성하면서 자미원국을 인용하고 인자수지(1564, 서선술, 서선계가 이전의 장서를 정리)에 나오고 청대의 목판 명당도가 있다고 한다. 구체적인 지명은 거론치 않고 제왕의 도읍지는 전부 성원(星垣)에 부합된다는 일반론이다.

* 우리나라에서는 도선(양균송과 같은 시대에 살았다) 이래 선철들이 언급한 바 없고 1700년대에 참언을 정리한 정감록에도 없다. 다만 문맹겸이 한양은 세 개의 원국에 해당한다는 주장을 하였다. 그런데 장익호 선생님이 성원은 보통 도읍의 국세에 해당되지만 우리나라에는 개인의 음택에 해당되는 작은 국이 서산 내포에 있고 당나라(624~907) 명풍수 양

태진이 찾았다는 이야기를 쓰고 자기도 찾았다는 산도를 제시하였다. 그 말에 모든 풍수들이 서산 일대를 한번 씩 찾아본다.

 * 손석우(1928~1998)의 소설 「터」(1993.7)에서 김일성의 사망을 거의 정확하게 예언함에 따라 세간에 유명하게 되고 거기에 쓰인 천하대지 자미원국도 유명하게 되었다. 장익호의 유산록 전편이 1983년 출간되었으므로 유산록이 10년 먼저 세상에 자미원국을 알렸으나 소설 터가 대단한 허구로 꾸몄기 때문에 사람들은 자미원국이라 하면 손석우를 먼저 떠올린다. 손석우는 소설로 풍수실력을 인정받아 유명지관이 되었는데 혹세무민한 감이 있다. 그의 묘지를 자미원국이라 인정하는 분도 있으나 다수는 허혈이라 한다. "한 세대가 지나면 세계가 통일되고 도덕으로 통치하는 세계가 된다. 세계의 운수가 그리하니 아무도 막을 수 없다. 자미원국은 지구상 최대 음택명당이고 장차 통일된 세계의 72억 인구를 통치할 제황이 탄생할 자리이다." 그러나 한 세대가 지난 지금 지구의 형편은 어떠한가?

4. 자미원국의 현대적 의의

자미원국을 비롯한 4대 원국은 이론상 근거가 사라졌으니 용어도 없어져야 옳으나 지금도 풍수들 사이에 사용되고 있다. 그러나 4대 성원국의 구체적 모양이 제시된 바 없고 있다 하더라도 허구이므로 그 모양새에 구애당할 이유도 없다. 그저 넓고 둥글고 좋은 사격이 가득하고 천하대지를 품고 있는 국세를 성원원국이라 부르고, 혈처가 그 안에서 위치하는 동서남북의 방위에 따라 자미(북; 임해방), 천시(동; 갑인) 태미(남; 병오), 천원(서; 경유. 다만 沙微, 少微로 부르기도 하던데 정확한 이름은 모르겠다)으로 분류함이 타당하다고 생각한다.

5. 서산 내포에 자미원국이 있는가?

* 중국에서 유래한 고전적 의미의 자미원국은 이론적 배경이 허구이다. 그렇다면 현대적 의미의 자미원국 즉 커다란 원국 가운데 북쪽에 천하대혈이 있는 곳이 서산 내포지방에 있는가?

여러 사람이 후보지를 내세우고 또 혹자는 신안이 아니면 찾을 수 없다고 주장한다. 오늘날 지도로 평면 입체 원근을 다 볼 수 있고 교통이 발달하여 발길 닫지않는 곳이 없고 풍수 숫자도 엄청 많다. 명혈이라 하여도 숨어지낼 곳이 없다. 후보지를 하나씩 점검하고 맑은 마음으로 현장답사를 하면 찾을 수 있다고 본다. 현장을 답사한 즉, 천하대혈은 없고 충청도 갑지급 음택은 있었다.(필자의 자미원국 간산기 참조) (2021.2.)

충남 금산군 국사봉 영라하수
(찾기 어려운 곳)

1. 국사봉 아래 대혈

서대산에서 남동쪽으로 흘러 국사봉이 있고 그 래룡에 양택인 신안사와 음택인 영라하수형(靈螺下水形)(신령스러운 소라고동이 물로 내려 오는 형)이 있다. 무학대사 지리전도서에는 두사충의 용혈도가 있고 유청립 풍수기행에는 일이승이 신안사에서 출가하기 전에 이 혈을 찾았다는 口傳설화를 소개하였다.

* 국사봉 아래

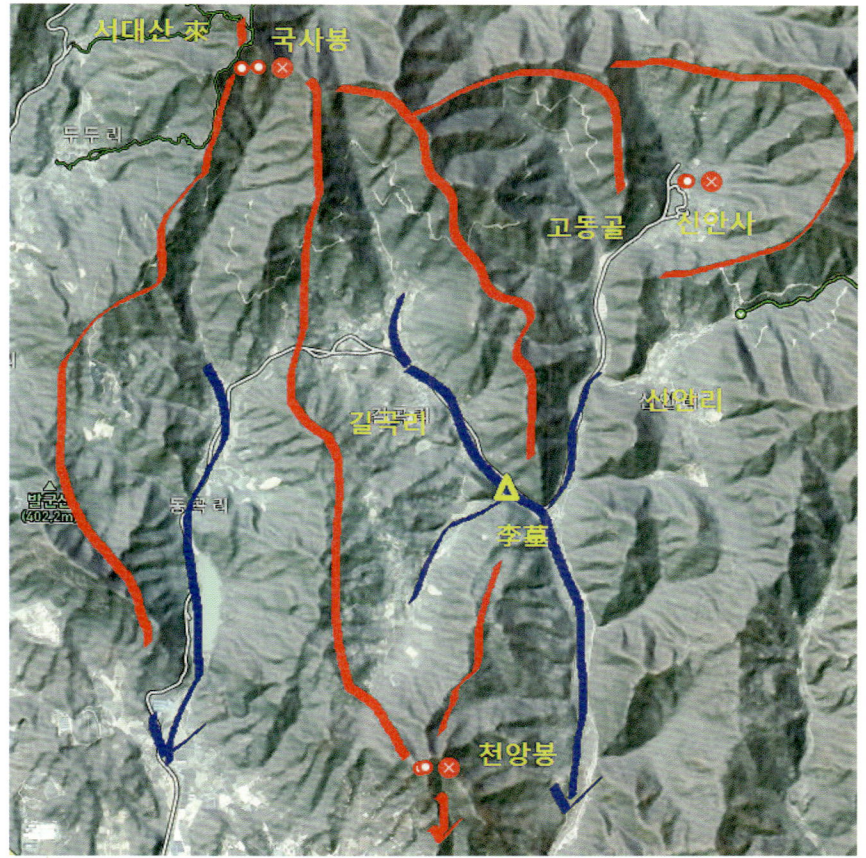

사진출처 : 카카오맵 스카이뷰(https://map.kakao.com)

2. 두사충 용혈도

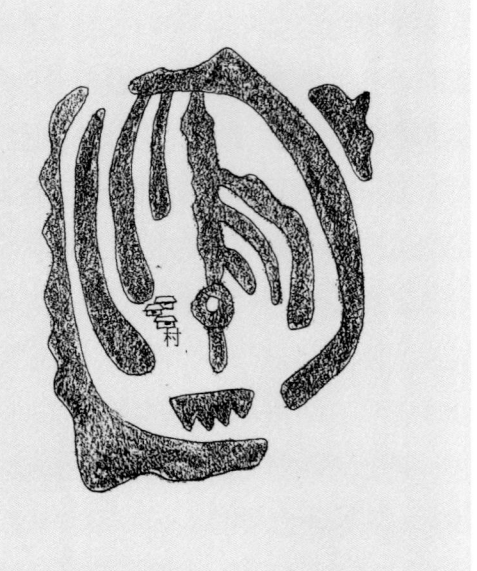

금산·錦山

영라하수형·靈螺下水形

금산(錦山) 동쪽 삼십리(三十里)의 신안사(新安寺) 서쪽 몇마장(數里) 쯤에 영라하수형(靈螺下水形)이 임좌(壬坐)에 신득진파(申得辰破)로 되어있구나. 왼쪽에는 신안사(新安寺), 오른쪽에는 내인강(內仁江)이 단단히 막아있고, 앞에는 천황봉(天皇峰)이 조림(照臨). 이 자리는 장례 후 7년에 대발(大發)하여 다자손(多子孫)하고 부(富)는 세상을 뒤덮고, 부마(駙馬)에 궁비(宮妃)가 나리라. 〈杜師忠〉

3. 유청림 풍수기행(68p 이하)

 * 신안사(금산군 신안리, 신라 무염이 651 창건)에 귀가 하나뿐인 노총각이 30세가 되도록 불목하인으로 있었는데 사람이 조금 모자란 듯 보였다. 어느 날 방장이 보니 노총각이 혼자 웃고 있어서 왜 웃느냐고 묻자 동구 쪽을 가리키며 저기 영라가 물로 내려오는 혈이 있는데 아무도 모른다고 대답하였다. 방장이 보니 과연 그러하므로 짝귀총각이 총명한 줄 깨닫고 삭발하여 공부시켰다. 그가 일이승(一耳僧)이다.

4. 탐사

 * 두사충은 임란 때 명나라 이여송의 지리 참모로 따라온 지사인데 정유재란 때 귀화하여 1600년경부터 1627년경까지 전국적으로 많은 결록을

남겼다. 유청림 풍수기행에는 일이승이 최초 발견자라고 하나 두사충이 먼저 찾았다.

* 제1차로 2021.3. 이 혈을 찾아서 금산 IC에서 신안사 방향으로 가던 중 길곡1리 마을에 들러서 큰 고총과 마을 뒷산을 둘러보았으나 결혈된 곳이 없었다.(그러나 혈처가 길곡 1리 마을로 보이는 산도도 있다) 길곡 2리 마을에도 없더라. 신안사에 이르기 전에 고동골이란 안내판이 있기에 들어가 보았으나 소라고동은 없었다. 용혈도에 있는 내인강은 신안천인 것 같다. 생전 처음 가보는 탓인지 보이는 봉우리마다 둥글둥글한 것은 모두 고동같이 보였다.

* 제2차로 2021.4. 탐사에 나섰는데 제1차 탐사에 의하여 대략적인 래룡의 구조를 알 수 있어서 진혈을 찾을 수 있었다. 결록은 壬坐丙向 신득 진파로 적혀 있고, 유청림은 임좌원(壬坐原) 신득 진파(을진 손사 병오의 수국) 금성 아래 미유(微乳)라고 한다. 탐사 결과 진혈은 금성 아래 미와(微窩) 인좌신향이고(즉, 좌향이 결록과 다르다) 병향에는 예쁜 옥녀가 절을 올린다.

* 어떤 이가 잡목을 자르고 흙을 모아 표시(置標)해 두었는데 나무 그루터기로 보아서 5년 전쯤 작업을 한 것 같았다. 중등중급 혈인데 적격자가 아니면 쓰기 어려울 터이다. 치표자는 풍수고수임이 분명하나 그의 몫은 아닌 것 같으니 쓸데없는 짓을 하였다.(2021.4.)

어찌하여 영라하수 혈처라고 주장하는가?

1. 중국풍수들의 활약
두사충은 대략 1620년대까지 살았고 일이승은 1660년경에 활동하였다. 이 혈은 두사충이 최초로 결록을 내었고 무식했던 일이승은 결록을 알지 못했지만 타고난 근기로 찾았다. 두사충은 일이승보다 더 많은 결록과 용혈도를 남겼고 함께 귀화한 풍수들이 많은 활약을 하였다.

2. 혈처에 관한 왈가왈부
* 두사충 결록-- 신안사 서쪽 數里, 임좌에 손득진파, 천왕봉 조림.

錦山東 三十里 身安寺西數里許 壬坐 坤水辰破 靈螺下水形 左身安 右吉谷 乃仁江繞 前天皇峰照臨 葬後七年大發 富貴冠世 男駙馬 女宮妃 子孫滿堂 愼勿浪傳--杜思忠訣

(유청림 풍수기행 71p-- 여러 개의 결록 중 가장 충실하다. 완당 인용의 결록은 해입수임좌)

* 혈처에 관하여 다수 견해는 충남 금산군 길곡리17 경주이씨 묘라고 하고, 유청림 선생은 늙은 소라가 앙천하는 형국으로 소라 입속 토혈이고 미미한 금성머리에 미유이며 천황과 독대하는 혈형이라 하므로 다수견해와 다르다. 완당 간산기는 아래와 같고 청산선생도 산정상을 주목하고, 또 다른 곳을 주장하는 풍수도 있다.

* 완당 간산기-- 영라하수는 인구에 회자되어 왔으나 고산준령이 첩첩하여 접근이 용이하지 않다. 입산하면 우람한 산세에 압도되어 이런 협곡 준령에 대혈이 있겠는가 하는 의구심이 생기기도 한다. 일이승이 신안사 불목하니로 있을 때 항상 절마당에서 혈처를 건너다 보고 다녔다는 구전을 염두에 두고 산을 오르면 별천지가 전개되는데 과연 대혈이다. 향득파

가 결록과 합치된다. 종사천고(螽斯千古,메뚜기가 한번에 99개 알을 낳는다고 하여 부부사이가 좋고 백자천손한다는 뜻이다)할 땅이다.

* 길곡리 17 이씨 묘

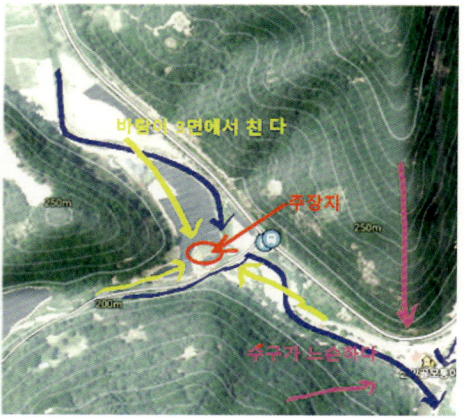

사진출처 : 카카오맵 로드뷰, 스카이뷰(https://map.kakao.com)

3. 결록지 간산방법

풍수처럼 주장이 제 각각인 분야도 없지만 결록지 혈처라고 주장하는 곳이 객관성은 없고 단지 주장자의 공부방법에 따라 심혈해보니 이곳이 더라 하는 것은 곤란하다. 객관적 논거는 제1차적으로 결록이 기준이 되어야 한다.

첫째, 결록에 적힌 용혈사수향(龍穴砂水向)에 맞아야 된다.

둘째, 물형이 결록과 같아야 된다. 결록은 대부분 당해 혈처의 물형을 제시해두는데, 물형론이야말로 아기자기한 우리나라 산수에서 정수를 표현한 것이다.

셋째, 생기가 있는 곳이어야 된다. 생기가 없으면 혈이 될 수 없다.

4. 어찌하여 영라하수 혈처라고 주장하는가?

다수 견해는 이씨 묘라고 딱 찍어 말하는데 과연 결록과 어느 정도 부합되는가? 결록은 신안사 서쪽 몇 마장이라고 하는데 다수 견해는 이에 부합되지만 신안사 서쪽 수마장이 어디 한 곳뿐인가. 결록은 임좌에 손득진파, 천왕봉 조림이라 하였는데 다수 견해인 경주이씨 묘는 1924년 설치되었고 辛坐乙향이다. 우측은 곤신득(좌측은 건해득)이고 을진파이다. 좌는 임좌라는 결록과 맞지 않고 파는 맞다. 그러나 천왕봉은 그림자도 보이지 않는다. 백년 전에 용사하였으니 발복하였다면 재각이 있고 파시조는 되어 있을 것인데 그러한 느낌이 없다. 두사충이 신안사 서쪽 五里라고 쓰는데 그치지 않고 무엇때문에 다른 요건 특히 천왕봉 조림을 추가하였겠는가? 득수와 파구는 당국(小局)을 결정하는 요인이므로 그 요건이 다르면 다른 곳이라 보면 된다.

이번에 10년 이상 열심히 공부한 동호인 몇 사람과 동행하여 답사하였는데 세 골짜기의 바람통로인 탓으로 생기가 없다고 의견일치를 보았다. 다른 이들은 무엇을 보고 영라하수라고 하는가?(2022.1.)

충남 금산군 제원면 천내리 부사도강(浮槎渡江)

1. 논쟁이 많은 곳

천내리 부사도강형(뗏목으로 강을 건너는 형상)은 동방 제2지라 하여 유명한 혈이고 논쟁이 많다. 현지 전설로는 고려 공민왕 신후지(身後地)라 하고 결록으로는 만산결(萬山訣)외 2개, 다수의 산도, 유산록 등이 있고 풍수들의 지적지는 10여 개가 된다.

2. 공민왕의 신후지

　제원대교 부근에 있는 용석(龍石)의 안내판을 보니 용석으로부터 230m 거리에 호석(虎石)이 있는데 고려 공민왕이 안동으로 피난갈 때 신후지(身後地)를 구하라고 명함에 따라 국사가 이곳을 물색하고 금산 동쪽 20리 태백산 지맥에 있는 평사낙안 부사도강형이라 하였고 왕명에 따라 용호석을 준비하였으나 왕이 개성으로 돌아간 뒤 이곳은 흐지부지 되고 말았다. 금산군에서 1973.12. 문화재로 지정하고 보호각을 세워 관리하고 있다.

　* 용석은 제원대교 10여 미터, 호석은 용석으로부터 북쪽 280m 거리에 있는데도 불구하고 안내판에 따라서는 용석은 대교로부터 50m, 둘 사이 거리가 100m 또는 230m 등 혼란이 있고 다음 인터넷지도의 표시는 실제와 많은 차이가 있다. 제방건설과 경지정리로 인하여 용호석이 다소 이동되었는데 원래 용석은 현재의 위치 부근이고 호석은 상당히 멀리 옮겨졌다고 추측된다.

```
지 정 일 : 1973년 12월 24일
위    치 : 충청남도 금산군 제원면 천내리 1006-45
소    유 : 금산군
수    량 : 1동
시    대 : 고려시대 추정
규    모 : 용석높이 138cm, 폭 81cm / 호석높이 140cm
재    료 : 화강암(花崗巖)
```

　천내리 서쪽을 흐르는 천내강변 제원대교 인근에 있는, 고려시대 말기에 조성된 것으로 추정되는 작품이다. 용석(龍石)은 제원대교 북쪽 50m 지점에 있고, 그곳에서 230m 떨어진 곳에 호석(虎石)이 있다. 용석은 70×80cm가량 되는 부정형 대석 위에 조각되어 있으며, 소용돌이 모양의 돌기 사이에 꿈틀거리는 용의 몸체를 조각하였고, 여의주를 물고 있는 입 양쪽으로 아가미와 수염이 세밀하게 조각되어 있다. 호석은 110×80cm의 네모난 받침돌 위에 앞발을 세우고 앉아 있는 호랑이 모습으로, 두툼하게 융기된 곡선과 원형을 교대로 조각하여 털무늬를 표현하였고, 몸은 서쪽, 머리는 북쪽을 향하였으며, 입을 벌리고 있는 모습이다. 조각수법이 퇴화하여 호랑이나 용의 특징이 생동감 있게 묘사되지는 못하였다. 용호석과 관련히여 고려 공민왕과 관련된 전설이 전해지고 있다. 고려말 홍건적(紅巾賊)의 난 때, 안동으로 내려온 공민왕이 지관(地官)에게 자신의 능묘를 정하도록 명하였다. 지관은 금산 동쪽 20리 지점 태백산 지맥에 평사낙안부사도강(平沙樂雁浮莎渡江)의 명당이 있다고 하였으며, 이에 공민왕은 필요한 석물로 준비하게 하였다고 한다. 그러나 공민왕이 개경(開京)으로 환도한 후로 방치되었다고 한다. 현재 용호석은 보호각을 건립하여 보호하고 있다.

용호석의 존재와 금산군이 조사하여 문화재로 지정한 사실로 미루어 보면 설화는 사실이라 추측할 수 있다.

3. 결록과 산도

* 성거사결과 고명산도결-- 붉은 글자는 만산결과 다른 부분.

成居士訣
錦山南十五里丙午龍西坐壬坎乾亥得卯破仙人浮槎渡江形橫作三穴 順水爲案吹肅峰瑞秀月影峰插天 後有龍江前有落雁坪水口仰岩仰立 此東邦第二地下有千基

古名山圖訣
錦山乃仁里巽巳逆龍丁入首酉坐作穴水回龍顧祖山坎癸得卯破仙人浮槎渡江形一字文星橫作三穴順水案空地而龍上有宋玉果置標圖寶此下盡爲寶
賢如朱文公子三人出 - 富王公子二十八人出

* 만산결-- 위 2개의 결록을 짜깁기 하였다는 주장이 있다.
금산(錦山)천내(川內) 병오룡(丙午龍) 사유축감계득(巳酉丑坎癸得)진파(辰破) 선인부사도강형(仙人艀槎渡江形) 횡작삼혈순승(橫作三穴順承) 위안취적봉단좌(爲案翠積峰端坐) 월영봉삽천(月影峰插天) 후유룡(後有龍) 전유낙안평(前有落雁坪) 수구인암입(水口印岩立) 동방이지(東方二地) 선등과갑(先登科甲) 명현비여주문공(名賢比如朱文公) 삼인병출(三人幷出) 부귀비여왕공자(富貴比如王公子) 이십팔인병출(二十八人幷出) 기간문무장상(其間文武將相) 계계불핍지지(繼繼不乏之地) 하유천기(下有天基).

* 산도-- 산도는 여러 장 있으나 2장을 인용한다. 巽巳逆龍 丁入首, 유좌가 많다. 작자 미상의 산도는 後人이 결록을 근거로 혈을 찾고 작성한 것이므로 작성자의 실력을 가늠할 수 없어 믿기 어렵다.

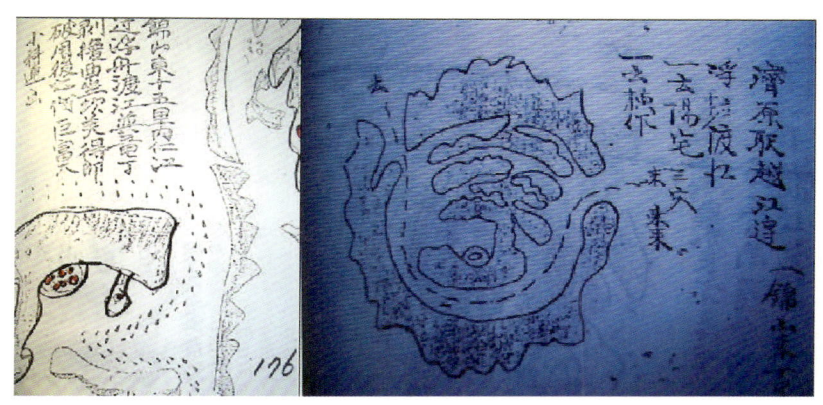

* 유산록 전편 330p에는 공민왕 이야기는 없고 속사는 찾을 수 없다면서 국세를 극찬하였다. 주산은 병오임자로 횡장하기를 십여단으로 옥계장락하였다. 평지강락 다하니 흡사 뗏목같아 부사도강형이다. 이 혈은 차(次)혈이고(丁未入首, 丁坐) 다시 재결하여 평지녹존 소치횡작 대결하였다. 사수가 대강이고 안산(案山)이 원원단좌(遠遠端坐), 수구산은 높고 긴 폐되었다. 무수한 묘가 산재하였으나 허사이다. 손사경유득 계축파, 묘좌이다.(후편 105p) 강변에 용석과 호석이 있는데 문화재로 보호하고 있으나 그 연유를 알 길 없다.(註; 1973.12. 문화재로 지정하고 안내판을 세웠는데 알 길 없다는 것은 무슨 말인가?)

* 이상을 정리하면 아래와 같이 묘좌(을좌 포함)로 된 결록 2개, 정반대로 유좌로 된 결록 2개가 존재한다. 답사 결과 묘좌가 맞고 만산결이 가장 가깝다. 고명산도는 다른 결들이 병오룡인데 유일하게 손사역룡 정입수라 하고 있으나 발복은 만산결을 따오고(성거사결엔 발복 기재가 없다) 좌향은 성거사결의 유좌를 따온 위작(僞作) 느낌이 든다. 만산결의 사酉축

감계득은 득수를 말하는데 전면에 합수하는 큰 강 3개의 물길이 복잡하다고 보았다.

4. 각 견해

* 결록은 좌향이 정반대인 것이 있고 오탈자 시비도 있으므로 어느 결록이 정확하다고 단정짓기 어렵다. 산도는 결록을 근거로 작성된 것이므로 믿기 어렵다. 이에 대하여 공민왕 신후지설은 사실로 추정할 자료가 있다.

결록	행룡, 입수	좌향	혈 개수	낙안평
만산결	병오룡	좌향 언급 없다. 위안 취적봉 단좌	횡작 3혈	전유낙안평 (을좌 또는 묘좌)
유산록	병오임자횡장	을좌와 묘좌 안산이 원원단좌	차혈과 주혈	언급 없다
성거사	병오룡	유좌 순수위안	횡작 3혈	전유낙안평 위작?
고명산도	손사역룡 정입수	유좌 순수안	횡작 3혈	낙안평 언급없다. 위작?

그러므로 첫째, 공민왕 신후지와 결록지는 동일한 장소인가, 아니면 별개의 장소인가를 먼저 밝혀야 된다. 둘째, 결록은 혼란스러우므로 결록에 맞출 것이 아니라 각자의 공부방법에 따라 진혈을 찾고 설명해야 된다. 기존의 주장지는 10여 개에 이르지만 산도와 결록에 맞추기에 급급한 감이 있다.

* 천내리라는 좁은 공간에 부사도강형의 대명당 두 개가 있을 수 없다. 공민왕신후지로 보아야 되는데 공민왕은 노국공주묘와 함께 쌍릉을 만들 것이므로 묘역이 넓어야 된다. 또 주목해야 될 점은 용호석이다. 공민왕의 명으로 장차 왕릉을 조성할 때 사용하기 위하여 화강암으로 용과 호랑

이를 조각하여 금강변에 세워 두었다. 임시로 가져다가 놓은 것이라면 한 곳에 모아 놓았을 것인데 왜 200m 가까이 방위를 잡아 펼쳐 놓았을까? 장차 사용할 곳 부근에 진열해 놓은 것으로 보아야 한다.

* 대국

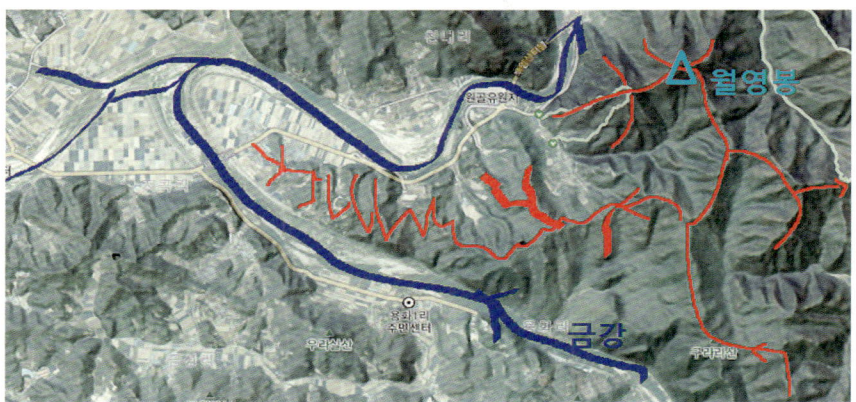

사진출처 : 카카오맵 스카이뷰(https://map.kakao.com)

* 천내마을 일원-- 지적지 표시는 대략적인 표시이다.

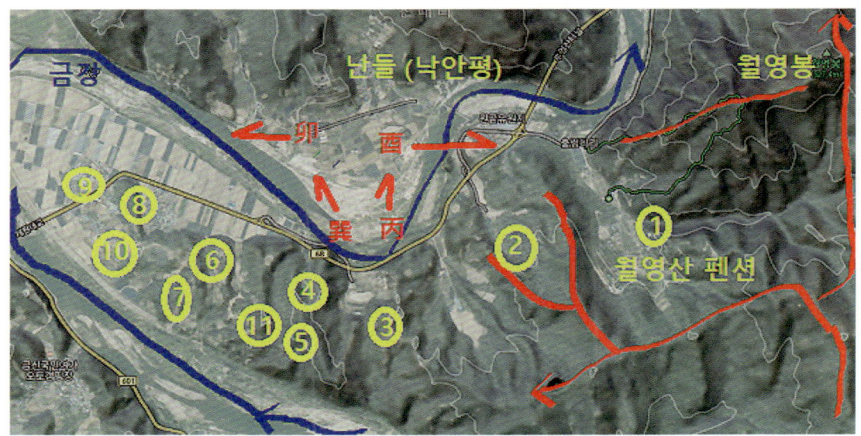

사진출처 : 카카오맵 스카이뷰(https://map.kakao.com)

① 김기설, ② 석초, 그러나 뗏목 모양의 행룡이 없고 금강과의 거리가 멀다. 무슨 연고로 동방 2지라 할 정도의 대혈인가? 다른 곳보다 빼어난

점이 무엇인가?

③ 교감 김씨 등 묘 4기가 있는 부근인데, 무해무득 수준일 듯.

④ 유산록의 차혈?

⑤, ⑪ 제일 높은 곳으로 유산록 주혈? 묘좌.

⑥, ⑦ 별 감흥없다.

⑧ 유청림 지적지로 병좌?

⑨ 모학회 지적지로 유좌. 지금도 허술하게 남아 있다.

⑩ 수강선생 소점지로 묘주가 집이 있던 곳을 비싸게 매수하여 부모묘를 이장하고 10년 안에 천억대 부자가 되었다는 곳이다. 제법 높은 곳이지만 봉분 옆에 도랑을 낸 탓으로 습기가 침범하고 있어서 미나리깡이 제격이라고 혹평하는 분도 있다. 약 20m 위에 고인돌 유적지가 있으며 그 옆엔 짓다가 중단한 3동의 커다란 기와집이 있다. 부사도강이 아님은 물론이고 혈장판이 옆으로 비스듬히 기울어져 혈이 아니다. 발복요인이 석숭처럼 다른 곳에 있을 수 있다.

⑪ 초등 명당급이다.

5. 진혈처 답사

이와 같이 설왕설래가 많은 경우 모든 선입견을 버리고 기본기에 따라 혈을 찾은 다음 결록과 맞추어보는 방법이 좋다. 길을 잘못 들어 강 건너편으로 가서 전원주택지와 금강 유원지를 거쳐 국도에 올라 금산 방면으로 제원대교를 건너 간 다음, 차를 세우고 다리목에서 찬찬히 되돌아 살피니 기운이 모여 있다고 짐작되는 곳이 보였다. 길을 잘못 찾는 바람에 전체 국세를 볼 수 있어서 혈 찾는데 도움이 되었다. 진혈은 뗏목 뱃머리이고 층층이 내려온 곳은 뗏목 한복판이다. 국세규모가 크고 넓다. 금강은 유(u)자를 그리며 흐르고 봉황천과 조정천이 각기 기사천과 동곡천을 흡수하여 금강에 합류한다. 수구에는 시커먼 부엉산과 높은 월영산이 막아 서 있다. 조정천을 따라 조공하는 산들이 내려오고 풍광이 아름답다. 횡락맥이요, 왕릉 두 세개를 쓰기에 충분한 혈장이다. 안산이 저 멀리 단좌하니 발복도 유장(悠長)하겠다. 용호석(龍虎石)을 찾으려 들판으로 내려가서 제각 안에 있는 용호석을 보았다. 미완성이 아니고 완성된 석상이다. 장차 왕릉을 쓸 경우에 세워둘 제자리에 갖다 둔 것이다.

 현지 노인의 말로는 70년 전 자기 어릴 때 용호석을 타고 놀았는데 제각은 근자에 세웠으나 위치는 큰 변함이 없고 예전에 강변은 모래자갈 밭으로 소나무가 많았는데 복토하여 논밭이 되었다 한다. 그대로 두었다면 절경일 텐데 아쉽다. 이치적으로 보아 동양 제2지 대혈이라면 凡人이 묻히어 재물이나 모을 자리가 아니다.

용석

호석

* 공민왕(1351년부터 1374년까지 재위)은 홍건적 침입으로 1361년 안동 청량사로 피신하였다가 개성으로 귀경 후, 1365년 노국공주가 난산으로 죽자 수년 간 직접 지휘하여 공주묘와 자기 왕릉을 만들고 두 묘사이에 통로를 만들어 사후에 왕래하려 했다. 그 묘에도 호석이 있다.

* 개성 공민왕릉

천내리 호석　　　　　　　공민왕릉 호석

6. 아름다운 물형

　수구쪽 월용봉(月影峰인 듯?)을 선인(仙人)으로 보아 선인 부사도강형이라 말하는 이도 있으나(만산결도 같다) 이곳은 월영산 래용(來龍)이 아니다. 우리가 찾은 부근에는 선인 물형은 없다. 그리고 월영산을 선인으로 본다면 하늘을 찌를 듯(揷天) 높은데 그런 거인을 태울 큰 뗏목이 부근에 없다. 뱃사공이 노저어 건너는 형국이다. 안내판에는 평사(平沙) 낙안(樂雁) 부사도강형이라 적혀 있다. 보통 평사낙안(落雁) 즉 모래바닥에 기러기가 내려 앉는 모양을 말하는데, 기러기가 즐거워한다는 것은 무슨 뜻인가? 전체적인 국세가 그림같이 아름다우니 2개 글귀를 붙여서 뗏목은 강을 건너고 뱃머리에는 기러기가 공짜로 편승하여 희희낙낙하는 형국으로 해석하고 싶다. 아름다운 풍경에 들어 맞는 낭만적인 물형이다.

　이곳은 왕릉을 쓸 곳이니만큼 적어도 초가 한 칸 크기의 봉분(개성 공민왕릉은 6.5m 높이)을 조성해야 하고 묻힐 사람도 왕같은 대인이어야 하니 무명소졸은 욕심내지 말아야 된다.

　7. 결론을 말하자면 왕릉 쓰기에 협소 빈약한 곳 그리고 뗏목 모양의 행룡을 타지 못한 곳은 진혈이 아니고 수구를 바라보는 유좌는 정혈이 아니다. 이곳 결록은 흠이 많아서 도움이 안 된다.(2018.1.)

부사도강형의 간산기에 대한 후기

1. 낙안평의 위치

　성거사결과 만산결에 있는 전유(前有) 낙안평(落雁平)의 위치에 대하여 나는 현지 노인의 말을 듣고 3강 합수지점 일원의 들판이라 알았다. 모학회가 금산군의 도로 고시문에 천내리 111-36 일대를 낙안평 또는 나반들이라고 부른다는 사실을 제시함에 따라 바로 잡았다.

2. 성거사 결록

모학회 측은 여러 결록을 손으로 쓴 책자 속에 있는 성거사의 부사도강결을 제시하고 동 결록이 진정하다고 주장하였다.

그런데 위의 책자는 성거사의 부사도강형 결록에 이어서 천내리 낙안평에 삼남 제3지라는 평사낙안형이 있다고 하면서 건해룡 해입수 인좌 곤득진파라고 하였다. 낙안평에서 곤득 진파가 되는 곳은 아래에서 빨간 색으로 해입수 임좌라고 쓴 곳 밖에 없다.

본 책 314페이지 중 30페이지에 선인부사도강형이 수록 되어 있습니다.

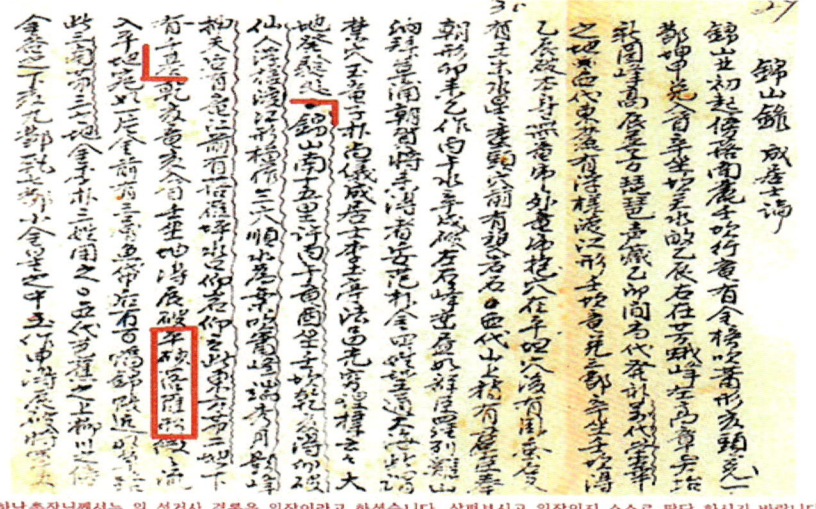

하남 춘장님께서는 위 성거사 결록을 위작이라고 하셨습니다. 살펴보시고 위작인지 스스로 판단 하시기 바랍니다.

* 삼남 제3등지 '다음'지도

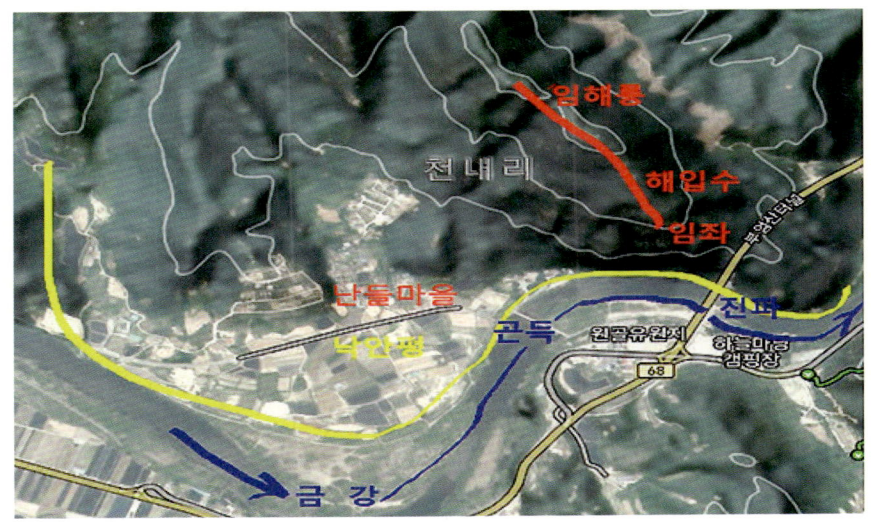

사진출처 : 카카오맵 스카이뷰(https://map.kakao.com)

그러나 일대는 경사가 급하고 표면이 거칠어서 노기를 풀지 못한 곳이고 강변 면은 절벽이다. 토관(土棺) 하나 묻을 곳 없다. 三南지방은 충청도 전라도 경상도 즉 경기이남 땅 전부를 말하는데 낙안평에 그런 대지가 있다는 글은 다른 결록에 없고 그런 혈을 보았다는 사람도 없다

결론으로, 낙안평에 평사낙안이 없으니 이 결록은 가짜(위조)이고, 그 앞에 연결된 부사도강형 결록도 가짜로 추정된다.

소장자는 썩돌을 옥돌이라 으스대는 격이다. 자랑하려면 삼남 제3등지에 대한 간산기가 있어야 된다.

3. 칠성석이 기재된 결록

어떤 풍수는 穴上 칠성석이 기재된 결록을 제시하면서 고인돌을 표시한 것이라고 주장하였다.

 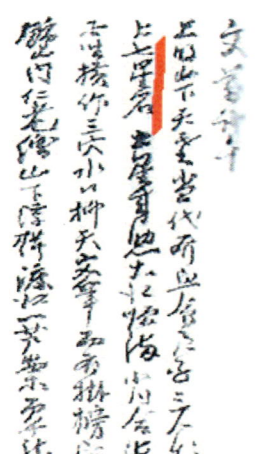

그러나 칠성(七星)은 그냥 七石이 아니고 북두칠성을 말함이 분명한데 고인돌은 총 12개이고 현지인은 그 중 8선석(八仙石)을 중히 여긴다고 한다. 모양도 북두칠성과 다를 뿐만 아니라 고인돌은 청동기시대 설치된 것이므로 그 당시 북두칠성을 모형삼아 고인돌을 놓았다는 것은 말이 안 된다.(2022.1. 수정)

충남 공주시 계룡산 동학사 회룡은산형
(계룡산 8대혈 중 2위)

1. 여러 개의 회룡은산형

 * 장익호 유산록 전편 288p를 보면 계룡산 8대혈 중 첫째는 마화위룡이고 둘째는 회룡은산(回龍隱山. 용이 나아가다가 몸을 돌려 산에 숨다)이라고 하면서 옛 결록과 장선생님 작성의 산도를 게재하였다.

＊마화위룡의 다른 자세를 말하는 공주 왕촌 회룡은산형, 계룡산의 말락지인 영대리의 회룡은산형(두사충의 공주西회룡은산과 같은 곳?), 유산록에서 말하는 동학사 근처의 회룡은산은 모두 계룡산에서 나온 龍에 결혈되어 있으나 각기 다른 혈처이다.

2. 결록과 산도

＊유산록에 적힌 결록은 장문이지만 혈 찾는데 필요한 부분을 발췌하면, 사궁도회(청룡,백호,주작,현무), 오성조원(오성귀원 北水 木東 火南 西金 中土), 대천은 남에서 북으로 흐르고, 계축입수, 임좌병향(해좌는 대패), 병득오득 신득갑득 묘파이다. 발복은 문무장상 부귀영화 불가형언.

＊산도

3. 혈처 주장지

* 동학사 주변-- 혈처 주장지

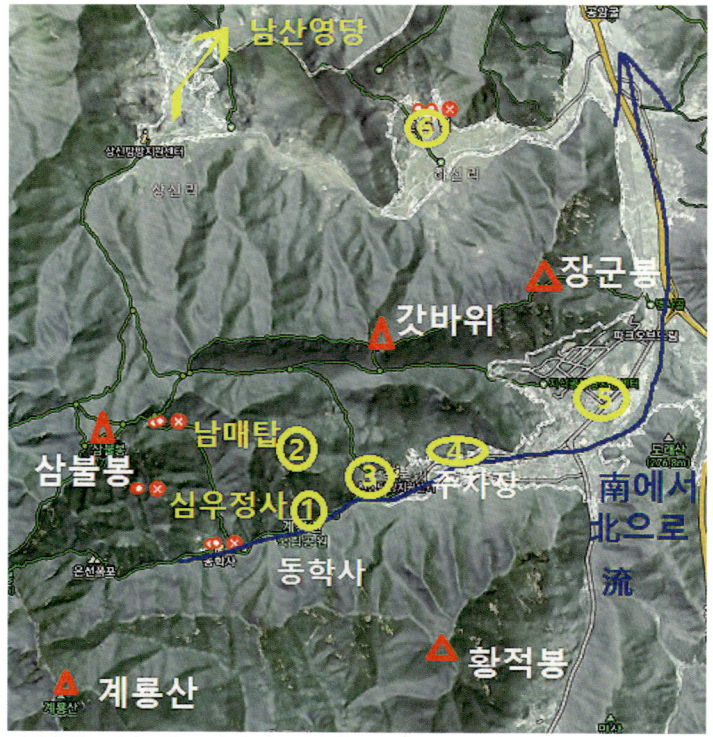

사진출처 : 카카오맵 스카이뷰(https://map.kakao.com)

* 공주 반포면 봉곡리 남산영당 부근-- 춘성 부원군 남이웅(1575~1648) 묘와 사당. 혈처라는 곳 부근에서 본 前景이다.

4. 각 견해

＊ 앞에 게재한 동학사 주변 지도에서 ① 내지 ⑥과 남산영당이 혈처로 주장되는 지역이다.

＊ ①은 심우정사 ②는 상원암 남매탑이다. 결록은 사궁도회 오성조원국이라 하였으므로 오성이 빙~ 두를 만큼 국세가 넓어야 되는데, 이 지역은 그러한 국세가 아니다.

＊ ③, ④ 지역은 어느 정도 국세를 갖추었으니 회룡 여부를 따지고 득수와 파구를 따져야 된다. 丙午辛甲得은 한 개의 水路로는 만들기 어려우니 여러 골짜기 물을 기준 삼아야 된다. 진혈은 이 지역에 있다. 천기누설만 아니라면….

＊ ⑤는 사궁도회 오성조원의 국세가 아니다.

＊ ⑥은 공주시 하신리인데 계룡산 배면을 바라보는 곳이다.

＊ 봉곡리 남산영당 부근은 저 멀리 계룡산이 아름답게 보이나 朝山에 불과하다. 당처의 래맥은 좋게 볼 수도 있고 나쁘게 볼 수도 있는데(나는 별로로 본다), 문제는 앞에 있는 안산이다. 정비가 안 되고 흩어져 있으며 필봉도 주변과 균형이 맞지 않고 삐딱하다. 결록지가 아니다.

＊ 모탐침봉 풍수는 장선생님이 산봉을 돌아 갔다는 말에 힌트를 얻어 높은 곳으로 올라가서 진혈을 찾았다고 한다. 높은 산 정상 부근에 오성조원국과 4득수국이 있겠는가?

＊ 동학사 계곡 입구 계룡그린콘도 뒤 산끝에 시멘트 벽돌로 월아를 쌓고 봉분을 목조4각 테두리로 만든 이상한 묘가 있었다. 자기 나름으로는 회룡은산이라 확신(確信)하고 공을 들인 것 같으나, 온통 이끼판이고 땅이 물러 내린다. 과욕으로 인하여 계룡산 최대 흉지를 점한 것이다.(2021.8.)

충남 공주시 동해리 동이점 오룡쟁주
(왜, 손자가 요절했나?)

1. 여러 주장을 모르고 답사하다
　공주 동해리 오룡쟁주는 유명한 혈로서 산도와 결록이 두 개씩 있고 장익호, 유청림, 김기설의 간산기가 있다. 나는 그런 줄 모르고 유청림의 결록을 근거로 답사에 나섰다. 당초에 아무 것도 모르고 결록 하나를 의지하고 답사에 나섰던 것이 좋았던 것이다.

2. 결록
* 결록(유청림 풍수기행46p)-- 필사본
　公州北面五龍爭珠形 溫陽南二十里 新昌東二十里 公州北六十里 一云 臥龍谷三個邑界 茂盛廣德兩龍相遇之間 東海洞南左旋西向 穴深六尺 龜巳馬上貴人 日月悍門 六秀具備 判筆凌雲誥軸居震 當代發 九代三公出 羅訣 此穴越有大地 不可傳言 云

* 결록의 요지는 "공주北 60리 와룡곡, 무성산과 광덕산 兩龍이 만나는 동해동 南 좌선 서향이다." 동해동은 지금의 공주시 유구읍 동해리이다. 유선생님은 동이점이라고 지점을 좁혀 주면서 동해리 서향 산판에는 묘 좌유향의 묘가 즐비하다고 한다.

3. 여러 견해
가) 유청림 풍수기행(46p)
　산상에 결인하고 결혈, 전순에 고묘 있고 숲 속, 법화산이 있는 서쪽 안산에 여의주가 있다.
　나) 김기설은 2013.12. 동이점이 여의주이고 그 산에 혈이 있다고 한

다. 그러나 여의주가 룡의 몸체보다 커서 이치에 맞지 않고 여의주에 혈이 있는 경우는 못 보았다. 그리고 "나결云 此穴越有大地"라는 문구에 대하여 이 혈 건너 대지가 있다고 해석한 다음 그곳을 찾았다고 한다. 그러나 풍수기행은 나학천이 말하는 월유대혈은 선인격고형을 말하는 것이라 한다. 동해리에 4대혈보다 큰 혈은 없을 터이므로 풍수기행이 옳을 듯하다.

다) 유산록 전편 298p는 평지낙맥 결혈, 건해 경유방에 물이 보이고 곤구(坤口)로 사라진다. 여의주가 경유방에 있으나 여의주를 안으로 하면 필패, 혈하에 고묘일기.

4. 산도비교

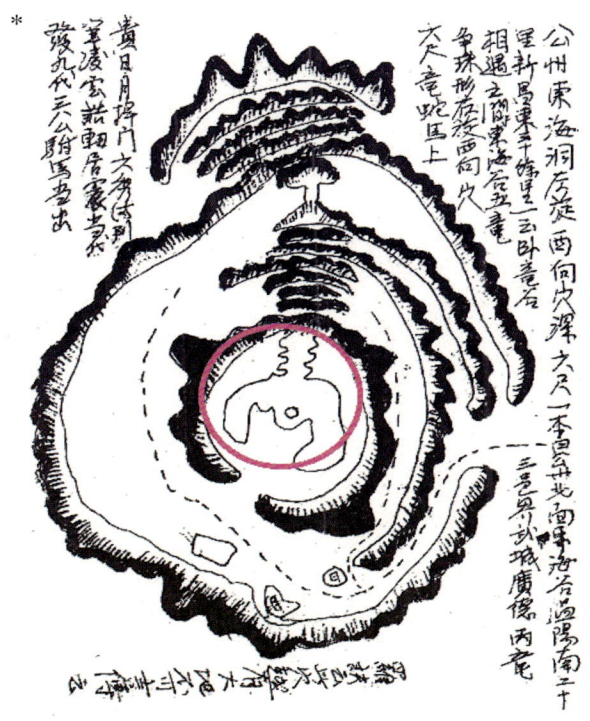

* 제2산도-- 공주 북 60리 왜룡골

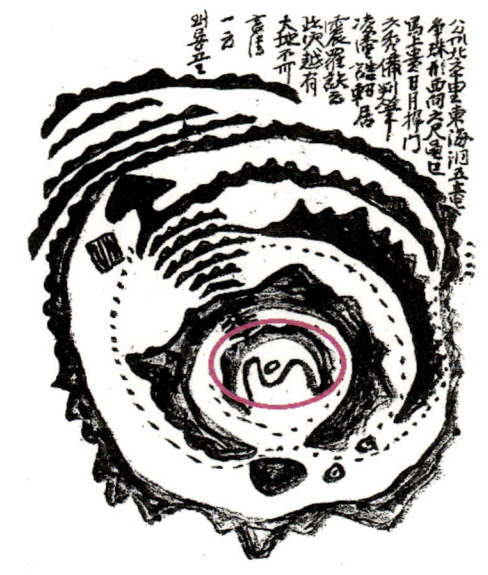

* 유산록 산도

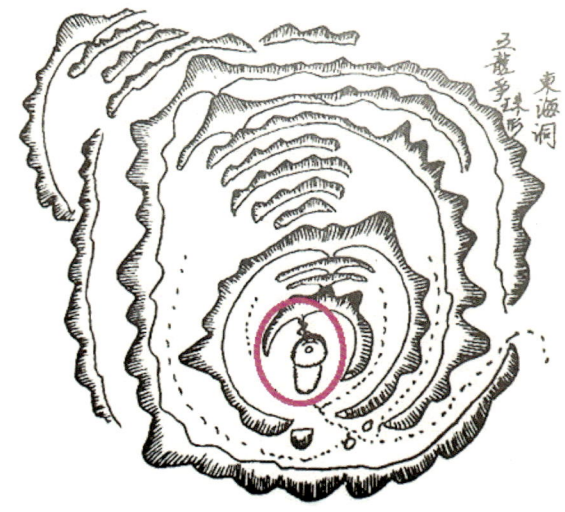

* 산도는 여러 장 있으나 3장만 게재한다. 산도에 의거하여 이 혈을 찾기는 어렵다.

5. 답사

* 동이점을 현장에서 보니 덩치가 너무 커서 여의주는 아니고 오룡 중의 하나였다. 몇 마리 용이 보이는데 와룡곡이라 하였으니 들판에 내려온 용은 아닐 것이다. 가장 넓은 골짜기에 작고 야무진 산줄기가 있고 그 위에 묘들이 보였다. 올라가서 보니 유겸돌(乳兼突)이고 전순은 길게 평지로 내려가 넓게 전개하였다. 맨 위에서 두 번째 묘(해평 윤공, 1994.12.졸)가 정혈이었는데 높은 곳에 있어서 비룡격이다. 辰좌로 앉았다. 그러나 여의주는 외청룡 끝에 있고 안산은 앞산 삼봉의 중봉 즉, 甲 또는 寅坐가 좋아 보였다. 오룡이 여의주를 향하여 집중하는 형상이 아니므로, 爭珠가 아니라 여의주를 주고 받으며 놀고 있는 오룡농주형이다.

* 특이한 것은 맨 아래에 있는 묘인데 경찰청장이 경찰학교 수석으로 입학한 윤군이 20세 나이로 요절한 것을 애도한다는 묘비명이다. 진혈처의 손자 같은데 진혈처에 무슨 잘못이 있어서 총명한 손자가 요절하였을까? 묘지의 관리상태를 보니 상당한 발복이 있었겠다. 적덕선행한다면 불행이 액땜이 되어 큰 복을 받을 것이다.

6. 현장사진

* 진혈처--해평 윤씨 집장지

* 광덕산과 무성산

사진출처 : 카카오맵 스카이뷰(https://map.kakao.com)

* 여의주와 안산

＊ 지도로 각 주장지(필자 추측) 표시-- 유산록 산도는 동네 뒤 동산인데 동산 위에 올라가 보니 혈장이 좁고 장풍이 안 되더라. 무연고총 1기, 관리되는 묘 1기가 있었다.

사진출처 : 카카오맵 스카이뷰(https://map.kakao.com)

7. 전국구 대혈인가?

＊ 풍수기행을 보면, 동해동에는 四大명혈이 있다고 한다. 東쪽 개밭골에 복호, 西쪽 삼밭골에 선인격고, 南쪽 동이점에 오룡쟁주, 北쪽 제(재)궁골에 괘등이다. 삼밭골 선인격고가 좋게 보였다.

＊ 사대명당 후보지를 지도에 표시하면 다음과 같다. 동해동 4혈은 국이 작아서 충남에서 10위 밖이 아닐까?(2022.1.)

사진출처 : 카카오맵 스카이뷰(https://map.kakao.com)

충남 공주시 계룡산 마화위룡(馬化爲龍)
(곱씹을수록 眞價가 느껴지는 곳)

1. 전국적인 명성 있는 곳

전국 10위, 계룡首穴, 기혈이라 하며 많은 사람이 찾는다. 생지로 있다는 설과 이미 근접거리에 썼다는 설이 있는가 하면 어떤 분이 가묘를 써놓고 매물로 내어 놓았다. 또 청호선사(철산 정세흥)는 김씨가 꿈에 노인의 점지를 받아 후덕하였던 어머님 묘를 쓰고 공주판관이 되었는데 오좌(午坐)를 정좌(丁坐)로 바꾸고 몰락하였다고 한다. 이를 두고 어떤 이는 정좌는 팔살인데 차남에게 운이 돌아 올 수 있다고 점쳤다. 그런 묘가 實存한다면 상석이라도 있을텐데 찾지 못했고 사람들의 구경거리가 되었을 터인데 실물은 알려진 바 없다.

2. 결록
* 유청림 풍수기행(81p)

公州辰方三十里旺村大橋近處飛龍隱山形一云馬化爲龍格雲霧案 太祖珠華山中祖大屯山小祖鷄龍山數百里巽巳午丁龍千態萬象起落而來特起龍山大開錦帳之中午丁來龍艮入首平地行龍五里盡落 又有龍淵水來流前兩溪合水之間龍短虎長午丁作腦長乳突穴午坐 (艮得歸戌龍短虎長外龍虎長回結局南鷄龍山北母岳山西舟尾山東明德山乾武城山巽寶閣山坤勝華山艮元帥山八大名山之中內堂平圓)外堂大江彎環文武科甲州牧將相封君多出之地。

다만 유선생은 괄호 속(간득귀술과 8명산 호위부분)은 위작이라 한다.

* 장익호 유산록(전편 278p) 인용의 결록은 盡落대신에 손정행룡진락이라 하였다. 역시 일부 오기가 있는데 이를 알아보는 자가 혈을 찾을 수 있다 한다.

* 뒤에 보는 바와 같이 간득 귀술은 다수가 인정하고 있어서 위조가 아닌 것 같고, 8명산 호위 부분은 실제 그러한 산을 찾을 수 없는 데다가 다수의 산도에는 없으므로 위작(僞作)구절로 추정된다.

3. 믿을 수 없는 산도
* 두사충 산도(무학대사 지리전도서)-- 마화위룡, 鬼龍隱山형.

술좌(운뢰案)에 오득이라 하는데 다수가 간인득에 술파라 하는 점과 다르고 실제 술좌는 성립되기 어려워서 믿을 수 없다.

공주 · 公州

마화위룡형 · 馬化爲龍形
귀룡은산형 · 鬼龍隱山形

공주(公州) 동쪽 사십리(四十里)에, 흑룡(黑龍) 아래 옥촌(玉村) 위에 마화위룡형(馬化爲龍形)이 술좌(戌坐)에 오득(午得)으로 되어있도다. 이 자리는 장례 후 5~6년에 대발(大發)하여 그 부(富)가 온 나라를 뒤덮고, 이름이 만방(萬邦)에 떨치리라. 혹운(或云) 귀룡은산형(鬼龍隱山形)이라고도 한다. 이는 취주산(翠珠山)을 태조(太祖)로 하고 계룡산(鷄龍山)을 소조(小祖)로 하여 십리행룡(十里行龍)에 한 자리를 만들었으니, 남절룡(南節龍) 북옥촌(北玉村) 동청수산(東靑樹山)에 운뢰안(雲雷案)을 하였도다. 〈杜師忠〉

* 만산도(고광창 수집) 제1도-- 마화위룡, 비룡은산형. 펜으로 쓴 글이 있으니 해방 후 작성으로 추정된다.

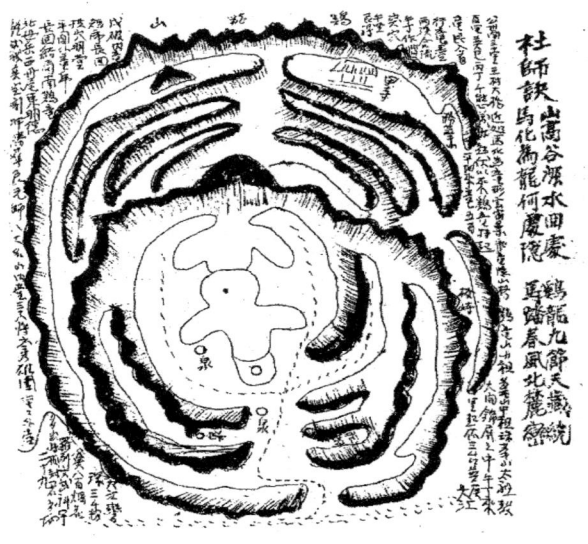

* 만산도 제2도-- 비룡은산형, 구절비룡은 맞지 않고 寅甲水도 다른 산도가 艮寅水라는 것과 한 방위 차이가 있다.

* 그밖의 산도가 다수 있으나 大同小異하므로 생략한다.
* 산도에 적힌 결록을 보면 공주 東 30리(또는 진방 10리) 旺洞, 또는 왕촌이라 하는데 현재 다수 의견은 왕촌천의 상류 일대 즉 계룡면 내흥리와 구왕리로 보고 있다. 행룡과 수류는 左旋 정미룡, 오좌, 간인득 술파가 대세이다.

물형에 관하여 다수는 마화위룡격 비룡(또는 鬼龍) 은산(또는 飮水)형이라는 복수물형으로 부르고, 줄여서 마화위룡형이라고 한다. 유산록 전편 280p는 마화위룡형과 비룡은산형이 별개로 있는 것처럼 산도를 올렸으나 독자적 견해이다. 같은 곳이다.

* 이 穴이 대혈인 이유는 계룡산이라는 명산에서 룡이 말의 형상으로 북상하다가 금강을 앞두고 강을 건너려고 룡으로 변하여(마두산은 룡으로 미처 변하지 못하고 금강에 이르렀다) 산에 숨어 숨 고르기를 하는 형상이

기 때문이다. 행룡은 위이절절, 굴곡, 박환 등 변형과 탈바꿈을 해야 활기를 얻고 순화가 되는 것이고 변화 다음에 혈처에서 모여 조화를 이루어야 된다. 혹자는 음택의 요체에 관하여 균형과 조화라 주장하나 움직이는 행룡에 균형잡기를 요구할 이유가 없고 변화를 요구해야 된다. 균형은 조화 속에 포함되므로 변화와 조화가 요체이다. 그러므로 마화위룡이 핵심이고 룡이 숨느냐 물먹느냐는 중요치 않다.

4. 행룡

* 계룡산 까지의 행룡-- 진안 마이산-태조 운장산-중조 대운산-소조 계룡산-손사병(서북방향)으로 행룡하였다. 계룡산은 천황봉(845m)을 중심으로 10개 봉우리와 7개 계곡으로 구성되어 있다.

* 계룡산 개장-- 천황봉은 북으로 관음봉을 세우고 거기서 서남쪽은 연천봉, 서북쪽은 삼불봉, 신선봉을 세워 개장하였고 신선봉 지맥이 동쪽으로 행룡하여 장군봉을 세웠다. 보통 간룡이 개장하면 한 面은 前面이되고 반대편은 背面이 되지만 지리산 같은 큰 산은 여러 개의 전면을 만든다.

* 계룡산 수정봉 쪽 개장

사진출처 : 카카오맵 로드뷰(https://map.kakao.com)

* 수정봉 이후-- 수정봉은 삼불봉에서 출룡

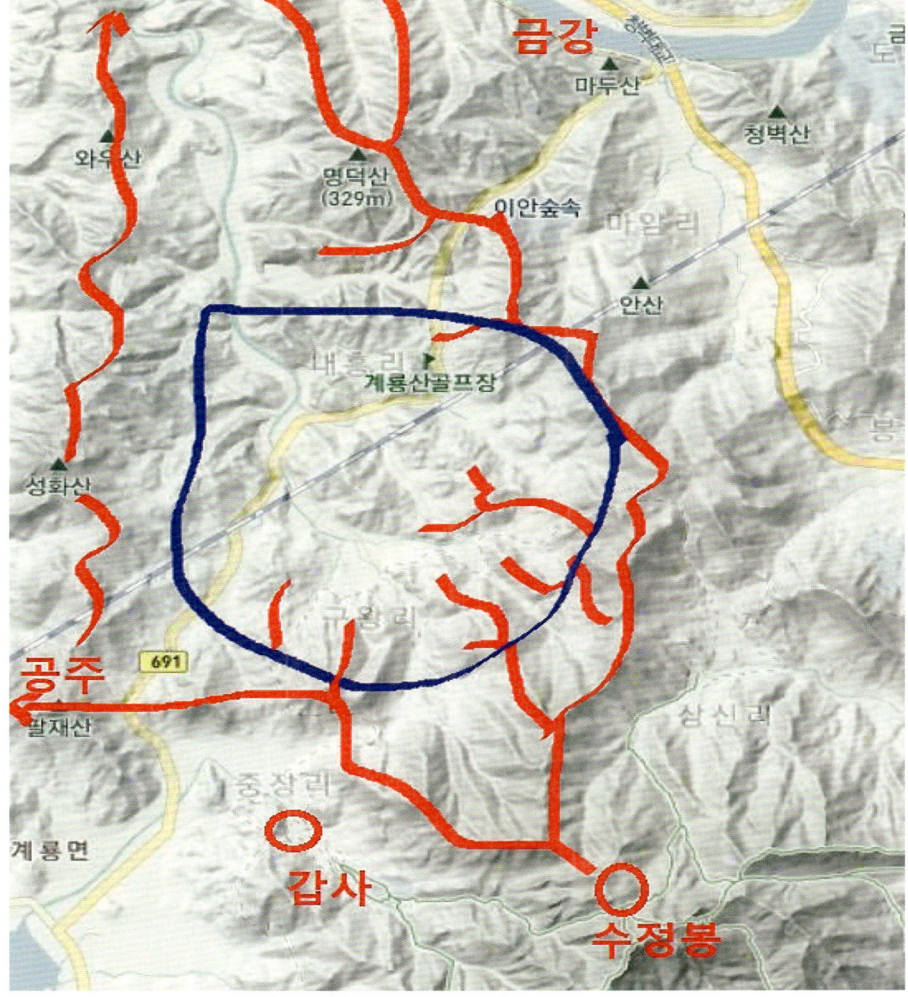

사진출처 : 카카오맵 스카이뷰(https://map.kakao.com)

제2장_생지백대명혈(충남) · 209

* 혈처 후보지-- 위의 지도에서 파란색 동그라미가 혈이 생길 가능성 있는 지역이다. 그 중에서 진혈로 주장되는 곳 6개소를 검토한다.

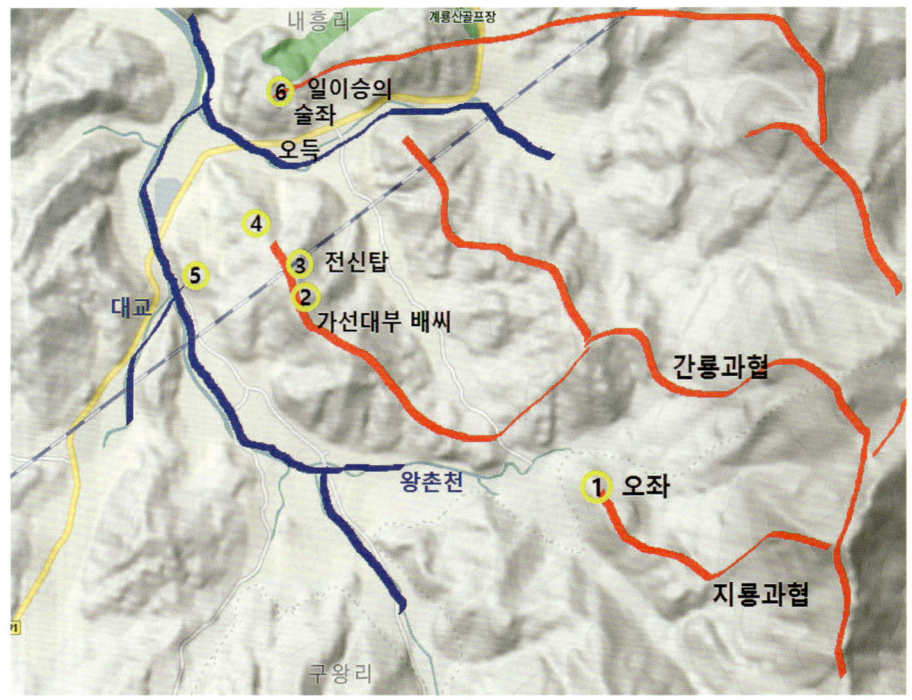

사진출처 : 카카오맵 스카이뷰(https://map.kakao.com)

①은 어떤 분이 가묘를 만들어 놓고 매물로 내어 놓았는데 돌에 오좌이다. 아래는 입수처 모습인데 아름답다. 그러나 간룡의 맥을 잇지 못했고 바람에 오좌로 밀린 모습이다.

②는 가선대부 배씨 묘가 있는데 장유 돌혈 오좌에 부합되고 제일 그럴 듯하다. 유청림이 상석자리가 진혈이라 하는 것도 아마도 이 묘를 두고 하는 말인 듯하다. 그러나 혈성이 빈약하고 기운이 미약하더라.

③은 KT 수신탑 있는 곳이고 묘는 없다.

④ ⑤는 평범하다.

⑥은 일이승 산도에 있는 술좌 오득인데 국세가 불만이다.

장선생님 소점지는 알 수 없었다. 모두 吉地級은 되어도 대혈급은 아니다.

5. 진혈처

일대는 배씨들 묘가 많아 배씨 공동묘지 같았다. 발품을 팔아 한 곳을 찾았다. 처음엔 중등중급으로 평가하고 진혈을 찾지 못했다고 생각하였으나 돌아오면서 상당한 대혈이라는데 의견이 일치되었고 간산기를 쓰면서 마화위룡 혈처라는 믿음이 갔다. 곱씹을수록 진가가 느껴지는 좋은 혈이다.(2020.6.)

충남 공주시 선인독서와 조병갑 묘
(세 곳 중 어느 곳이 결록지인가?)

1. 공주 일원의 선인독서

광덕산 아래 평소리, 무성산 아래 화월리와 계실리, 묵방산 동남 방흥리 등 네 곳에 선인독서형이 있다고 알려져 있다. 평소리에 있는 혈은 산도가 있고 화월리와 방흥리 혈은 지방설화로 전해 온다. 김○설 선생은 무성산 아래 계실리 양촌 부근을 지목하나 결록과 배치되므로 논외로 한다.

2. 공주 광덕산 아래 선인독서

가) 산도와 간산기

* 만산도(자미원카페 2013.5)-- 감룡좌선 임좌 坤申水 진파.

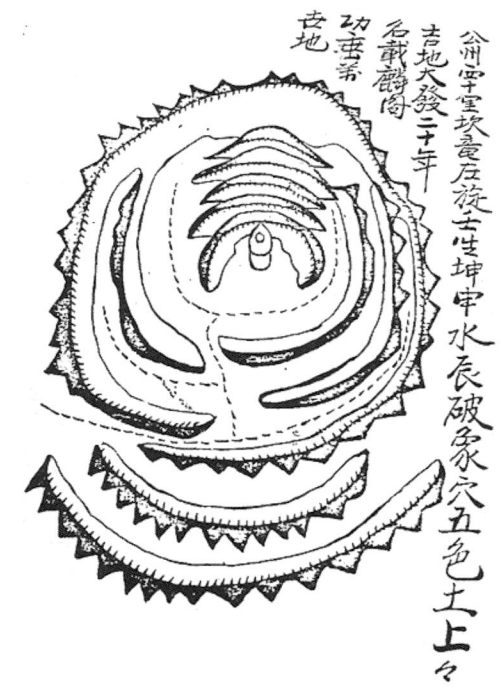

* 유산록 전편 301p. 법화산 임감낙맥 수십리, 탐랑(목성)대결, 연주행룡 수십절, 平垂乳穴, 곤신경유득 을진파, 해입수 임좌병향, 전후무수한 묘, 명재천하 만세향영(享榮).

  나) 답사

  * 광덕산은 천안 광덕산(699m)이 유명한데 여기의 공주 광덕산은 317m로 낮은 산이다.

  * 공주 북쪽은 속리산에서 금강 북쪽을 돌아 공주 북의 금강변에 이르렀고 공주 남쪽은 속리산에서 남덕유 진안 마이산을 거쳐 북상하면서 계룡산을 세우고 공주의 남쪽 금강변에 이르렀다. 남북이 천리를 다니다가 금강을 사이에 두고 만났으니 생기왕성하다. 금강은 군산항에서 바다로 들어간다.

  * 혈처 中局-- 주산 광덕산(317m), 소조 옥녀봉(362m), 중조 법화산(471m)이고 태조는 공주 산성리 산21(630m) 고지라 할 수 있다.

사진출처 : 카카오맵 스카이뷰(https://map.kakao.com)

＊小局-- 답사해 보니 임좌혈(결록은 임좌이다)보다는 그 아래 유좌혈이 진혈 같다. 부부 쌍분이 있고 옆에 아들묘가 있다. 쓴 지 60년 이상 되었다는 뜻이고 아마 발복하고 있을 것 같다. 앞에 안산이 힘차고 책상이 반듯하다.

사진출처 : 카카오맵 스카이뷰(https://map.kakao.com)

3. 평소리(산15-5) 사랑골에 있는 조병갑 묘

  * 조규순의 묘-- 조병갑 부 묘로 정혈이라는 견해(최상옥 자연지리학회)가 있다.

  * 조병갑(1844~1912)은 양주 조씨 시조 조잠의 20세손으로 사촌인 함경도 관찰사 조병식과 함께 이조 말 대표적 탐관오리이었다. 1892년 고부군수로 만석보를 쌓고 가혹하게 수세를 거두는 바람에 동학민란의 원인이 되었다. 민란 책임으로 1년 유배 후 다시 관직에 올라 고등재판관으로 동학 지도자 최시형에게 사형을 선고하였다. 온갖 악행을 저지르고도 고종과 친일세력의 비호로 살아 남아 5남1녀를 두고 천수를 누렸다. 그의 후손도 부와 권세를 누렸고 해방 후 화이자를 창업하여 잘 살았다. 시조 이래 20세손에 이르기까지 부마·영의정·한성부윤 등 고위 관직자를 수두룩하게 배출하였다. 아마도 시조로부터 20세손에 이르기까지 이조 500년 동안 모든 세대마다 군수 이상의 관직자를 배출한 씨족은 양주 조씨를 따라갈 성씨가 없을 것이다.(네이버블로그 개미실사랑방 2018.4.6. 양주 조씨 주요세계도 참조) 그러나 天道가 없다고 말하지 마라. 조병갑의 묘는 묘비 없이 숨고자 하지만 여러 사람들이 찾아내어 침을 뱉고 있다. 명예

를 생각하지 않는다면 대단한 번영을 누린 집안이므로 명당을 여러 개 썼다고 추측된다. 조병갑의 부친 조규순의 묘는 선인독서형은 아니고(선인과 책상이 없다) 동네 길지급 수준이고 그 청룡등에 있는 조병갑의 묘는 평범하다. 조부쯤 되는 윗대의 발복처를 보아야 공부가 되겠다.

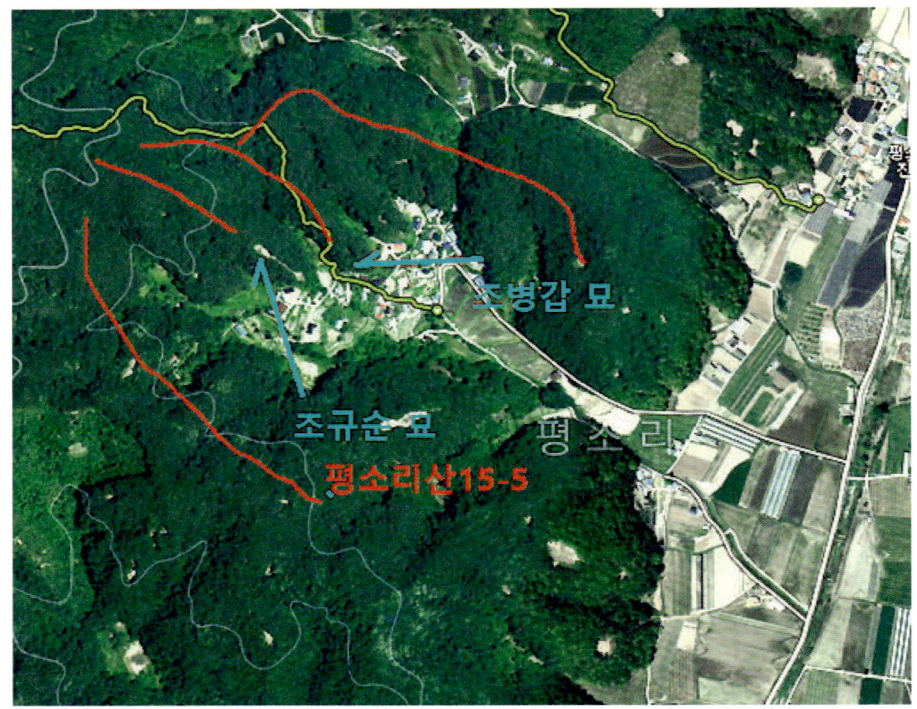

사진출처 : 카카오맵 스카이뷰(https://map.kakao.com)

4. 무성산 남락

* 수암 선생의 간산기는 공주시 사곡면 화월리 281 일원에 있고 간인갑 묘 급락, 계축입수라 한다.(도면 인용, 감사합니다) 그러나 앞에 인용한 산도(임감룡좌선 곤신수진파)와 다르다.

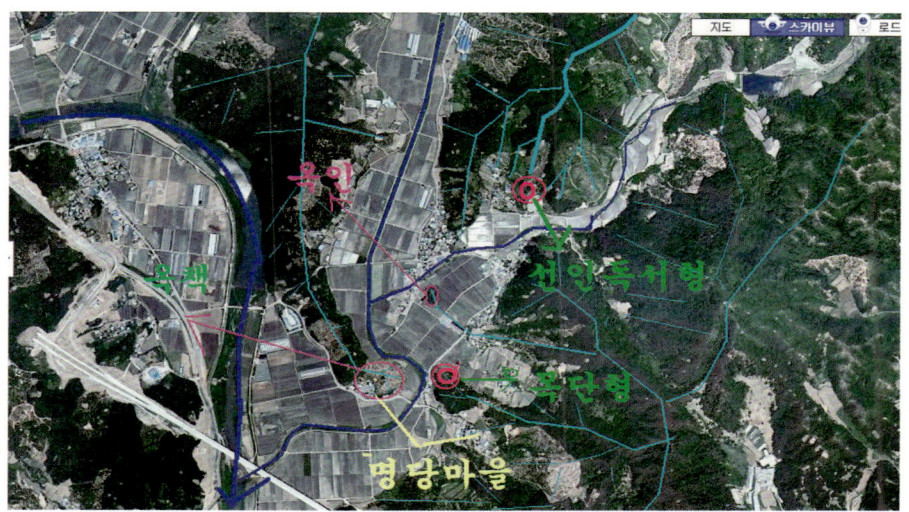

사진출처 : 카카오맵 스카이뷰(https://map.kakao.com)

* 부근 화월리에 작약반개형이 있다는 견해, 그리고 화월리 명당골은 십승지 중 하나라는 말도 있으나 글쎄?

5. 묵방산 동남

설화에 의하면 묵방산 아래 먹방池 부근에 선인 독서형이 있다고 한다. 답사해보니 원대와 내창마을 사이에 봉황귀소형이 있는데 눈에 드러나지 않지만 알차다. 중등초급.

사진출처 : 카카오맵 스카이뷰(https://map.kakao.com)

6. 어느 곳이 결록지일까?

 이곳도 후보지가 5~6개 된다. 만산도 결록에 맞는 곳은 광덕산 래용의 평소리 산20 부근 일대이고 결록은 임좌라고 하지만 그 아래 유좌혈이 책상에 가깝고 좋다. 물론 결록의 발복 내용은 뻥튀기 되었다.(2022.1.)

 * 선인독서가 평소리를 명기한 산도도 있다.

충남 금산군 서대산 군신봉조형
(유산록은 틀렸는가?)

1. 서대산의 행룡과 대혈

서대산은 충남 최고봉(904m)으로 남 덕유-장안산-팔공산-마이산-운장산-금성산-인대봉-서대산(西大山 또는 西台山, 西垈山)의 순으로 행룡하였다. 동쪽에는 금방취적형이 있는데 필자가 간산기를 쓴 바 있다. ①서쪽에는 성거사 결의 군신봉조 금혈이 있다. ②은천 선생은 성거사 결의 군신봉조는 정상에서 조금 떨어진 곳에 있는데 次혈이고 主혈은 최정상에 있는 옥황상제 望世形이라 한다. ③장선생님의 유산록은 서쪽 리조트 뒤에 군신봉조가 있다고 한다.(성거사 결은 山上에 있다고 하고 유산록은 중턱에 있다고 하여 서로 위치가 다르다) 군신봉조는 어디에 있으며, 전국 10위권에 든다는 상제망세형이 별도로 있는가?

2. 성거사의 군신봉조 결록(도선풍수비법 41p에서 인용)

* 결록

西垈山山上梢有君臣奉朝形卯來乙作丙午水辛戌破
左右峰巒皆如君臣羅列鷄山納拜草浦朝賀將來得者 安, 氾, 朴, 金 四姓
望通大海此謂禁穴 玉龍子, 朴尙儀, 成居士, 李土亭, 法品光究 大地
發驗處

서대산 위의 뿔 날카로운 곳에 군신봉조형이 있다. 묘로 와서 을로 만들었다. 병오수에 신술파다. 좌우 봉만은 다 군신이 나열한 것 같고 계룡산은 납배하고 초포는 신하가 입조하여 천자에게 하례하는 격이다. 장래 얻을 자는 안, 범, 박, 김 4성이고, 바라보건대 대해와 통하는구나. 이는 금혈(천자나 군왕지)이다. 옥룡자, 박상의, 성거사, 이토정은 여러 법으로 보면 악하고 흉한 혈로 보이나 대지로 증험할 수 있는 혈이다.

3 유산록의 군신봉조

*유산록 전편 357p 千萬水가 공조하며 칠백연화 삼천분대를 이루어 장엄하게 結局. 제왕지지로 금혈이다.

*산도-- 은천 선생의 통맥법회는 유산록의 산도를 보면 지적지가 리조트 뒤편이라고 판단하면서 오점이라고 맹(猛) 비판한다.

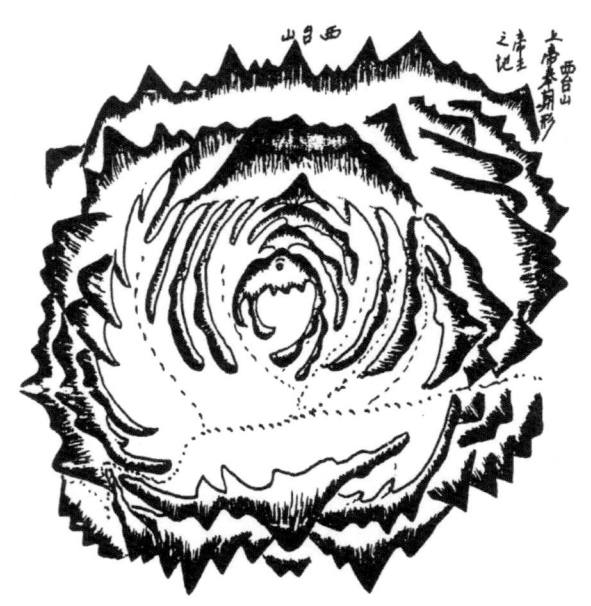

4. 은천 선생의 군신봉조와 上帝望世形(또는 상제봉조형)

*리귀홍의 도선국사풍수비법 40p-- 성거사 결의 군신봉조혈은 산상에 있는데 차혈이고 그보다 더 큰 혈이 최정상에 있는데, 상제망세형(상제가 세상을 내려다보는 形)으로 주혈이다. 주혈은 결록에 없는 것을 선생이 찾았다는 것이다.

* 위의 책에 의하면 옥천에서 금산 제원면으로 가면서 지형을 살피고 등산한 바, 정상 못 미친 지점에 괴혈인 天口穴이 있으니 성거사의 군신봉조이다. 혈전에 대암과 두 개의 입석(결록이 말하는 두 개의 뿔이다)이 있고 혈후는 거대한 암석이 팔을 벌려 껴안으려 하고 혈의 좌우에 거대 입석이 좌보와 우필이 되고 백호 내에 옥쇄봉이 있다.

　그런데 다시 정상 표지석에 오르니 아름다운 혈이 보였다. 혈판은 칠성석이 둘렀고 대둔산과 계룡산이 납배하고 안산은 중중첩첩이다. 일이승이 말한 1등지 9대혈에 버금간다. 옥황상제망세형이다.(은천 선생이 1996년 3월에 작성한 망세형 산도가 있으나 혈처 찾는데 별 도움 안 된다)

5. 군신봉조형에 대한 다수 의견

　* 정상의 군신봉조와 상제망세-- 다음의 지도를 종합하면 탐색할 범위는 헬기장, 정상 그리고 암자주변(묘가 많다)으로 추정된다. 계룡산 납배라고 하므로 서대산 서(西)쪽 면(面)이다.

사진출처 : 카카오맵 스카이뷰(https://map.kakao.com)

* 정상의 수두-- 정상 서쪽이 추정지. 흰 건물은 강우 관측소

* 은천 선생이 지적한 군신봉조의 혈처는 옳은가?

900m 이상의 높은 산 정상은 바람이 치고 노기를 풀지 못한 탓으로 보통 사람의 음택으로는 부적합하다. 등산길에 있는 조망지점은 경치는 좋으나 장풍이 안되고, 탈살을 하지 아니한 탓으로 음택으로는 부적합하다. 왕릉은 물론이고 여러 문중시조나 중시조 묘가 高山의 頂上에 있는 것을 본 적이 있는가? 잘못 짚었다고 본다.

6. 군신봉조의 진혈처

* 서대리 방면에서 정상을 보면 기운이 닭벼슬봉으로 몰려 가는 것이 보인다. 닭벼슬봉은 화성이고 그 아래 둥근 금성으로 변화한다.

* 혈처 대국-- 금성 아래 진혈이 맺힌다. 결록과 같이 묘래을작 병오수 신수파가 된다. 그러므로 유산록의 방향은 옳은데 리조트(지금은 개인 집들이 건축되어 있다) 바로 뒤는 아닐 것이고 우리가 본 곳과 일치하는지 모르겠다.

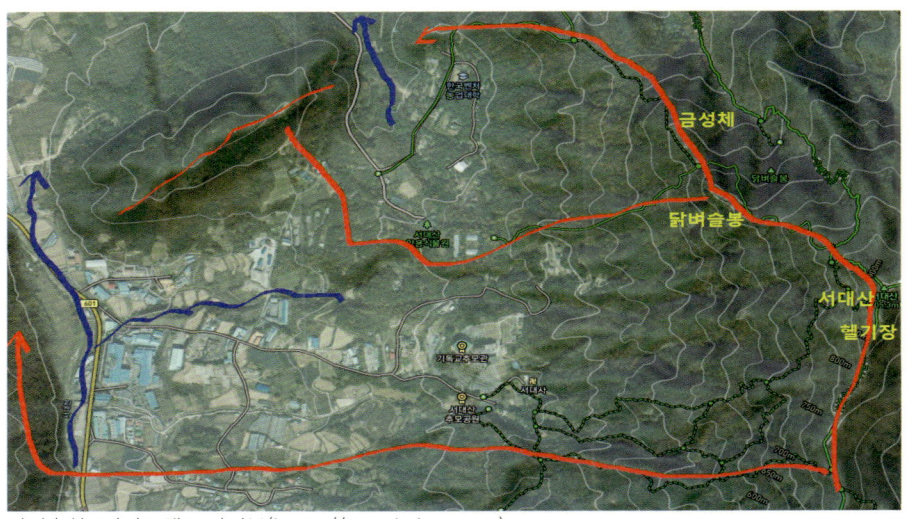

사진출처 : 카카오맵 스카이뷰(https://map.kakao.com)

7. 성거사 결록을 어떻게 볼 것인가?

① 성사겸은 1400년대 말~1500년대 중엽 사람으로 성거사 유산록을 저술하였고 명풍 박상의(1538~1621, 전남 장성人)가 제자이다. 결록에 적힌 이토정(1517~1578, 충남 보령人)은 예지력 있고 기행으로 많은 일화를 남긴 사람인데 풍수신안은 아니라고 생각한다.(토정과 풍수라는 별도의 단상기 참조) 결록에서 나열한 인물의 순서와 내력을 보면 진위가 의심스럽다.

② 결록은 계산이 납배한다고 하는 바, 은천 선생은 계산을 계룡산으로 풀이하고 있으나 계룡산은 32km(80리)거리에 있고, 望通大海라고 하는 바 이곳 물은 대청호로 들어가서 금강으로 흘러 군산항으로 바다에 들어가는데 서대산에서 군산항까지 직선으로 80km(200리)이다. 80리 거리에 있는 산이 절을 올리는지 도망을 가는지 판별하기 어려울 뿐만 아니라 그 정도의 먼 거리에서 혈장에 영향을 미친다고 보기 어렵다. 또 2백 리 거리에서 물이 바다로 들어가는 것을 보는 것도 쉽지도 않고 별다른 뜻이 없다.

③ 결론을 말하자면 위의 결록은 위작일 수 있다.

8. 상제 망세형이 정상에 있는가?

은천 선생은 군신봉조혈처에서 조금 더 올라가면 정상이 되고 정상에서 보이는 곳에 전국 9위에 버금가는 대혈이 있다는 것이다. 그러나 정상에 대혈이 결혈되기 어렵고 대혈이 있다 하더라도 유골을 묻을 적격자가 있을까? 무엇보다도 대혈인 상제망세형이 군신봉조혈에서 몇 십미터의 가까운 곳에 있었다면 성거사가 못 보고 지나칠 리 없다. 성거사가 은천 선생보다 눈이 어둡단 말인가?(2021.4.18.)

충남 논산시 연소

* 일이승 산도

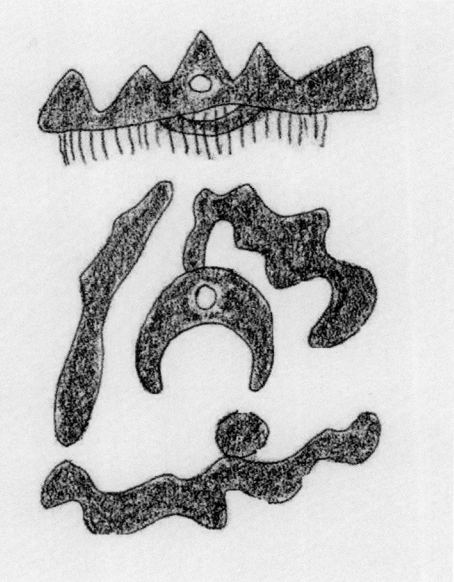

* 봉망산(논산 항월리 산36)이 주산이다. 노성천이 외곽을 싸고돌며 안산이 가까워서 속발, 간좌, 중상대혈이다. 개간으로 훼손된 부분을 복구하면 사용할 수 있다.(2023.2.)

충남 대전시 금반하엽(金盤荷葉)
(충남 제일의 대혈)

1. 충남 제1의 대혈

 만산도 유산록 등 모두 충남 제1의 대혈이라고 칭송하지만 막상 간산기가 없다. 만산도 등의 산도와 결록은 복잡하고 도움이 안 된다. 이에 반하여 유산록의 해설은 혈처를 구체적으로 세 곳을 지적하고 있는데 이를 근거로 답사하면 충분하다. 달리 대혈이 생길 국(局)이 없기 때문이다.

2. 유산록 (전편 283~288p)

 * 충남 대덕군 구측면(九側面) 봉산리 부근에 금반하엽형이 있다고 하여 많은 사람이 모여든다. 3종의 옛 결록이 있으니, ①제1설은 공주동 7십 리, 계룡산 동록, 진두수회처(盡頭水回處), 금반하엽형, 옥준안(玉樽案), 신입수 태작, 유좌, 대천(大川)굴곡(屈曲)만환(彎環), 축파, 백자천손, 수여팽조(壽如彭祖), 부여석숭(富如石崇), ②제2설은 위의 결록을 인용하면서 산도를 그렸으나 혈처는 제1설과 다른 곳이다. ③제3설은 공주 東5십 리, 계룡산 東轉 6십여 리, 진두회수처(안과 좌향, 득수 파구는 제1설과 같다) 전안(前案) 3백여 리, 계룡산 등 8대 명산 주회 5백여 리. 백자천손 문무장상 부귀세세.

 * 이어서 유산록은 실제 답사한 즉, 제2설은 주산 오봉산에서 평지낙맥하여 윤씨집 뒤 밭에 맺혔는데 얼핏 보기에 진혈처럼 보이나 혈전수세가 反궁수로 간방으로 흘러 간파를 이루었으니 황천살에 해당하는 패망지이다. 절손된 고총이 있었다. 제3설은 구측면 송강리 후산(後山)에 맺힌 와혈인데 손득 간파이고 제1설의 차혈이다. 제1설은 계룡산 동전, 우산산-평지낙맥, 천전도수하여 금병산-신태잠락, 박환재락 평지결국, 신태룡,

해입수, 유좌, 손득 축파, 옥중안이 구름에 솟아있다. 일대가작(一大佳作)이다. 평중(坪中)에 은밀히 숨은 보물을 어느 누가 알아볼꼬?

* 유산록 산도

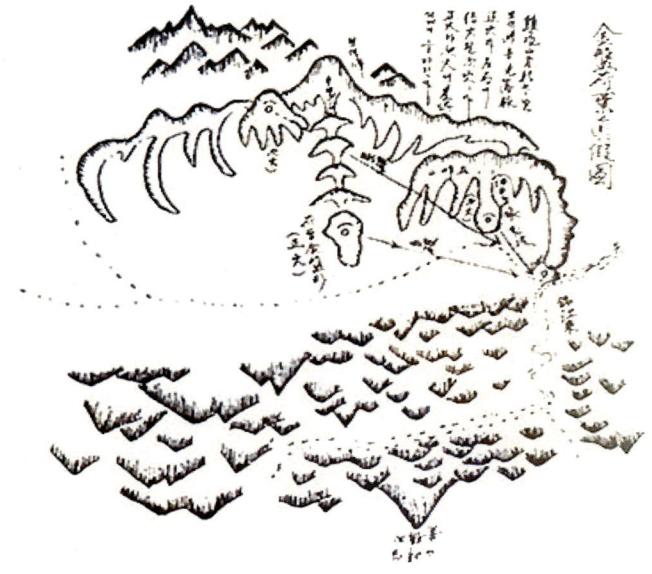

3. 유산록의 지적지

유산록의 세 가지 견해를 보면 공주동 70리 또는 50리, 신태래룡, 신입수(제3설은 해입수), 유좌(제1 제3설은 옥준안), 손득 축파 등 대부분의 요건이 동일하므로 혈처를 구분하기 어려운데 유산록에서 제2설은 오봉산 아래의 봉수동(옛 지명 충남 대덕군 구측면 봉산리는 현재 대전시 유성구 봉산동)이라 특정하였고, 제3설은 보덕봉 아래의 송강동에 있다고 하고, 진혈이라는 제1설의 위치는 구체적으로 밝히지 아니하였으나 행룡을 추적하고 국세를 살피면 혈처를 확인할 수 있는데 탁립동이다.

4. 검토

* 금반하엽 국세-- 지도를 보면 ①조산인 금병산(372m)에서 가장 기운

찬 행룡은 동으로 오다가 분지하여 남동으로 방향 전환하고 평지낙맥 후 탁립한 적오산(250m)이고 그 아래 갑천강까지 가서 탁립동을 만들고 멈추었다. ②금병산에서 동으로 계속 간 행룡은 보덕봉(260m)을 세운 뒤 분지하고 그 중 남동낙맥한 용은 송강동을 만들었고, ③보덕봉에서 동북 행룡한 용은 오봉산(240m)를 세우고 남쪽 가지가 봉산동을 만들었다.

사진출처 : 카카오맵 스카이뷰(https://map.kakao.com)

* 제2설은 봉산동 구즉초등학교 부근 또는 일월정사 부근인 듯 보이고, 제3설은 송강동 롯데마트 뒤쪽인 듯하다. 현장을 둘러보니 큰길이 나고 아파트가 생겨 분간하기 어려우나 갑천의 물길이 모두 빈궁수 또는 반궁수이고 안산이 멀고(제2설은 유좌를 앞히면 옥준안이 아니다) 치우쳐서 혈이 될 수 없다. 더 자세히 볼 필요가 없다.

5. 진혈처

우선 금병산을 찾아가니 현지인은 금정산이라 불렀고 용맹스러운 산은 아니다. 금성체로 짐작되는 적오산을 찾아 큰 도로 위를 올라가니 산이 갈라져 혈이 생길 여지가 없어서 내려와 도로 아래로 한참 가니 탁립동에 청벽산이 동그랗고 넓게 자리잡고 앉았다.(지도상으로 보는 것 보다 높고 크다) 금쟁반 위의 연잎 또는 연잎 같은 금쟁반이다. 혈처에 올라 사방을 관망한 즉, 전면과 측면은 산들이 큰 원을 이루었고 대강은 전면을 굴곡으로 돌아가고 뒷 배경산은 무수히 겹을 이루었다. 연꽃 봉우리가 연잎사이로 뚫고 물위로 올라오는 출수격이다. 明堂이 가로 세로 각 5십 리에 달하고(다음지도 상 6천4백만 평이다) 잔잔하여(옥준이 낮아서 흠이다. 유산록 산도는 샘봉산을 옥준이라 하나 이현동산인 듯하다) 충청도의 유연한 기상이 엿보였다.

충남 제일의 결록지이다. 일배(一杯)에 삼배(三拜)하고 음복(飮福)하였다. 장선생님의 유산록이 아니었다면 구경할 수 없었을 것이다.(2018.5.)

충남 보령시 성주산 목단
(목단 여덟 송이 어디에 있는가?)

1. 여덟 송이 목단꽃

유청림 풍수기행 20p에 의하면 보령시 성주산 아래 여덟송이 목단꽃 형태의 명혈이 있다는 설화가 있는데 유선생님은 수차 답산 끝에 도화담리(만수산) 개화리(옥마산) 용수리(양각산) 화평리(화산봉)에서 한송이(일타 一朶)씩 4개를 찾았다고 한다. 성거사는 성주산과 양각산의 목단에 관하여 결록을 내었고 대개의 간산자들도 이 2혈을 찾아본다. 엄격히 말하면 도화담리의 혈은 문봉산 남쪽 래용으로 솟은 만수산이 주산이고 성주산은 문봉산 서쪽 행룡이지만 옛사람들은 가까이 있는 산 가운데 높은 산을 그 산을 대표하는 듯 지칭하였다. 여기도 성주산에서 만수산이 내려온 것은 아니다. 편의상 성주산 부근과 양각산 부근으로 나누어 간산기를 쓴다. 충청 서쪽은 유청림 선생님 그리고 동쪽은 작고하신 完堂선생님(완당 힐링풍수 카페)이 공부가 높다.

2. 성주산 사방 백리

차령산맥은 오대산에서 출발하여 평창 계방산, 횡성 태기산, 영월 백운산, 원주 치악산, 안성 칠현산, 아산 광덕산, 청양 칠갑산을 거쳐 보령 성주산(676m)이 종점이 된다.

* 성주산 대국-- 산태극 수태극이다.

사진출처 : 카카오맵 스카이뷰(https://map.kakao.com)

3. 성주산 목단형(성주리에 있는가, 도화담리에 있는가?)

가) 결록--유청림에서 인용

*토정 詩는 行行聖住山 前路 雲霧重重不暫開 一朶牧丹何處尋 靑山萬疊水千回 羊角嶙嶙(준,가파르다) 如虎踞(거, 웅크리다) 蛾眉矗矗(촉, 무성하다)抱龍回-- "성주산은 가도가도 끝이 없고 운무는 자욱하여 잠시라도 개이지 않으니 한송이 목단꽃은 어디서 찾을꼬, 청산은 만번이나 겹겹하고 물은 천번이나 돌고 도네. 양각산은 삐죽삐죽하여 호랑이 웅크린 듯하고 아미산은 겹겹이 안고 도네"

월명산(보령 도흥리 산2-5)을 아미산과 같은 맥으로 보면 아미산 용꼬리는 화평리까지 길게 감았다. 용혈사수향을 적어서 혈처를 지적한 것이 아니고 성주산을 보고 감상을 적은 詩로서 문학작품이다. 토정선생님은 임란 직전에 죽었고 성거사는 임란 직후까지 생존하였다.

토정은 할아버지묘를 자신의 자식 4형제를 죽이는 혈처에 썼고 보령에 쓴 가족묘도 명당이 아니라는 견해가 절반이다.(나는 중등중급 명혈로 보았다) 고향 가까운 성주산에 목단꽃이 만발하였는데 하필이면 멀쩡한 자식 네 명을 죽이는 터에 쓰는가? 토정선생이 성주산 목단혈에 모감주나무를 심어 치표를 하였다가 몇 년 뒤에 가보니 나무가 번성한 탓에 찾지 못하였다는 설화가 있다. 토정선생은 풍수지리에 서툰 것이 아닌가.

*성거사 결은,

藍浦東二十里 聖住山牧丹形 花盆案 (艮來巽落 渡峽連脈峻起七峰帳中 艮卯垂頭 長乳穴 土山石穴 卯坐 癸亥得未坤破龍淵 內龍虎重疊) 北聖住山 東無量山 西玉馬山 南羊角山 四大名山 周回百里 二十八將擁衛 世世將相封君之地 (유청림 선생은 괄호안은 위작이라 한다)-- 성주산 아래 모란형은 화분안이다. 간맥으로 와서 손락후 과협, 일곱봉을 크게 세우고 개장한 뒤 간묘로 머리를 숙이고 유돌로 결혈, 묘좌, 토산석혈, 계해득수 미곤파, 수구는

용연, 내청백이 첩첩이 둘렀다. 동은 무량산, 서는 옥마산, 북은 성주산, 남은 양각산, 사대명산이 백리를 둘러싸서 이십팔장이 옹위한다. 장상 봉군지지.

나) 일이승 산도-- 성거사 결과 대동소이하다

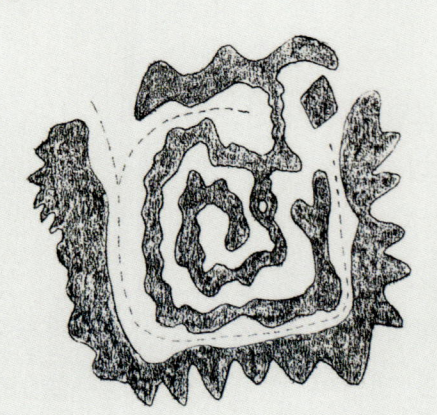

남포(보령)·藍浦(保寧)

모란형·牧丹形

남포(藍浦) 동쪽 이십리(二十里)의 성주산(聖住山)에 모란형(牧丹形)이 간래손락(艮來巽落)으로 칠봉(七峰)을 놓고 내려와서 작혈(作穴)하였구나. 혈은 토산암중(土山岩中)에 있고, 묘좌(卯坐)에 계해득(癸亥得) 미곤파(未坤破)로 되었도다. 수구(水口)에는 용연(龍淵)이 있고, 내용호(內龍虎)는 중첩하고, 동쪽에는 무량산(無量山), 서쪽에는 옥마산(玉馬山), 북쪽에는 성주산(聖住山), 남쪽에는 양각산(羊角山)이 있어 사대명산(四大名山)이 주위 4백리를 둘렀으니 이십팔방(二十八方)이 방원중첩(方圓重疊)하였도다. 이 자리는 대대로 장상(將相)과 봉군(封君)이 나리라. 〈一耳僧〉

다) 여러 견해

결록대로 장유 묘좌라는 說과 건좌손향(묘좌라는 부분은 변작되었다는 것이다) 이라는 說이 있다. 두 견해는 좌향이 거의 반대이므로 산줄기가 반대방향이다. 건좌가 될 수 있는 곳은 도화담리에 있고 묘좌가 될 수 있는 곳은 성주리와 도화담리의 두 곳에 있다.

* 도화담리 묘좌 說-- 완당 선생은 금수장막 둘러놓고 묘입수묘좌 유돌

건해득(결록은 계해득) 정미파되는 혈을 찾았는데 ㅈ씨 선산으로 정승 묘가 있으나 인연이 맞지 않아서 발복이 없다고 한다. 현장을 답사한 바 선생의 지적지는 성주리인지 도화리인지 잘 모르겠더라

　* 도화담리 건좌說-- 유청림 선생은 결록 중 괄호 안의 글귀는 후세에 기입한 위작이라 한다. 그 부분을 제외하면 혈처를 특정하기 어려운데 "미곤파 수구 용연"은 결록을 원용하고 건좌손향(아미산 案) 성주천과 웅천천이 합류하는 곳이라 한다. 도화담리 중 아래 지도표시 지점이다.

　장익호 유산록 전편 271p는 건해입수 건해좌 장유추졸 미구(微球)라고 한다. 두 분의 지적지는 같은 곳 부근인 듯 하다.

　* 성주리(화장골) 묘좌說-- 이 견해는 원결록의 괄호안 구절 가운데 간래손락 간묘수두 장유혈 묘좌를 채택하는 견해이다. 다음 지도에서 보듯이 성주리 자연휴양림이 있는 골짜기(꽃을 품고 있다고 하여 화장골이라 부른다)에 손래간락(또는 간래손락) 묘좌로 되는 곳이 있다.

라) 답사

　* 도화담리에서 묘좌(①표시)와 건좌(②표시)가 되는 곳-- 미산 제일침례교회를 거쳐 묘좌가 되는 곳을 찾아가니 커다란 상석과 큰 봉분묘가 있는데 누구묘라는 표시가 없다. 도중에 있는 집장지가 풍양조씨 묘인 것으로 보아 조씨 선산이고 완당 선생이 지적한 ㅈ씨 선산으로 추측된다. 인작으로 와를 크게 만들었는데 무맥이다. 이곳을 찾아 올라오면서 건너편 산을 보니 건좌 혈처가 뚜렷이 보였다. 성주면 지역은 채석장이 유난히 많았다. 보령항 건설 탓인지 모르겠다. 건좌되는 곳을 찾아가니 김해 김씨 묘가 있는데 진혈은 그 아래 있고 아미산 가지가 아름답다.

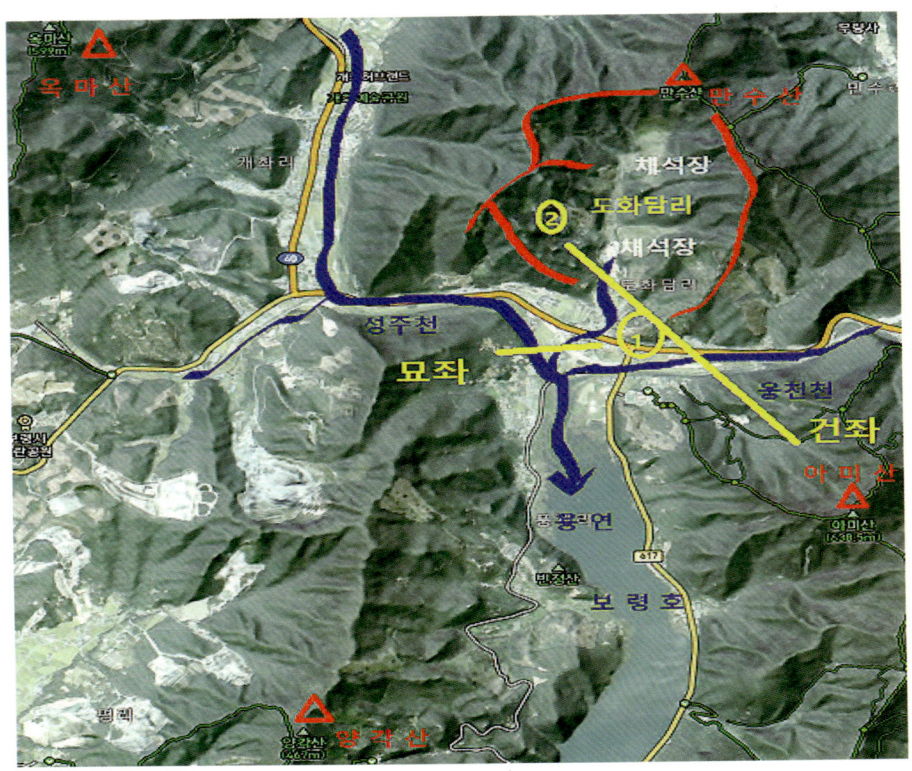

사진출처 : 카카오맵 스카이뷰(https://map.kakao.com)

마) 진혈처

  * 四大명산의 중심-- 결록에는 北성주산, 南양각산, 西옥마산, 東미륵산(현재의 만수산)에 둘러싸인 곳이 혈처라고 하는데 지도상 위의 四山은 모두 2개씩 있으므로 낭패이다. 도화담리에서 묘좌로 되는 곳엔 혈이 맺히지 않고 건좌說 卽, 앞에서 말한 김씨 묘 아래가 진혈이다. 그렇다면 결록 중 건해득 미곤파 수구용연 사대명산주회 백리가 맞고 괄호안의 구절은 일부가 위작이다.

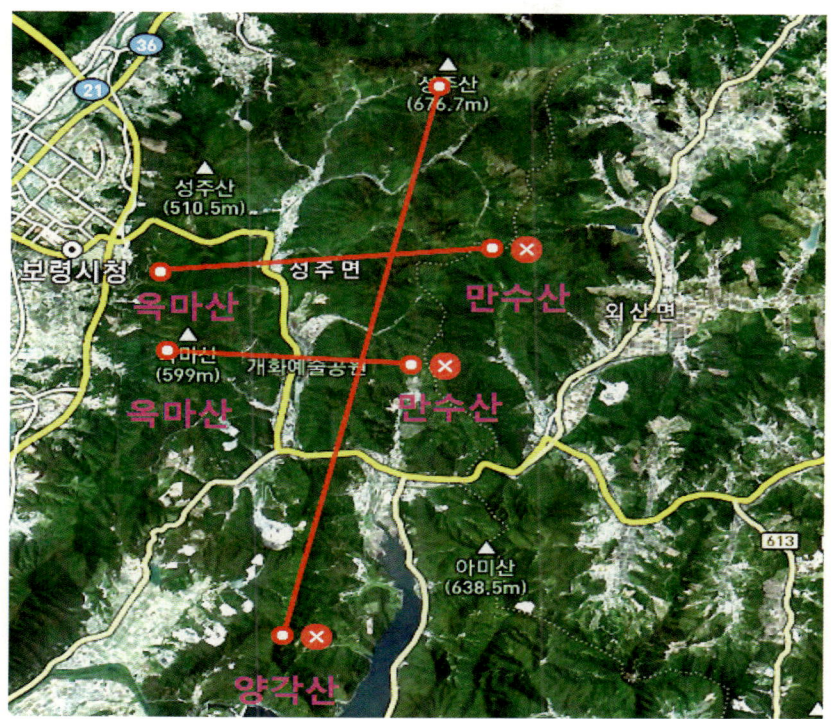

사진출처 : 카카오맵 스카이뷰(https://map.kakao.com)

　＊성주리 결혈처-- 성주사가 있는 성주리에는 결록이 말하는 묘좌의 목단이 없는가? 두 곳이 유력한데 ①에는 박환이 부족하고 날카로워서 결혈처가 없다. 묘좌는 맞되 혈이 맺히지 않는 허화(虛花)이다 ②는 장유가 다소 허접한데 안산이 옥마산 가지로 아름답고 청룡이 칠봉을 놓았고 계해득 미곤파에 맞다. 그러나 애석하게도 좌향이 묘좌가 아니고 인좌이다. 순흥 안씨가 1992년 집단 이장을 한 묘역이다. 다녀보면 1980년대부터 1990년대 사이에 좋은 곳을 많이 사용하였다. 성주리는 안씨 묘 이외에는 박환이 부족하고 수구 용연못과 부합되지 않으므로 결록지는 없다고 생각한다.

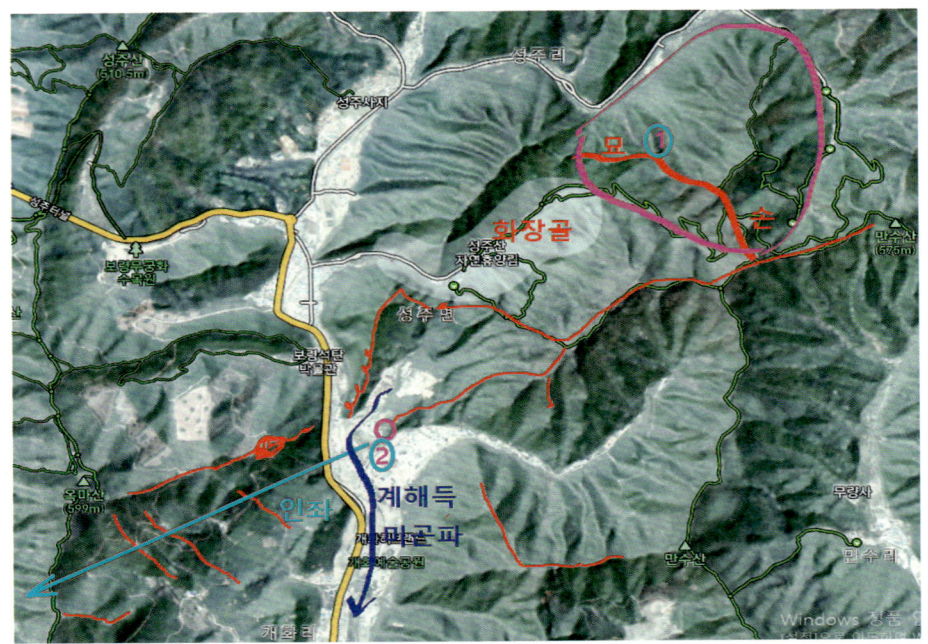

사진출처 : 카카오맵 스카이뷰(https://map.kakao.com)

* 순흥 안씨 묘

4. 옥마산 아래 개화리 목단꽃

＊성거사 결은 없다. 유청림은 석산삼봉 해룡해좌(아미산案) 석산토혈 내수구 구사한문 외수구 양각산이라 하면서 토정 詩를 인용하였는데 결록이라기 보다는 詩이다.

聖主山龍接玉馬 一朶牧丹向陽關 羊角蹲蹲(준준) 如虎踞 蛾眉眞眞(성주 목단에서는 蠱蠱;무성하다) 抱龍回.(성주산은 옥마산과 접하고 한송이 목단은 밝은 곳을 향한다. 양각산은 호랑이가 웅크린 듯하고 아미산은 용을 무성하게 감싸고 있다)

＊개화리 혈처

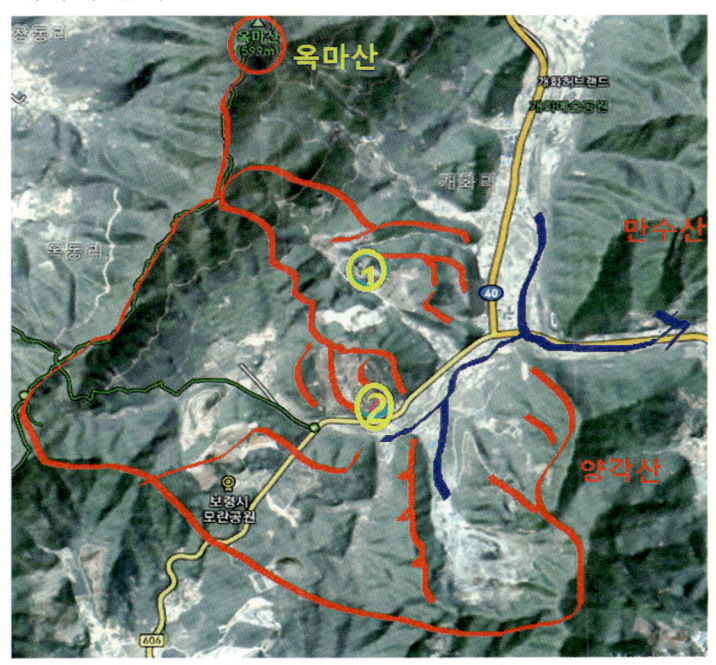

사진출처 : 카카오맵 스카이뷰(https://map.kakao.com)

①은 횡맥으로 결혈된 것 같은데 채석장으로 원형이 파괴되고 그 위에 태양광이 설치되어 찾을 수 없었다. 유청림 선생은 아미산 안이라고 하니 이곳 부근인 듯 추측된다.

②는 옥마산과 양각산이 감아 돌고 백호가 옆에 거세게 왔고 벌들이 안산으로 날아 든다. 박대감 비석 뒤 최근에 쓴 묘역이 혈처이다. 물이 금성수로 돌아 간방에서 성주천과 합수하여 보령호로 들어간다. 이곳이 옥마산 주혈같다. 원상태는 미와로 잘 보이지 않기 때문에 여태껏 생지로 남았을 것이다. 아깝다. 재혈이 틀렸다.(2021.12.)

* 개화리 산36-1 박대감 비석

충남 보령시 의평리 행주형 양택

* 결록에 없으나 성주산 장군봉 아래 의평리에 행주형 양택대혈이 있다. 의평저수지 물이 현무를 돌아 혈을 우측에서 감싸고 돈다.(소위 水纏현무이다) 중등상급.(2023.5.)

* 주산 모습

사진출처 : 카카오맵 로드뷰(https://map.kakao.com)

충남 부여군 아미산 금반하엽형
(명당 찾아 이사 오는 마을)

1. 양택인가? 음택인가?

아미산(638m) 정상은 보령시 속하고 금반하엽이 있다는 반교리와 가덕리는 부여시 외산면에 속한다. 성태산에서 분지하여 하나는 양각산으로 가고, 다른 가지는 아미산으로 가서 보령호를 사이에 두고 만난다. 월명산을 아미산과 같은 맥으로 보면 아미산 맥은 양각산을 길게 감았다.

완당 선생은 양택이 상하로 맺혔다 하고 모법회는 양택이라 하며 유청림 선생은 음택이라 한다.

2. 결록(유청림에서 인용, 감사합니다)

蛾眉山下金盤荷葉形玉盃案蟠龍吐氣格民龍九轉起落平地聳動金枝山巽峰巽轉蛾眉山丁未作腦庚兌垂頭辛入首酉坐巽丁得癸丑破李土亭讚曰山太極水太極此所謂小鷄龍天上樓閣畵中江山金盤荷葉形蟠龍吐氣格相公千年之基

대략 "아미산 아래 금반하엽형 옥배안 반룡토기격(어린 용이 기운을 토하는 모양)… 아미산 정미작뇌 경태수두 辛입수 酉좌 손정득 계축파, 이토정 찬양하기를… 상공이 천 년 간 누릴 터"라는 뜻이다.

3. 아미산 中局

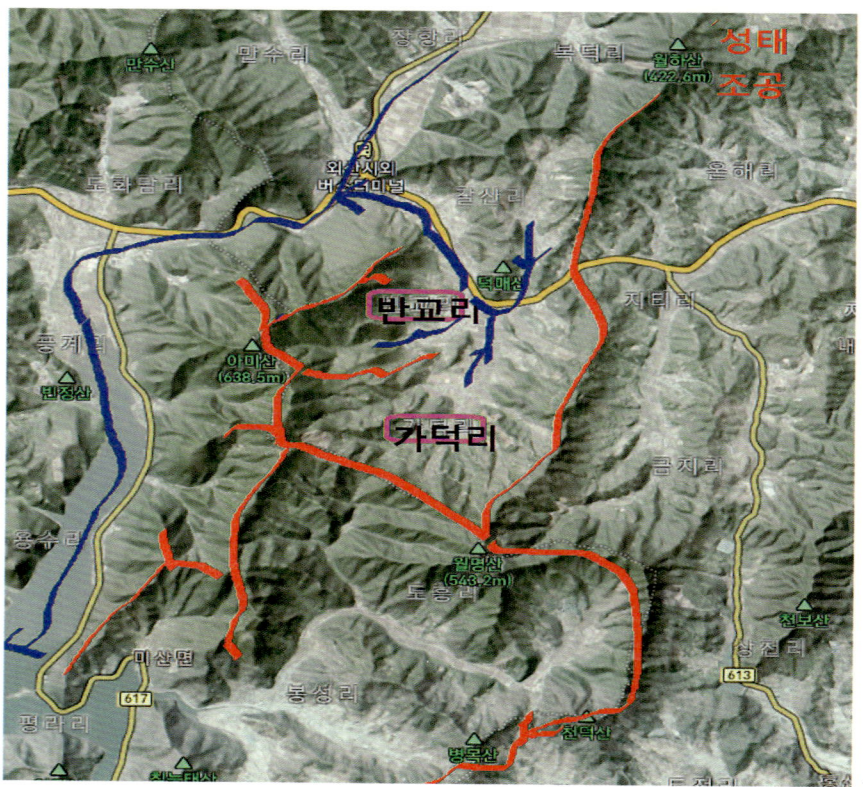

사진출처 : 카카오맵 스카이뷰(https://map.kakao.com)

4. 답사

* 아미산 정상이 보이는 반교마을에 도착하니 금반香이란 카페 간판이 있었다. 필시 금반하엽형과 관련이 있으리라 생각하고 찾아가서 이런저런 이야기를 들었다. "카페는 4년전에 신축하였고 반교리에 금반형이라

는 명당이 있다는 설화가 있어서 금반香이란 이름을 지었다." "명당을 찾아서 외지인들이 들어오고 있다. 유흥준 교수도 휴휴당이란 전원주택을 지었다." "풍수선생이 학생들을 데리고 와서 풀어 놓고 명당찾는 연습을 시키더라"고 한다.

　* 혈처는 혈장이 후덕하여 큰 부자터 즉 양택이었다. 결록은 상공의 천년지기(千年之基)라 하였으니 상공급의 고위직이 오래 살 수 있는(탄생하는) 터라는 뜻이다. 풍수에서 양택은 基(天基, 하늘이 내려준 양택)라 하고 음택은 地라는 단어를 사용한다. 다시 말하면 결록은 양택을 말하고 있다.

　* 주혈을 보고 나니까 배부른 감이 가득하여 次혈은 찾지 않았다. 유흥준 교수는 "나의 문화유산 답사기"로 유명하다. 우리나라 건축은 사찰 그리고 조각은 불상이 중요한 고전자료이다. 사찰건물은 풍수지리가 적용되어 있으므로 유교수도 풍수지리에 통달하였으면 저서의 품격이 한결 높아졌을 것이다. 휴휴당은 주거용 건물이 길지급 정도이더라.

5. 건방진 간산기

　* 완당 선생이 지적하는 차혈은 찾아보지 않았고 유청림 선생의 음택은 가덕리 315 부근인데 국세가 산만해 보인다.

　* 모학회 회원이 그의 스승이 감수한 간산기를 쓰고 다른 풍수들은 모두 간산기를 내려도 좋다고 호언했다. 혈은 생동하면서 자기의 역할(기능)을 한다. 그 모습과 성격 즉 성상(性象)을 세상의 현상에 비유한 표현이 물형론이다. 금반하엽형이란 어떤 뜻인가? 연잎은 반찬도 아니고 관상용도 될 수 없다. 연잎처럼 동그랗고 보기 좋은 작은 상(床)이란 뜻이다. 금반형은 소반을 뜻하고 손님을 접대할 때 차리는 것이다. 그러므로 상차리는 옥녀, 손님격인 선인이 있고 보통 옥배가 안이 된다(이곳 결록 또한 옥배 안이다). 그러한 구조를 감상하지 않은 간산은 금반혈을 제대로 이해하지

못한 간산이다. 외백호에는 옥동자가 여럿 있어서 아름다우나 옥배가 우수하지 않다는 약점이 있다.(2021.12.)

* 외백호-- 암공(暗供)

사진출처 : 카카오맵 로드뷰(https://map.kakao.com)

충남 부여군 은산면 가곡리 매화낙지 (아리송한 곳)

1. 가곡리(정감록 十勝之地)

　가곡리는 백제시대 이래로 고부실, 옥가실, 옥계 등 자연마을이 형성되어 왔는데 조선시대에 곡부리, 옥가리, 중리로 나뉘었다가 중리는 1914년 행정구역 개편 때 옥가실 마을에 병합되어 가곡리라 하였고 1980년 곡부(고부실이라는 자연부락을 중심으로 한 곳)를 가곡1리, 옥가리를 가곡2리로 명칭을 변경하였다. 정감록 십승지지(十勝之地)에 해당된다 하여 함양 박씨, 청송 심씨 등이 이주하였다고 하며, 공자님 탄생지인 곡부와 이름이 같다하여 성현이 날 것이라는 전설이 있고 곡부서당이 있었다. 양택 외에 음택으로도 三聖 八賢이 날 매화낙지의 대혈이 있다고 한다.

십승지는 모두 자연부락 몇 개를 합쳐 부르는 곳인데 이곳 양택의 매화낙지도 가곡리 전체가 三災(기아, 질병, 전쟁)로부터의 피난지에 해당된다 하겠지만 핵심적 지역은 곡부에 있고 음택의 매화낙지도 곡부에 있다는 견해가 지배적이다.

답사한 결론을 말하자면, 곡부마을에 초등급 양택이 두세 개 있고 음택은 맞은 편에 중등초급이 있다. 산도와 결록은 음택에 관한 것인데 대체로 곡부마을 일원을 지적하고 있으나 필자는 맞은편을 주목한다. 대혈은 없는데도 지형이 묘하게 산태극 물태극을 이루고 있어서 사람을 홀린다

＊가곡리 전체 지도-- 곡부에 가곡1리 마을회관(121-7 곡부마을 회관이란 명칭이 附記되어 있다)이 있고, 옥가실에는 가곡2리 마을회관, 곡부와 옥가실 중간에 매화 노인회관(가곡리 201)이 있다.

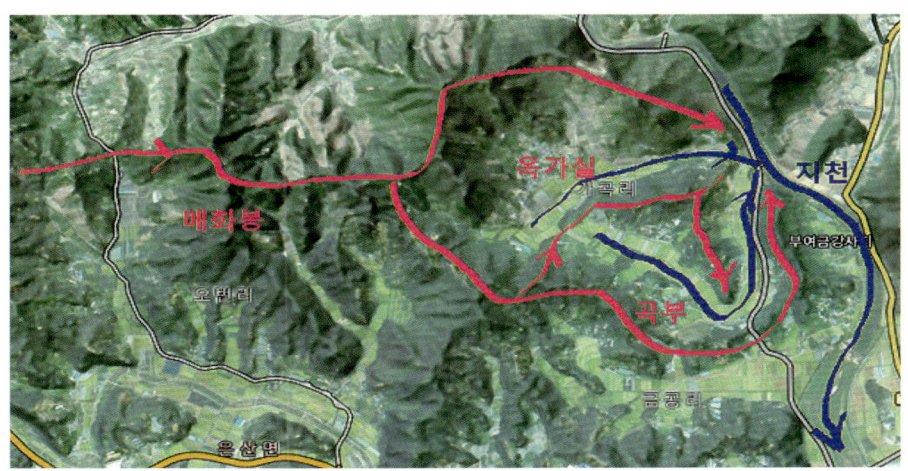

사진출처 : 카카오맵 스카이뷰(https://map.kakao.com)

2. 만산도

＊산도-- 좌향은 유좌로 기재되어 있는데 곡부마을에 유좌 동향이 될 수 있는 곳은 없고 필자가 지적하는 곳은 동향이 된다.

* 산도에 附記된 詩{괄호 안은 유청림 선생이 손 본 곳}

冬天寒梅守其香〈동천한매수기향〉

　겨울 차디찬 하늘에도 매화향이 여전하다

據地割在古査邊〈거지할재고사변〉

　마을안 고샅길 한 모퉁이에 의거하고

仙舞道仙是五葉〈선무도선시오엽〉

　도선이 5엽(매화꽃)을 보고 좋아서 춤을 추었다.

　{유선생은 옥가실 뒷산이 오엽이라 한다.}

依乾向坤淡其氈〈의건향곤담기전, 유선생님은 巽淡〉

　건향을 따르면 곤방이 얕은 것은 양탄자를 깔았기 때문이다.

244

{유선생은 혈처에서 건산을 의지하고 巽방으로 돌아서니 포전이 새롭다.}

辰有鷄龍玩上賓〈진유계룡완상객〉

진방향에 있는 계룡은 귀한 구경꾼이요

{未有계룡玩賞賓 유선생은 미방의 계룡산은 홍산리 계룡당의 뒷산을 말한다고 한다.} 그러나 계룡당이 있는지 모르겠으나 가곡리에 대하여 계룡산은 미방향이 아니고 진에 가깝다. 산도에도 진방에 계룡산이 있다.

巳丙閑潭作雲屛〈사병한담작운병〉

사병에 있는 한가한 못은 구름 병풍을 만든다.

{유선생님은 巳有라고 하는데 산도에는 巳丙에 대둔산이 표시되어 있다}

烏蘇後賢接處佳〈오서후현접처가〉

오소에서 태어난 현인이 이곳에 찾아오니

{烏棲後裔接處佳 유선생은 오서산 가지룡이 옥가실에 이르렀으니}

百里風來主人醒〈백리풍래주인성〉

백리밖 바람이 불어와 주인을 깨우는 격이다.

只在平田寸土中〈지재평전촌토중〉

다만 혈은 평평한 밭의 한뼘 땅 가운데에 있으니

落地梅花誰能知〈낙지매화수능지〉

누가 매화꽃 떨어진 곳을 알겠는가

曲埠地上常坪下〈곡부지상상평하〉

곡부의 윗쪽이요 상평들 아래이고(상평은 들판이다, 산도참조)

{曲埠之上玉佳下 유선생은 곡부 윗쪽이요 옥가실 아래이다}

綠林之間中里中〈녹림지간중리중〉

　　녹림으로 싸인 중리동네 속에 있다.

附記 댓글

李土亭九泣九笑 改服于此

　토정선생이 아홉 번 울고 아홉 번 웃으며 옷을 갈아 입은 곳도 이곳이요.

道仙舞于此地

　도선국사가 춤을 춘 곳도 이곳이다.

3. 여러 견해와 검토

① 유청림의 견해

　유선생은 오서산의 가지가 이곳에 온 듯 해석하였으나 이곳은 오서산 래맥이 아니다. 곡부 위 옥가실 아래라고 하나 만산도는 상평 아래로 되어 있다. 현재 속인한 곳에 석축을 쌓고 용뇌 위에 마을회관이 들어 섰다고 하므로 혈은 곡부마을 회관 아래로 추정된다. 그러나 백호가 없어 바람을 피하지 못하고 혈장이 빈약하다.

② 유산록 전편 304p

　앞에 본 만산도를 인용하면서 고결에 의하면 곡부에 삼성팔현지가 있다. 조공산에서 래용하고 평전낙맥하여 겸혈되었다. 곤신입수 경작. 어떤 무식배가 결록대로 유좌를 잡아 대살을 범했다고 한다

　그러나 곤신입수 경작은 지도상 가곡리 산60-1 외에는 없는데 가곡교회 위에 곤신으로 오는 산등에서 丁字로 떨어진 낮은 곳에 유백령의 묘가 있다. 고인은 옥가실에서 출생하였고 일본 변호사 시험에 합격하고 판사·변호사·국회의원을 역임하였고 가곡교회를 건립하였다. 마을에는 유씨 기와집(미좌축향)이 있는데 아직 생기가 있고 부자집 느낌을 준다. 교회 가는 길가에 기계 유씨 行통정대부(贈 가선대부) 묘가 있는데(신좌, 다른

곳에서 이장?) 그 분 일족이 곡부의 유력 집안인 듯 하다. 유의원님 묘는 1990년경 쓰였는데 유산록 전편은 1983년 저술하면서 고묘가 있다고 하니 유산록 지적지는 아니고 달리 곤입수 경작의 행룡을 찾을 수 없다.(산 정상 방면에 있다는 견해가 있다)

또한 유산록은 곤신입수에 유좌는 대살인데도 결록이 좌향을 오점하였다는 것이다. 그러나 殺이란 정조 이후에 풍수술사들이 술법을 어렵게 하여 일반인과 거리를 두고자 하는 술책은 아닌지? 같은 방향의 수구라 하여도 수구의 구성모양, 강폭의 좁고 넓음, 물의 분량과 유속에 따라 효과가 다를 것이다. 형세와 국세가 더욱 중요하다.

③ 최명우선생은 가곡리112를 지적한 것 같이 보이는데 (2016.3.16. 대한현공풍수 카페) 청백은 좋으나 래룡이 느리고 기운이 없고 유좌가 아니므로 만산도의 지적지는 아니다.

④ 만산도는 작자미상이고 토정 선생(1517~1578)과 중리가 등장하는 것으로 보아 임란 이후에 작성되었다고 추측할 수 있다. 도선국사(827~898)는 호서 명혈에 관하여 답산가, 옥룡기 등 많은 결록을 남겼는데 가곡리 매화낙지를 보고 춤을 추었다면 당연히 결록을 남겼을 것임에도 결록이 없다. 후인들이 산도의 가치를 높이려고 도선이 춤을 추었다고 적어 넣었다고 의심된다. 토정 선생이 울고 웃었다는 것도 충남 일대에서 선생의 명망이 대단하였던 사실로 보아서 역시 산도가치를 높일려고 꾸민 것 아니겠는가. 산도에 대둔산과 계룡산을 표기하였는데 가곡리로부터 50km와 30km 떨어진 거리에 있고 곡부에 이르는 행룡과 연관 없으니 진정성이 의심스럽다. 무엇보다도 뒤에 보듯이 산도에 상응한 혈처를 찾을 수 없으므로 이 산도는 무명인의 가치 없는 작품이다.

* 곡부마을

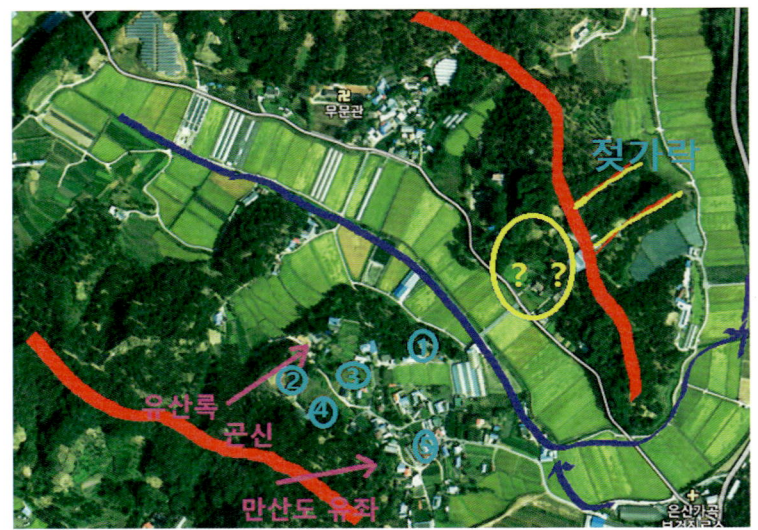

사진출처 : 카카오맵 스카이뷰(https://map.kakao.com)

①곡부 마을회관 ②유의원 묘 ③최명우 지적 묘 ④통정대부 유씨 묘 ⑤박영희 생가.

* 박영희 장군 사적비-- 곡부에는 항일애국지사 박영희(1896~1930) 생가(유좌)가 있는데 조부가 신축하였다. (풍수를 보고 택지한 듯) 주택에는 기운이 없고 사당에 기운이 있더라. 선생님은 김좌진 장군의 부사령관으로 청산리(1920년) 전투에 참가하였다. 최근에 생가 앞에 장군 사적비가 건립되었다.

4. 진혈처(眞穴處)

옥가실과 곡부 사이의 매화사(현재 문무관. 옛 초등학교) 부근(결록에 있는 中里?)은 안산이 무정하여 큰 혈은 없다. 국세를 더 넓혀서 보면 고부실과 옥가실 산등으로 둘러 싸인 사이에 梅花寺 뒷산과 작은 과협진 산이 있고 물길이 그 산을 감싸고 뒤로 흘러 옥가실 하천과 함께 지천으로 들어가서 10여km를 흘러 금강에 유입된다. 山태극 水태극이다. 옛 초등학교 뒷산에서 가지 끝으로 가는 도중에 낮은 토성이 있는데 후면에 젓가락 같은 두 줄기 지각을 내렸고 나뭇가지 끝은 탄탄하여 수구가 되었다. 묘좌로 혈처가 생길 수 있는 징조이다.(앞의 지도 참조) 물길도 고부실마을을 감싸지 않고 맞은 편을 감싼다. 그런데 산도와 고수들의 지적지는 다르니 아리송하다. 세 번 가서 아홉 번 고개를 갸우뚱하고 왔다. 지천강변(은산면 금공리 13-1)에 부여 금강사지가 있는데 매력이 없다.(2019.9.)

충남 서산시 서우망월형
(무소가 새끼를 데리고 누워서 동쪽에 떠오르는 만월을 본다)

1. 혈 찾기가 어려운 곳

서산 서우망월형(犀牛望月形, 무소가 누워서 달을 처다보는 형상)은 호남 8대혈 중 6位로 치는데 풍수인들의 지적지가 1개읍 3개 면 5개 里에 걸쳐 6~7개 된다.

2. 서우망월 행룡

태조 성왕산(252m), 중조 금강산(316m, 원래는 犀角山이라 하다가 鼠角山 즉 쥐뿔산, 다시 금강산으로 변천되었다고 한다), 소조 장군산

(300m), 수랑채(차리고개 포함) 과협을 거쳐 문래산으로 올라선 다음 오른쪽은 조부 소장군(지도상 무명봉이다. 144m로 옆에 있는 문래산145m와 높이가 같다.) 오석산 백화산 방면으로, 왼쪽은 역마산 평풍산 방면으로 행룡한다.(뒤에 게재한 혈처 후보지 지도 참조)

3. 결록과 산도

* 제1결록-- 묘입수 묘좌

瑞山庚方三十里 犀牛望月形 白華案 百里行龍三番起落 艮來垂頭 平地渡峽 卯作腦 卯入首卯坐 亥得庚破 龍長虎短 牛臍結穴 將相富貴之地。(김기설 글에서 인용)

-- 서산 경방(庚方) 삼십리에 서우망월형이 백화안으로 생겼다. 백리행룡에 세 번 기복하고 간에 와서 머리를 수그리고 평지를 건너 묘작 묘입수 묘좌, 물은 해방에서 경방으로 나간다. 청룡은 길고 백호는 짧다. 장상 부귀.

* 제2결록-- 누운 소의 배에 作穴

未歸入海 臥牛腸乳作穴 東將軍 西白華 北八峰 南圖碑 四名山 周回百里 重重大海 繞山八方 三千粉黛 海島羅列 將相大富 不渴之地。

-- 물은 미방에서 바다로 들어간다. 누운 소의 장과 젖에 혈이 맺혔다. 동쪽은 장군산, 서쪽은 백화산, 북쪽은 팔봉산, 남쪽은 도비산의 4대 명산이 백리를 둘렀고 바다가 겹겹이고 팔방으로 산이 둘렀다. 3천 시녀가 시중하고 섬이 나열했다. 장상 거부가 마르지 않는 땅이다.

* 제3결록-- 장군산의 말락으로 본다?

將軍山盡潮還回 島悲爲南作기(속적삼기)합(계집저고리합) 八峰在北爲兵將 玉女峰茸月半開 海島羅列蟻浮盃 尙使吉人屯此地 滿庭學士振如雷。

-- 장군산 다한 곳에 조수가 돌아 나가고 남쪽 도비산은 여자저고리 같

고 북쪽 팔봉산은 장병 같다. 옥녀봉은 달이 반쯤 올라온 듯하다. 섬이 나열한 모습은 술잔에 개미가 뜬 것 같다. 상사 길인이 이 땅에 주둔하고 뜰을 가득 메운 선비들이 우뢰 같이 떨치리라.

 * 제1산도-- 김기설 게재

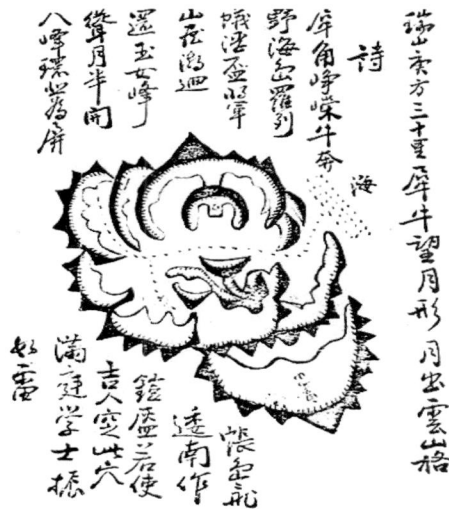

 * 제2산도-- 만산도

* 결록을 요약하면-- 서산 경방 30리, 백화산案, 묘입수 묘좌, 해득경파 (유산록 및 제1결) 청룡長 백호短(제1결) 소배꼽(제1결은 牛臍, 제2결은 臥牛臍) 北팔봉, 南도비, 東장군, 西백화, 4名山이 사방백리를 둘러 싸고 바다에 섬이 나열하다-- 파란색 글자 부분은 현장에 대비해 볼 수 있다.

네 곳의 명산이 동서남북 사방백리(방위가 정확치 않다)로 둘러 있다는 등의 말은 과장이 심하고 바다에 섬들도 한두 개밖에 없다. 문제는 안산이 백화산인가 하는 것인데 삼태안이란 말도 있다.

* 산도를 요약하면, 제1산도는 제2결과 제3결을 일부씩 채용하였고 (별로 도움 안 된다), 제2산도는 필자가 찾은 혈처와 유사한 부분(평지 행룡)이 있다. 그 밖에 상옥리 가영현 집(천석꾼 집으로 지도에 등재되어 있다) 부근이라는 산도도 있으나 일제 때 작성되었다고 추정되고 제1도에 가필한 것이다. 가치가 없어 생략한다.

4. 각 견해(지도에 숫자로 표시)

* 혈처 후보지

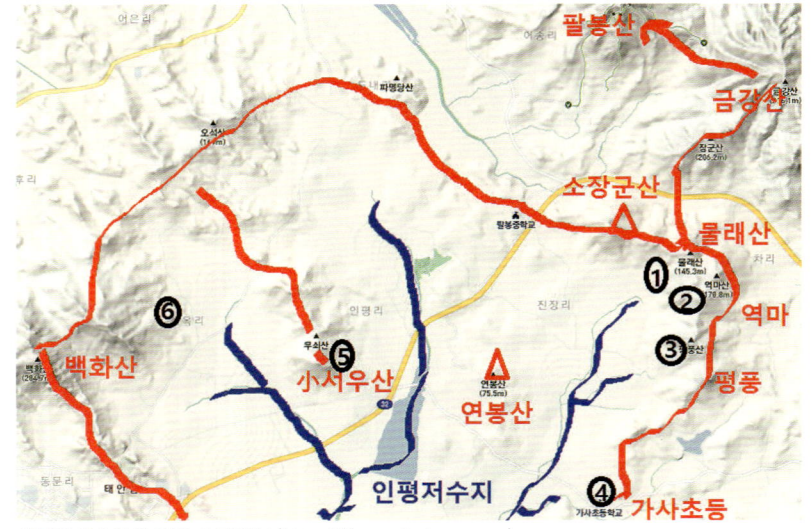

사진출처 : 카카오맵 스카이뷰(https://map.kakao.com)

① 유청림은 2014.8. 유청림 카페에서 서산 경방 20리 물래산(유선생님은 文來山이라고 표기하고, 서우산 또는 서각산이라 한다)이 주산이고 혈처는 석맥과 토산이 만나는 곳, 묘좌유향(백화산 案), 臍乳穴, 근처에 묘가 있어 사용불가.(註; 유선생님이 인용한 결록은 제1, 제2결을 합친 것인데 서산 30리라는 결록 부분을 20리로 바꾸었다)

② 김기설은 2013.5., 2013.12. 자미원 카페에서 진장리 뒷산 소장군산에서 아래로 내려가면 예쁜 봉우리 2개가 있고 두 번째 봉우리 아래 묘가 다수 있는 곳이다. 해득경파인데 경득해파와 같은 것이다. 안산은 연봉이다.(註; 평풍산 부근인 듯하고 장군산에서 문래산이 아닌 소장군산으로 올라선 듯 보는 것 같다)

③ 유산록 전편 325p. 장군산 낙맥, 평지과협 후 중심낙맥, 백화산案, 묘좌, 해득경파(註; 정확하지 않으나 평풍산 아래?)

④ ○준은 2019.3. 자미원 카페에서 팔봉산(註; 혈처행룡과 무관하다) 금강산 문래산을 거쳐 가산리에 결혈, 임감룡으로 손사박환.(註; 가사초등 부근인 듯)

⑤ 태안학 연구포럼 두암은 인평리 김우중회장님 묘(태안읍 인평리 산 60의1)가 있는 산이 서우산(무소산, 물금산이라고 부른다고도 한다)이고 여기에 혈이 있다.(註; 필자는 이곳을 小서우산이라고 부른다. 태안 사람들은 태안지역에 서우 망월이 있다고 애써 주장한다)

⑥ 상옥리 가씨집 부근이다.

5. 견해에 대한 검토

* ①, ②, ③, ④에 대하여-- 첫째, 해득경파가 안 된다. 김기설은 해득경파와 경득해파는 같다고 하나 전혀 다르다.

둘째, 서산 경파 30리는 인평저수지 상단 부근이고 문래산은 15리 밖에 안된다. ④는 서산시에서 경방향이 아니다.

 셋째, 이 혈은 제혈(臍穴, 배꼽혈)이다. 주위가 빙 둘러싼 가운데 있고 大窩 또는 大乳이어야 되는데 그런 형상이 아니다.

 * ⑤, ⑥은 해득경파인 곳은 있으나 묘입수 묘좌가 될 수 없다.

 * 요컨대 지적지들은 모두 결록과는 맞지 않는데 현장을 답사해 보니 ⑤ 부근에 서우망월은 아니지만 좋은 혈이 있었고 ④ 부근에는 가사초등 뒤 부석면장 문화 유씨묘가 진혈인데 초등명당이고 관리가 잘 되고 있더라.

 * 국세의 중심이고 제혈 가능성이 있는 곳-- 전체적인 국세에서 국의 중심이 되는 곳은 인평저수지 상단좌우(아래 지도상 A, B이다)이다. 서산시청으로부터 30리(9km)되는 곳이기도 한데 래룡을 보면 인평리보다는 진장리 쪽(A)이 더 유력하다. A쪽의 래룡을 보면, 소장군에서 3km 가까이를 다른 산가지를 밀어내면서 행진하였고 이로 인하여 물래산, 역마산, 평풍산은 인평 저수지에 물을 내려 보낼 수 없다. 소장군 중출맥의 판(板)과 물래산 등의 판을 보면 알 수 있다. 맥로를 기준으로 보면 중출맥이 들

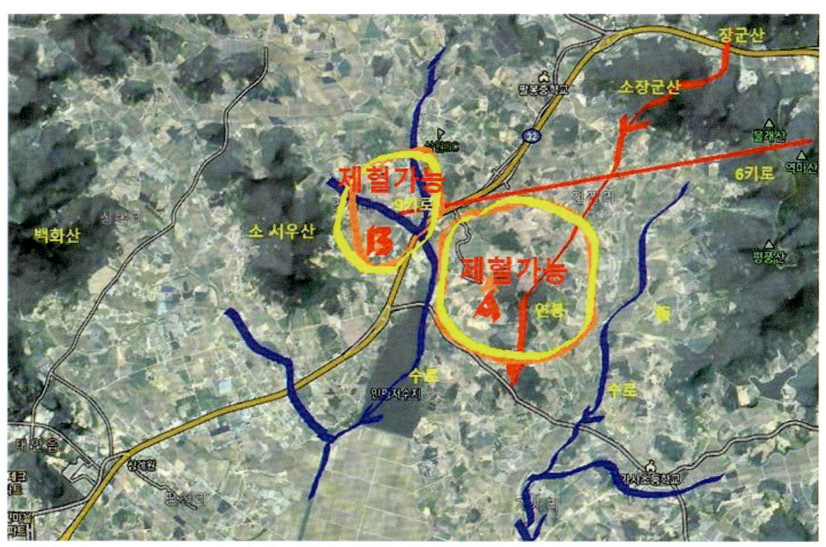

사진출처 : 카카오맵 스카이뷰(https://map.kakao.com)

을 뚫고 물을 가르며 은혈처럼 내려왔다. 진혈처 A는 대유로서 혈처 찾기가 어렵고 백화산이 보이지 않으나 해득경파, 묘입수묘좌, 제혈이다.

* 山의 판(板)

사진출처 : 카카오맵 스카이뷰(https://map.kakao.com)

6. 김우중 회장님 묘

小서우산은 비결지는 아니지만 형세가 좋다. 김우중 대우그룹 회장님 묘가 있고 그 위에 어머님 묘도 있는 선영이라 한다. 회장님 묘는 결인 직후에 있는데 기운이 없고 바람이 횡으로 넘나든다. 가까운 곳에 안산이 활처럼 휘어지고 먼 곳의 도비산이 보이며 앞 정경이 평화롭고 좋은 곳이 있는데 놓쳤다. 고인이 되어도 풍운을 면할 수 없는 팔자인가.

김회장님 묘는 봉분이 작고 상석조차 없어서 초라하고 옆에는 부인의 假墓가 있다. 고인은 맨 주먹으로 거대 기업을 일으켜 많은 젊은 남녀에게 일자리를 주었고 중개무역을 개척한 선구자이다. 외환위기로 도산하자 해외로 도피하였고 노조가 체포조를 만들어 잡으러 다니는 바람에 수모를 당하였다. 일찍 장남을 교통사고로 잃는 비운을 겪었고 노후가 불행하였다. 부자는 망해도 3년은 살 수 있다는데 어찌하여 초라하게 묘를 썼는가? 크게 조성한다면 손가락질 받을 것이니 차라리 당분간 세상 이목을 피하고자 함이 아니겠는가. 아마도 세월이 지나면 치장할 것이다. 유택을 구경한 것만으로도 전생에 옷깃 스친 인연이 있을 것 같아서 술 한 잔 올리고 삼가 명복을 빌었다.

사진출처 : 카카오맵 스카이뷰(https://map.kakao.com)

7. 무소와 달 그리고 배꼽은 어디에?

* 전체를 돌아보니, 큰 무소가 새끼 무소를 데리고 누워서 동쪽에 떠오르는 달을 보고 있는 형상이다. 백화산은 누워 있는 어미 무소의 머리이요, 소장군산, 문래산, 역마산은 허리이고 평풍산은 엉덩이 그리고 천금산, 부엉산, 말똥산은 꼬리이며 중앙에 배꼽이 있고, 새끼소(小서우산)가 배꼽 건너에 누워 있다. 어미 무소가 낮에 풀을 잔뜩 먹고 초저녁에 배가 불러서 새끼를 데리고 누워 있는데 마침 동쪽 등 너머로 달이 올라오자 물끄러미 떠오르는 달을 보고 있으니 숨쉬는 데에 따라 배꼽만 오르락내리락 한다.

물형이 서우망월이니 무소는 어디에 있으며 달은 또 어디에 있는가? 어찌하여 배꼽에 기운이 모이는가? 옥룡자도 이치를 중시하라고 했다. 병풍산 쪽에서 백화산 또는 연봉이 달이자 안산이라는 견해는 이치에 맞지 않다. 서쪽에 있는 달은 곧 지는 달이니 쇠퇴할 형세이다. 동쪽 달이 흥할 기세인데 묘좌 유향이라면 서쪽의 지는 달을 볼 수밖에 없다. 그러므로 무소의 머리인 백화산이 동쪽에서 떠오르는 달, 즉 평풍산을 바라보는 것이고 배꼽은 서향을 보는 것이다. 제1산도에서 달에 관하여 月出雲山格(구름 낀 산 위로 달이 솟아 나는 모양)이라 했다. 실제 백화산 전망대에 가서 보니 正동쪽에서 평풍산이 둥글게 떠오르더라.(초저녁 동쪽 달은 보름달이다) 상등 초급에 해당하는 대혈로서 생지로는 충청도에서 세 손가락 안에 들지 않을까. 서우망월에 관하여 이 간산기 이상의 무소는 없다.(2020. 3.)

* 서우망월의 구조

사진출처 : 카카오맵 스카이뷰(https://map.kakao.com)

충남 서천군 비인면 복종형(伏鐘形)
(전설이 많은 곳)

1. 전설이 많은 곳

무학대사가 삼성팔현 72대 재상이 날 곳이라 하고 만산도는 五星九賢 자리라 하여 호서(충청도) 팔대혈 중 두 번째 서열이라 한다. 전설이 많은 바, 종천들에 있다, 비인 부내마을 부근이다, 종천위와 개복교(開福石橋) 아래에 있다, 토정선생이 백일기도 끝에 산신의 계시로 혈을 찾고 지장풀을 묶어 표시를 하자 山神이 치표를 한 것을 못 마땅히 여겨 들판 지장풀을 전부 묶어서 못 찾게 하였다, 국풍 박상의(1538~1621)가 치표로 동판(銅板)을 묻어 놓았는데 민씨가 동판을 찾을려고 땅을 파헤쳤으나 실패한 곳이라 하여 민경들(閔耕坪)이라 한다.

2. 행룡과 지명 정리

이 혈에 관하여 문수산에 있다(유청림), 비인 월명산에 있다(통맥법학회), 문수산에 주혈이 있고 월명산에 차혈이 있다(장익호)고 견해가 나누인다. 산도 또한 2종으로 문수산을 주산으로 표시한 것과 월명산을 주산으로 한 것이 있다. 옛날에는 문수산 방면의 종천면(종천리, 랑평리, 신검리 註; 종천은 粉川이었다)도 비인면(庇仁面)에 속하였다고 하므로 비인 복종혈 또는 부내마을 복종이라 할 때에는 문수산 방면을 포함하는 개념이다.

월명산과 문수산의 태조는 부여군 내산면 금지리에 있는 월명산(544m, 비인면과 부여 옥산면에 월명산이 하나씩 더 있다)이고, 천덕산, 병목산, 옥녀봉(368m)을 거쳐 조부 장태봉에 이르르고 거기서 비인 월명산과 종천면 문수산으로 나누인다.

* 장태봉에서 월명산과 문수산

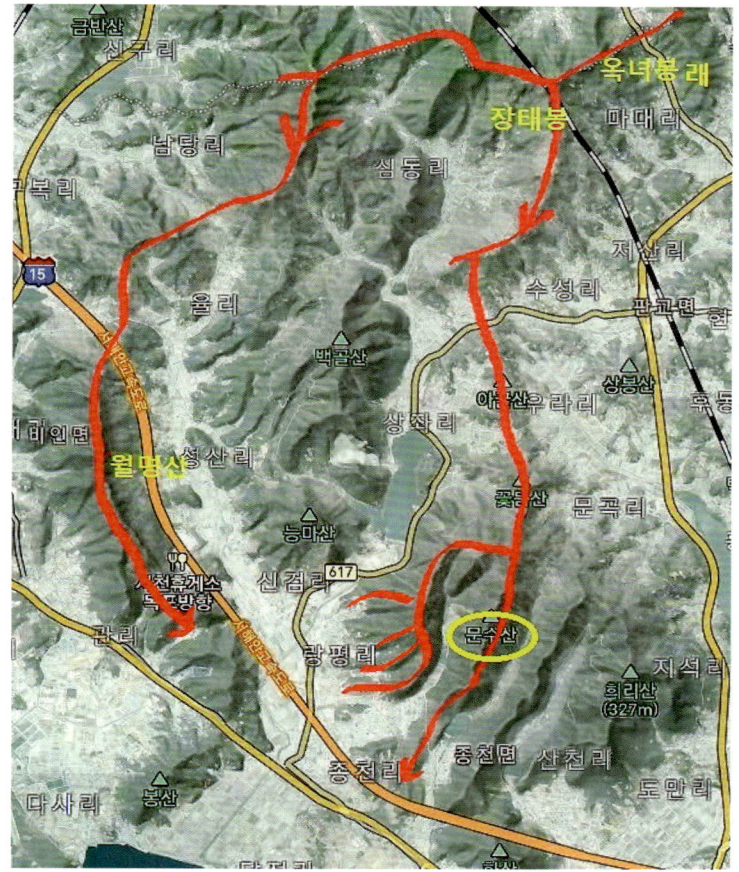

사진출처 : 카카오맵 스카이뷰(https://map.kakao.com)

3. 결록과 산도

가) 결록은 옥룡자 유세비록과 봉안결이 있다

* 옥룡자 결-- 동면 분천(粉川) 남쪽에 종을 엎어둔 듯한 복종형의 서향 귀혈이 있도다-- 이와 같이 단 두 줄이다. 옥룡자는 대혈로 보지 않았는데 전해 오면서 결록이 격상되어 대혈로 발전한 것이 아닐까?

* 봉안결-- 유청림에서 인용, 감사합니다.

庇仁改復橋之下鐘川之上伏鐘形舞童案艮坐坤向內破巽得酉外破丁辛水九

曲而來合巽水巽辛峰相對尖圓龜蛇捍門主後帳中貴人窺見庚酉辛衆峰羅列山吉水吉諸砂皆爲合格綿綿富貴不可勝言一局中將軍大坐甲坐半月形艮坐神劍出匣形子坐此四大地一家得點反有天殃矣龍虎中祖分派東西奔馳還合成門勿傳非人愼之愼之一云舞鶴大師讚曰出三聖八賢七十二代將相之地又云朴尙義地官埋銅金井於穴處而閔氏欲索其穴耕其處不得故名曰閔耕坪。

나) 산도로는 두사충의 용혈도가 있는 외에 만산도(고광도 수집)에 6개가 있고 그밖에 수 많은 산도가 있으나 대동소이하다. 주산을 월명산으로 표기한 것과 문수산으로 표기한 것 두 종류가 있다.

　* ① 두사충 용혈도(월명산 표시)-- 개복교하, 종천상이니 문수산이다.

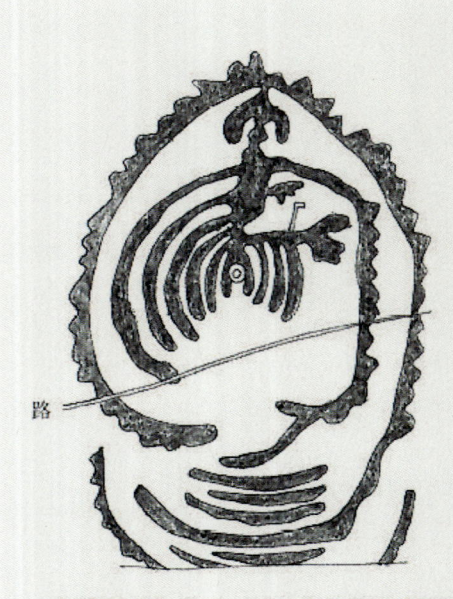

비인(서천)・庇仁(舒川)

복종형・伏鐘形

비인(庇仁) 월명산(月明山) 남록(南麓)의 개복교(開服橋) 아래, 종천(鐘川) 위의 임감룡(壬坎龍)에 복종형(伏鐘形)이 갑묘입수(甲卯入首)에 해좌(亥坐)로, 혈이 평지에 졌구나. 이 자리는 부귀면원(富貴綿遠)하고, 명공거경(名公巨卿)과 장상(將相)이 부절(不絶)하고, 백자천손(百子千孫)하리니 삼가 함부로 전하지 마라.

분포(盆浦) 위에 묘득미파(卯得未破)로 염하(廉下)에 혈이 또 있으니, 이는 무동안(舞童案)을 하고 있도다. 〈杜師忠〉

* ② 만산도 제1도(월명산 표시)-- 주산을 월명산으로 기재하였다. 붓으로 쓴 해설에는 종천上 개복교下라고 함에 대하여 펜으로 쓴 해설에는 비인면 관리로 표시했다. 종천과 개복교는 모두 문수산 아래에 있으므로 붓글은 문수산 아래에 혈이 있다는 내용이고 펜 글씨는 어떤 高手가 비인 관리의 혈처를 사후에 기입한 것으로써 유산록의 차혈과 동일하다.

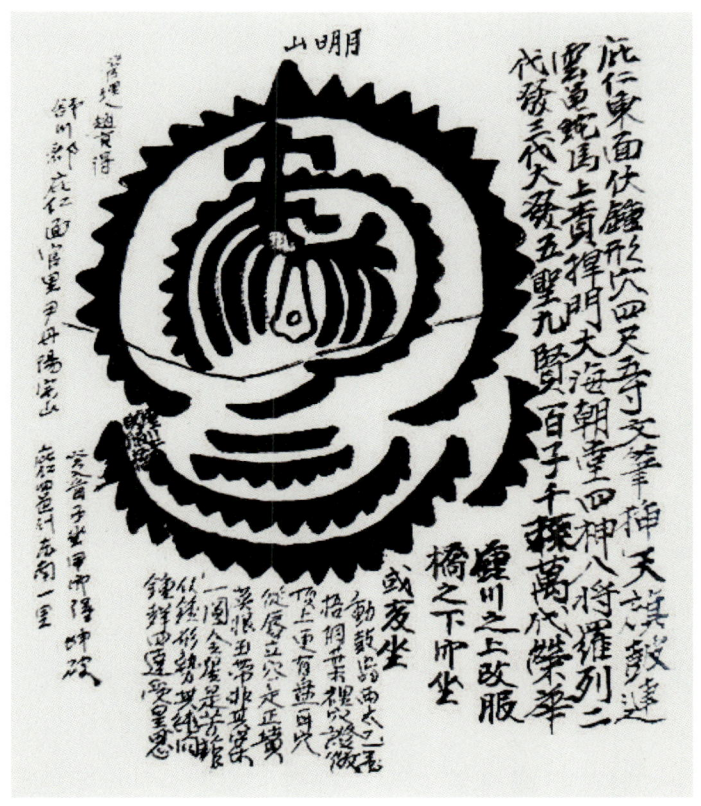

* ③ 만산도 제2도(문수산 표시)-- 개복교와 민경들이 표시되어 있다. 문수산下 복종에 관한 대표적 산도이다.

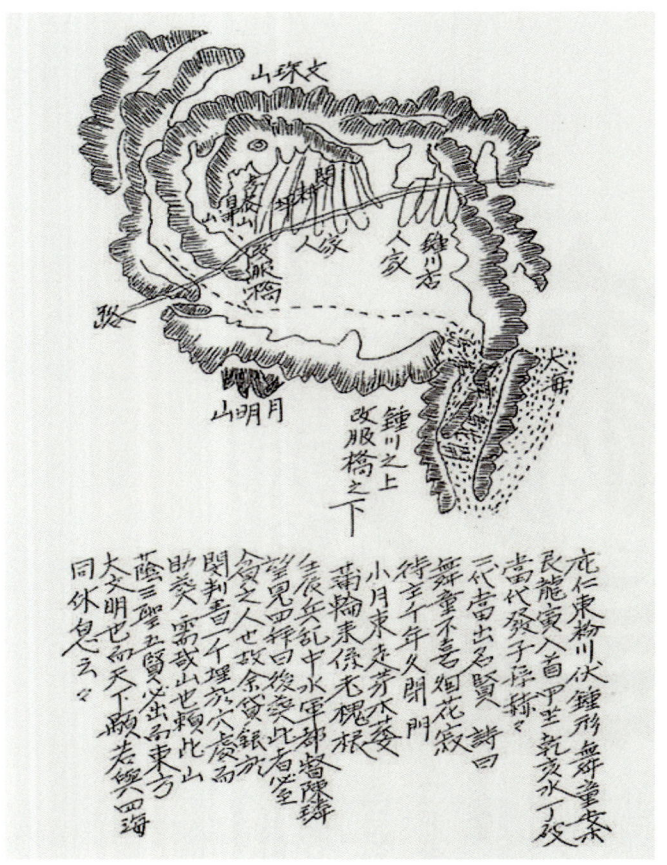

위의 결록 중에는 "임진란 때 水軍도독 진린(註; 명의 수군제독으로 이순신 장군과 노량진 해전에 참가, 두사충의 처남)이 지나다가 보고 四拜를 한 뒤 이 혈에 장사지내는 자는 반드시 가난한 者일터라 민판서(閔判書)에게 천냥을 빌려 이 땅에 묻어 두고 장차 장사 지내는 가난한 자에게 도움을 줄까 한다. 온 세상을 평화롭게 할 현자가 탄생할 것이다"라는 부분이 있다.

* 장익호 유산록 전편 275p 산도-- 문수산과 월명산

4. 각 견해

* 모든 산도와 결록은 개복교하, 종천상이라고 하는데 뒤에 보듯이 이는 문수산 아래에 있다는 뜻이다. 유산록이 유일하게 월명산 관리에 차(次)혈이 있다고 한다.(다만 제1산도에서 비인 관리라고 쓴 펜글씨가 있다)

* 각 견해를 종합하면, 개복교하 종천상, 대해조당, 무동안, 평지낙맥, 前有大路가 키워드가 된다.

그렇다면 개복교(改福橋)와 종천은 어디에 있는가?

개복교는 저수지 뚝 아래에 있었는데 2021년경 저수지 확장공사로 인하여 저수지에 편입되었고 종천은 부내마을을 거쳐 바다로 흐르는 강이다. 여기서는 부내마을 부근의 강을 말한다.

* 수몰 전 개복교-- 2010년 사진

* 개복교 수몰 현황

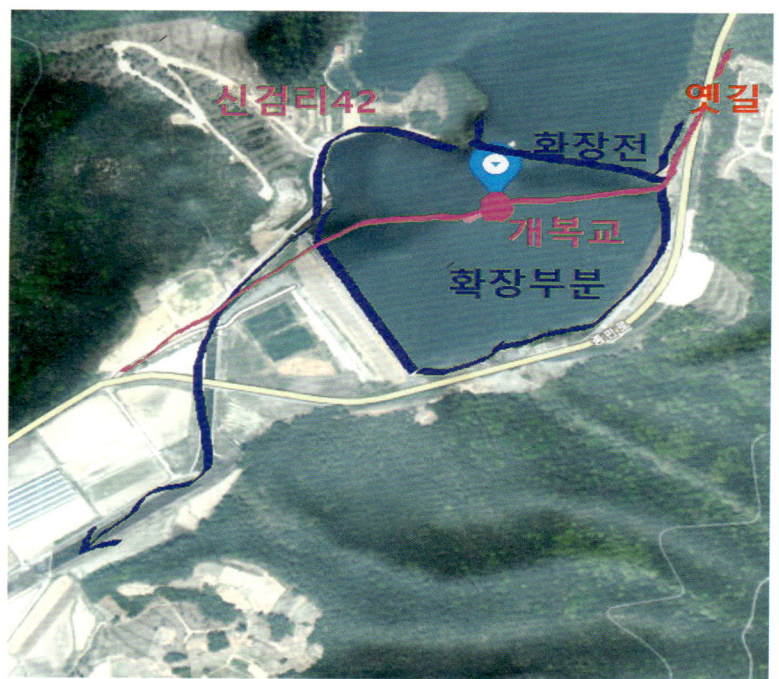

사진출처 : 카카오맵 스카이뷰(https://map.kakao.com)

5. 문수산 복종 진혈 찾기

　첫째, 문수산 줄기들은 높고 날카로워서 강기를 털어버린 낮은 곳, 둘째, 만산도와 유산록이 대해조당이라 하였으니 바다가 들여다 보는 곳, 셋째, 박상의가 동패를 묻은 곳이 민경평이라는 들판이고 산신이 토정의 치표를 못 알아보게끔 온 들판풀을 묶었다고 하니 평지일 가능성이 높다. 넷째, 좌향은 해좌, 묘좌, 갑좌, 간좌 등 다양하고(다만 옥룡자결과 산도들이 서향이라 하니 해좌와 간좌는 배제되어야 한다) 童子안이라는 견해가 많다.

　* 대해조당 가능성이 있는 곳-- 옛날에는 바닷물이 지금보다 높았다.

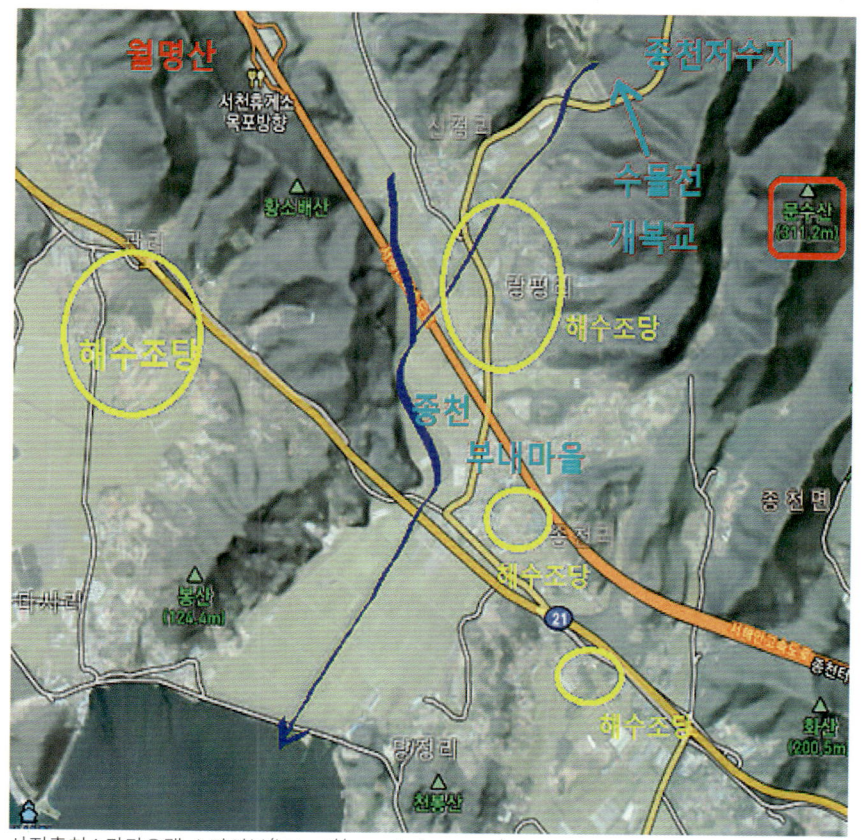

사진출처 : 카카오맵 스카이뷰(https://map.kakao.com)

* 구체적 후보지는 필자의 추정이다.

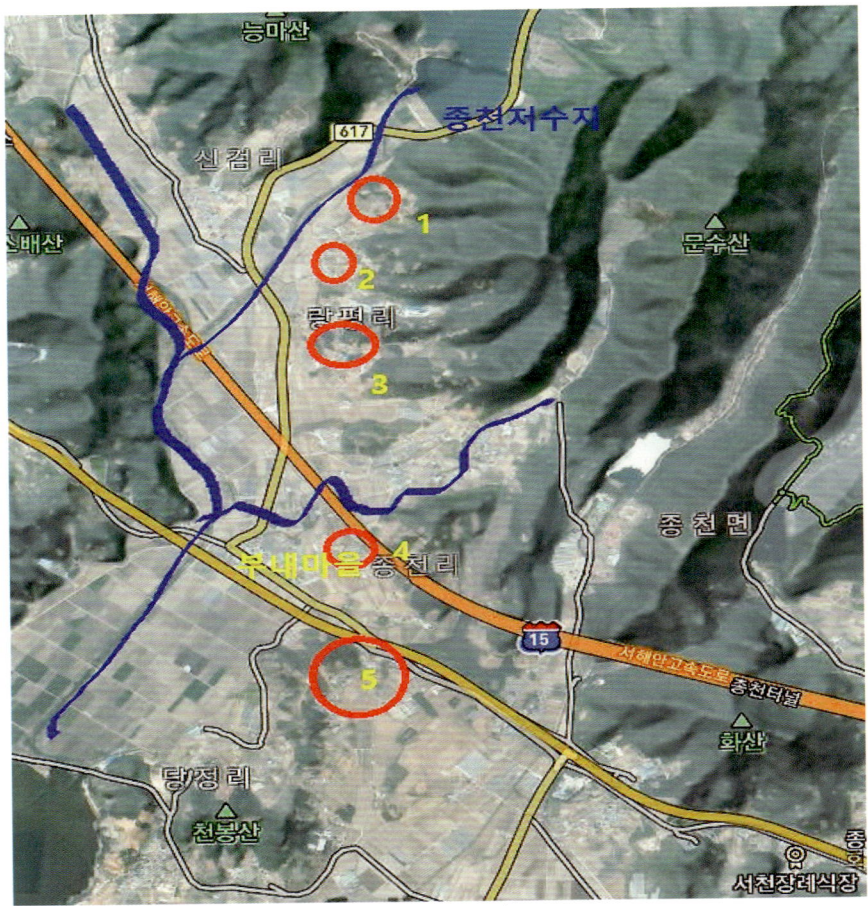

사진출처 : 카카오맵 스카이뷰(https://map.kakao.com)

* 이상을 참고로 랑평리 노인회관에 차를 세워 두고 발품을 팔면 진혈을 찾을 수 있다. 전체적 국세가 청룡세이고 월명산이 굽이치며 내려와 예쁜 동자안을 만들었다. 혈성은 너무 풍후하여 재혈하기 어려웠다. 묘좌유향이다. 애석하게도 백호가 낮아 上等은 못되고(外孫不蕃; 외손은 번성치 못한다는 산도도 있다) 중등상급 대혈이다.

6. 월명산하 복종형

두사충 산도와 제1산도는 주산을 월명산으로 그리고 있으나 위치를 개복교하, 종천상이라 하므로 실지는 문수산 혈이다. 대부분이 월명산 아래 즉 비인 관리에는 혈이 없다고 주장하는데 유산록은 次혈이 있다고 하였다. 탐혈해 보니 월명산에서 평지로 내려오면 말락지에 려산 송씨들 집장지가 있다. 앞바람이 침범하는 假穴이다. 진혈은 국세가 풍후하고 먼 바다가 조금 보이더라. 문수산만큼 화려하지 못하지만 실속 있는 중등 중급의 대혈이다.(2021.11.)

* 비인 관리의 혈처

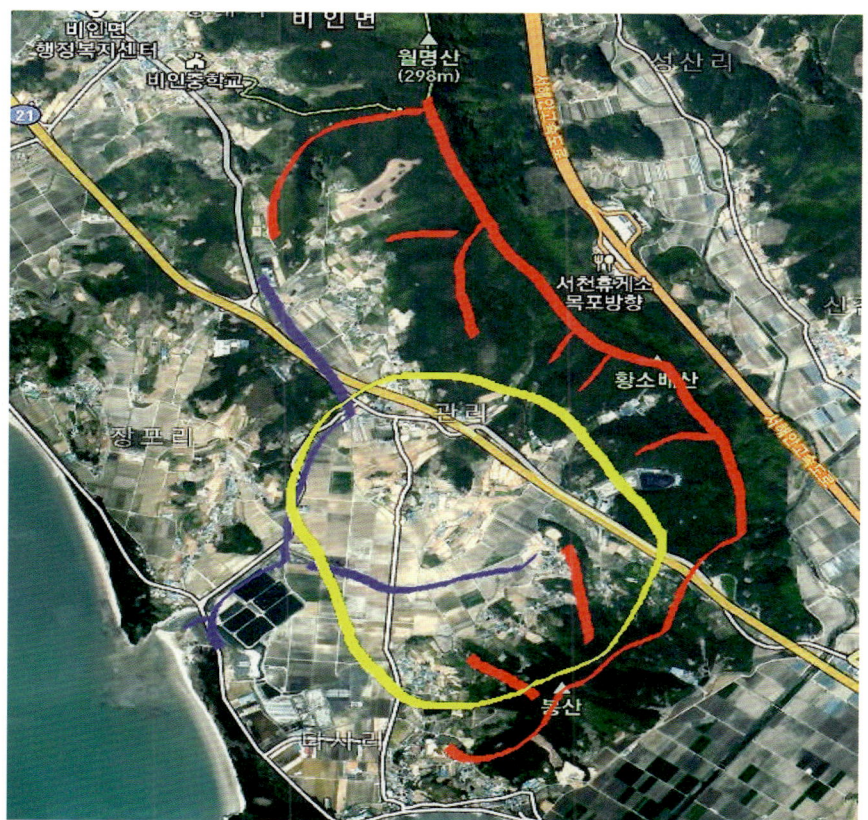

사진출처 : 카카오맵 스카이뷰(https://map.kakao.com)

충남 예산군 해복형(蟹腹形)에 대한 공개토론을 본다

1. 공개토론

 예산 해복형은 논쟁이 많은 혈이다. 한국참풍수지리 카페에 2014.5 이진삼씨(이하 존칭 및 경어 생략)의 주도로 진혈을 논증하는 공개토론 글이 올려져 있다. 논증 대상지는 신양면 서계양리산32(장익호 문하의 주장), 153-2(?), 산 114 (김○암 주장), 귀곡리 산 97-4일대(이하 귀곡리산 97이라 약칭 함, 이진삼 주장), (토론대상이 아니었지만 수조리 現지명 貴谷里 강변이라는 견해가 있다, 유청림)이고, 토론 주최자의 요지는 통계상 용어 사용의 빈도수를 보면 蟹伏이 맞고 장익호 유산록의 蟹腹은 독자적 용어이다. 유산록에서 안산을 무제(無際)라 한 것은 혈을 찾지 못하였다는 말이 된다. 동물의 물형 앞에는 먹을거리가 있어야 하고 해복추라고 하였으니 앞에 연못이 있어야 된다. 이런 요건을 충족하는 곳은 귀곡리 산 97이라는 것이다.

2. 결록과 해설

가) 결록과 해설

 * 두사충 결록과 해설(유산록 전편 263p)은,

   갑개정일구(甲開丁一口)

   　물이 청룡갑방에서 와서 정미방으로 돌아간다.

   　(갑향에 천문이 열려 있고 수구는 정파, 김○암)

   천리행래휴(千里行來休)

   　용은 천리를 와서 머물렀다.

   　(무학대사지리전도서는 千里行龍休라 한다)

산대도고기(山帶道高氣)
　용맥의 기백은 도고산의 정기요.
혈장해복추(穴藏蟹腹湫)
　혈은 게의 배에 머물렀다.
　(蟹復으로 쓰고 뒤집어진 게 안에 있다, 김○암)
　(혈장은 늪가의 게 배속에 있다. 유청림)
호탄가자축(虎呑佳字縮) 용토야계류(龍吐夜溪流)
　용호가 장회(長回) 결국하여 청룡 갑방에서 물이 와서 백호로 돌아간다.(호랑이 배부른 모양과 룡트림 기상이다, 김○암)
만마명당리(萬馬明堂裡) 명당이 광활하고
나성대안류(羅星對案留) 나성이 안산이 되어 머물렀다.

＊무학대사 지리전도서 167p는 동면(東面) 갑정(甲亭)에 해복형(蟹服形)이 되어 있으니 13대 혈식군자가 날 땅으로 충청 8대 혈중 수혈이다. 그 다음엔 유산록과 같으나, 다만 穴藏蟹腹湫에 대하여 혈은 게배때기 한쪽 구석에 있다고 해설하고 호탄가자축 용토야계류를 생략하였다.

나) 해설에 관한 의문
＊모든 결록은 혈이 있는 장소를 먼저 쓰고 용, 혈, 사, 수, 좌향, 발복 순으로 쓴다. 장소를 먼저 쓰는 건 당연한 일이고 대뜸 물(水) 즉 득수와 파구부터 쓰는 결록은 없다. 이 결록의 첫째 글귀인 甲開丁一口 대신에 갑계亭일구라고 기재한 책도 있으니 물이 아닌 장소로 해석해야 된다. 지리전도서를 보면 불원리(또는 귀곡리 강변) 방면에 갑정(정자?)이 있었던 것 같다. 이곳 혈처는 강과 산으로 둘러싸인 지형상, 옛날에는 불원리쪽에서 강을 건너서 강변따라 접근하는 외길뿐이다. 반대 방향인 휴게소 강변은

절벽으로 막혀 있다. 그러므로 甲亭開一口로 표현하여 갑정자에서 들어가는 외길이라고(아예 혈이 甲亭에 있다는 견해도 있다) 하였으면 알기 쉬운데 결록은 무슨 뜻인지 모르겠다. 갑방에서 정방으로 가는 외길이다라고 해석하는 편이 좋을 것 같다.

　* 호탄가자축(虎吞佳字縮) 용토야계류(龍吐夜溪流)에 대하여 직역(直譯)하자면 호랑이는 佳字를 뭉쳐 삼키고 용은 밤 개울에 무엇을 토한다는 뜻인데 함축된 표현을 써서 알 수 없다. 유산록은 물을 삼키고 토한다고 보았고 같은 견해가 많다. 그러나 다수설처럼 결록의 첫머리에서 청룡갑방에 물이 와서 정미로 돌아간다고 해석한다면 다시 물길에 관한 같은 내용의 구절을 두 번씩이나 썼다는 말이 된다. 이곳 화산천 강변 북쪽 국세는 정미파가 되는 큰 물길은 없다.(다만 대전방향 고속도로휴게소 부근이 물길은 맞으나 청백 겹겹이 안된다) 설신부의 장법에 吞法이 있고 양균송의 장법에 吐法이 있는데 만약 탄토(吞吐)가 그 뜻으로 사용되었다면 청백의 형세로 보아 정뇌(꼭대기)를 건드리지 말고 밑에 쓰되(토법) 혈장의 경사에 맞추어 棺상단은 반쯤 묻고 棺하단은 지표면에 반쯤 나오도록 하여 그 위에 봉분을 만들라(탄법)는 뜻이 된다.

다) 유산록의 간산요지

　불원리에서 下車하여 찾으니 대흥 東二十里, 예산 南十五里, 임자입수, 갑묘득 정미파, 손방대수는 곡곡래조하고 혈전대수(穴前大水)는 금성수를 형성하여 귀조한다. 좌사우사 모두 삼첩하고 안산은 무제(無際)이다. 부무적, 수백세, 만세영화라고 하였다.

3. 산도와 혈 찾기

가) 만산도(1975년 『고광창 蒐集』 刊 196) 3매, 장선생님 소장의 만산도 1매, 유산록 1매가 있다.

제1도

제2도

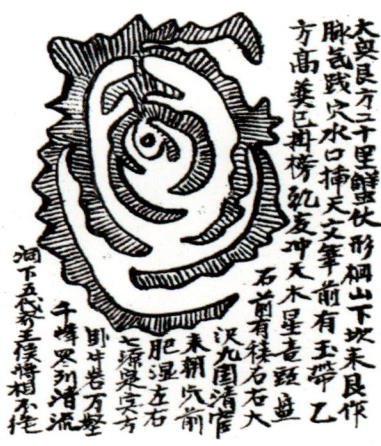

제3도

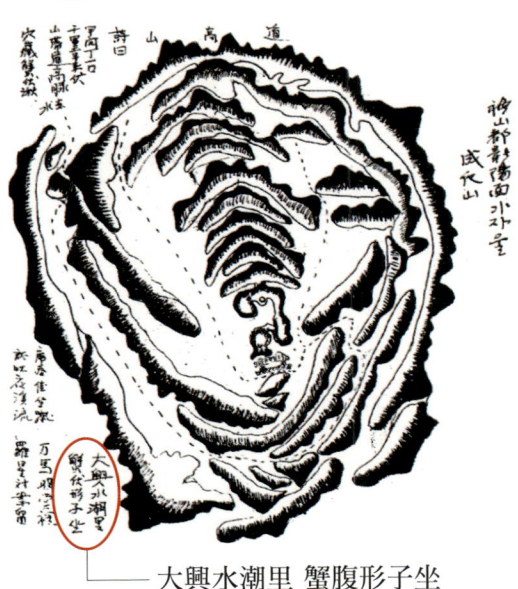

└─ 大興水潮里 蟹腹形子坐

장선생님 소장 만산도

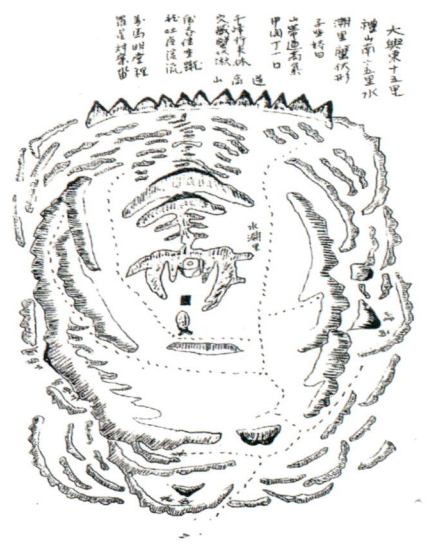

나) 이진삼 견해에 대한 검토

이진삼과 김성암은 모두 장선생님 소장의 만산도(이하 인용 산도라고 함)를 근거로 하였음에도 각기 지적지가 다르다.

* 이진삼의 산도와 지도대비-- 혈처라 주장하는 A지점은 가좌울이 아니다. 만산도는 수조리 서쪽에 혈처를 표시하였는데 A는 수조리 동쪽이다.

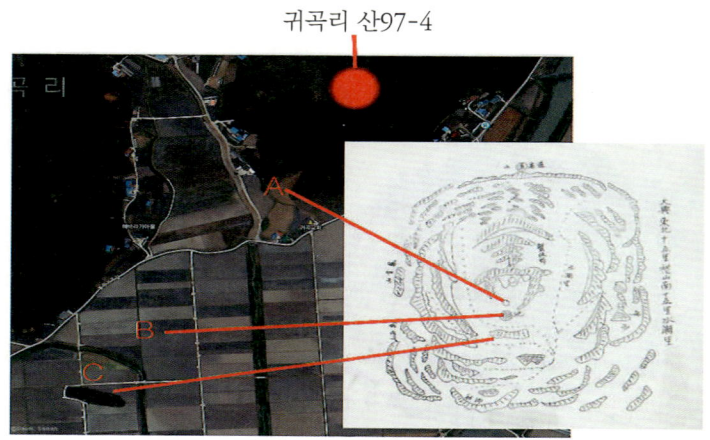

귀곡리 산97-4

* 인용산도에 대하여, 이진삼은 두사충 작성이라 추측하나 오히려 성명 불상 후세인의 작품으로 보인다. 解腹湫에 대하여 게배와 그 앞에 있는 연못으로 해석하나 납득하기 어렵다. 인용산도에서 그려놓은 연못(池)이 결록에는 없다. 인용산도, 만산도 제3도(가자울 성씨山, 다만 가좌울이 정확)는 거의 동일하다. 위 3장의 산도를 보면 수조리 서쪽 가좌울 방면에 혈이 있다.

이진삼 주장지 앞에 귀곡2리 골짜기가 하나 있고 그 다음 골짜기가 가자울 골이다. 귀곡2리 마을이 있는 골짜기(산도상의 수조리)를 기준으로 하여 귀곡리 산97은 골짜기 동편에 있음에 대하여 가좌울은 서편(한 개의 산등을 넘어서)에 있는 것이다. 그리고 만산도에는 외청룡이 뚜렷함에 대하여 지적지는 외청룡이 없다. 인용산도와 지적지는 전혀 다른 곳이다.

* 지도상 비교

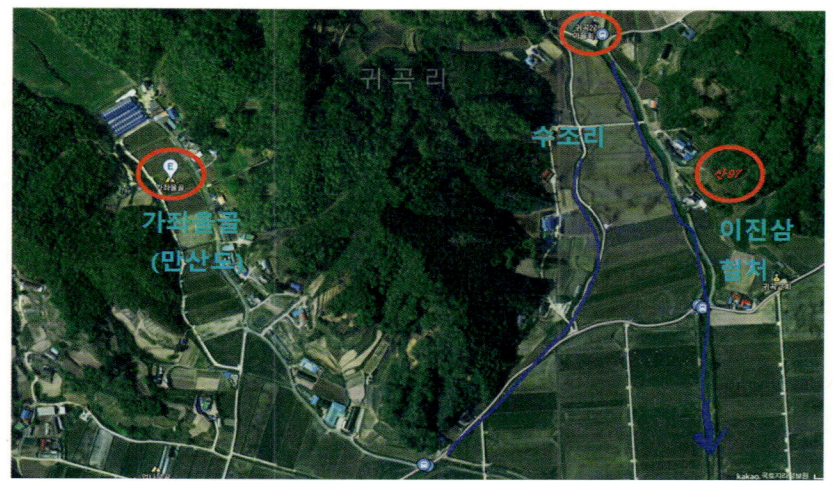

사진출처 : 카카오맵 스카이뷰(https://map.kakao.com)

다) 산도의 신빙성

산도는 현장을 축소한 지도가 아니고 이미지 도면이다. 핵심적 요소를 표시하고 현장일부를 생략하거나 과장한 경우가 대부분이다. 일이승 산도와 같이 작가가 분명한 것은 믿어도 좋으나 작가 불명의 산도는 후세인이 작성한 것이므로 작자의 실력을 알 수 없어 믿을 수 없다. 뿐만 아니라 후세인이 장삿속으로 위조한 것도 있다. 두사충은 있는 장소를 말하지 않았는데 산도는 수조리에 있다, 가자울 성씨 산에 있다, 명가물에 있다는 등 야단들이다. 의지할 것은 40자 두사충 詩句뿐인데 결록을 연구하지 않고 출처 불명의 산도를 따라다니는 건 우습다. 두사충 결록과 각자의 공부방법대로 진혈 찾는 과정을 보여주어야 된다.

4. 진혈 찾기

산도를 보지 않고 두사충 결록을 위주로 하여 행룡과 형세를 보면서 추적하여도 이 혈을 찾을 수 있다. 이제 독자들과 함께 찾아 보자.

위성지도를 보면, 도고산 남쪽 행룡은 대흥면과 신양면의 두방면으로 내려 오는데(山帶道高氣) 간룡은 신양면 방면에서 화산천을 만나 끝난다.{千里行龍休, 이때의 休란 용이 잠시 쉬었다가 다시 나아갈 상황이 아니므로(강에 막혀서) 쉰다는 뜻이 아니고 끝난다는 뜻이다. 귀거래사에 行休란 구절이 있는데 다수인이 그런 뜻으로 본다.} 그 지역은 서계양리와 귀곡리이다. 해복(蟹腹)형을 염두에 두고 귀곡리에서 강따라 내려가면서 용호가 겹겹된 곳(게 다리가 용호이고 보면 겹겹이 되어야 한다), 거기에 모든 산들이 유정하게 모여드는 곳을 찾으면 고속도로 휴게소 옆 마을 근처가 된다. 局의 안쪽을 들여다 보면 산 몸통에서 한가닥이 나와서 영락없이 게의 눈 모양을 갖추고 있다.(산등에 작은 재실이 있다)

여기까지는 독자들도 필자와 함께 쉽게 찾을 수 있으나 그 다음 혈처 찾기는 조금 어렵다. 기감이 중요한 역할을 한다. 이곳까지 오면서 도중에 후보지 두 곳을 들르지 않고 지나쳤다. 게다리인 청백이 중중하고 산들이 모여드는 국세가 아니면 그 지역은 어느 곳이나 해복혈이 맺힐 수 없으므로 구태여 찾아서 시간 낭비할 필요가 없다. 국세란 혈처에 영향을 미치는 권역을 뜻하지만, 혈찾기에 우선 필요한 국세는 주산과 안산, 청룡과 백호 즉 中局 정도이다. 해복혈은 비어 있으되(상등 초급?) 마을 인근이어서 사용하기가 어렵겠다. 주변을 둘러보고 위성지도와 대조하면 혈처는

도고산 중출맥이 끝나는 말락지이고, 혈의 실체는 아래 사진과 같이 한쪽 발의 집게가 다른 쪽보다 훨씬 큰 꽃게(화게, 농게) 숫놈인데 큰 집게를 과시하면서 게거품을 내뿜고 기세를 올리는 모습에 비유할 수 있다. 게거품은 흥분할 때 아가미(입이 아니다, 지식검색 참조)로 뿜어낸다.

* 이진삼 제시의 게-- 맨 끝의 얌전한 게

* 일이승결에 해중해복형(海中蟹伏形)이 있는데 바다 속 게는 물결에 휩쓸리지 않도록 바닥에 엎드려 먹이활동을 하는 모습이다. 하지만 습지에서 활동하는 게는 앞발을 치켜들고 사냥 다니고 적을 만나면 게거품을 뿜으면서 위협한다. 왕집게발을 쳐든 농게가 위세를 부리는 모습과 엎드린 평범한 게의 모습은 확연히 구별된다. 이런 성상에 맞는 물형 명칭을 찾아야 된다.(蟹復은 게가 흰 배를 드러내고 뒤집혀 있는 모습이 죽은 게이므로 大 凶地의 물형이다)

유산록 전편 266p. 다시 과협하여 타처에도 이 혈의 다음 가는 대혈이 있는데 누군가 오점하였다고 적혀 있다. 필시 농게의 오른쪽 집게발인 듯한데(대흥면 탄방리?) 고속도로 건설로 손상되었다.

* 왕집게발의 현장 지도

사진출처 : 카카오맵 스카이뷰(https://map.kakao.com)

5. 물형(物形)

가) 단어 사용 빈도수로 명칭을 정할 것인가?

물형은 혈의 성격과 모양(즉 性象)을 세상의 현상에 비유한 표현이다. 그러므로 먼저 혈의 실체를 파악하고 거기에 가장 잘 어울리는 물형의 명칭을 붙여야 된다. 거꾸로 실체보다 물형 명칭을 먼저 정하는 것은 기성복에 몸을 맞추겠다는 말이 된다. 蟹伏은 게가 엎드려 있는 모양이고 蟹腹은 게의 배때기이다. 뜻이 전혀 다른데 단어의 사용 빈도수로 물형의 명칭을 정한다는 건 물형에 무지한 넌센스이다.

나) 동물 물형 앞에 먹이가 있어야 되는가?

이진삼은 동물형에는 앞에 먹이(여기서는 바위라고 한다)가 있어야 된다고 주장한다. 그러나 만물(萬物)은 만상(萬象)이다. 동물이라 하여도 연소형, 천마시풍, 비봉포란 등 수많은 동물형이 먹이와 무관하고 이러한 물형에 대혈이 더 많다. 그리고 안산무제(案山無際)는 안산이 넓어서 끝이 없다는 뜻이다. 이곳 안산은 나성에 연결되어 있고 뒤로 낮고 평탄한 야산이 넓게 전개되어 있다. 나성 뒤로 평야가 전개되는 것보다 야산이 전개되어 받쳐주는 것이 더욱 견실하다.

다) 혈장해복추(穴藏蟹腹湫)란 무슨 뜻인가?

글자 그대로 해석하면 혈은 게배 湫에 감추고 있다(또는 보관되어 있다)는 뜻이다. 여기서 湫를 늪지로 보고 게가 엎드려(伏) 물로 들어가는 모습으로 해석하는 것은 穴藏(감추고 있다)이란 글자에 비추어 의문이다. 湫는 게거품의 습지를 말하는 것, 다시 말하면 배에서 게거품을 내뿜는 곳에 혈이 있다는 뜻으로 보고 싶다. 그러므로 해복추(蟹腹湫) 형(形)이 적절한데 옛 명사들이 사용한 바 없어서 그야말로 임의 작명으로 몰릴 우려가 있어 조심스럽다.

蟹腹(게 뱃속에 있으므로 게껍질을 뚫고 쓴다는 견해도 있다, 유청림)이라는 단어에 대하여, 일부 학회는 유산록의 창작품이라 비난하나 만산도의 산도 3매 중 한장에 사용되고 있고 2매는 蟹伏(엎드리다)으로 표시하였고 蟹復(뒤집다)으로 쓴 견해도 있다.

어느 것이 옳을까? 장선생님이 게배에 혈이 있다고 생각하여 原典에 있는 蟹腹湫에서 蟹腹이라는 두 글자를 따왔기에 임의 작명이라고 몰렸던 것이다. 蟹腹湫라는 세 글자를 그대로 따왔다면 실체에도 맞고 원전에도 충실한 명칭이 되었을 것이다.

6. 여러 후보지에 대한 검토

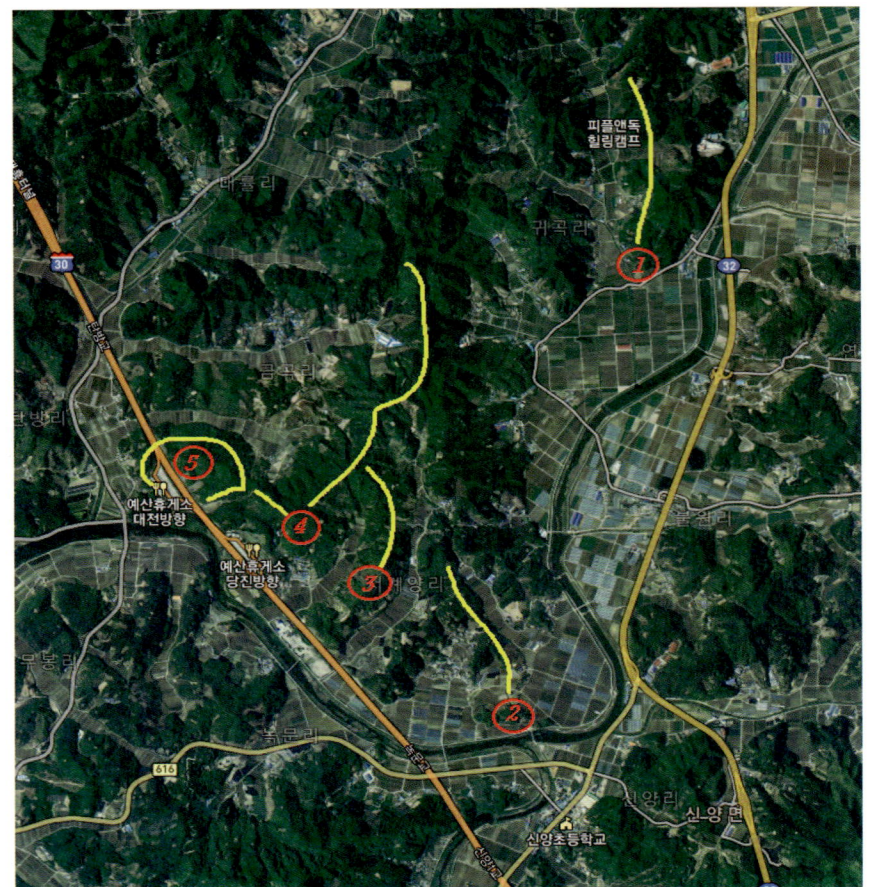

사진출처 : 카카오맵 스카이뷰(https://map.kakao.com)

①은 귀곡리 산97, 이진삼 주장지 ②는 서계양리 153-2로 유청림 주장지, 게의 왼쪽 앞발과 같은 모습이나 청룡이 없고 들판에 내던져진 모습 같다. ③은 서계양리 산 32인데 래용, 명당, 사격이 모두 시원치 아니하여 의미 없는 곳이다.(장선생님이 지적하였는지 의문이다) ④는 서계양리 산 114인데 지반이 무르고 청백이 낮아 진혈처는 아니지만 여러 산이 옹호하여 국세의 중심처에 가깝고 안산이 넓다. 가장 진혈처에 근접하였다. ⑤

는 왕집게발로 차혈 있는 휴게소.

 * 공개토론에서 진혈로 결론 내린 귀곡리 산97 일대는 앞서 본 것 같이 산도에 부합되지 않을 뿐만 아니라 아래와 같은 약점이 있다.

 ① 이곳은 전체적으로 볼 때 중출맥에서 옆으로 나온 짧은 곁가지이다, ② 大穴은 一局을 주도하는 자리를 점하는데 이곳은 변두리이다, ③ 게다리가 여러개 있어야(청백 겹겹) 되는데 그렇지 않다, ④ 산97 건너편 귀곡리 산48-1이 혈처를 외면하고 돌아가서 이곳을 배반한다, ⑤ 혈전에 있는 개울이 직선으로 내려가서 화산천과 합류하고 좌향(만산도는 자좌)이 파구를 바라보게 되어 좋지 않다.

 7. 私見

 이곳 혈은 두사충의 결록 표현대로 해복추형(蟹腹湫形)이라 함이 옳고 (두사충이 쓸데없이 湫라는 글자를 첨가할 리 없다) 진혈은 서계양리 산114 근접지이다.(2019.3.)

전라북도(24혈)

전북 순창군 회문산 오선위기와 장군대좌
(불효자의 헛된 꿈 그리고 천근월굴)

1. 유명한 산과 명혈

일반인들은 순창 회문산 오선위기, 무안 승달산 호승예불, 태인 배례밭 군신봉조, 장성 손룡선녀직금을 전국 열 손가락안에 드는 명당으로 알고 있고, 증산도(태을도)가 회문산 오선위기에 교리를 접합시켜 한국을 상품으로 걸고 주변 4강국이 내기바둑을 두는 형국이라고 설교하고 있다. 회문산에 명당 있다고 믿고 쓴 무덤이 즐비하고, 한 자리에 겹치기로 묻고 무연고 묘가 많아서 회문산 무덤이란 말도 있다. 공원관리소에서 연고 묘 180기, 무연고 묘 500기로 파악하고 있고, 더 이상 무덤이 들여지지 않도록 힘쓴다고 한다.

결론을 말하자면, 순창 회문산의 오선위기는 전국구 10위 내까지는 안 되고 호남 10대혈에 들 수 있겠다.

2. 회문산의 지명 내력과 구성
가) 회문산의 지명유래

* 순창군 문화관광과의 설명에 의하면, 조평(趙平)은 광해군이 적모 인목대비를 폐모할 때(1612년) 반대를 한 탓으로 박해를 받자 회문마을로 피난와서 은거하던 중 인조반정 덕택으로 인조 3년(1625년) 일등공신록에 올려지고 마을 뒷산 1천여 정보를 사패지(賜牌地)로 하사 받았다.(깃대봉에 사패지 표지판이 있다) 그 아래 조평이 살던 마을이름을 따서 회문리와 회문산(回文山)이라 이름하였다.

* 회문산은 바위로 된 천연의 문이 있어 回門山이라고도 한다. 또는 석문으로 들어갔다가 돌아올 수 있다하여 回門이라 하다가 回文으로 변형되었다.

* 회문리 출신 홍대사가 이곳 동굴에서 10년 간 수도하여 지리에 도통하고 회문산 일원의 24명당을 노래한 회문산가(回門山歌)를 지었음에 연유하여 回文山으로 변형되었다.

* 최근 김○암이 특이한 견해를 내어놓았다.(2015.7.13. 대풍련 카페) 중국 東晉의 열녀 소혜가 회문시(回文詩; 문장을 첫 글자부터 끝 글자 순으로 읽거나 그 반대순으로 읽거나 내용이 동일한 詩)를 비단에 적어 직금회문선기도를 작성하였는데, 이 곳 장군봉 모양이 회문산에서 보거나 금창리에서 보거나 같아서 회문이다. 옥룡자는 선녀직금혈의 결록에서 큰 지붕(큰 회문산)과 작은 지붕이 있는 모습이 소혜와 戀敵 모습과 같다고 표현하고 있다는 것이다.(글이 난해하여 잘못 인용하였더라도 양해 바랍니다)

그러나 옥룡자(827~898) 일이승(1600년 중기?) 때 이미 순창 회문산이란 이름이 사용되었고, 여러 각도에서 본 모습이 같지 아니하는 창원 오선위기 또한 회문산이며, 옥룡자의 선녀직금혈이 소혜를 비유하고 있다는 것도 과연 그럴까?(다만 홍대사의 선녀직금혈 만음에서 회문을 보려거든 직금도를 살펴 보소라는 구절은 있다)

나) 회문산의 구성

장군봉(780m, 일명 투구봉, 수창군 구림면 안정리), 회문산(837m, 일명 큰지붕, 안정리, 이하 그냥 회문산이라 한다), 회문산(590m, 중간 회문산이라 할 수 있다. 임실군 강진면), 삼연봉(615m, 안정리), 천마봉(715m, 안정리), 깃대봉(780m, 임실군 덕치면 일중리), 회문산(550m, 작은 회문산이라 할수 있다. 임실군 덕치면 회문리), 시루봉(685m, 안정리)으로 된 한무리의 산을 회문산으로 부르고 있다. 위 8봉 중 삼연봉과 중간 회문산은 주위 산보다 100m 이상 낮고 볼륨이 없어서 산봉이라 할 수 없다. 또 작은 회문산은 큰 회문산에서 멀리 떨어져 보이지 않는다. 이들을 제외하고 최고봉인 회문산봉을 중심으로 하여 北장군봉, 東천마봉, 깃대봉, 南시루봉의 다섯봉을 회문산 五峯이라 한다.(등산인들의 산행기 참조)

* 회문산 개념도-- 문바위, 돌곳(돌곶이라고도 부른다)봉은 680m 고지이다.

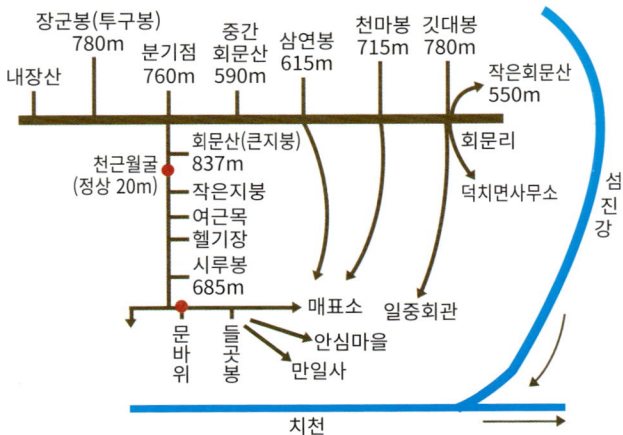

3. 회문산에 관한 결록과 산도

가) 결록과 산도

∗ 옥룡자 유세비록

회문산에 관하여 선녀직금과 패장(敗將)분투형을 들고 있는데, 패장은 한 단계 아래이므로 오선위기와 장군대좌는 없고 선녀직금만 있다는 셈이다.

∗ 일이승 산도

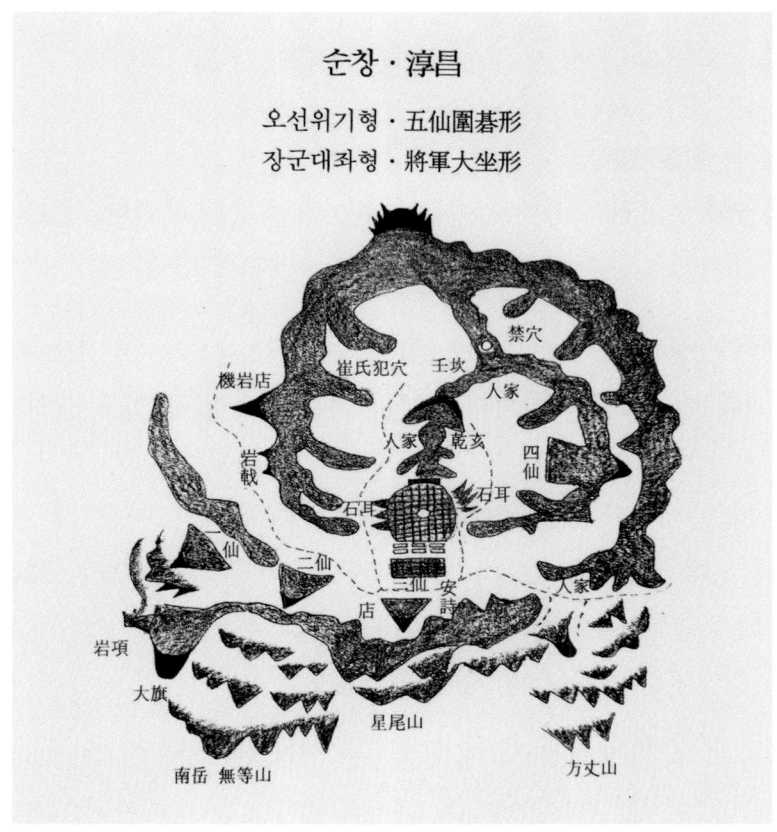

* 일이승 산도 부기 결록

　순창(淳昌) 회문산(回文山)에 오선위기형(五仙圍碁形)이 되어있도다. 이 자리는 상취상정혈(上聚上頂穴), 해좌사향(亥坐巳向), 주인은 배(裵)씨.
　주봉(胄峰) 아래의 중룡(中龍) 남맥(南脈)에 임감(壬坎)으로 전기(轉起)하여 장군대좌형(將軍大坐形)이 건해(乾亥)로 위이절절(逶迤節節), 석뇌입수(石腦入首)하여 임좌병향(壬坐丙向)으로 되어있도다. 이 자리는 구곡수(九曲水)가 조당(堂)하고 곤방수(坤方水)가 궁형(弓形)으로 흘러 을진방(乙辰方)으로 돌아가니 59대 경상지지(卿相之地)로다.
　위에 있는 자리는 금혈(禁穴)이니 상론불론(詳論不論).〈蘆汀〉

* 홍대사 만음가(漫吟歌)
서로 다른 필사본 5권이 전해오는데 내용은 거의 같다고 한다. 괄호안은 필자의 해설이다.

　어찌하여 상산은 둘이요 사호(四皓)는 다섯이라.(사호는 한고조 때 상산에 은거한 현인 4인을 말한다. 회문산에는 상산이 둘 있고 현인 5인이 있다는 말이다)
　가소롭다 금세속안 교눈(嬌嫩)에 병이 들어(俗眼들은 아름다운 산을 찾는데에 눈이 흐려져) 석상의 오선위기를 알아볼 뉘 있으랴. 인간의 문천(文千) 무만(武萬)을 차지할 이 뉘 있을까
　삼산이 멀건마는 방장(지리산)이 위안(爲案)이요, 천지가 광대하나 일관(一棺)이 난용(難容)이라.
　나학천이 세 번 와서 못 찾고 돌아간 후(나학천은 두사충의 사위, 연화도인이라는 만음도 있다), 사자암 범벅승{홍대사 자신을 뜻한다}이 생심인들{함부로} 안다하리

구첨(毬簷)은 장석(丈石)이요 합금(合衾)은 반석(盤石)이라.

두류(逗遛)한지 십년만에 흠탄불이(欽歎不已)하건마는(십 년이나 있어서 탄복을 금할 수 없지만), 적선지가(積善之家) 아닐진대 천신(天神)이 강재(降災)하네

만일 혈을 얻게되면 보토(補土) 엄관(掩棺) 혐의(嫌疑) 마소(흙을 가져와서 관을 덮으라) 당대 발복하야 59대 가리로다.

5년내의 일청상(一靑孀)은 구우일모(九牛一毛) 해(害)라.

* 위조된 옥룡자의 산도-- 옥룡자는 오선위기 결록을 낸 바 없는데 홍대사 만음을 끌어와서 만든 위작이다(同旨 김○암). 신선이 바둑 두다가 술에 취하여 누워 잔다는 건 말이 안 된다. 동록, 유좌사파가 특색이다.

나) 대비표

	옥룡자 유세비록 (유청림 刊)	일이승 산도 (무학대사전도서 부록)	홍대사 회문산 만음
회문산 결록	●선녀직겸 　(기암下 艮入首) ●敗將분투형	●오선위기는 　상취상혈 亥坐 　主人 배씨 ●장군대좌(中龍 　南脈, 임좌병향, 　석뇌入首, 　구곡수조당, 　곤방수가 弓形으로 　을진으로 　돌아간다) 　59代경상지지 금혈	●선녀직금 대혈 ●오선위기는 　석상혈, 방장산위안 　구첨은 장석이요 　합금은 반석, 　보토엄광 　당대발복 　59대경상 　5년내1청상 　장군봉下(회문봉 　아래가 아니다)
비고	오선위기와 장군대좌는 없고 선녀직금만 있다.	장군대좌가 59대 경상지로 대혈, 오선위기는 次穴, 선녀직금은 없다.	오선위기가 59대 경상지지이고 장군대좌는 없다. 선녀직금은 옥룡자와 유사

　요약하면 옥룡자는 선녀직금만을 말하고 일이승은 장군대좌를 주혈(主穴)로 치며 오선위기는 차혈(次穴)이라 함에 대하여, 홍대사는 오선위기가 59대 발복지인 주혈이고 선녀직금이 차혈이며 장군대좌는 언급 없다. 회문산이라 하면 오선위기부터 떠올리는데 홍대사의 만음이 없었다면 일이승의 장군대좌가 회문산의 대표적 대혈이 되고 오선위기는 유명할 수 없었을 것이다. 그러므로 장군대좌와 오선위기의 관계를 규명할 필요가 있다.
　즉, 첫째로 59대 경상발복지는 오선위기인가 장군대좌인가?(어느 혈이 대혈인가?), 아니면 둘 모두 59대 발복지인가?

둘째로 홍대사의 오선위기와 일이승의 장군대좌는 혹시 같은 곳이 아닌가? 이 점은 물형이 다르고 혈처의 구조가 다르게 설명되고 있으므로 다른 곳이 명백하다.

셋째로 홍대사와 일이승이 말하는 오선위기가 동일한 곳인가?

이런 문제를 밝혀보지 아니한 간산기는 함량 미달이다.

다) 서로 연관성

첫째 문제, 즉 어느 혈이 59대 발복지로서 회문산의 대표혈인가는 홍대사의 오선위기와 일이승의 장군대좌의 혈처를 찾아서 비교해 보아야 알 수 있다.

둘째, 두 선철의 오선위기가 과연 같은 곳일까? 보통은 두 선철의 오선위기가 같은 곳으로 보고(다른 의견 없다), 회문산의 주혈은 오선위기이고 장군대좌는 차혈로 보거나 또는 장군대좌는 무시한다.(일이승보다는 홍대사를 우위에 둔다는 뜻이다) 다만, ○○법회는 장군을 주혈로 보고 오선은 차혈로 본다.

결록을 대조해 보면, 혈처 구성에서 일이승은 상취상정혈(上聚上頂穴)이란 말밖에 없는데 홍대사는 구첨은 장석이요, 합금은 반석이라 하고 보토 엄광하라 한다. 안(案)에 대하여 일이승은 해좌라 하고 홍대사는 방장산이라 한다. 사격에서 일이승은 사선(四仙)을 표시했고 혈처를 차지할 적합자로 배씨(裵氏)를 거론했는데 만음에는 이런 구절이 없다.

발복에서 일이승은 별 말이 없는데 만음가는 59대 장상지라 한다.

서로 다른 장소가 분명하다.

실제로 혈처를 찾아보면 뒤에 보는 바와 같이 홍대사의 오선위기는 실용(實用)이 불가(不可)한 곳으로 일이승 결록지와 다른 곳이다. 두 개의 오선위기가 동일하다고 알고 홍대사결의 보토엄광, 5년 내에 1청상과부를 일이승 결록지에 원용하는 통설적 견해는 옳지 않다.

　이와 같이 옥룡자, 일이승, 홍대사라는 3선철이 내린 결록이 서로 버무러져 해석하기 어렵고 혈처 찾기도 어렵다. 현재 고수라고 자부하는 분 가운데 여러 의견을 승복시킬 神眼은 없다고 본다.

라) 결록 해석상의 오류
　* 59대 발복한다는 말은 오래간다는 비유적 표현이다
　* 홍대사의 만음에서 말하는 五年內의 일청상(一靑孀)은 구우일모해(九牛一毛害)라는 구절에 대하여 5년 안에 청상 한사람 생기지만 그것은 좋은 일이 많은 가운데 하나의 흠에 지나지 않는다고 해석하고 혈에서 청상과부되는 흠집을 찾아 보는 분도 있다.(기가 세어서 현침처럼 터져나오기 때문이라 한다) 그러나 오년 내에 자식 하나가 요절(자식이 요절해야 청상과부가 생긴다)한다면 작은 흠이 아니고 큰 불행이다. 자식이 부모보다 먼저 죽는다면 불효가 되고 부모는 가슴에 죽은 자식을 묻고 평생 가슴앓이를 한다. 이런 불상사를 작은 흠이라 할 수 있을까? 현대 기준으로 보면 손자 이후의 영화를 위하여 장후 5년 내에 자식을 간접 살해하는 흉혈이다. 역시 비유적 표현으로 보아야 된다.

　* 또 일이승 결에 오선위기의 주인은 배씨라는 구절에 대하여 배씨가 썼다고 해석하는 이도 있으나 주산의 오행에 비추어 배씨가 발복받기에 적합하다는 뜻이다. 배씨가 썼다면 裵姓 범장 또는 犯穴이란 표현을 쓴다.

4. 심혈하는 코스
　회문산에는 여러 혈이 있는데 대혈은 선녀직금(옥룡자와 홍대사), 장군대좌(일이승), 오선위기(필자는 일이승과 홍대사의 오선위기가 다른 곳이라 본다)이다. 간산하는 분은 3개의 코스 즉, 회문산과 萬日寺 사이, 삼연봉과 출렁다리 사이(삼연봉 줄기), 깃대봉과 일중리 마을회관 사이의 3개 코스 가운데에 혈처가 있다고 본다.

* 3개 코스

사진출처 : 카카오맵 스카이뷰(https://map.kakao.com)

* 만일사 코스 중 큰 지붕 사진(김성암님 사진 원용)

* 전체적 국세를 보면 간룡은 장군봉에서 동쪽의 깃대봉으로 행룡하면서 도중의 분기점에서 두 갈래로 분지하여 남쪽 간룡은 회문산과 만일사 코스를 만들었고 이 코스가 중심이 된다. 나머지 한 가닥은 깃대봉으로 가서 일중리 회관 코스를 만들지만 외청룡이 없고(일이승 산도는 혈처의 외청룡이 2개이다) 바람막기 어렵다. 삼연봉 코스는 주산 봉우리가 주먹만 하고 래룡과 청백이 시원찮다. 따라서 다수의 사람은 만일사 코스에서 찾는다. 필자도 깃대봉 코스는 회문봉의 울타리로 보고 답사하지 않았다.

5. 홍대사의 만음에 따른 오선위기
가) 1차 탐방

2017년 가을 일이승 산도만 훑어 보고 겁없이 회문산을 찾아 갔다. 입구 주유소에서 기름 넣으며 명당 찾아 왔다고 하였더니 주인은 이런 惡山에 명당 없다, 자기들 중 시조 묘인 말명당이나 구경하라고 하더라. 한참 임도 따라 올라가니 헬기장이 나오고 정상으로 가는 등산길이 있다.

노기를 풀지 아니한 바위 사이를 비롯하여 바람맞이에도 아랑곳 없이 온통 무덤이다. 저런 험한 곳에 묻히면 얼마나 괴로울까, 죽은 부모를 생각하면 저런 곳에 모실 리 없다. 못난 자식 두면 살아 생전에 속 썩힐 뿐만아니라 죽어서도 고생하는 법이다. 유골을 혈 아닌 곳에 묻은 뒤 발복없다고 찾아 오지 않으니 3분의 2가 무연고 묘이다.

정상 200미터 못 미친 길가에 천근월굴(天根月窟)이란 동굴이 있는데 세 사람 정도 들어가 운신할 수 있고 입구에는 동굴 마개바위가 있다. 쌀쌀한 날씨인데도 굴 안은 따뜻한 기운이 느껴져 한참 기운을 받고 나왔다. 정상에 올라가니 삐죽삐죽한 바위이고 검고 질긴 결이다.

나) 홍대사의 내력과 만음(謾吟)의 요지

＊홍대사(홍문 또는 홍성문)는 서자로 태어나서 회문리 아버지집에서 자라다가 13세 때 적자 형들의 박해를 피하여 만일사에 출가하였고 회문리 사자암에서 지리(地理)에 득도했다. 더벅머리 총각이 홍대사 밥을 뺏어 먹고 가는 꿈을 꾸고 신안이 되었다고 한다. 시골 장터로 다니면서 학 사려, 우렁이 사려 하는 식으로 물형을 외치며 명당을 팔아 생계를 이었다. 그의 일화를 보면 분금재혈로 발복할 유족을 조절하는 등 분금을 많이 활용하였고 서자의 서러움 때문인지 양반을 조롱하는 일이 많았다. 회문리 등산로에 홍대사 생가터 안내표지가 있다. 출몰년도는 불명이나, 초대 국회의원 조직현의 조부가 1880년 홍대사로부터 임실 금계포란을 얻어 쓰고 크게 발복했다고 한다.

＊회문산(回文山 또는 回門山) 일대의 명당과 오선위기를 노래한 회문산만음 24가(歌)가 유명하다. 오선위기의 요지는, 석상혈, 방장(方丈)案, 구첨(毬簷)은 장석(丈石)이요 합금(合衾)은 반석(盤石)이다.(구첨은 뇌두 아래부터 전순 위까지를 말하고 합금은 뇌두에서 좌우로 갈라진 물이 전순 아래에서 합수되는 곳을 말한다) 그러므로 입수와 전순아래 합수처까지 길고 넓은 돌로 되어 있다는 뜻이다. 보토엄관(補土掩棺) 싫어 마라. 또 "입수 전순 좌우가 모두 바위이고 바위에 관을 놓고 흙으로 덮으라. 찾지도 말고 찾을 생각도 마라."(이 부분은 출처가 불명한데 지방설화 같다)

다) 홍대사의 오선위기는 어디에 있는가?

＊큰 지붕 회문산이 최고봉이고 안심마을로 내려간 행룡이 만일사 코스의 행룡이다. 장군봉에서 한 가지가 백호가 되어 본룡을 보호하고 만일사 앞까지 와서 금천천의 수구를 만든다. 회문산 정상은 837m인데 일이승의 4仙은 550m밖에 안된다. 선인들의 키가 비슷해야 격에 맞게 되므로 홍

대사의 오선위기는 회문봉과 키가 비슷한 회문산 五峰을 다섯 신선으로 보고 찾아야 된다.

* 홍대사결에서 말하는 "구첨장석, 합금반석" 입수 전순 좌우가 바위이고 흙을 가져와서 관을 덮을 곳은 自明하다. 천근월굴(天根月窟)이다. 혈 처는 바둑 돌통이다.

* 바둑판을 찾는 분도 있으나 바둑고수는 판 없이 말로써 150수는 둔다. 임진왜란 전에 유성룡대감 형이 밤에 등불없이 말로 바둑을 두어 엿듣고 있던 왜적 첩자가 혼비백산하였다는 설화가 있다. 오선위기 중 오직 경남 창원 오선위기가 커다란 바둑판을 여러 개 갖추었다. 神들은 작은 상징적인 판만 있으면 될 것이다.

* 오선위기에서 五仙은 꼭 구비해야 되는데 일이승 결은 四仙을 표시해 두고 있으나 홍대사는 언급 없다. 앞서 회문산 개념도에서 본 오선 즉 장군봉, 천마봉, 깃대봉, 회문산(큰지봉), 시루봉이 五仙이다.

라) 홍대사가 사용할 수 있다고 생각하고 가사를 지었을까?

옥룡자와 일이승이 회문산을 다녀 갔어도 이 혈에 대한 언급이 없다. 이 동굴에 착안하는 이도 없었고, 있다 하더라도 예전엔 호랑이 여우가 들락거렸을 것이고 유명지가 된 뒤(임란 이후?)로는 묘를 쓸 수 없었을 것이다. 김석곤은 명소에 글을 새겼을 터이니 홍대사가 만음을 지었을 때에도 알려진 곳일 터이다. 옥룡자와 일이승은 묘를 쓸 수 없는 땅의 운명을 알고서 그냥 지나갔는데 홍대사는 양반세상을 조롱하는 차원에서 가사를 남긴 것이 아닐까.

6. 일이승의 오선위기와 장군대좌

가) 오선위기

일이승 산도를 보면 一仙은 옥녀봉(450m), 二仙은 무직산(570m), 三仙은 성미산(590m), 四仙은 천마산 래룡 중 제일 높은 곳(480m)이다. 그렇다면 혈처는 만일사 코스 중 400m 高度쯤에 있다. 4인의 신선보다 고도가 많이 높으면 네 사람의 신선이 머리 위에 바둑판을 이고 있어야 되니 말이 안 된다. 이런 관점에서 보면 나머지 한분은 시루봉(685m)이라 하겠다.

진혈처는 만일사 코스 중 들곶봉 방향의 아래에 있다. 평혈에 무직산 옥쇄바위가 바둑알이 되어 案이 된다. 앞에 펼쳐진 전경이 아름답고 위엄 있다. 홍대사가 말하는 석상혈, 보토엄광, 5년 내 일청상이란 당치 않다. 설령 이곳이 결록지가 아니라 하더라도 중등상급의 좋은 혈이다.

* 바둑알에 해당하는 옥쇄바위 사진

나) 장군대좌의 가혈과 진혈

① 도면상으로 보면 오선위기보다 높은 곳에 있고, 물형상으로 보면 장군체가 보여야 된다. 회문산 정상은 뾰족하여 선인체이고 작은 지붕이 장군체이다. 작은 지붕은 시루봉에서 보면 위엄 있는 장군이 두팔을 벌리고 앉은 모습이고 전면에 시루봉이 일자로 펼쳐져 안산이 된다. 미미하게 뇌두가 생기고 선익이 있다. 후손이 관리하는 묘가 있고 입수처에 고총 파묘처가 있다. 그러나 래용이 희미하고 전순이 없어 속기 쉬운 허혈이다. 고산지의 혈은 장풍에 유의해야 하는데 헬기장 위쪽 고도에는 앙천와혈이 없으므로 혈이 맺히지 않는다. 작은 지붕 왼팔도 래용이 밋밋하여 혈이 생길 모양새가 아니다.

* 가혈 장군대좌

사진출처 : 카카오맵 스카이뷰(https://map.kakao.com)

② 삼연봉에서 가느다란 줄기가 내려오다가 5부 능선 쯤 되는 곳에 다소 넓은 혈장이 있고 전순에 커다란 바위가 몇겹 절벽처럼 서서 받쳐주고 있다. 고총이 있는데 혈이 되는 것처럼 보인다. 그러나 主山인 삼연봉이 너무 작고 래용이 날카로우며 생기가 없다. 초보자가 좋아할 곳이다. 이 산 줄기에도 고총들이 많이 있으나 혈은 없다.

③ 진혈은 문바위 동쪽 등산길 옆에 있다. 문바위가 장군체로 앉았고 작은 바위들이 혈뒤에 월아를 만들고 사방에 작은 장군들이 호위하고 그 속에 제법 넓은 평지가 있다. 특히 앞쪽 좌측에 골바람을 막아줄 지각이 있다. 묘가 몇 기 있고 그 중 맨 위의 묘는 석뇌입수이고 잘 관리되고 있으나 좌향이 맘에 들지 않았다. 결록이 말하는 임좌 구곡수조당은 아니나 회문산에 이만한 혈처는 없다. 그러나 왠지 양명함이 부족하여 전국 순위는 아니고 중등중급? 59대경상은 아니고 혈이 험하니 금혈 정도?

* 장군대좌 사진

* 장군혈처 집장

다) 오선과 장군의 비교

오선은 사격이 다양하여 부, 귀. 학문 등 다양한 발복이 기대되는데 대하여 장군은 세상을 제압할 권력이 기대되고 풍운이 따르지 않을까. 발복성향이 다르니 취향에 따라 평가가 다를 수 있으나, 오선이 장군보다 좋다. 즉 회문산의 주혈은 오선위기이다.

7. 옥룡자와 홍대사의 옥녀작금

문바위에서 뒷골 박씨 집장지로 내려오는 데 있다. 장군봉에서 내려오는 베틀에 유의해야 된다. 중등중급.

8. 다른 견해

가) ○○법회의 견해

* ○○법회는 이곳을 교습장으로 사용하면서 열성적인데 2017. 5. 21. 도선국사 카페에 아래와 같은 요지의 간산기를 올렸다.

장군대좌는 회문산(간산자는 일명 투구봉이라 한다) 主龍이 행룡하다가 몸을 돌려 임좌로 만든 금혈이고, 이 룡은 나아가 천마봉을 세웠다. 오선위기는 회문산 주룡이 대룡대세로 가다가 횡락한 룡이 南來하고 해좌사향으로 결혈한 혈이라고 하면서, 4명의 선인은 일이승 산도를 원용하고 석상혈, 59대 장상지, 오년 내 일청상 등 홍대사의 결록을 채택함과 아울러 백호방에 문바위가 있으나 不見이라 한다.

위의 글에서 장군대좌를 만든 龍은 나아가 천마봉을 세웠다고 하니 삼연봉 부근 래맥에 있는 것이고 오선위기는 백호방에 문바위가 있으나 보이지 않는다고 하니 돌곶봉 방향 2개의 산등에서 낙맥한 곳에 있다고 여겨진다.(사실과 다를지 모르겠으나 글 표현은 그렇다) 위의 간산기에서 원용한 산도는 홍대사의 결록을 이용한 출처불명의 산도이다. 호남 제4지라

평가한 것이 특이하다.

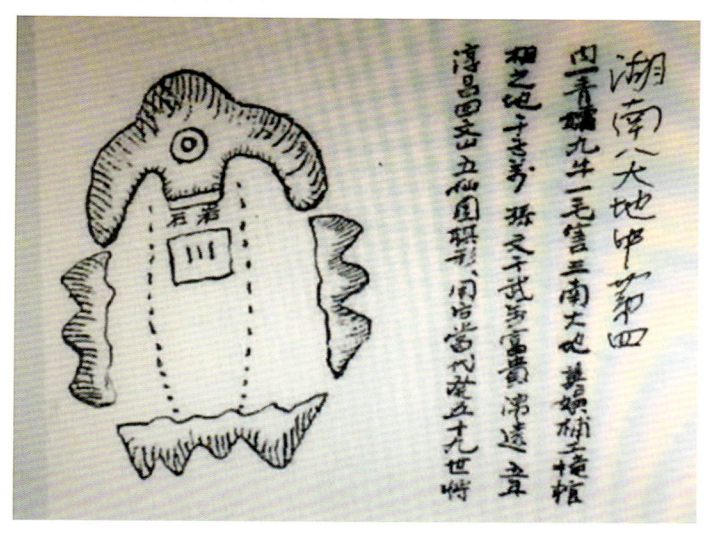

* 위의 간산기에 대하여 문제점을 지적해 둔다.

① 장군봉이 투구봉(胄峰--胄는 투구 주)이고 회문산은 큰 지붕이라는 점에 이견이 없는데(위키백과, 향토문화대전, 등산인의 산행기, 생긴 모양도 장군봉이 투구처럼 보인다) 간산자가 독자적으로 개명함으로써 일이승산도에서 처음 출발하는 주봉(胄峰)을 장군봉으로 보지 않고 회문산으로 오해하게 된다.

② 일이승과 홍대사 결은 내용이 다르다. 동일혈이라면 일이승이 석상혈, 보토엄관, 5년 내 일청상과 같은 주요 내용을 누락할 리 없다. 어찌하여 같은 곳으로 보는지 설명이 있어야 된다.

③ 오선위기에서 5선은 필수요건인데 제5선을 밝히지 못하였다. 만약 회문봉을 제5仙으로 본다면 다른 4仙은 키가 600m도 안되는데 비하여 회문봉은 840m이다. 경남 창원 오선위기 등 키가 비슷한 신선끼리 모여야 이치에 맞다.

나) 또 다른 견해

* 오선위기는 없다.(김○암 2015.7. 대풍련 카페)
* 오선위기는 여근목 아래 반암 부근 해좌이고 수십기가 난장되어 있다.(2014.8. 유청림 카페)-- 필자가 지적한 假穴處인 듯?
* 옥룡자 산도에 있는 선인취와형이다.(앞서 본 것처럼 위작이다)

이상은 홍대사의 오선위기를 말하는 것 같고 장군대좌는 언급 없다.

* 약담봉 등이 바둑 두고 회문산봉이 관전한다는 견해도 있으나, 장군봉 깃대봉 등 2.5km 거리 內에 700m 이상 높은 산이 있는데 5km 이상 멀리 있는 400m 높이의 꼬마 신선을 데려올 리 없다. 증산도가 신선들의 手談을 투전판으로 해설한 것은 바둑의 진미를 모르고 신선 놀음을 폄훼한 것이다(작은 회문산 오선위기 참조). 4강국이 한국을 상품으로 걸고 내기 바둑을 두는 형국이라는데 제일 체구가 큰 회문봉이 주관은커녕 상품이고 상품신세가 된 처지에 신세타령 않고 관전을 하다니 말이 되겠는가.

* 유산록 414~415p에는 주봉 중심 잠락처에 상제봉조형이 맺었는데 결록에 없으나 주혈이라 한다. 별로 공감받지 못하는 견해인데 작은 지붕 아래? 또 회문산 동록에 오선위기가 있는데 차혈이고 누군가 오점하였다 하는 바, 작은 지붕 왼팔?

다) 요약하자면,

깃대봉 코스-- 소수

삼연봉 코스-- 장군대좌(○○법회),

만일사 코스-- 가짜 옥룡자 산도(유좌사파), 오선과 장군,
　　　　　　　선녀(다수 견해), 오선(○○법회)

필자 견해-- 홍대사 오선위기는 천근월굴에 있고 나머지 3혈은
　　　　　　만일사 코스 중 시루봉下에 있다.

9. 천근월굴(天根月窟)

가) 이런 험지에 부모뼈를 묻는 者는 부모님 생각 않고 요행수로 음덕을 보자는 불효자이다. 저 많은 무덤은 불효자의 헛된 꿈이다. 차라리 로또 복권을 사라고 권하고 싶다.

나) 천근월굴은 송나라 소강절이 우주를 주역으로 풀이한 七言律詩 중 마지막 구절인 天根月窟 閑往來 三十六宮 都是春에서 인용한 구절이다. 소강절은 주역을 숫자로 대입하여 풀이한 象數學을 정리하여 학문적 체계를 세운 천재이다. 신혼 첫날밤에 자식을 잉태하였는지 점쳐 보고 다시 그 자식의 자식을 점쳐 보는 식으로 5대 후손까지 점을 쳤는데 5대손이 역모로 몰려 사형당할 신수임을 알게 되었다. 선생은 담당 판관의 생명을 구해 주는 비책이 적힌 상자를 유족에게 남겨주고 급할 때 판관에게 주라고 유언하였다. 실제로 5대손이 역적에 몰려 죽을 위급상황이 생기자 비책상자를 내어놓아 판관의 생명을 구해주고 5대손을 구했다는 설화로 유명하다. 시인이라기보다는 주역학자이고 위의 詩도 주역풀이를 노래한 것이다. 三十六宮은 인체 또는 우주 사계절을 말한다. 陰陽이 한가로이 왕래하니 온통 봄이라는 뜻 또는 음양이 조화를 이루면 번성한다는 뜻이다. 글을 새긴 동초(東憔) 김석곤(金晳坤. 1874~1948)은 지방 유학자이었다는데 이곳 외에도 내장산 불충암 등 높은 산에 석공을 데리고 가서 글을 새겼다고 하니 참으로 한량이었던 모양이다.

* 천근월굴 사진

다) 홍대사의 오선위기 혈처가 천근월굴이라고 주장하는 사람은 본 적이 없으나 구첨은 장석이요, 합금은 반석, 보토엄광이라는 요건을 다른 곳에서는 맞출 수 없고 굴 내부는 좋은 기운이 있다.

천연의 돌문이 있어 들어 갔다가 되돌아 나올 수 있는 곳이 천근월굴이요, 홍대사가 10년간 면벽 수행한 곳도 이곳이며, 깨치고 보니 앉았던 곳이 오선위기라고 노래 부른 곳도 이곳이다.

이상으로 회문산 대혈을 찾아 보았는데 오선위기는 일반 생각과 달리 상등급은 아니고 중등상급이다. 홍대사가 제시한 숙제를 풀었다는 점에 큰 의의를 두고 일단 假說을 구성해 본다.(2019.10.)

회문산에 상아저혈과 천마시풍혈이 있는가?

1. 회문산 문바위 남쪽면에 상아(象牙) 젓가락(箸)처럼 두 가닥의 바위가 급경사로 내려온 곳이 있다. ○○법회 주장에 의하면, 그 아래 묘를 쓰

면 장남은 죽게 되지만 큰 대혈이 있다. 그리고 천마산 정상에 천마시풍(天馬嘶風) 혈이 있다고 한다. 상아저혈은 옥룡자, 일이승, 홍대사의 결이나 만음에 없고 지방설화로 전해 오는 것 같으며, 천마시풍혈은 홍대사 만음 중에 "등공시풍 저 천마를 알 사람 뉘 있으랴. 금안(金鞍: 안장)은 左에 있고 옥륵(玉勒; 굴레)은 右에 있다"는 딱 두 줄이 있다. 과연 그런 대혈이 있을까?

2. 상아저혈은 바위가 급경사로 내려온 밑에 있다는데 절벽 밑은 살기가 강하여 음양택이 될 수 없고 기도처 또는 무당집이 된다. 상당한 거리를 두더라도 속인(束氣와 結咽)이나 낙맥에 의하여 살기를 벗고 유연한 곳 또는 자연스럽게 현무나 월아로 위쪽의 험기를 막아주는 곳이어야 하는데 그런 곳이 없다. 발복에 있어서 장자가 죽는다고 하니 흉지이다.

* 문바위 남쪽면 사진

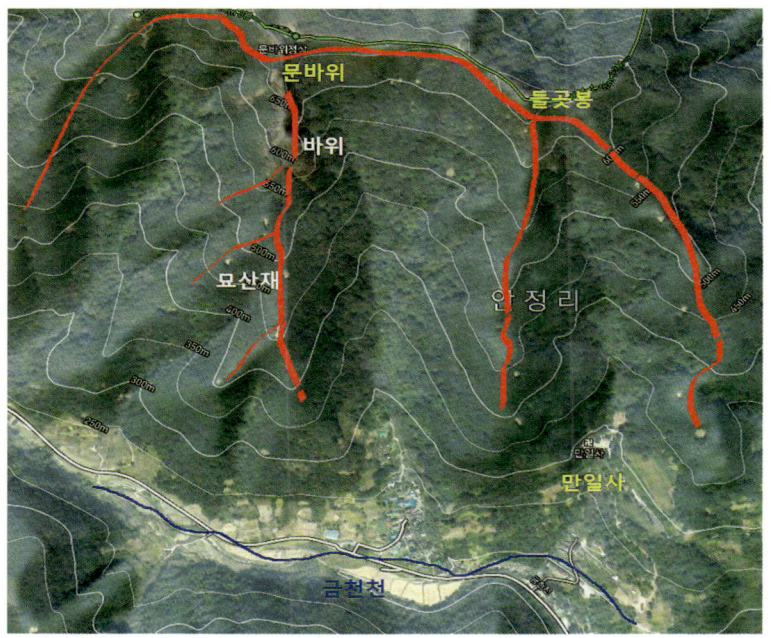

사진출처 : 카카오맵 스카이뷰(https://map.kakao.com)

3. 천마봉 정상에는 평탄한 곳이 있고 묘도 보인다. 그러나 장풍이 안 되고 풍력발전소를 세우는데 적격이니 혈이 될 수 없다. 천마봉 남쪽 면에 가지 한 개(一枝)가 생긴 듯 보이고 묘가 쓰여져 있으나 역시 아래에서 오는 바람을 막을 수 없다. 그럼에도 홍대사는 어찌하여 천마시풍을 만음으로 노래를 불렀을까?

홍대사의 회문 24가(歌)는 혈처에 관한 결록이 아니고 혈처 비슷한 곳을 소재로 하여(물론 그중에는 실제 혈이 맺힌 곳도 있을 것이다) 가사체 형식으로 시(詩)를 지은 것이다. 홍대사의 문학적 작품이다. 그러므로 정확하게 결혈된 곳이 아니라도 비슷한 곳이 있으면 진혈로 가정(假定)하여 시의 소재로 삼은 것이다. ①우선, 옥룡자나 일이승은 기술 형식이 간편하고 실제 답산한 혈처를 묘사하였기 때문에 그에 상응한 진혈이 존재한다. 만음은 쓸데없는 가사를 많이 늘어 놓았고 노래 대상이 된 진혈이 반드시 존재한다고 볼 수 없다. ②현학적인 중국고사 또는 중국문헌 구절을 다수 인용하여 가사적 운치(韻致)를 유지하였다. 천마봉에서 천마시풍형 같은 느낌을 받고 그 감흥으로 만음가를 작사한 것이다.(2019.12.)

전북 고산 운암산 선인독서
(玉을 못 보고 잡석 갖고 싸운다)

1. 선인독서와 장군대좌

고산 운암산에 관하여 선인독서형이라는 만산도(성거사에 관한 언급이 있다)와 장군대좌형이라는 두사충의 용혈도가 있다. 두 결록은 혈처가 운암산 대아곡이라고 하므로 같은 곳을 두고 선인독서와 장군대좌로 나누어지는가? 한편 일이승 산도는 고산 東20리에 선인독서가 있다고 하는데 이 산도 또한 만산도가 지적하는 운암산 선인독서인가? 운암산 선인독서에 관하여 2013년 은천 선생과 김○암 선생이 논쟁한 바 있다. 3개 산도의 진위, 두 고수의 논쟁을 검토하고 진혈을 찾아 본다.

2. 결록과 산도

* 만산도 선인독서-- 좌향기재 없음. 이 결록에 성첨정(成僉正)이 등장하는데 성거사를 말한다.

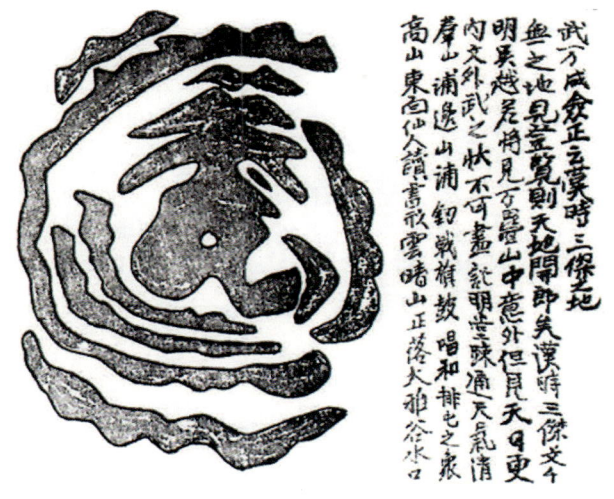

* 산도에 부기된 결록

高山 東面仙人讀書形 雲請山(註, 운암산)正落 大雅谷水口群山浦邊山浦 劍戟旗鼓唱和排屯之狀 內文外武不可盡記 明堂疏通 天氣淸明吳越若將見 萬疊山中意外 但見天日更無之地 見登覽則天地開郞矣 漢時三傑 文千武萬 成僉正云 漢時三傑之地.

-- 요지는, 고산 동면 선인독서형, 운암산 정락, 대아골물은 군산과 변산포구로 나간다. 창칼, 깃대, 북이 있고 군대를 물리고 연주를 한다. 만

첩산중에 천지가 맑게 펼쳤다. 성첨정 말하기를 한나라의 장량, 진평, 한신 같은 공신이 나는 자리이다. 앞의 내용을 보면 장군대좌 내지 개선장군설연형(凱旋將軍設宴形; 개선장군이 잔치를 벌리다)을 말하고 있다.

 * 두사충 장군대좌-- 무학대사 지리전도서 377p. 운암산정락, 대아곡에 졌다. 산도와 결록 내용이 앞에서 본 만산도와 거의 같다. 동일 혈처를 두고 만산도는 선인독서라 함에 대하여 두사충은 장군대좌라고 한 것이다.

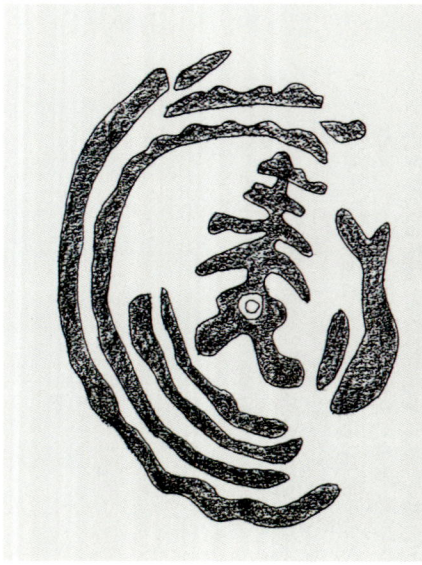

고산(완주) · 高山(完州)

장군대좌형 · 將軍大坐形, 雲岩山

고산(高山) 운암산(雲岩山)에 장군대좌형(將軍大坐形)이 정락(正落)으로 떨어져 대야곡(大也谷)에 져있구나. 군산포(群山浦)와 변산포(邊山浦)가 눈에 들어오고, 검극기고(劍戟旗鼓)가 갖추어져 있고, 화외배내(和外排內)한, 화려한 문무지상(文武之狀)을 가히 다 기록할 수 없으니, 이는 한시(漢詩)의 삼걸지지(三傑之地)와 같도다. 〈杜師忠〉

 * 일이승 선인독서 산도(무학대사 전도서 375p)-- 앞에 게재한 두 개의 산도는 운암산이라고 표시하였음에 대하여 이 산도는 고산 동쪽 20리라 하고 운암산이란 말이 없다. 운암산 정낙에는 신유좌가 되는 곳은 없고 저수지 건너 맞은편 동성산에서 찾아 볼 수 있을까? 그러므로 이 산도는 위작이거나 다른 곳의 산도이다. 운암산 선인독서로 착각해서는 아니된다.

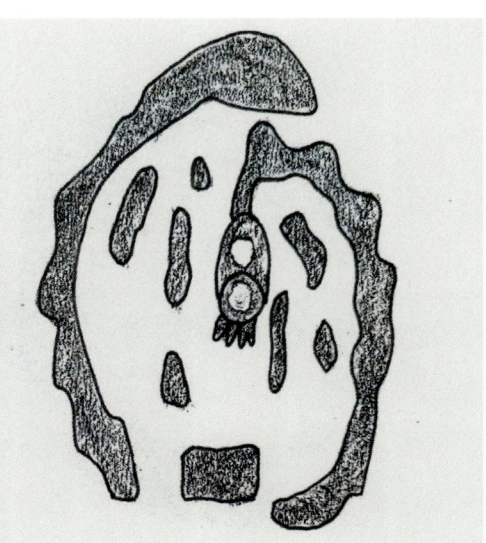

3. 산도의 진위와 국세

만산도는 작성 명의자가 없으나 성첨정(성거사, 박상의 이자백의 스승)이 漢나라의 3걸과 같은 인물이 탄생한다고 말하였다고 적혀 있다. 성거사의 생몰연대는 불명이나 박상의(1538~1621)의 스승이니 임란 직전 인물일 터이다, 한편 정유재란 이후에 활동한 두사충은 임란부터 1620년도에 활동하였다. 이곳을 두고 성거사가 선인독서 결록을 내었는데 두사충이 동일한 내용의 결록(성첨정에 대한 말은 없다)을 작성하고 물형 명칭을 장군대좌라고 바꾸었다는 것은 생각하기 어렵다.

한나라 삼걸(三傑) 운운한 점으로 보아 두사충의 결록이 진짜 같다. 실제 답사해 보면 두 개의 물형이 모두 적용될 수 있으되 장군이 더 적합하다. 만산도는 두사충 이후에 두사충 용혈도를 원용한 것이라 추정된다.

 * 운암산(雲巖山) 대국(大局)-- 운장산에서 북으로 나온 가지는 기차산을 거쳐 진안군 대부리 산52에서 분지하여 한 가지는 북서로 길게 돌아 군산항까지 가고 다른 가지는 대둔산을 거쳐 계룡산으로 간다. 기차산에

서 군산항으로 가는 도중에 702고지(고산면 소향리 산1-2)에서 남서로 가지를 내려 운암산(605m)을 세웠다.

　*운암산 중국-- 진혈은 대아리 산62-2이다. 김○암은 물탱크 아래에 혈처가 있다고 하고 은천은 그곳에서 도보로 10분가량 위로 올라간 곳을 주장한다. 두 곳은 동일한 소국 내지 中局에 속한다.

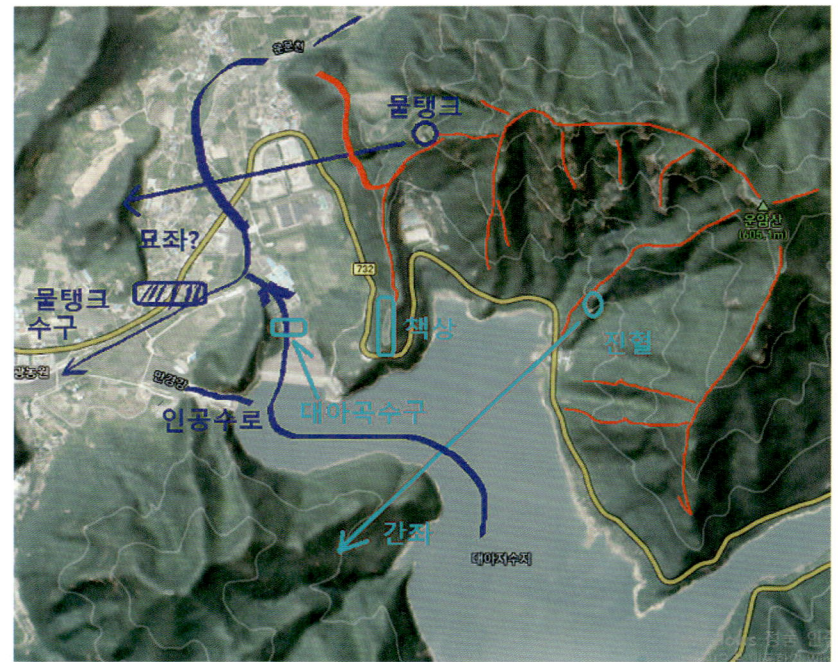

사진출처 : 카카오맵 스카이뷰(https://map.kakao.com)

4. 물탱크 부근이 혈처가 아니라는 결록상의 논거

　*수구가 다르면 소국(小局) 내지 중국(中局)이 다르다. 그러므로 결록들은 득수파구를 묘사한다. 이것은 철칙(鐵則)이고 하수도 다 안다. 위의 지도를 보면 물탱크 부근의 물은 대아곡이 아닌 만경강 지류로 흘러 들어가 소향보건진료소 부근(지도상 파란색 표시)이 수구가 된다. 그런데 결록은 대아곡이 수구가 된다고 하였으니 결록과 다른 局임에 틀림없다.

* 결록은 운암산 정락(正落, 바로 떨어짐)이라 하였는데 물탱크 부근은 정락이 아니고 측낙(側落, 옆으로 떨어짐)이다. 정락과 측락을 무엇으로 구별하는가? 수두(垂頭, 머리의 수그림)이다. 산에 가서 행룡 내지 기운이 어느 방향으로 가느냐를 판별하려면 산의 머리가 어디로 수그리는가를 예의 주시해야 된다. 이것은 형기론자의 필수 심혈법이고 이기론자도 많이 채택하는 심혈법이다. 아래 사진을 보면 운암산 정상이 대아곡(지금은 대아 저수지)으로 수그리고 물탱크 쪽으로는 수그리지 않는다.

사진출처 : 카카오맵 로드뷰(https://map.kakao.com)

* 대룡대세를 추적하는 것은 어떤 龍이 어디로 몰려가서 어디에 주산을 만드는가를 관찰하는 방법이다. 결록에 운암산이란 주산은 확정되어 있으므로 그 산이 어느 곳에 혈을 맺는지 추적하면 된다. 태조 운장산에서 대룡대세를 따라 간다면 하필 운암산에 도착하겠는가. 오히려 대둔산을 거쳐 계룡산으로 북상하였을 것이다.

5. 물탱크 주장지는 형세상 비혈지이다
    * 주산이 돌보지 않는다

* 박환이 덜 되어 살기가 있다.
* 수구가 긴밀하지 않다.

6. 진혈의 성상(性象)

안산은 옥녀이다. ①선인독서로 본다면 선인이 독서를 하다가 옥녀가 찾아오자 책상을 오른 쪽으로 물리고 옥녀를 맞이하려는 자세이다. 선인이 독서삼매경에 빠지지 않고 옥녀를 만나는 것은 흉보이는 처사이지만 박환을 하였어도 워낙 화기가 강한 탓으로 공부만 하고 있다면 절손되었을 터이니 옥녀를 만나는 것이 음양의 조화에 맞다. ②장군대좌로 본다면 주봉과 좌우봉이 엄청 위세가 좋다. 선인보다는 장군 몸매이다. ③혈처에는 낙안 오씨가 300년 전에 썼고 그 위에 부인묘가 있으며 2020년에 사토하고 잘 관리하고 있다. 이곳에 여자가 묻혔으면 발복하기 어려웠을텐데 절묘하게 역장을 쓰는 바람에 부인이 비혈지인 위에 묻혔다.

* 운암산 중출

* 옥녀와 책상

* 오씨 부부 묘-- 이미 중간 규모 문중의 중시조 묘가 되어 있다.

* 비석 후면과 측면-- 1982년 8대손이 비석을 세웠다.

7. 진혈처의 논거

 * 운암산 정락과 대아곡 수구라는 결록에 맞다.

 * 운암산 정상이 대아곡 방향으로 내려다 보고 있고 중출맥에 기운이 실려 있다.

 * 정상에서 작은 봉우리를 세우면서 굴곡하여 와서 혈처를 만들었다. 박환되었다는 뜻이다.

 * 수구가 확실하다.

 * 이미 파시조로 발복하였다.

한마디 덧붙이자면 두사충 장군대좌형이 원작이고 선인독서형이라는 만산도는 후세의 고수가 작성한 것이라 추측된다.(2021.12.)

전북 고창군 오산면 반암리 금반혈인가, 선인취와혈인가?

1. 반암리의 구조

반암리에는 유명한 병바위가 있는 호암마을(병바위의 한자인 壺巖을 따온 것이다. 병바위마을을 영모마을이라 한다)과 치알봉 아래에 있는 반암마을(옛 지명이 흥덕면 호암동이다)이 있다. 병바위 부근에 금반형의 음택이 있고 반암마을에 선인취와형의 음·양택이 있다고 알려져 있다.

* 반암리 중국

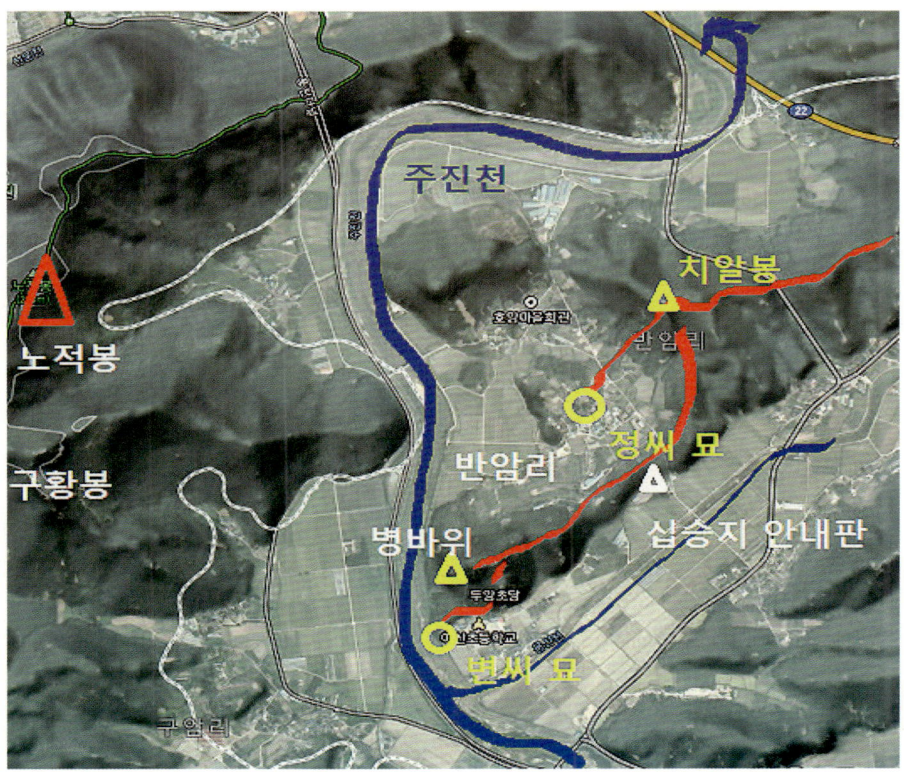

사진출처 : 카카오맵 스카이뷰(https://map.kakao.com)

방장산(743m, 고창 신림면)의 서쪽 행룡은 평지를 거쳐 호암산에서 일어서고 화시산 사자봉으로 간 다음 남쪽으로 행룡하여 치알봉에 이르러 한 가지는 내려가서 반암마을을 만들고 다른 가지는 청룡이 되어 주진천(인천 선생을 기리어 인천강이라고도 부른다)까지 밀고 가서 병바위 일원을 만들었다.

2. 호암마을(또는 반암마을)의 금반혈
가) 간산기와 산도

* 유산록 전편 378p. 금반혈을 찾아서 천여 년 간 수많은 인사들이 헤매어 다니고 묘를 쓰고 있으나, 찾은 사람이 없다고 한 뒤 도선국사 결록이라면서 장문을 소개하였는데 그 요지는 아래와 같다.

굴 중에 있는 혈을 누가 알아 볼꼬, 태극으로 결혈하여 선운 백운 양산 간에 호남대지 숨었구나. 병암을 옆에 놓고 취한(醉漢) 다시 돌아서니 그릇 재혈하면 대대로 역신 나리로다. 혈성이 원후(圓厚)하여 천재체로 생겼으니 사대왕비 칠대장상 넘쳐난다. 재혈이 극난하다. 평중원와중에 맺힌 호남대혈을 어느 적덕군자가 얻을까. 자계(子癸) 입수하여 간득(艮得) 술파(戌破), 부귀영화 천만대.

* 유청림 풍수기행 119p. 주진천 위에 있는 초계 변씨 세장산이다. 병품암(소반옆 가로로 있는 바위, 별로 쓰이지 않는 이름인데 소반의 일부라 하겠다) 아래 쓴 묘는 수화염정으로 무후지이다.(注: 그러나 관리가 잘 되고 있으니 무후지는 아닐 것이다) 강가의 묘는 금반 윗쪽에 맺혔으니 금반은 봉인석(封印石)이 되었다. 상하(上下)의 변씨 묘 중간에 있다고 볼 여지가 있으나 주진천의 수기(水氣)를 피하여 상(上)묘 뒤로 가야 된다. 선인 취와형이라는 반암마을 영일 정씨 묘(김성수 조모묘, 원래 집이 있던 곳을 비싸게 매입하여 썼다)는 옥룡자 결록지가 아니다.

* 일이승 산도-- 두 묘 사이에 진혈 있다고 한다.

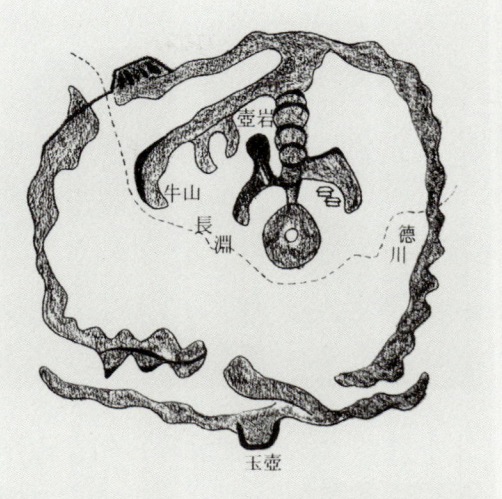

고창 · 高敞

금반옥호형 · 金盤玉壺形

고창(高敞) 흥덕(興德) 서남쪽 삼십리(三十里) 지경의 호암(壺岩)에 금반옥호형(金盤玉壺形)이 되어있으니, 대천(大川)이 횡류(橫流)하고, 외용호(外龍虎)가 둘러싸고 (回抱)있는 갑사중(甲砂中)의 토혈(土穴)이로다. 이 자리는 변종(卞塚) 상하지간에 진혈(眞穴)이 숨어있으니 속안(俗眼)은 점지하기 어려우리라. 이 자리는 방동산(方東山: 方丈山)에서 내려온 용이 초초위이(超超逶迤) 삼십리에 작혈대세기상(作穴大勢氣像)을 이루었으니 백자천손(百子千孫)에 부귀겸전지지로다. 〈蘆汀〉

나) 현장 사진

* 병바위 일원 사진

* 병바위와 소반바위

* 상하 변씨 묘(일이승 산도는 이 2묘의 上下 사이에 진혈이 있다고 함)

다) 검토

병풍암 바로 밑에서 아래로 내리 쓴 몇 기의 묘는 탈살이 안 되어 볼 것 없다. 소반암에서 강가로 내려 온 암석 위에 흙이 덮여 있고 둥그런 형체는 금반 모양으로 보이는데 소반이 병과 함께 엎어져 있고 금반은 소반에서 떨어져 나온 쟁반같이 보인다. 변씨 묘가 상하로 쓰여 있고 언뜻 보기에 위쪽 인천 변성진 묘 바로 아래에 혈이 맺힌 듯 보이나 기운이 없다.

이곳 금반에 대하여 두 가지 관점에서 보아야 될 것 같다.

첫째로, 국세를 보면, 청백의 호위 없이 강가로 나왔으니 영구입수가 아니라면 외롭고 장풍이 안 된다. 강 건너 안산이 모두 아래로 흘러 무정하다. 설심부를 보면 주위가 유정할 것을 제1로 친다.

* 강 건너 안산

사진출처 : 카카오맵 스카이뷰(https://map.kakao.com)

둘째로, 형세론에서 보면 전해오는 이야기대로 신선의 발길질에 밀려서 술병은 거꾸로 박혔고 소반은 비스듬히 놓였다. 이 술상은 누구를 위하여 차려져 있는가? 이제 술판을 벌이려는 것인가, 아니면 손님이 술을 먹고 가버리고 파장이 된 술상인가? 신선이 술을 모두 마시고 발길로 차버린 술상이라면 아무런 가치가 없어서 대혈이 생길 수 없다. 이치를 생각해야 할 대목이다.

3. 선인취와(仙人醉臥) 형

반암마을은 내 백호가 마을을 휘감고 돌고 그 너머로 외백호인 우산봉이 병풍처럼 담장을 둘렀다. 청룡은 힘차게 내려가서 호암을 만들었고 전면은 강 건너 저 멀리 선운산에서 출행한 구황봉이 찾아온다.

반암보건소에서 마을로 가는 반암고개에 십승지라는 돌 표지가 있다. 이곳은 정감록의 십승지 중 하나이고 주민들은 음택보다는 양택을 자랑스러워 한다. 마을엔 집과 묘가 뒤섞여 있다.

치알봉에서 내려오는 맥을 추적하면서 백호를 유심히 살피면 영일정씨 할머니 묘 부근이 진혈임을 알 수 있다. 상등초급 대혈이다. 혈처에서 보면 병바위가 비스듬히 거꾸로 서 있는 것이 보이고 병바위를 찼다는 선인의 길다란 다리가 힘차게 보이는데 장딴지쯤 되는 곳이 안산이다.

* 마을 표지석

* 마을 안내판-- 몇 년 새에 안내판이 낡아 읽기 어려운데 아래와 같은 요지이다.(반암마을 출신 김상휘 박사 작성)

예쁜 신부가 가마 타고 반암마을로 시집오는 날입니다. 신부가 탑정에서 오는 큰재(각시봉)를 넘어 마을로 들어오자 분위기가 고조됩니다. 선인봉의 신선은 마동에게 애마를 잡히고 잔치에 오는데 우산봉을 지나면서 잠시 쉬는 사이에 마동은 안장(안장바위)을 벗기고 여물을 담은 구수(구수봉)로 데리고 갑니다. 신선이 잔치흥에 대취하여 누워 버리자 그 와중에 술상과 술병이 발길에 차여 강가에 엎어졌습니다. 애마가 돌아가자고 울자(마명등) 마동은 재갈(재갈등)을 물립니다.

4. 옥룡자 결록과 일이승 산도는 어찌된 일인가?

다시 전체의 국세를 보면 술병과 소반암, 그 아래 쟁반인 금반은 선인취와형을 돋보이게 하는 구도의 일부이고 국세의 중심은 선인취와에 있다. 금반이 있음으로 선인취와가 빛나지만 금반 자체로는 파장된 술상에 지나지 않는다. 옥룡자 결록은 금반에 혈이 있는 것처럼 기록하고 있고(다만 취한이 병바위에서 돌아선다고 하였는데 여기는 취한이 없으므로 달리 해석할 여지는 있다) 일이승 산도는 바로 변씨 묘 즉 금반을 지적하고 고수들도 세부적인 위치는 다르지만 금반형 대혈이 있다고 한다. 물론 인천 묘는 잘 관리되고 있고 그 집안은 선비들이 줄지어 나고, 항일투사, 북한 고위직을 지낸 분이 있고 두암초당을 재건하여 유지할 재력이 있으니 중등중급 명당은 될 수 있겠으나 선인취와에 비교할 등급이 아니다. 그럼에도 두 神眼이 선인취와는 거들떠보지 않고 금반혈을 극찬하는 것은 어찌된 노릇인가?

두 선철의 결록이 전전 과정에서 변질되거나 또는 假託(위조)되었을 수 있고, 아니면 오점하였을 수 있다. 그 분들도 인간이니까 술병과 소반에 취하여 평정심을 잃었는지 모르겠다. 이 혈은 도끼로 불상을 쪼개는 수행승의 자세로 간산하였으므로 결록에 어긋날 수 있다.(2020.1.)

전북 군산시 임피면 술산리 복구형
(最高手들의 지적지를 순례하고 옥룡자 결에 탄복하다)

1. 술산(戌山) 복구형(伏狗形)의 명성과 심혈
옥룡자는 8형제 동방급제(同榜及第)하고 이름이 전국에 떨친다고 하였고 여러 사람이 호남 제1승지(勝地)라 한다. 장익호 유산록은 명당을 논하는 자(者) 이 혈을 논하지 않는 자 없다고 하였다. 명성에 걸맞게 옥룡자 결록, 일이승산도, 만산도 4매가 있고 의견이 분분하다.

  이 혈에 관하여, 선사로 칭송 받는 장익호선생, 이기론의 대가 고제희, 해박한 지식으로 옥룡자결을 해설한 유청림, 통맥법회 수장 리귀홍, 야전으로 일가를 이룬 김기설 등의 간산기가 있다. 그밖에 장용득, 지창룡, 황영웅 등 이름 있는 고수들 또는 숨어 있는 고수들은 견해를 내놓지 않아 속맘을 알 수 없다. 그러므로 위 다섯 분은 이 혈에 관한 1980년대 이래 최고수들의 견해로 보아도 되겠다. 2020.1. 답사한 결과 남산의 과협에 대하여 잘못 알려졌다는 사실, 개밥그릇의 위치, 호남평야에 묻혀서 혈처에서는 알 수 없던 수구모양과 삼태 칠성의 전개, 최고수들의 지적지는 오류를 범하였다는 사실을 알게 되었다. 옥룡자결록은 정확히 기술하고 있다.

2. 결록과 산도
 * 옥룡자 결록(파랑색은 중요한 사격)
   임피지계(臨陂地界) 넘어 가서 술산(戌山) 형세 바라보니
   사십 리를 오는 용(龍)이 절절(節節)히 기복하여
   해십절(亥十節)의 계오절(季五節)에 신술(辛戌)로 과협하고
   복종금성(覆鐘金星) 세웠으니 천하대지 이 아닌가
   임감입수(任坎入首)하여 음래양작(陰來陽作-窩鉗穴로 작혈)하였구나
   간병득(艮丙得)의 정수구(丁水口)에 삼태(三台)칠성(七星) 벌였으니
   만일 하나 얻어 쓰면 부귀 무쌍하리로다
   간병봉(艮丙峰)이 상망(相望)하고 건곤봉(乾坤峰)이 병립(竝立)하며
   자오방(子午峰)이 원조(遠祖-고조이상의 조상)하니 부귀영화하오리다.

육척(六尺) 아래 석함 속에 四百八字 결록 있어 자손복록 벌였으니
적선가인(可人) 얻을 소냐.
조안산이 백리허(百里許)에 사산(四山)이 폭주하며
양수(兩水) 합류하여 가니 호남의 수대지(首大地)라
(두줄 생략)
팔형제(八兄弟) 동방급제(同榜及第) 명만일국(名滿一國)하리로다.
그릇 가서 재혈(裁穴)하면 당대(當代) 멸망 못 면(免)하리.

* 일이승 산도

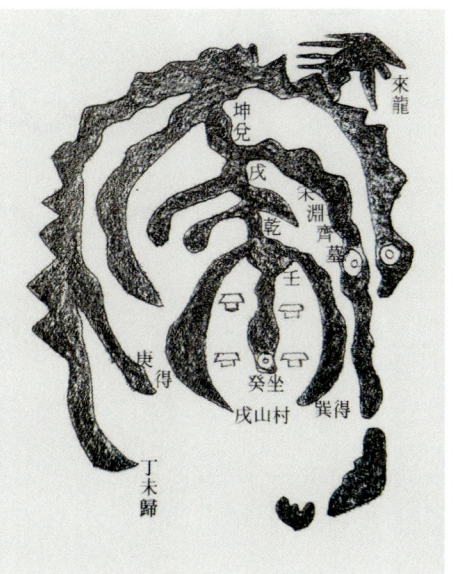

복구형・伏狗形

임피(臨陂) 술산(戌山)에 복구형(伏狗形)이 연화장중(蓮花帳中)에서 추출맥(抽出脈)하여 되었구나. 이 자리는 곤태(坤兌) 신술(辛戌) 건해(乾亥) 임감(壬坎)으로 입수(入首)하여 계좌정향(癸坐丁向)에, 손경득(巽庚得) 정미파(丁未破)로 되었도다. 혈은 최(崔)씨 집 후원에 있고, 혈 아래에는 감나무가 한주 서있도다.
〈甲辰六月十四日 蘆汀〉

도면에 기재된 송연제(송병선. 1836~1905. 애국지사) 묘는 일이승(1600년대 중엽) 사후 200년 뒤 용사되었을 터이니 死後 加筆로 보인다. 송연제 묘를 표시한 산도상의 묘 위치는 실제 위치와는 먼 거리에 있다.

* 장익호 유산록 전편 431p. "탁립 남산연봉이 금수장막 되었는데 중추일맥이 돈기하여 토성체가 되었다. 오기조원국(五氣照垣局)이다. 자좌인데

술좌, 유좌, 계좌라는 견해는 가소롭다."(그러나 일이승은 계좌라고 한다)
 유산록의 산도, 만산도 제4도, 일이승 산도는 거의 같은 내용이나 글을 음미해 보면 구체적인 지적지는 다르다고 느껴진다.

 * 만산도 제1도와 제2도는 사실상 동일한 바, 혈은 최묘, 강묘, 송묘 아래에 있고 동자(임피역 옆)案이고 옆에 천척수가 있다(송연제 묘가 표시되어 있으나 술산초교 표시가 없으니 조선조 말기 작품이다). 제3, 제4도 역시 사실상 동일한데 제1, 제2도와 달리 건장산에 있다는 仙童(공인된 산 이름은 아닌 듯?)案이다. 술산 기차역(1924년 개통, 1936년 역사 준공)이 표기되고 술산초교(1937년 개교) 옆이라 하므로 해방 전후에 작성된 듯하고 최묘 아래에 있다고 한다. 제4도에서 장익호 선생과 은천 선생이 사용한 오기조원국이란 용어가 처음 등장한다.

제1도. 강, 송묘, 동자봉 천척수

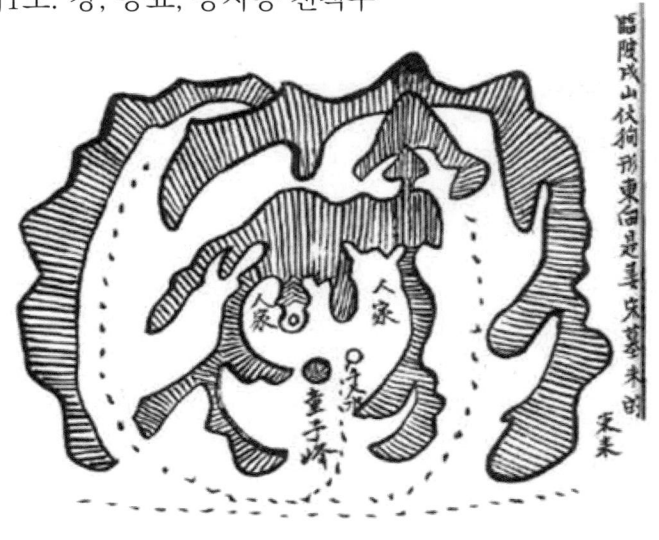

제2도. 최, 강, 송묘, 동자봉 천척수, 술좌

제3도. 仙童案, 계좌, 학교와 기차역 표시

제4도. 선동(건장산) 안, 내당천척수, 외당백척암(옆에 선동) 학교와 기차역 표시. 동네 앞?

3. 행룡

* 태조산에서 남산까지-- 운장산, 천호산, 미륵산, 함라산, 망해산, 취성산, 용천산, 남산(옥녀봉)順으로 행룡한다.(만산도는 마이산을 태조라 함에 대하여 다수는 미륵산을 태조로 본다. 미륵산에서 갈라 선 산맥이 큰 원을 그리고 수구를 만들었으므로 미륵산이 태조이다)

* 남산 직전의 과협-- 임피에서 남산까지 행룡.(옥룡자 결은 亥十節 癸五節 후 신술로 과협하여 남산을 세웠다고 한다)

이제껏 다수는 임피초등학교에서 임피면사무소로 곧 바로 행룡하여 과협한다고 보았기 때문(亥節이 된다)에 계오절을 맞추지 못하였다. 이곳은 소조산들의 해십절 행룡이 아름다울 뿐만 아니라 계오절과 신술 과협 또한 매우 아름답다.

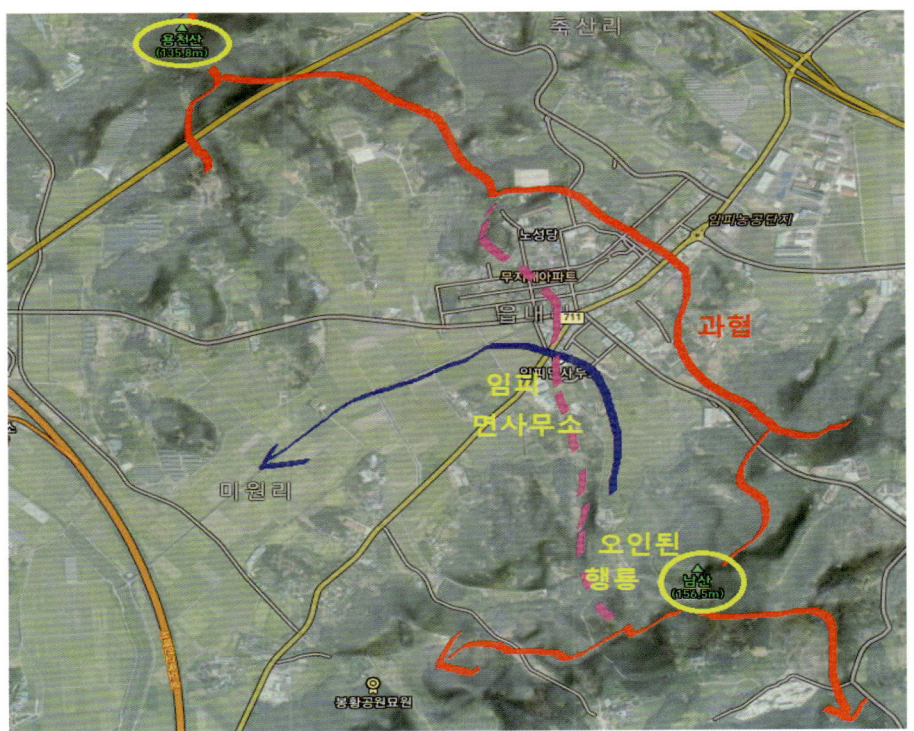

사진출처 : 카카오맵 스카이뷰(https://map.kakao.com)

4. 여러 견해

* 편의상 남산에서 내려오는 지적지의 순으로 적는다.

① 김기설(자미원 카페 2014.5.16.)-- 남산이 복종금형이고 팔각정자가 정상인데 앞으로 내려오면 묘 2기가 있다. 그곳이 혈처인데 재혈을 잘못하여 파혈되었다.

② 고제희(김기설의 자미원 카페 2018.2.13.)-- 남산에서 봉황산 방향으로 가는 중 남산마을 뒤에서 분맥하여 신술방으로 가지쳐 오고 남산저수지를 만나 생기를 응집시킨 곳. 임좌병향이다.

③ 은천 리귀홍(2009.2 참풍수 카페)-- 남산 동쪽 첫 봉우리가 금성체(변전소 뒷산, 元술산이라 한다)로 좌우 7봉 개장하여 현무되고 癸5절(변전소의 절토로 1,2절이 1절로 되었다고 한다) 아래가 혈처이다. 개가 밥그릇 핥는 형인데 밥그릇이 小池(공창제?)이고 진응수이다. 五氣朝元形의 천하대지이다. 7성인, 72대 장상 충효 富貴地. 속사들이 술산초교 옆산을 술산이라 부르고 명산도까지 그려서 풍수계를 어지렵힌다고 하면서 뒤에 보는 명산도를 제시하였다.

④ 유청림(유청림著, 풍수기행 139p)-- 남산이 복종금성으로 소조산이고 개 혓바닥에 혈이 맺혔다. 최씨 종산인데 神壇 바로 뒤가 용뇌이고 10여 보 내려가서 묘갈이 있는 묘의 아래가 혈처이다. 계좌 정향이다.

* 각 견해의 지도상 표시-- 필자의 추정이다.

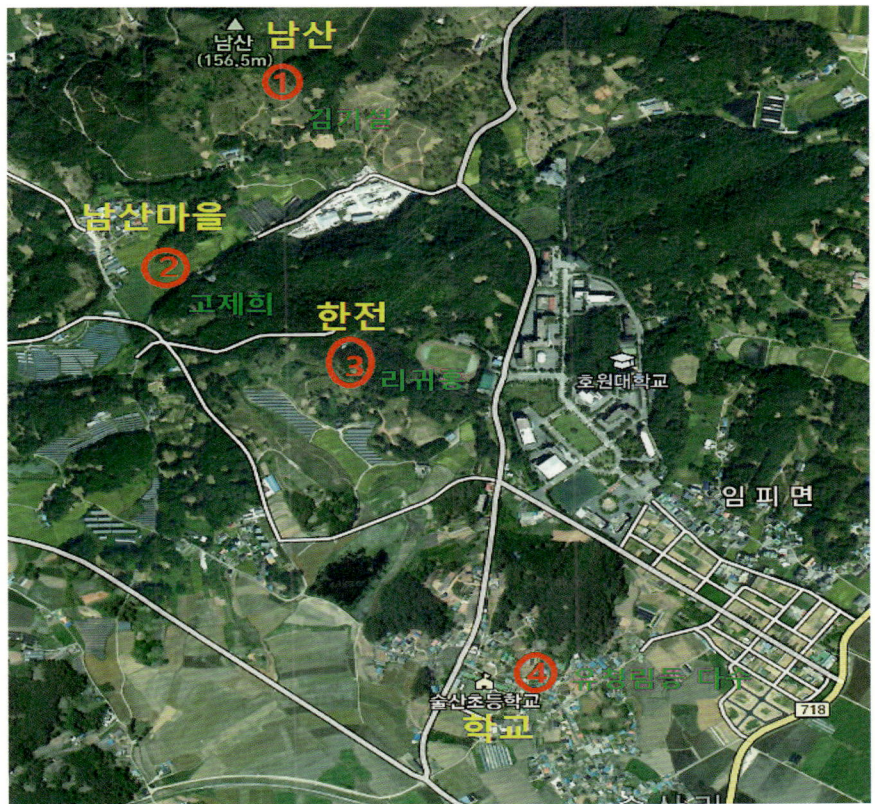

사진출처 : 카카오맵 스카이뷰(https://map.kakao.com)

5. 견해에 대한 비판

가) 학교 옆산 견해가 아닌 것은 옥룡자 결록의 국세에 배치된다.(뒤에 본다)

나) ① 지적지는 남산 정자 밑이라고 하는데 좌향(해자로 쓰여 있다)이 문제 아니다. 저 空中 바람을 어찌 할 것인가.

* 김기설의 지적지-- 남산 정자

② 지적지는 남산마을 下이고 남정지 上이라 한다. 전체 국이 작(小)고 중심도 아니다. 경로당 부근에 남정지를 향하여 5룡이 모여드는 五龍음수형(중등중급)이 있고 복구형이 아니다.

* 고제희 지적지

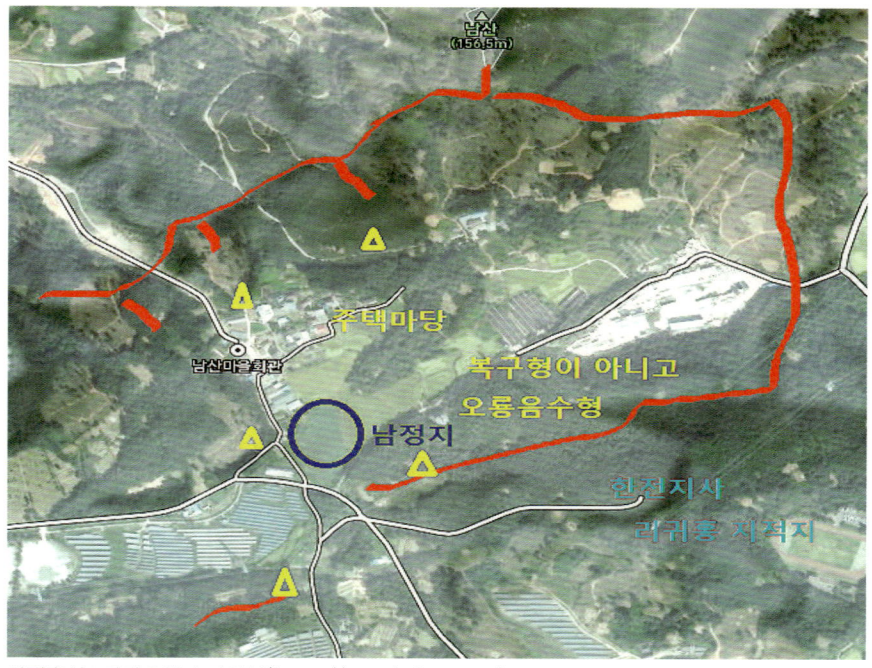

사진출처 : 카카오맵 스카이뷰(https://map.kakao.com)

③ 지적지는 변전소 아래 癸5절이라는데 기운이 멈추지 않고 내려간다. 혈처 전면이 무정하다. 아래 사진의 동그라미 2개가 은천 지적지로 추정되는데(그중 윗 동그라미?) 청백이 시원찮아서 바람을 타겠고 생기가 없다.

＊은천 리귀홍 지적지-- 한전 군산지사 밑이고 장씨 묘 위이다.

사진출처 : 카카오맵 스카이뷰(https://map.kakao.com)

＊오기조원국의 도면-- 리귀홍 作

은천 선생은 오기조원국이라 극찬하지만, 원국이란 빙 둘러 울타리를 친 형국인데 혈처에서 서쪽 대초산까지 3.7km임에 대하여 완주 봉동읍 옥녀봉까지 26km이다. 둥글지 않고 삐죽한 모양이 되고 혈처가 오성의 중심이 되지 않는다. 오기조원국이 아니다. 그리고 명사들이 진혈처를 숨기기 위하여 거짓 산도를 만들었다고 주장하지만, 한 두 사람이 산이름을 바꿀 수 있는 것도 아니고 구태여 거짓 산도를 만들어 배포할 풍수가 있겠는가

* 원국인가?

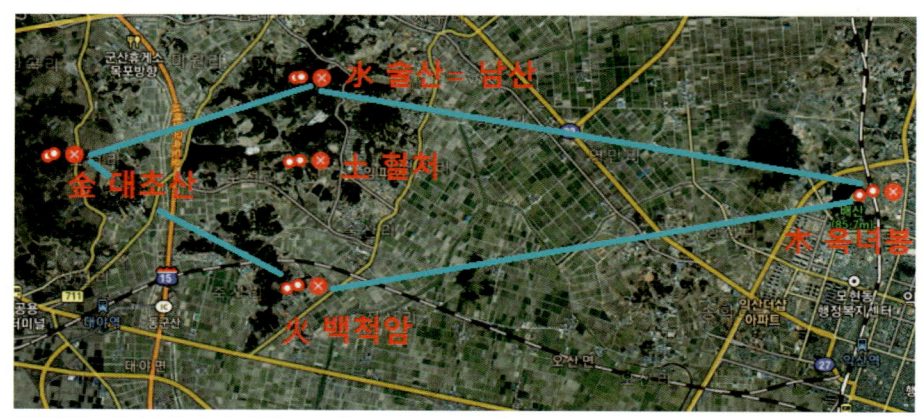

사진출처 : 카카오맵 스카이뷰(https://map.kakao.com)

* 72대(2천 년) 장상지로 발복추산하였는데(註; 가장 긴 발복지로는 옥룡자가 승달산 호승예불을 97대 장상지라 한 것인데 물론 과장이다) 김해 김씨, 밀양 박씨, 동래 정씨 등의 시조가 약 2천 년 전이고 현재 활동하는 후세인은 70대 후손 쯤 되지만 계대(系代)가 확인되고 융성한 가계는 고려 말, 즉 7~8백 년 전이다. 3~4백 년만 번성하면 그 뒤는 시조가 도와주지 않아도(후손들이 또 다른 명혈을 쓸 것이다) 눈덩이 구르듯 자연히 번성하는 것이다. 다시 말하면 시조 음덕으로 2천 년 번성한다는 말은 말이 안 된다. 그런 대혈이 있겠는가? 만약 있다면 생지로는 전국 1, 2위를 다

툴 것이다.

* 이 局에서는 아래 사진의 장씨 묘가 제일 좋은데 초등급 명당이다. 술산은 온통 탐진 최씨 판인데 희한하게 회미 장씨 묘 1기가 있었다.

④ 지적지는 贈병조판사 최씨 묘 아래인데 진혈 근처이지만 혈처가 퍼져 있고 기운이 모이지 않는다.

6. 진혈처
가) 오기조원격(五氣朝垣格)인가?

유산록은 照垣를 쓰고 은천은 朝元이라 하며 사람들은 五星歸垣格이라고도 한다. 토성을 중앙에 두고 오성이 오행 방위(中土, 北水, 東木, 南火, 西金)에 맞게 자리한 국을 말하는데 유산록과 은천 선생이 다 같이 오기조원국이라 하면서도 지적지가 다르다. 귀걸이 코걸이 식이다. 북의 수성은 맞으나 동금, 남화, 서목은 또렷하지 않다. 다시 강조하건대, 오기조원국이 아니다.

나) 옥룡자결이 지적하는 중간 규모의 국세

〈艮丙得, 丁水口에 三台七星, 兩水合流, 임감입수, 음래양작, 간병봉相望

(서로 바라보다), 건곤봉 竝立(나란히 서다), 子午方 遠朝(먼 선조)〉이므로 아래 지도와 같이 학교 옆산이다.(병립과 상망의 모양에 유의할 것)

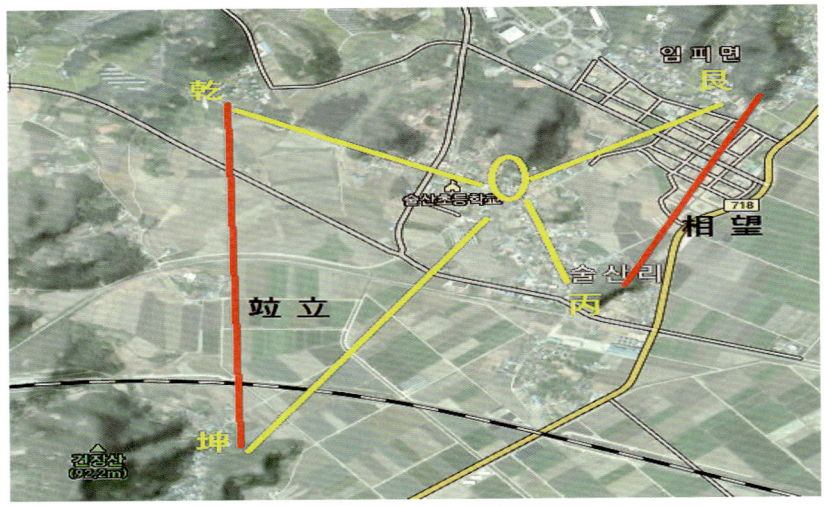

사진출처 : 카카오맵 스카이뷰(https://map.kakao.com)

* 득수와 수구 기타 사격-- 옥룡자결은 艮(註; 탑천) 丙(註; 만경강)得하고, 丁수구에 삼태(註; 입석산 와석산 율산) 칠성(註; 청하산 일원, 정확한 별자리와는 다소 차이는 있다)을 벌렸다고 한다.

사진출처 : 카카오맵 스카이뷰(https://map.kakao.com)

다) 삼태 칠성은 어디서 왔을까?

태조 미륵산이다. 미륵산의 오른쪽 가지는 서쪽으로 갔다가 남행하여 남산을 만들었고, 동남으로 갔던 왼쪽 가지는 남산 앞에 삼태 칠성으로 수구를 만들었다. 길게 돌아 결국(長回結局)한 것이다. 특히 좋은 점은 만경강이 바다로 들어가기 전에 90도로 꺾어 수구를 만들면서 혈처를 들여다 본다는 사실이다. 래룡이 40리를 길게 행룡한 것보다는 태조 미륵산에서 헤어졌던 형제가 평야를 포함한 大局을 만들고 수구에 삼태 칠성을 펼쳤다는 구도가 중요하다.(은천 선생은 삼태는 취성산 부근이고 칠성은 술산개장 7봉을 말한다고 한다. 그러나 취성산은 소조산으로 亥十節 중의 하나이고 삼태성 모양이 아니며 칠봉도 또렷하지도 않고 북두칠성 형태도 아니다) 옥룡자는 우리 생각보다 훨씬 규모가 큰 국(局)을 본 것이다.(앞의 지도 참조)

라) 진혈처는 어느 견해인가?

옥룡자결, 유산록 산도, 일이승 산도는 술산초등 옆이고(세부적인 혈처는 다른 것 같다), 우리를 포함한 다수는 이 견해를 지지한다. 진혈처는 內백호가 통통하고 개밥통은 청룡(개의 왼쪽 다리) 끝(송연제 묘가 있는 곳, 산도와 다른 곳이다) 안쪽에 있었다. 원래 학교옆에 조그마한 동산(개 밥그릇)이 있었는데 지금은 그곳을 깎고 주택을 지었지만(집주인에게 확인함) 그 일원이 지금도 높다. 강씨 묘는 찾지 못하고 최씨 묘 옆에는 양씨 묘가 있었다.

마) 좌향은 어느 방향인가?

좌향에 관하여 자, 임, 건, 술, 유, 계로 나누어지는데 지적지가 다름에 따라 달라진 것이다. 우리가 본 진혈처의 좌향은 자좌 또는 계좌이다.

자좌이면 동자안이 되고 계좌이면 개밥그릇을 보게 되어 있다. 계좌가 전체적으로는 먼 울타리의 중심으로 案이 된다. 다들 동자봉을 무심하게 보는데, 이 물형에서는 대단히 중요하다. 개는 장난기 있는 동자가 나타나자 밥그릇을 뺏길까 걱정하여 바짝 긴장하고 밥그릇을 앞발로 당겨 단단히 지키려는 자세이다. 그러므로 자좌 또는 계좌가 모두 가능하고 멀리 있는 선동은 개의 관심을 끌지 못할 것이니 부적격이다.

전체적으로 볼 때 익산역과 김제평야 쪽이 허술한 것은 어쩔 수 없다. 상등초급 대혈이다. 동자 너머로 바람막이 얕은 산이 있었으면 호남수혈이 되었을 것이다. 옥룡자 결록은 혈 아래 육척에 408자 결록을 석함 속에 넣어 묻었다고 하니 한번 발굴해 보았으면 좋겠다.(2020.1.)

* 진혈처 지도

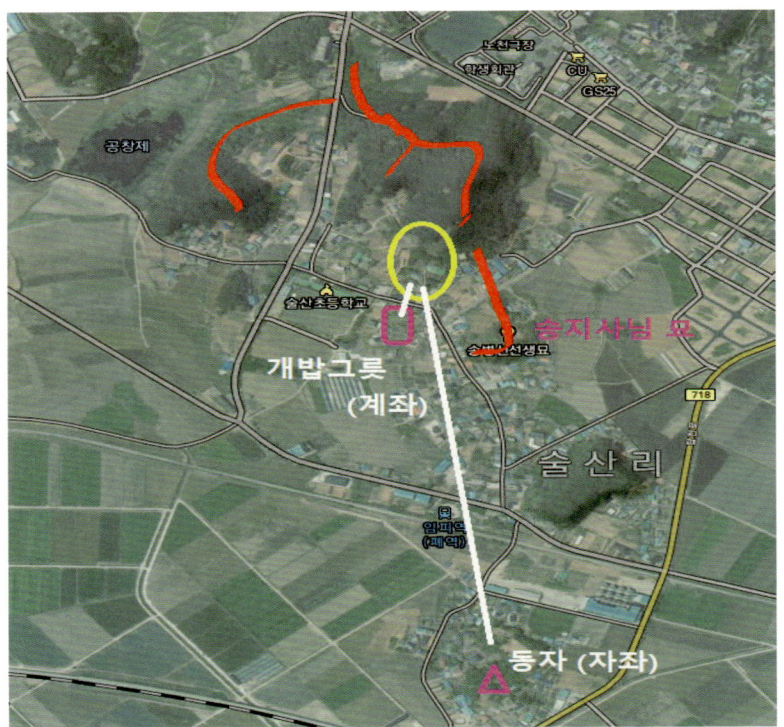

사진출처 : 카카오맵 스카이뷰(https://map.kakao.com)

* 문충공 송연제 애국지사 묘

전북 남원시 대강면 오공형
(물길이 일품인 부귀무쌍 대혈)

1. 유산록 후편126p, 문덕봉이 화개산이 되어 낙맥 20리(남원 西40리) 山盡水回, 대강은 城처럼 둘러싸고, 수구는 석봉긴쇄, 간인손사에 연봉운소. 부귀무쌍. 天下大穴.

2. 행룡과정은 팔공산(장수읍 대성리 1,151m), 문덕봉, 고정봉, 매봉, 오공산으로 이어지는 복잡하고 기이한 행룡이다. 물길은 섬진강이 河回마을 이상으로 싸고 돌며 수구는 20리의 청계동 협곡이다. 매봉과 오공산이 음양의 조화를 이루고 있다. 수구는 삼성 故이회장님의 할머님 묘(경남 의

령군 유곡면 마무리 산57)와 같은 느낌이다. 물형은 오공(전갈)형인데 인연있는 者만이 구경할 수 있을 것이다.

2. 巨富 속발지로 상등초급.(2018.5.)
* 혈처 부근

사진출처 : 카카오맵 스카이뷰(https://map.kakao.com)

전북 남원시 사매면 화사형
(뱀이 용으로 변하는 格)

* 일이승 산도(무학전도서 372p)

* 팔공산-만행산-약산-남원 사매면의 혈처로 행룡하였다. 산도처럼 길고 짧은 많은 뱀들이 흩어져 있으나 혈처 부근에서는 질서가 잡혀있다. 보통의 뱀머리로 생각하면 찾지 못한다. 독기 있는 뱀머리 같은 분위기는 전혀 없고 새끼 용같은 느낌이 든다(王蛇化兒龍격이다). 청룡백호가 균형을 잡았고 전면의 사격이 위엄이 있어서 역량(力量)이 대단할 것이다. 혈장에서 나는 백호쪽을 잡고 의산은 청룡쪽을 찍었는데 관룡자로 측정해 보니 두 곳이 모두 생기가 왕성하였다. 모처럼 상등초급의 생지(生地) 대혈을 보았다. 짝귀스님은 '사람들이 비록 버린다"고 답답한 소리를 한다. 알지 못해서 버리는 것일 뿐 안다면, 그냥 두었겠나.(2023.2.)

전북 남원시 장군격고출동형

* 일이승 산도

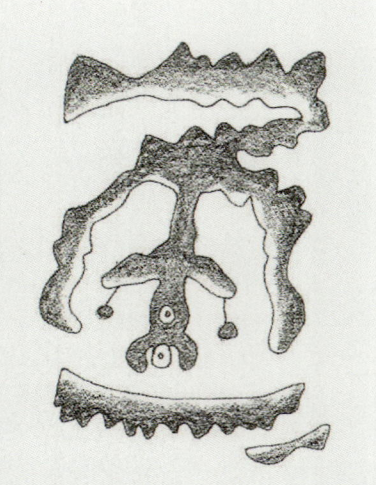

남원·南原
장군격고출동형·將軍擊鼓出洞形

남원(南原)에 장군격고출동형(將軍擊鼓出洞形)이 되어있으니, 뇌후첩암(腦後疊岩) 십리행룡이 검극치주상(劍戟馳走象)과 같고, 둔군나열(屯軍羅列) 백리가 모두 다 기치(旗幟)와 같도다. 시운(詩云)에 이화락진(李花落盡)하고 산조비래(山鳥飛來)하니 복인득용(福人得用)하면 이십년내에 대발(大發)하여 백자천손(百子千孫)하고 구대장상(九代將相)에 명전천추(名傳千秋)하여 공수죽백(功垂竹帛)하리라 하였으니 함부로 전하지 마라. 〈一耳僧〉

* 답사

지리산 노고단에서 만복대를 거쳐 밤재에서 과협하고 원통산을 거쳐 오천강 방향으로 행진하였다. 강 건너편 산이 百里 둔군 나열 형상이다. 산이 약하게 흩어져서 찾기 힘들지만 함부로 전하지 마라는 결록대로 상급 초등 大穴이다. 을좌.(2022.10.)

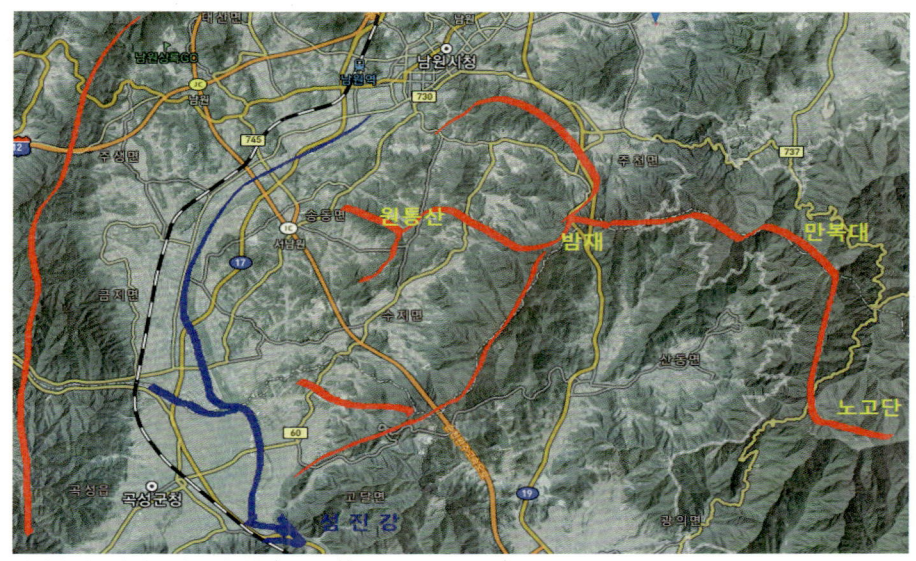

사진출처 : 카카오맵 스카이뷰(https://map.kakao.com)

전북 남원시 천황산 장군대좌와 목단반개화
(장군은 없고 목단은 있다)

1. 장익호 유산록(장군대좌와 목단반개)

* 유산록 전편 389p 도선국사 결록은 "군왕 30대 도학상전출입상(道學相傳出入相) 자손천만, 천지동행"이라 한다. 천황산 갑묘(甲卯)낙맥한 대지(大枝)에 장군대좌혈이 결혈되었는데 대혈이다. 十相팔장 三王妃가 날 터인데 애석하게도 어떤 사람이 묘를 썼으나 대살을 범하였다.

* 동맥이 평지 낙맥하여 三關五戶구비하고, 육수팔길, 해묘미삼합결작, 천리개국하고 면면상운(面面祥雲) 형태로 원근에 상응하며 좌우사는 버드나무같이 겹겹이 흘렀고 봄바람 따뜻한 기운이 넘쳐난다. 은근히 목단반

개화가 숨었으니 알아보기 어렵다. 어느 적덕인이 차지할까.(필자가 일부 편집)

　* 유산록의 천황산 산도-- 군왕삼십대 목단반개, 천왕봉 장군대좌

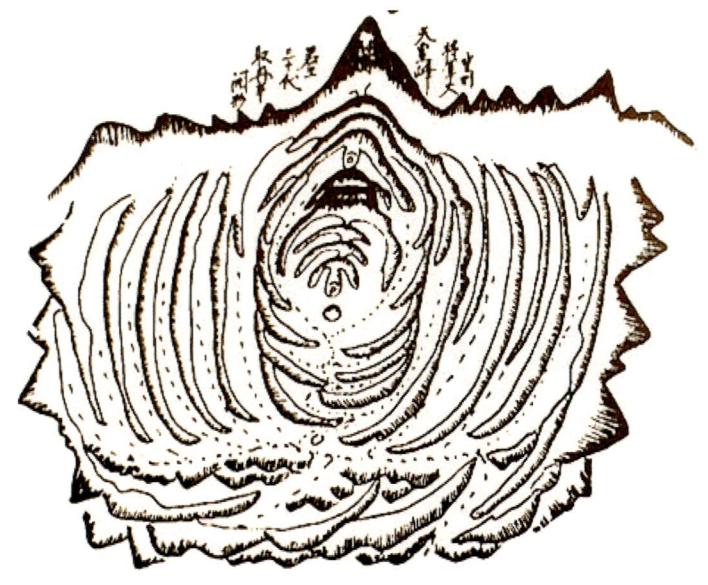

2. 제1차 간산

2020.6. 제1차 간산을 한 결과, 천황봉 갑묘방향의 줄기는 잘게 쪼개져서 장군대좌는 생길 수 없고, 목단반개는 보현사 뒷산에 있을 듯하나 대국이 아니라는 간산기를 올린 사실이 있다. 그중 장군대좌에 대하여 여러 고수가 반대 의견을 제시했다. 유산록을 꼼꼼히 보았던 바 장군대좌에 대한 생각은 변함이 없으나, 목단반개화는 장군과 동일한 中局內(용평제를 수구로한 국내)에 있다고 생각한 것이 잘못되었음을 알게 되었다. 유산록에는 목단반개화는 평지낙맥 결혈되었다고 하면서 형세를 자세하게 쓰고 있었다. 2차 간산에서 목단을 찾았으므로 제1차 간산기를 전면 정정한다.

3. 장군대좌

* 천황산(909m)은 남원시 보절면과 산동면에 걸쳐 있는데 남원사람들은 천황산이라 부르고 코절사람들은 만행산이라 부른다. 남원시는 산은 만행산으로 봉우리는 천황봉으로 정리했다.

* 장수 팔공산-개동산-상서산-만행산-산동 연화산으로 나아간다. 상서산에서 천황봉으로 가는 도중에 두 갈래로 나누어 한 줄기는 도룡리로 가고 다른 하나는 천황봉으로 간다. 용평제를 수구로 하여 둥근 원으로 국세를 만들었는데 보현사가 중심이다

* 천황봉 원국

사진출처 : 카카오맵 스카이뷰(https://map.kakao.com)

① 천황봉 갑묘낙맥은 산줄기가 좁고 연약하여 혈이 생기지 않는다.
② 정상 부근은 굵은 돌과 급경사로 탈살이 안되고 바람막이도 없다.
③ 천황봉은 뾰족하여 목성같이 보이지만 거치른 바위와 여러 갈래 줄기를 내린 모습으로 보아 화성에 가깝다. 목성은 성격이 온화해야 된다. 목

성이 맞다는 반론이 만만찮았으나 혈이 없다면 공허한 논쟁이다. 반대론자는 혈처부터 밝혀야 옳다. ④ 천황산이란 이름값이 있으니 대혈이 있지 않겠느냐는 말도 있었다. 다음지도를 보면 전국적으로 천황산 25개 천황봉 12개 천왕산(천황은 일본이름이라 하여 천왕으로 개명을 하였다) 18개, 천왕봉 54 합계 109개이다. 우리나라에서 제일 흔한 이름이므로 값어치가 없다. ⑤ 보현사 뒷산을 올랐는데 절벽 같은 급경사이고 산등은 칼날 같아서 혈 될 자리가 없다. 그래도 발붙일 틈만 있으면 어김없이 묘가 있고 높은 산등에도 묘가 있다. 올라가기도 힘든데 신기하게도 묘를 쓰고 석물로 치장하여 잘 관리하고 있다. ⑥ 유산록의 산도는 동일한 국내에 목단이 있는 것처럼 그려져 있어서 오판을 하였다.

 * 천황봉은 화산

 * 너절한 뒷면

4. 목단 반개화

평지낙맥, 해묘미 삼합결작, 버들가지가 많이 뻗어 있고 임좌이다. 중등 상급 대혈이다.(2021.6.)

* 목단 국세

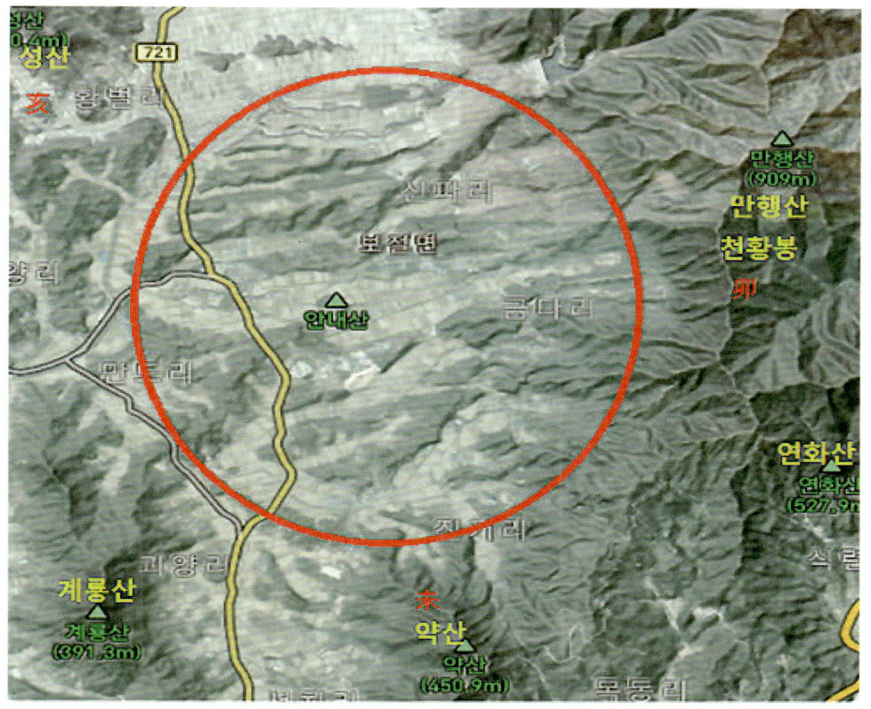

사진출처 : 카카오맵 스카이뷰(https://map.kakao.com)

전북 정읍시 두승산(斗升山) 선인좌부와 선인포전
(결록을 再해석함)

1. 두승산의 결록에 대한 새로운 해석

* 두승산(정읍시 흑암동 두승산, 옛 지명 고부 남부면 영주산)에 양택으

로 선인좌부(仙人坐府, 선인이 앉아 사무보는 곳), 음택으로 호남 8대혈인 선인포전(仙人鋪氈, 선인이 돗자리를 펼쳐 놓은 곳)이 있다. 다만 좌부형도 음택이라는 견해가 있고 주장하는 장소가 각기 다르다. 산도에서 산의 위치와 혈이 있다는 방향을 확인하고 내 공부방법 즉 형기, 국세, 이치에 따라 혈을 찾는다.

  * 이곳에 관하여 결록이 적힌 산도가 2개 있는데 현장과는 맞지 않고 풍수들의 견해도 다르다. 간산해보니 결록을 再해석할 필요가 있었다.

2. 산도와 결록

  * 일이승 산도-- 포전형에 관한 산도이고 좌부형 산도는 없다.

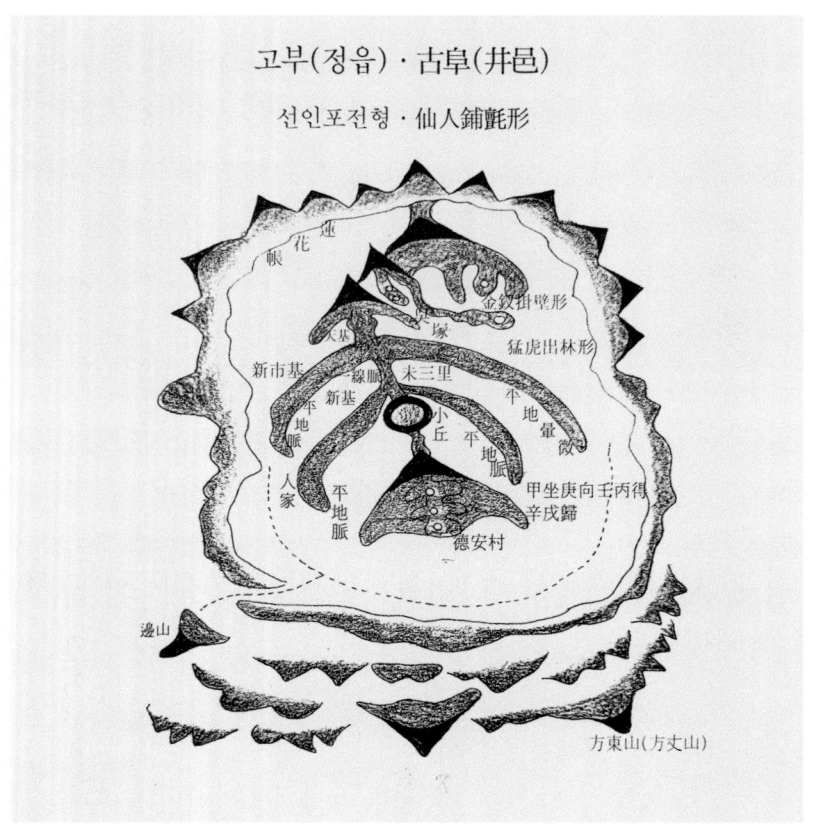

* 일이승 산도 부기 결록

　고부(古阜) 남부면(南部面) 두승산(斗升山) 아래의 손사룡(巽巳龍)에 선인포전형(仙人鋪氈形)이 되어있으니, 이는 연화개장(蓮花開帳)하여 자기충천(紫氣沖天)하고, 갱개소장(更開小帳)하니 일선미맥(一線微脈), 갱기정신(更起精神), 혈작포전형(穴作鋪氈形)이로다. 이 혈을 얻는 자는 천자만손(千子萬孫)에 명공거경(名公巨鄕)이나와 출장입상(出將入相)하리라. 혈이 구슬도 같고 계란도 같아(如珠如卵) 속사는 점지하기 어려우리라.〈辛丑八月初七日 訪留琴洞 蘆汀〉

* 명산도-- 좌부형과 포전형을 함께 기록하였다.

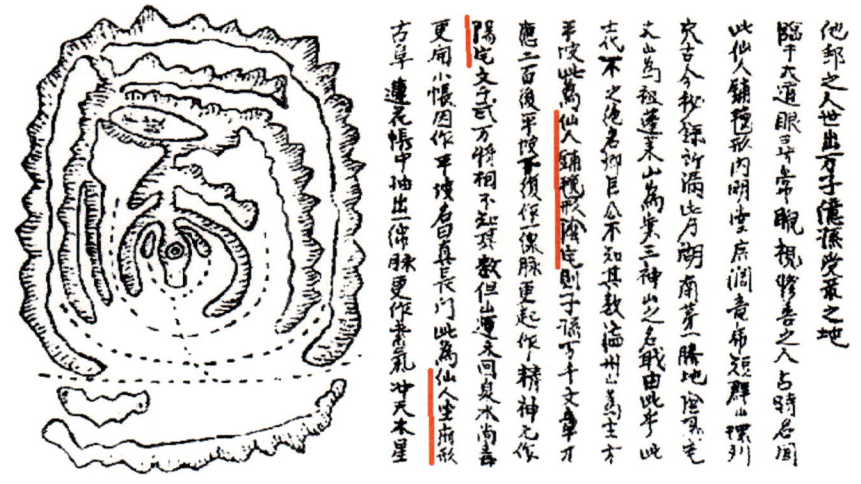

　* 결록과 해설은 유산록 전편 438p 실려 있는 바, 결록은 명산도 부기 결록과 같고 해설은 다음에서 보는 진혈처 항에서 요약하였다.

　* 산도와 결록이 해득하기 어렵고 고수들의 주장지가 각각이다. 선인좌부는 노적봉에서 멀지 않은 곳에 있다는 점, 선인 포전은 일이승 산도에 덕안마을에 있다고 하는 점, 그리고 모두 선인이 펼쳐 놓은 돗자리에 있다는 점을 염두에 두면 찾을 수 있다.

3. 두승산 구조

  * 두승산(444m)은 방장산(743m, 전북 고창군 신림면, 노령산맥)에서 40여 리를 북상한 룡이 회룡고조로 되돌아 앉았고, 이곳에서 발원한 물은 만수저수지로 들어가서 고부천으로 흐르고 고부천은 서쪽으로 가다가 북으로 방향을 틀어 五十余里를 흐르면서 고부평야에 물을 공급하고 새만금 방조제로 들어간다. 두승산은 두승寺 옆으로 입수하여 연꽃 같은 8봉(蓮花 八봉)을 전개하였고(유산록은 7봉이 물결처럼 개장하였다고 하나, 일이승 산도에 8봉 아래 명금형이 있다고 한다) 말봉에서 중출낙맥하여 노적봉(340m)을 만들었는데 노적봉은 남쪽을 향하여 오른팔을 길게 휘둘러 양탄자를 던져서 펼치고 앉았다. 노적봉은 풍수상 仙人体이고 성품으로 보면 관음봉이다.(그 아래 관음사가 있다)

  * 유산록을 비롯한 다수 견해는 두승산을 주산, 방장산을 조산(祖山), 내장산을 태조산으로 보고 있다.

  그러나 제1차 연화개장은 노적봉을 만드는 배경이고 전면에 나서는 주연은 제2차 개장하는 노적봉이다. 주산의 개념은 다양한데 다수는 소조산(조부산)을 주산이라 한다. 혈처가 현무봉에서 멀리 내려가서 평지에 결혈되었을 때 李朝시대에서도 논쟁이 있었다고 하는데 이런 경우에 나는 현무를 주산으로 보고 싶다. 물형 명칭을 정할 때 주산의 움직임 모습이 결정적인 요인이 되는데, 소조산은 혈처에서 보이지 않는 경우가 많아서 주산을 중시하는 의의가 없다.

* 연화개장

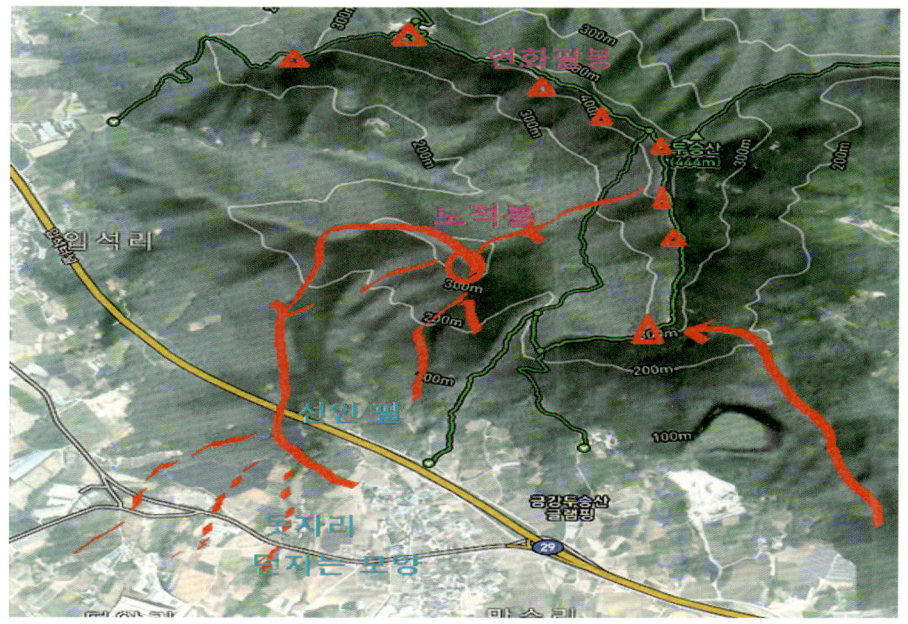

사진출처 : 카카오맵 스카이뷰(https://map.kakao.com)

  * 유산록을 비롯한 다수 견해는 두승산을 주산, 방장산을 조산(祖山), 내장산을 태조산으로 보고 있다.

그러나 제1차 연화개장은 노적봉을 만드는 배경이고 전면에 나서는 주연은 제2차 개장하는 노적봉이다. 주산의 개념은 다양한데 다수는 소조산(조부산)을 주산이라 함에 대하여 필자는 현무 뒤 부모산을 주산이라 한다. 혈처가 현무봉에서 멀리 내려가서 평지에 결혈되었을 때 李朝시대에서도 논쟁이 있었다고 하는데 이런 경우에 나는 현무를 주산으로 보고 싶다. 물형 명칭을 정할 때 주산의 움직임 모습이 결정적인 요인이 되는데, 소조산은 혈처에서 보이지 않는 경우가 많아서 주산을 중시하는 의의가 없다.

* 옆에서 본 노적봉

4. 포전은 어디이고 혈처와는 무슨 관계가 있는가?

 이곳은 선인이 오른팔을 길게 휘둘러 포전을 펼치는데 특징이 있다 물형 명칭에 포전이 따라 다니는 이유는 무엇 때문인가? 포전 위에 좌부형도 있고 포전형도 있다고 보아야 된다. 그러므로 포전의 위치가 대단히 중요한데 이상하게도 이 점을 추구하는 고수는 없었다. 좌부형은 고씨 재각이고 포전형은 유씨 재각 부근으로 알려져 있는데(장선생님 유산록), 고씨 재각은 쉽게 찾을 수 있었으나 유씨 재각은 찾지 못하고 차로 두 바퀴를 돌고 밭일하는 농부에게 물어서 찾았다. 포전의 규모를 덕안촌까지 생각하지 못한 탓인데 그 덕으로 포전의 범위를 자세히 알게 되었다.

* 포전의 범위-- 노란색 타원

사진출처 : 카카오맵 스카이뷰(h:tps://map.kakao.com)

5. 선인좌부의 진혈처

 * 유산록 전편 438~441p는 명산도를 인용하여 두승산 남쪽 연화(蓮花) 개장하고 그 중 중추 일맥이 다시 작게 개장하여 만든 평판에 선인좌부형의 양택이 결혈되었다. 결록에 산운이 2백 년 뒤에 돌아 온다고 하였는데, 그 뜻은 가당나무 썩은 물이 샘을 오염시켰기 때문이라 추측했다. 유산록은 노적봉 바로 아래에 있는 고씨재각(만수리 산3)이 좌부형의 진혈이라 한다.

 그러나 ㉮포전위가 아니다 ㉯선인봉의 째진 너드랑이 흉하게 보인다. ㉰혈전 물이 직선으로 흐르는데다가 주위가 스산하고 긴박감이 없다 ㉱지금은 관리인이 상주하지 않아 폐가가 되었는데 명혈처이라면 발복 받았어야 된다.

* 어떤 분은 결록이 평파 진장문이라는 점에 착안하여 덕안리 2-11을 지목하는데 바람을 피할 수 없을 것이다.

* 진혈처는 덕안리 9-17인데 과거의 초등학교가 폐교되고 지금은 장애자 복지원이 되었다. 돗자리의 여러 개 날줄 가운데 이곳 줄기가 가장 강하고 이곳에만 좌우 견장(어깨)이 붙어 있고 혈처 뒤에 결인하였다가 용트림을 하고 학교운동장 혈처로 진입하였다. 학교운동장에서 보면 선인봉이 가장 예쁘게 그리고 인자하게 보인다.(선인봉이라기보다 관음봉이다) 복지시설도 잘 관리되고 있다. 관음봉이 불쌍한 장애자를 위하여 돗자리 중 가장 좋은 곳을 제공하였다.

* 선인좌부 진혈처 국세-- 장애자 복지원

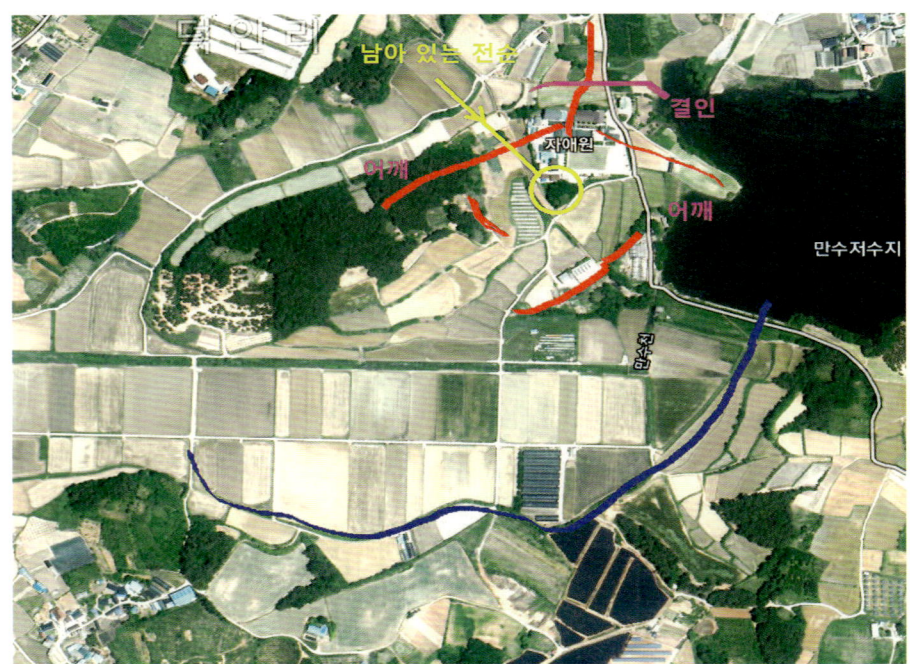

사진출처 : 카카오맵 스카이뷰(https://map.kakao.com)

＊ 음택인가, 양택인가? 일이승 결록은 말이 없고 명산도는 양택(명산도 결을 인용한 유산록도 같다)이라 한다. 고씨 재각은 진혈은 아니지만 음택에 가깝고 복지원 터는 운동장에 결혈되었는데 대지조성으로 원상이 변경되어 모르겠다. 다만 남아 있는 전순으로 볼 때 음택일 가능성이 있고, 만약 음택이라면 상등초급 대혈이 될 것이다. 어떤 연유로 동네에서 멀리 떨어진 곳이 학교터가 되었는지 모르겠다.

＊ 장애자 시설 뒤에서 본 선인(노적봉)

사진출처 : 카카오맵 로드뷰(https://map.kakao.com)

6. 선인포전

＊ 장익호 유산록은, 선인좌부에서 4~5리를 지나 한 개의 미미한 맥이 다시 생겨 정신을 차리고 평판(平坂)을 만들었으니 소위 선인 포전형 음택이다. 영주산(두승산)이 주산이고 방장산이 조산이며 변산반도의 봉래산이 안산이다.(註; 위 3산을 海東三山이라 한다) 호남 제일승지로 보기 드문 대혈인데 고흥유씨 선산이고 재각도 크게 건립되어 있다. 간입수 간좌 곤향이 합법한데 갑좌경향으로 썼으니 감복(減福)하였을 것이다. 첫 번째 묘가 혈장인데 묘와 묘사이에 간좌의 진혈이 남아 있다고 기술하였다. 그러나 답사한 즉, 유씨 묘가 갑좌인 것은 결록에 따른 것이고 집장지 중에 한 자리 더 쓸 여유 공간이 없었다.

＊ 유산록의 지적지는 혈처가 아닌 바 그 이유인 즉, ㉮포전의 서남쪽 테두리에 위치하고 고부평야와는 상당한 높이 차이가 있다. 그런 탓으로 묘역은 백호가 없어서 바람을 맞는다. ㉯재각(덕안리 51)도 바람맞이에 지었으니 견디지 못하고 10여 년 전에 관리인이 귀중품을 갖고 도망 간 이래 관리를 하지 아니하여 쓰러져 간다 ㉰이곳 일대는 선인봉 오른팔에서 펼쳐진 돗자리 끝자락으로 용맥이 끊어질 듯 이어져 래룡은 좋으나 선인이 잘 보이지 않는 결함이 있다 ㉱호남 제일혈이 되려면 용호가 중첩하고 주산이 확실히 밀어 주어야 된다. 이 주변에는 대혈이 맺힐 수 없다.

　＊ 진혈은 그 일원이 맞는데 중등 중급이고, 호남 대혈급이 아니다. 집장지로 제격이다.

7. 좌부와 포전의 위치

　좌부형과 포전형은 모두 포전(돗자리) 위에 있다고 보아야 하고, 결록을 현장에 부합되게 다시 해석해야 된다.
　①은 만수리 산3 고씨 재각(장익호의 좌부형)
　②는 덕안리 9-17 장애자복지원(필자가 본 좌부형)
　③ 덕안리 184-2 고흥유씨 묘(일이승 산도, 포전형) 486-4 재각
　④ 소수의 풍수가 선인좌부라고 주장하는 곳

* 두승산 혈처

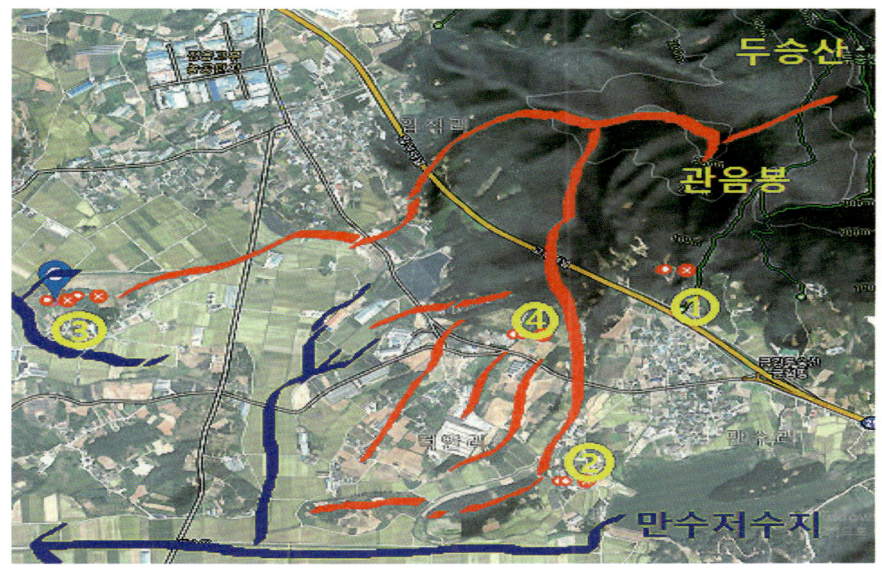

사진출처 : 카카오맵 스카이뷰(https://map.kakao.com)

8. 기타

* 발복에 관하여 결록은 좌부형 포전형 모두 큰 차이 없이 천자만손, 출장입상이라 하였으나 중등급이다.

* 유청림은 옥룡자 결록을 인용하여, 노적봉 상부에 문장을 뽐내는 선인 문장형의 음택이 있고 선인포전은 귀인이 속인들의 배례를 받는 곳으로 음택이고(2014.8.27. 카페사진을 보면 선인의 팔 부위인 듯) 양택은 없다고 한다. 그러나 선생님이 편저한 옥룡자 유세비록(37면)에는 두승산 남록 아래 선인포전, 자손천억 나겠구나 영주방장 조산되고 봉래삼산 안이 되어 문장재사 되리로다 라고 짤막하게 적혀 있다. 노적봉 상부에 선인 문장형이 있다는 것은 결록과 맞지 않고 현장에 그러한 혈처를 찾을 수 없다. 그밖에 좌부형은 만수리 14이고, 포전형은 만수리 442로 지목하는 견해가 있으나 포전과 무관하여 생략한다.(정정 보완 2021.1.)

전북 무주군 덕유산 천제혈
(우리나라 최대 開帳局)

1. 덕유산은?

* 덕유산은 소백산 중심부에 솟은 산, 주봉은 향적봉(1614m, 한라, 지리, 설악 다음인 네 번째 높은 산, 北덕유산이라고도 한다), 남서쪽 20km 거리에 南덕유산(1507m)이 있어 쌍봉을 이룬다. 북쪽 사면(斜面)에 절경인 무주 구천동이 있다.

* 北덕유산에 관하여 장익호 유산록 후편 106p는 천제혈(天梯穴)이 있다고 하고 일이승 산도는 안성 동쪽에 비룡재천형(飛龍在天形)이 있다고 하는데 찾아 보면 앞의 혈은 덕유산 東쪽에, 뒤의 혈은 西쪽에 있다. 모두 전국구에 속하는 대혈이다.

* 유산록 후편은 그밖에 무주군 일원에 십여개의 결록지를 소개하였으나 적상산 아래 왕후 장상지가 대혈이고 나머지는 소혈이다.

2. 천제혈(유산록 후편 106p)

덕유산이 갑묘 을진으로 일대 개장하여 두른 금수장막이 백여리이다. 내당이 광활하고 산의 중수는 신술파되었다. 천만리 개국하였으니 일대 장관이다. 갑묘로 개국하는 곳에 천제(梯 사다리)혈이 결혈되었으니 우리나라 최대 혈중 하나이다. 묘좌에 내당경파 외당신술파.

3. 관련 지도

* 덕유산 전경

* 덕유산 개장

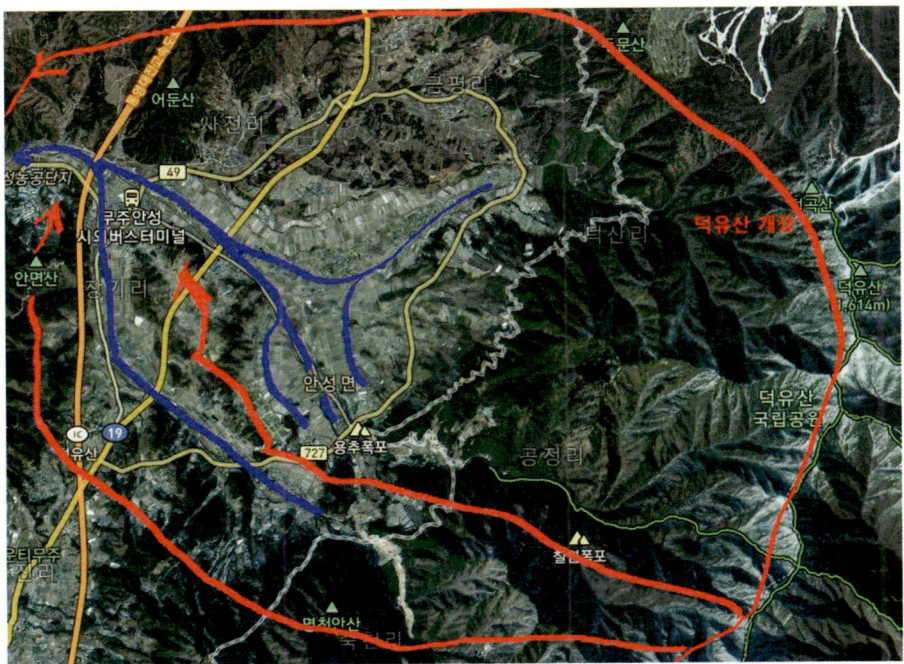

사진출처 : 카카오맵 스카이뷰(https://map.kakao.com)

4. 심혈

덕유산은 안성면 방면으로 백리 가까이 되는 굉장히 넓은 大開帳을 하였다. 여기는 개장이 곧 원국(垣局)을 형성하는 좋은 국세이고 이 보다 넓으면 기운이 흐트러져 혈의 국세가 되지 못한다. 아마도 한 마리 용이 원국을 이루는 곳으로는 전국 최대 원국(대략 42km)이겠다. 내외당이 광활하여 혈처 찾기가 어렵다. 어렵사리 임도를 찾아 둘러보고 아래로 내려와서 혈처를 찾았다. 천제형이란 목성체의 작은 산봉우리가 사다리처럼 위로 향하여 나열된 모습이다. 이곳은 천제가 있고 그 위에 연소형이 있다. 오른쪽 멀리 적성산이 토성체로 보이고 전순이 특이하다. 外 명당이 동그랗게 작은 평야를 이루고 물이 나가는 수구가 보이지 않고 넓은 분화구처럼 보인다. 상등 초급의 대혈이다.(2018.9.)

전북 무주군 안성면 동부(東部) 덕유산 비룡재천(飛龍在天)

1. 일이승 산도

* 일이승 산도

> 무주·茂朱
> 비룡재천형·飛龍在天形
>
> 무주(茂朱) 안성(安城) 동쪽에 비룡재천형(飛龍在天形)이 되어있구나. 이 자리는 장례 후 10년에 대발(大發)하여 세상을 덮으리라. 이 자리는 자백법(紫白法)으로 개혈(開穴)하면 석자(三尺) 아래에 원천수(源泉水)가 용출(湧出)할 것이니, 삼가하고 조심하여 파손하거나 버리지 말고 왕방토(旺方土)로 보토(補土)하여 용사(用事)하라. 〈一耳僧〉

2. 답사

덕유산의 二大穴은 서쪽에 있는 유산록의 천제형(연소혈)과 동쪽에 있는 일이승의 비룡재천형이다. 비룡은 공정리에 있는데 청룡이 후덕하고 백호가 案(오좌)이다. 중등 상급.(2022.7.)

* 공정리 혈처 중국

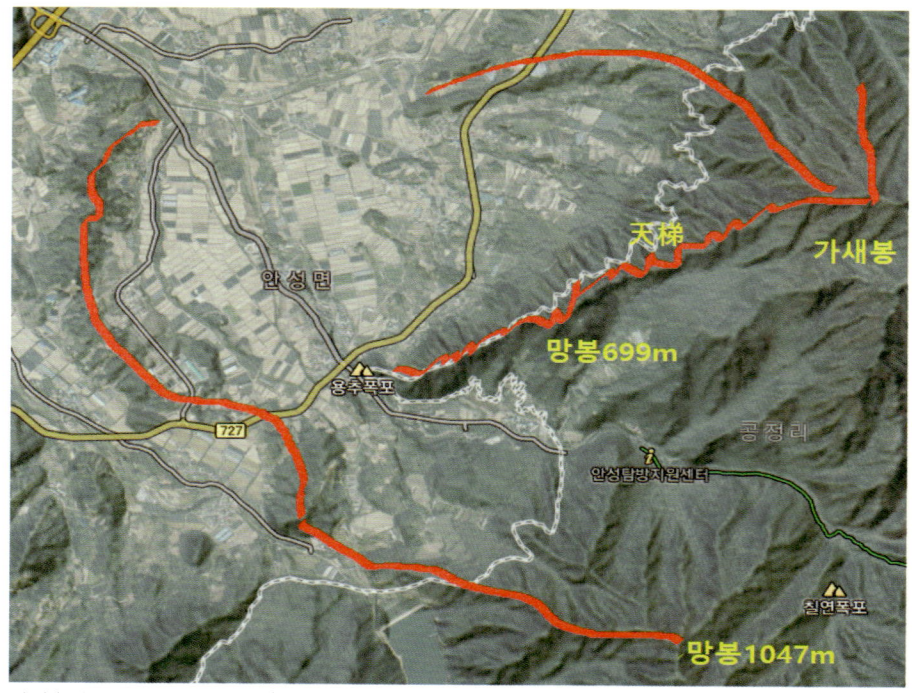

사진출처 : 카카오맵 스카이뷰(https://map.kakao.com)

전북 무주군 지소산 아래 대소리 연화도수

* 유산록 후편 107p-- 덕유산, 봉화산, 국사봉 래룡의 지장산 아래 지소산에 우리나라 일등대지 맺혔다.

* 간단하게 적고 있으나 답사해 보니 연화도수형의 대혈이었다. 혈처를 균형과 조화라고 주장하는 풍수는 이곳의 혈처를 찾을 수 없을 것이다. 음양은 끊임없이 움직이고 변화한 다음 종점인 혈처에서는 사격을 포함한 전체가 조화를 이루는 것이다. 행룡하면서 위이기복하고(도중에 사

룡을 거치면서 박환 변신하는 경우도 있다) 혈처에 도달하기 전에 과협과 결인을 하고 혈처에서는 선익과 같은 미미한 움직임을 보여야 된다. 변화와 조화가 요체이다.(2022.8.)

* 지소산 아래 대소리

사진출처 : 카카오맵 스카이뷰(https://map.kakao.com)

전북 부안군 변산반도 장군탈주망진형
(호남 음택대혈, 찾고나면 쉬운데…)

1. 접근이 어렵다

　장군탈주망진형(將軍脫冑望陣形, 장군이 투구를 벗어 놓고 진영을 바라보는 형)은 변산에 있는 유명대혈이다. 옥룡자결과 민일(敏一또는 民逸, 스님으로 1800년 전후에 활동) 결이 있고 박○주(자연동화park 다음 블로그)님의 간산기가 있다. 간산기를 잘못 읽은 바람에 원광선원에 주차하고 터널 남쪽입구에서 약 500m 지점의 출입금지 팻말이 있는 곳으로 올라갔다. 급경사로 고생한 끝에 산등에 올라 보니 목적지인 두호봉과 아득한 거리이었고 돌아올 때 등산로를 따라 내려오니 터널 북쪽입구 약 10m 지점에 폐쇄된 등산로 입구가 있었다. 한 시간 이상 헛고생한 것이다.

2. 결록

　* 옥룡자 유세비록(유청림 편저)-- 월명암 북록, 임입수 자좌원, 음래양작.

　"월명암(月明庵)의 북록(北麓)아래 장군탈주(將軍脫冑) 망진형(望陳形)은 만험중(萬險中) 일기맥(一奇脈)이 산중의 주혈(主穴)이라. 병선(兵仙) 이인(二人) 날 것이요, 동방갑족(東方甲族) 나리로다. 기맥이 탈주(脫走)하니 부귀영화 15대라, 주인봉 바라보니 금수성(金水姓)이 완연하다. 임입수(壬入首)에 자좌원(子坐原)을 뉘라서 알아볼까, 음래양작(陰來陽作)하는 중에 분두(奔頭: 起頭라는 견해 있음)로 몸을 싸고 혈성은괴(穴星隱怪)하였으니 알아보기 어려워라."

* 음래양작에 대한 설명은 야학 민중원 선생의 해석이 명쾌하다.(일부 의역함)

"풍수지리는 음양일 뿐이다. 음양조합이 없으면 화생(化生;새롭게 생겨남)이 불가능하여 지리(地理)가 없다. 양기는 요(凹), 음기는 철(凸)의 형태이다. 양룡(陽龍)으로 오면 음(陰)으로 혈(穴)을 받고 음으로 오면 양으로 받는다. 양기(陽氣)는 기운을 밖으로 펼치니 낮고 평탄하고 음기(陰氣)는 기운을 안으로 숨기니 높고 좁다. 그러므로 음래양수(陰來陽受)란 등이 솟아(脊) 와서 평평한 곳(예컨대 窩穴)으로 혈이 맺히는 경우를 말하고 양래음수란 용이 평탄하게 와서 불룩하게 혈(예컨대 突)을 만드는 경우이다. 음양이 화합해야 生氣가 발생하는 이치이다."

* 민일 결과 필자의 해설-- 귀왕봉 동북십리, 청룡에 鬪罡峰(투강 註: 북두칠성, 여기서는 두호봉을 뜻함), 백호에 적참사, 물은 남에서 와서 艮(동북)으로 들어가 서쪽으로 나간다. 와(窩) 같으나 와는 아니다.

民逸山圖에 曰扶安邊山의 貴王峯東北十里에 將軍脫冑望陣形은 屯軍案이라 垂頭가 五星廿四體요 脈來亥氣하야 結穴頂頭니 俗眼難尋이라 靑龍에 有鬪罡峯하고 白虎에 有斬賊砂라 用之二十四年에 始發하야 爲東方甲族이라 或이 云水는 自南入艮하야 出兌하고 穴은 最高峰에 似窩非窩라 士夫用則出三兵仙하고 賤人用則當代絶嗣이라 明堂이 平圓하고 軍兵이 繞甲이라 赤狗之年用則下棺時요 野人이 入明堂이라 一云火姓人用之라 하니라.

"부안 변산의 귀왕봉에서 동북십리에 장군이 투구벗고 진영을 바라보는 형이 있다. 군대가 陣친 곳이 안산이다. 머리 숙여 오는 것이 5성24체이다. 맥이 해방에서 와서 정상에 맺혔으니 속안은 찾기 어렵다. 청룡에 투구봉이 있고 백호에 베어놓은 적머리가 있다. 24년 만에 발복이 시작되어 우리나라 으뜸 씨족이 되리라. 어떤 이는 말하기를, 물은 남에서 동북으로 들어와서 서쪽으로 나간다. 혈은 정상에 와(窩)같은데 와가 아닌 곳에 있다. 사대부가 쓰면 강태공이나 제갈량 같은 병선 3인이 나고 천한 사람이 쓰면 절손된다. 명당은 원만하고 군사가 둘러 쌓았다. 병술년에 하관해야 되고 벼슬하지 않는 사람이 들어간다. 어떤 사람은 화성인(火姓人)의 땅이라 한다."

* 위의 결록에서 말하는 귀왕봉은 변산반도에서 가장 높은 망포대(494m, 두호봉에서 6km)이고 이 산을 태조(방장산 래용이다)로 볼 수 있다. 5성 24체는 망포대에서 5봉을 만들고 24변화(節)를 하면서 혈처로 왔다는 뜻이다. 결록에서 정두 또는 최고봉에 결혈되었다는 것은 그 산의 최고 정점(보통 암석이다)을 말하는 것이 아니고 8부 능선쯤에 있어도 정상결혈이라 하는 경우가 종종 있다.

* 망포대와 두호봉

사진출처 : 카카오맵 스카이뷰(https://map.kakao.com)

3. 박○주 간산기(자료 인용, 감사합니다. 결론이 다른 점은 양해 바랍니다)

　* 옥룡자 결록-- "월명암 서북록(月明庵 西北麓), 임입수 자좌원(壬入首 子坐原)"

　* 혈처-- 두호봉을 주산으로 임감 입수한 곳(두호봉 아래)이고, 수원김씨 묘가 있다.

4. 답사

　* 중국

사진출처 : 카카오맵 스카이뷰(h ̄tps://map.kakao.com)

＊진혈처-- ①월명암 서북방향(옥룡자), 귀왕봉 동북방 십리(민일 결, 같은 곳이다) ②청룡에 투구 있고 백호에 적첨사 있는 곳(민일), ③물은 南에서 東北을 거쳐 西로 나가는 곳(민일). ④임입수 자좌원(옥룡자)을 찾아야 된다.

이러한 요건에 맞지 아니하면 발복 받은 묘가 있다 하여도 결록지가 아니다. 우선 월명암(691년 부설이 창건, 참선도량으로 유명) 북(혹은 서북)方은 두호봉 방향이고 귀왕봉(만경포)에서 6km된다. 다시 물길(自南 入艮 出兌)을 보면 두호봉 방면이 결록과 맞다. 두호봉은 투구로 볼 수 있는데 그 바로 아래는 투구끈 정도밖에 안 된다. 장군이 앉거나 서서 陣을 볼 자리가 못된다. 결록에 두호봉 자체는 청룡이 된다고 하였으므로 두호봉은 혈처가 아니다.

진혈처는 완전 탈살을 하고 와(窩) 같기도 하지만 바위로 된 內청백이 밑에서 혈전을 감싸니 돌(突)일 수도 있다. 험산(險山)은 하나도 보이지 않고 참 아름다운 대혈이다. 투구는 두호봉이요, 장군은 변산 중계리 산78-2 무명봉이고 혈처는 투구를 벗어 놓고 앉아서 진을 바라보는 곳이다. 과연 호남대혈이다. 정부인 강씨묘가 있는데 정처를 벗어났으나 그래도 혈장에 기운이 넓게 퍼져있는 덕에 약한 기운은 있다.

＊진혈처 묘-- 1850년 비석 세움

* 묘 앞 전경-- 자좌는 아니고 임좌(子坐原?)이다.

* 여기 일대의 산은 웬만한 곳이면 무연고 묘들이 총총히 널려 있다. 자연스럽게 수목장이 되니 정리할 필요가 없다는 말은 부당하다. 묘 많은 곳으로 표시한 부분에는 무수한 묘가 있는데 대부분이 무연고총이고, 그럼에도 최근에도 물구덩이에 묘를 쓰고 종이컵에 술을 따라 놓은 묘도 있더라. 발복의 원리가 동기감응이든 혼령이든 유골을 방치하면 좀가 될 것이다. 이 혈에 묘를 썼다고 하여도 연이 맞지 않으면 발복을 받지 못할 것이다. 전국적인 인물이 배출되었다면 발복하였다고 볼 수 있으나, 그 지방적인 인물이 배출되었다면 대혈의 발복이라 할 수 없다.(2022.2.)

* 흉물스러운 무연묘

전북 부안군 변산반도 와우형
(臥牛는 어디에 혈이 맺히는가?)

1. 제1차 간산

　옥룡자 결록은 변산반도에 장군탈주망진형과 와우형을 대혈이라 하였다. 장군형을 찾을 때 산길을 못 찾아 시간을 낭비한 탓으로 쇠뿔바위봉이 보이는 청림동에 늦게 도착했다. 거대한 암석으로 이루어진 쇠뿔바위봉, 우각봉, 쇠초막골, 노적봉이 있으므로 지명상으로 보아서 와우형이 있음직한 곳이다. 동네 뒤를 답사하였더니 진혈은 없고 진혈로 속기 쉬운 대형 허혈이 있었다.

　* 청림동 쇠뿔바위

　* 답사-- 등산객 탐방로 옆산이 좋게 보여서 올라갔다. 산자락은 흙산으로 땅이 물러서 작은 골이 여러 개 생겨 있었다. 좀 더 올라가니 암석이 있고 땅이 딱딱하게 변하였다. 넓은 와처럼 생긴 곳에 석축을 쌓고 큰 무덤을 썼던 것 같다. 잔돌 부스러기가 땅 겉면에 흩어져 있고 땅에 윤기가 없어서 허혈임을 알 수 있다. 대혈로 속기 쉬운 곳인데 유족이 과감히 이장하였다.

* 허혈

사진출처 : 카카오맵 스카이뷰(https://map.kakao.com)

2. 와우형 결록과 산도

이 혈은 옥룡자 결, 장익호 유산록, 이규상의 천하명당에 소개된 전국적 대혈이다. 모두들 산상와우(山上臥牛)라는 이유로 소등을 지목하고 허욕에 찬 者들이 힘든 곳에 올라가서 묘를 많이 썼다. 유산록과 후세의 간산자들은 공동묘지 같이 썼으되 정혈은 남아 있다고 한다.

* 도선 결록(옥룡자 결도 같다, 다만 石在山 대신에 西三)-- 右우각, 左우슬.

〈도선대사 유산록〉

"석재산(石在山) 와우형은 청초안(靑草案), 대와중(大窩中) 미돌(微突), 산진수회(山盡水回)하는 곳에 혈형정중(穴形正中), 우우각(右牛角) 좌우슬

(左牛膝), 임감맥(壬坎脈) 당문수(當門水), 수성인(水姓人)이 임자로다. 천하대부(天下大富) 동방갑족(東方甲族) 날 것이다."

  * 장익호 유산록 전편 380p-- 우슬치(牛膝峙)를 거쳐 산상에 오르니 세칭 산상와우형이 생겼다. 장유, 임입수, 해좌, 손사파, 혈전 쇠뿔바위가 특이하다. 장상공후지(將相公侯地).(후편 197p 같다)

  * 이규상 천하 명당 산도-- 호남 8대지

3. 답사

  * 大國세-- 도선비결에서 대와중 미돌이라는 글귀에 중점을 두면 묘 다수라고 표시한 곳이 유력하고 그러한 탓으로 묘를 많이 썼다. 바람을 막기 어려울 듯하다. 도선비결에 산상와우란 표현은 없는데 다수는 山頂上 부근을 지목하고 있는 것이다. 또한 도선의 산진수회하는 곳이라는 글귀와 맞지 않는다.

사진출처 : 카카오맵 스카이뷰(https://map.kakao.com)

* 와우란 어떤 의미가 있는가?

　소는 누워서 소장(小腸)에 보관하던 풀을 끄집어 내어서 되새김질을 한다. 다른 동물에게서는 볼 수 없는 특이한 활동이다. 입과 소장이 중요한 역할을 하므로 자연히 혈처도 생기가 넘치는 입과 소장에 맺힌다. 어떤 이는 젖과 입이라고 주장하나 소는 누워서 젖을 먹이지 않는다. 물론 젖무덤이 커다랗다면 좋지만 그것은 암공(暗供)할 뿐이다. 풍수상의 물형론은 물체(事物)의 모양으로 물체의 본성(意義)을 파악하는 物象學이다. 현재 물상학은 명리학에서 활용되지만(예컨대 土가 水를 덮어버리면 빈곤하다는 논리) 풍수의 물형론 또한 원리는 같다. 와우형에서 소 등줄기가 어떤 의미가 있겠는가?

* 혈처는 석상토혈이고 축좌미향이다. 부근에 어떤 이가 假墓?를 만들어 놓은 듯 보였다. 이곳은 용혈사수가 굵고 거칠기 때문에 大人이 묻혀야 된다. 석상토혈이므로 땅밑의 바위층은 아마도 좁은 혈처만이 평평하고 한 발을 벗어나면 송곳방석 같은 흉지가 되어 재앙을 불러올 것이다. 장군탈주 망진형은 혈판이 부드럽고 기운이 넓게 퍼져 있으므로 조금 벗어나더라도 복을 적게 받겠지만 재앙이 없는 것과 대조가 된다.(2022.3.)

전북 순창군 복흥면 추령 장군대좌
(산태극 수태극의 대혈)

1. 일이승 산도와 결록

* 산도

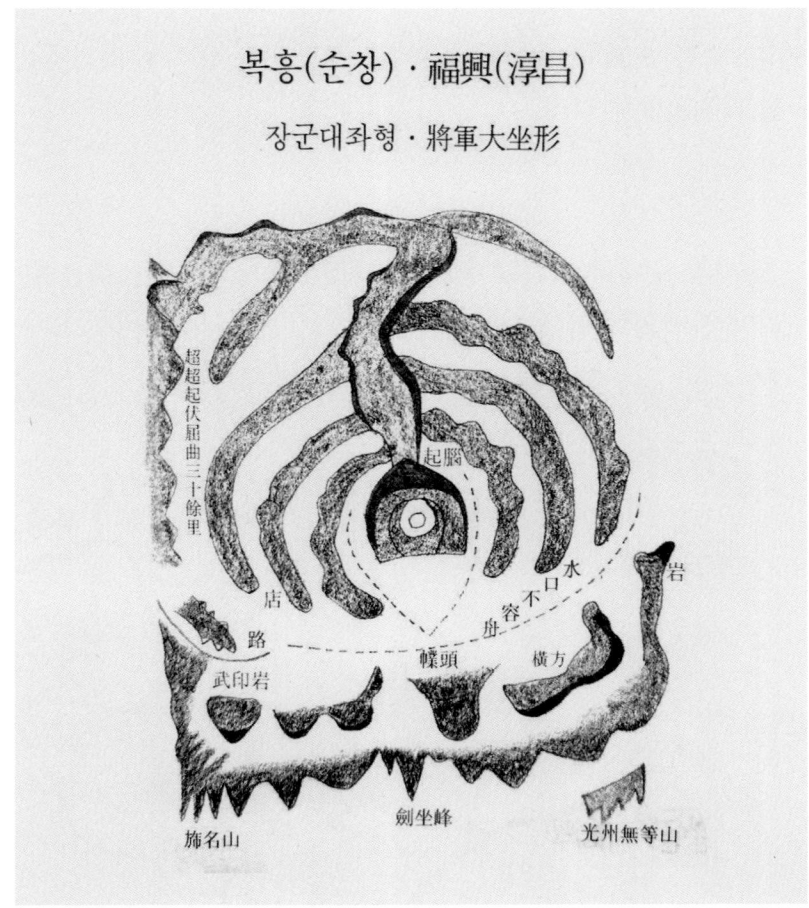

* 결록

복흥(福興) 추령(秋嶺)에 장군대좌형(將軍大坐形)이 되어있도다. 이 자리는 기장(旗帳)으로 하늘을 덮은 대장(大帳)을 열고 장중(帳中)에서 정맥(正脈)이 나와 다시 둔질용약(頓跌勇躍) 수절(數節)에서 입수(入首)하여 외양회포(外洋回抱), 패고검인함수(施鼓劍印咸修)하고, 용호는 유정(有情)하고, 명당은 융취(融聚)하고, 전안(前案)은 단정(端正)하고, 대각(對角)은 복두(幞頭)와 같고, 장중(帳中)의 왕자맥(脈) 성신(星辰)은 청수(淸秀)하고, 호종(護從)은 주밀(周密)하고, 입수(入首)에 수대유(垂大乳)하였으니, 비록 비첩(婢妾)에서 난 자식일지라도 명무위고(名武位高)하면 그 위풍(威風)에 눌릴텐데 항차 적자(子)는 말해 무엇하겠는가. 도집국권(都執國權)하리라.

2. 답사

＊ 국세-- 산태극 수태극(山太極 水太極). 내장산은 소백산 중 추풍령에서 남서로 내려간 산맥의 중앙에 있는 명산이다.

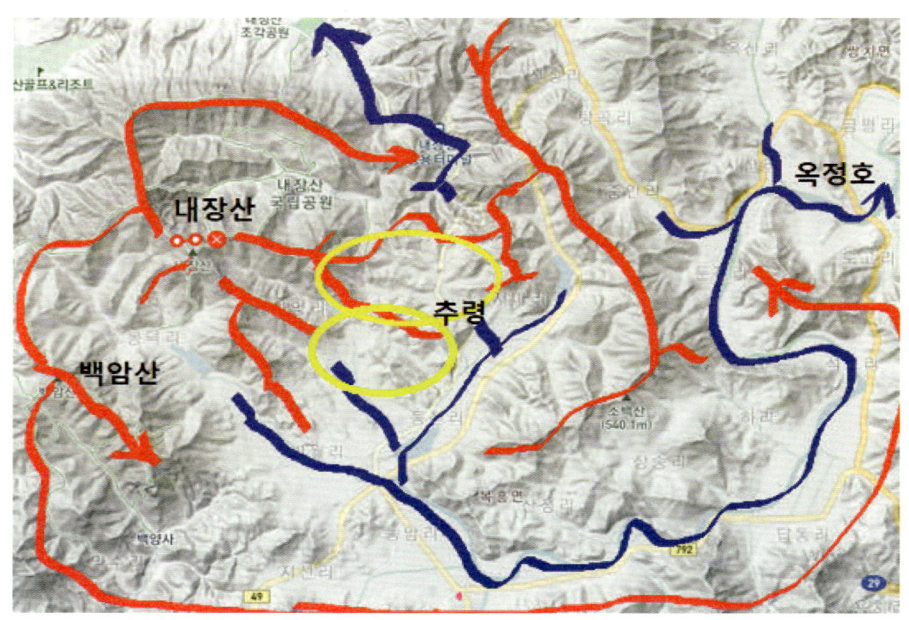

사진출처 : 카카오맵 스카이뷰(https://map.kakao.com)

* 혈처는 앞의 지도에서 노란색 동그라미로 된 곳으로 대유로 입수하고 낮은 금성체이다. 건좌, 상등초급.(2022.5.)

전북 완주군 용복리 남당산 대혈
(눈에 드러나 있는데도 찾기 어렵다)

* 두사충 용혈도

고산(완주) · 高山(完州)

남당산 대혈 · 南堂山大穴

고산(高山) 동쪽 다섯마장(五里)의 남당산(南堂山) 아래에 임득진파(壬得辰破) 건좌(乾坐)로 큰 혈이 되어있구나. 이 자리는 육수(六秀)가 구름을 찌를 듯 하고, 삼길(三吉)이 용립(聳立)하고, 문한판필사(文翰判筆砂)와 재상 필 옥대사(宰相筆玉帶砂)와 금어 천마사(金魚天馬砂)와 인대 창고사(印袋 倉庫砂)가 구길(俱吉)하니, 장례 후 당대에 발복하여 9대 삼공(三公)이 나리라. 〈杜師忠〉

* 혈처 대국-- 남당산에서 10리를 내려와서 두 갈래고 나누어져 마주보면서 각기 7리와 10리를 내려가 멈춘다. 마주보면서 내려간 두 줄기는 마치 말들이 줄지어 달려가는 듯 보인다. 혈처는 갈마음수격이다. 건좌보다는 축좌.

사진출처 : 카카오맵 스카이뷰(https://map.kakao.com)

* 혈처 중국-- 독립애국지사의 기념관 부근이다. 숨어있지 않고 큰길에서 보이지만 결록을 모르면 대혈이 있는 줄 누구가 알겠는가.(2022.12.)

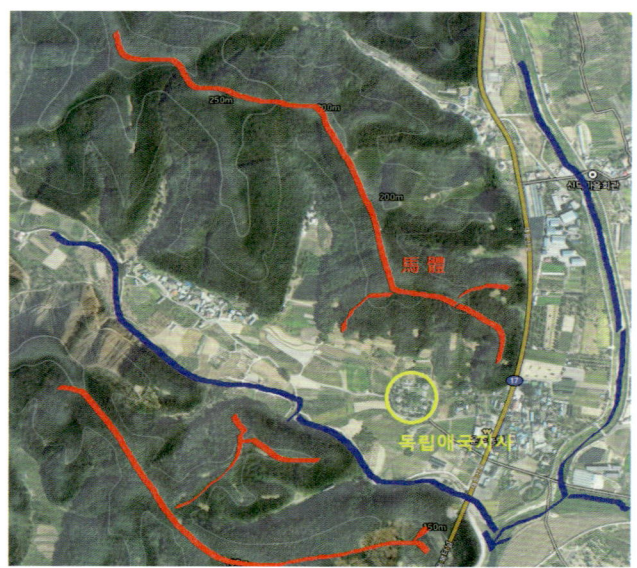

사진출처 : 카카오맵 스카이뷰(https://map.kakao.com)

전북 고산(완산) 비봉웅창자화형(飛鳳雄唱雌和形)
(음양이 화합하는 대혈)

 * 희귀한 이름의 물형-- 수컷 봉황이 날아가면서 노래를 부르니 암컷 봉황이 화답을 한다는 물형이다. 이름만 보아도 흔치 않은 귀한 물형이다.
 * 두사충 용혈도

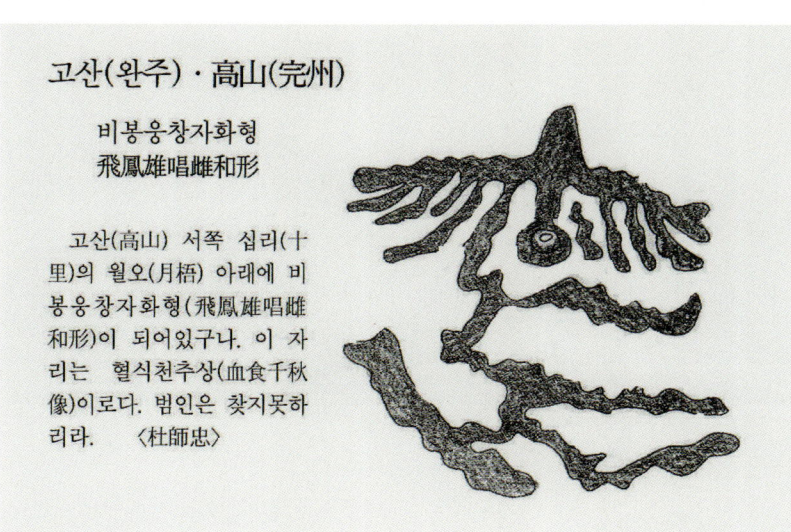

 * 비봉지도-- 범인은 찾지 못한다는 결록구절이 생각나게 하는 곳이다. 운장산-기차산-남당산-옥녀봉-함박봉으로 행룡하고 천호산 개장 아래 일눈지에 맺혔다.(2022.12.)

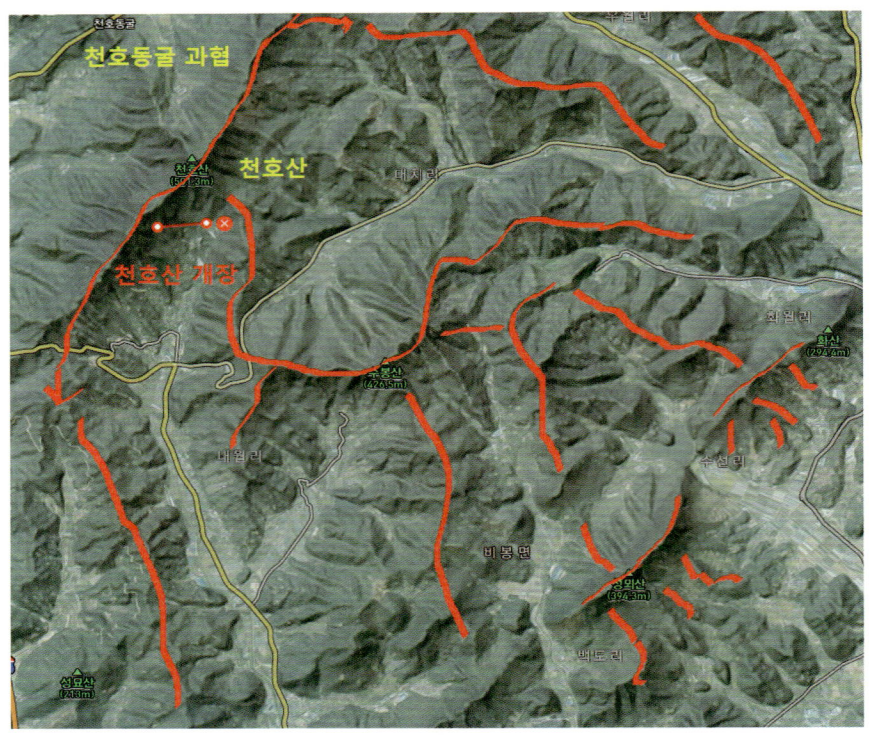

사진출처 : 카카오맵 스카이뷰(https://map.kakao.com)

임실군 관촌면 방미산 비룡등공
(아름다운 대혈)

 * 유산록 전편 436p 팔공산에서 래맥한 내동산이 소조산되고 서방낙맥 방미산(임실군 관촌리 덕천리 芳美山, 또는 芳嵋山, 지도상 배미산)이 다한 곳. 전후좌우 수백리 천산만사(天山萬砂) 둘러놓고 衆水는 모여들어 혈전을 돌아간다. 부귀영화만대, 백세적덕, 효성지극자(孝誠至極者)可得, 우리나라 第一勝地.

* 방미산은 커다란 비룡이고 그 아래 있는 혈은 해입수 자좌이다, 혈전에 좌산천이 만궁으로 흘러 곡곡긴쇄 후 섬진강으로 흘러 들어간다. 산태극 수태극이다. 좌산천 건너편에 또 다른 비룡이 있다. 혈처 찾기와 재혈이 어렵다. 부귀속발, 상등초급. 대명당인데 간산기 하나 없이 조용하고 산이름과 같이 아름답다.(2019.3.)

* 유산록 산도

* 다음지도

사진출처 : 카카오맵 스카이뷰(https://map.kakao.com)

전북 임실군 덕치면 금반형
(우리나라 최대의 금반)

* 결록(김기설에서 인용, 만산결인 듯)

  任實 南二十里 德峙下 金盤形 金杯案 用之十五年 甲科二十五人 百子千孫 富貴 與 天地同行之地. 出一品宰相之地. 愼勿狼傳.

  여기도 愼勿狼傳이라 했다. 덕치면에 떨어졌다. 묘가 있다. 失穴됐다.

* 답사

  전북 임실 덕치면 물우리산에 있다. 外청룡쪽 회문산은 정다운데 전면의 성미산은 너무 웅장하다. 옥녀는 약담봉인데 여성답게 순하고 유연하게 내려왔다.

  댁미산이 옥배로 선인과 옥녀사이에 중화 역할을 한다. 혈처일원의 금반은 굉장히 둥글고 크다. 우리나라 첫째가는 금반이고 대혈이다. 박씨들 묘가 많이 있으나 제법 벗어났다. 재혈공부가 되는 곳이다.(2022.10.)

* 대국

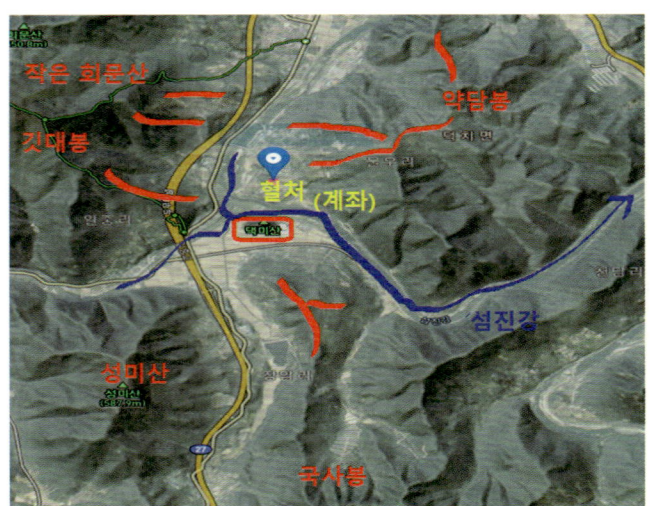

사진출처 : 카카오맵 스카이뷰(https://map.kakao.com)

* 소국

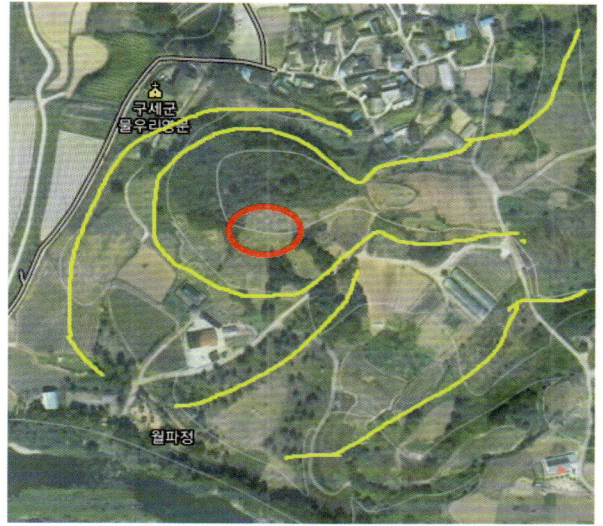

사진출처 : 카카오맵 스카이뷰(https://map.kakao.com)

전북 정읍시 태인면 왕자봉 아래 군신봉조
(격한 논쟁이 있던 곳)

1. 태인 왕자봉 아래(현재: 산내면 예덕리) 군신봉조형

　회문산 오선위기, 장성 손룡 선녀직금, 태인(泰仁)王子峰下 군신봉조는 전국적인 대혈로 이름난 곳인데 증산도가 교리에 활용하는 바람에 더욱 유명해졌다. 2014년 카페에서 김○○, 조○○, 이○○(이하 존칭과 경어 생략)이 격한 논쟁을 벌이다가 끝내는 인격비하 발언을 서슴지 않고 이전투구를 벌였다. 출처와 작성자가 불명한 산도에 관한 시비로 인하여 문제의 핵심 즉 어찌하여 어느 곳이 혈처이고 또 어떤 이유로 그곳이 대혈이라는 점을 外面하였던 것이다.

2. 결록

* 필사본인 옥룡자 결록이 있는데 장문이고 해득하기 어려워서 일부만 게재한다.(옥룡자 때에는 훈민정음이 나오기 前이고 한문 원전도 없으므로 위의 결록은 구전을 손으로 적은 것이다)

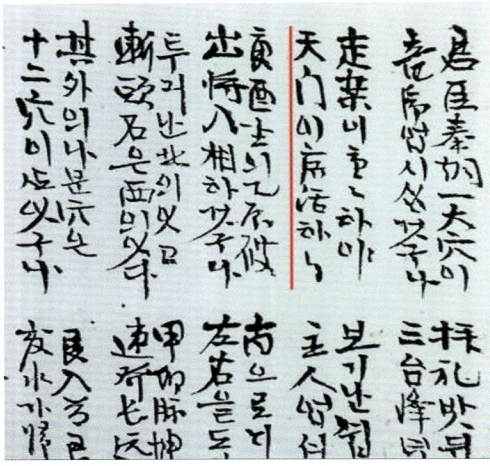

* 옥룡자 유세비록(유청림 편저). "남으로 건너 가서 제좌봉(帝座峰)에 올라서니 군신봉조 일대혈(一代穴)은 용호없이 생겼구나. 배례밭을 뒤에 두고 삼태봉을 앞에 놓고 언연하게(註; 거만하게) 앉았으니 알아볼 이 그 뉘인가. 주안산(主案山)이 중중하고 천문(天門)이 광개(廣開)하니 알아 보기 쉽건마는 주인없어 못 주겠다. 대간맥(大幹脈)의 오는 맥이 횡작으로 돌아서니 경유좌(庚酉坐)에 을진파(乙辰破)는 장상지지 되었구나."

* 벽송당 결록은, 태인 남(泰仁南) 삼십리 왕지봉(泰仁 王止峰)下 군신봉조형 이봉대후(二峰待後) 삼장군재전(三將軍在前) 전유홍문(前有弘門) 후유신배(後有臣拜) 동유사관(東有斯觀) 서유배례(西有拜禮) 삼천분대 팔백연화나열 오백년공후(五百年公候) 천년장상 三年始發 부귀여천지동행(富貴與天地同行)-- (장익호 유산록 전편 434p에 게재된 것인데 불필요한 내용 일부 인용치 아니함). 과거룡 횡작혈, 天壁附蠅(승: 파리) 卜字形 등

다소 다른 산도가 있다. 벽송당 지엄대사는 속명이 송이대(1464~1534)이고 정읍 칠보면 출신이며 풍수지리에 통달했다고 한다.

* 장선생님 유산록은 1983.6. 산내면 갈담저수지 근처를 탐방한 바, 화려, 장엄, 단아한 국세는 오십 년 간 본 중에 최상이다. 당대속발 부귀는 천지와 더불어 무궁할 것이다. 그러나 무식배가 입향을 잘못하여 묘를 썼으니 통탄할 일이라고 한다. 정읍 태인면 예덕리는 1914년 행정 통폐합으로 산내면 예덕리로 되었고 갈담저수지는 1965년 섬진강 다목적댐 조성으로 옥정호(운암호라고도 한다)가 되었다.

3. 결록과 산도

* 산도는 5개 가량 전해오는데 대동소이하다. 그중 대표적인 것 3개를 싣는다. 산도에는 혈이 2개로 표시된 것과 1개로 표시된 것이 있고 유좌라고 적힌 것, 횡락혈이라 적힌 것이 있다.

* 제1도-- 유좌.(보통 군신봉조라 하는데 산도는 상제봉조라 한다. 제1, 2산도는 벽송당 결을 인용하였다)

* 제2도

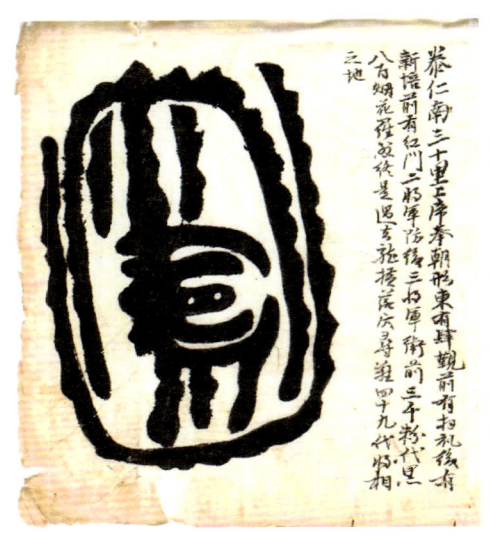

* 제3도-- 舊 泰仁이라는 지명을 사용하였으니 1914년 행정지명 변경 이후에 작성된 것이므로 도선국사 작품이 아니다.

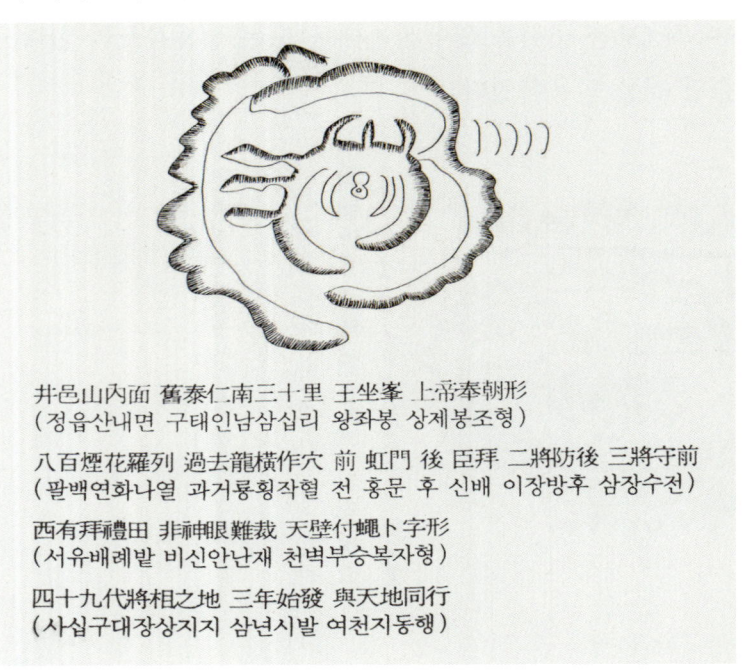

井邑山內面 舊泰仁南三十里 王坐峯 上帝奉朝形
(정읍산내면 구태인남삼십리 왕좌봉 상제봉조형)

八百煙花羅列 過去龍橫作穴 前 虹門 後 臣拜 二將防後 三將守前
(팔백연화나열 과거룡횡작혈 전 홍문 후 신배 이장방후 삼장수전)

西有拜禮田 非神眼難裁 天壁付蠅卜字形
(서유배례밭 비신안난재 천벽부승복자형)

四十九代將相之地 三年始發 與天地同行
(사십구대장상지지 삼년시발 여천지동행)

4. 결록과 산도는 네비게이션이 아니다

 종전 논쟁은 결록과 산도에 집중되었으나 시간 낭비이다. 결국은 각자의 지적지가 과연 혈이 되는가? 하는 점에 집중해야 된다.

 * 결록은 간산기라 할 수 있는데 간산자의 감흥이 실려 있어서 과장된 경우가 많고 산도는 이미지 도면이므로 현장 일부가 강조 또는 생략된 경우가 많다. 저명한 선철의 결록이나 산도라 하여도 필사로 전해오면서 변질되거나 위작이 끼어들 수 있기 때문에 맹신한다든지 글자 하나하나 또는 산도의 그림 일부에 매달려 오류를 범하는 일이 없도록 주의해야 된다. 결록을 보면 걸핏하면 삼천분대 팔백연화라 쓰여 있는데 세상에 그러한 곳이 있는가. 왕자산 일원에 존재하는 대혈은 하나일 터이니 결록이나 산도는 버리고 가장 좋은 대혈을 찾은 다음 군신봉조인가를 가리고 서로 우열을 비교하는 것이 좋다. 명혈을 판정하는 방법은 십 년 이상 꾸준히 공부한 사람 10명에게 혈처를 설명해준 결과 7인 정도가 인정하면 명혈이고 절반만이 인정하면 의심해야 된다.

5. 국세와 형세

 * 호남정맥의 제6구간-- 호남정맥은 영취산(경남 함양군 서상면)에서 출발하여 광양 망덕산까지 460km를 행진하는데 16구간으로 나눈다. 왕자산은 제6구간(성옥산 밑 소리기 고개에서 복흥면 추령까지)에 속한다. 아래는 성옥산~구절재 구간을 발췌한 지도이다.

* 왕자산 대국-- 성옥산에서 왕자봉으로 행룡한다.

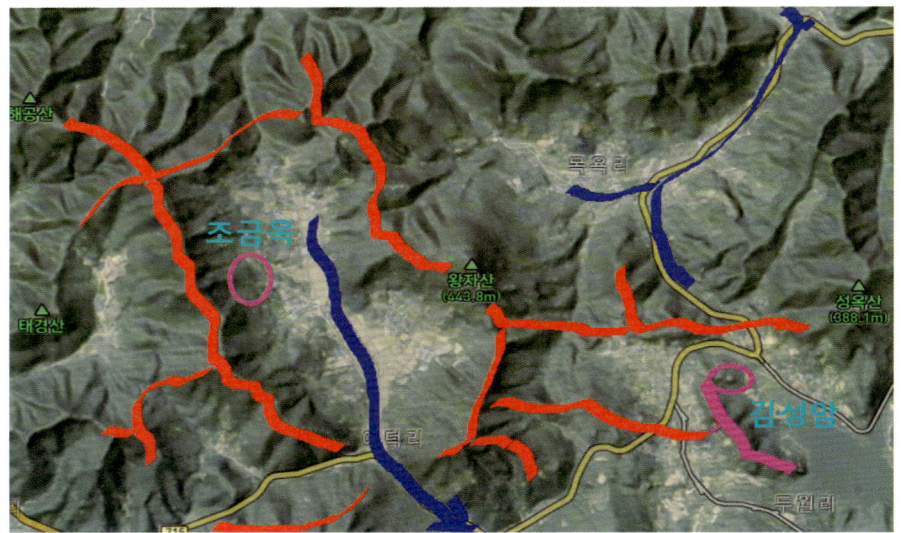

사진출처 : 카카오맵 스카이뷰(https://map.kakao.com)

6. 두 분의 지적지

김성○의 지적지는 두월리 산76 일원이고, 조금○의 지적지는 예덕리 산123 일원이다.

* 上례마을 뒷산-- 상례마을은 예덕마을이다. 조금○의 지적지(추측이다)가 있다.

* 下례마을(아래 예덕다을이다)-- 왕자산이다. 얼핏 보기엔 무기력하다.

7. 진혈처

 * 주산이 크면 상제봉조이고 작으면 군신봉조로 보는 것이 일반적인데 옥룡자는 주산을 크다고 보고 상제봉조라 하였으나 왕자산은 봉우리가 작고 순하므로 군신봉조가 적합하다.
 * 어찌하여 이곳에 대혈이 결혈되었다고 하는가?
 이 점을 파악하지 못하면 출제 의도를 모르고 답안을 작성하는 것과 같아서 정답을 찾지 못하고 우왕좌왕하게 된다. 성옥산에서 내려온 룡이 왕자봉을 만들고 넓게 가장하여 아래 배례밭을 펼쳤고 왕자봉에서 구절재로 가면서도 못내 아쉬워 뒤돌아 보다가 끝내 한가닥이 왕자봉의 백호 여

섯봉으로 돌아왔고, 그 사이에 윗 배례밭이 생겨났다. 명당이 넓고 수구가 긴밀히 조였으니 명혈을 만드는 국세임이 분명하다

유산록은 무식배가 용사하였다고 하나 진혈은 비어 있는 듯하다. 뒤에 두 개의 봉이 뚜렷하고 외백호가 봉봉(峰峰)이 유정하고 청룡도 상하가 잘 옹위하고 있다. 下례마을 뒤 6부능선에 진혈로 속기 쉬운 김씨 묘가 있다. 장선생님은 이 묘를 두고 진혈에 용사하였다고 하는지 모르겠다. 발복은 과장된 표현이고 중등상급.

8. 다른 견해에 대한 비판

* 왕자봉에서 구절재 방향으로 가는 모습인데 뒤돌아 보면서 간다. 그 모습을 보고 그 쪽에서 왕자봉으로 온다고 오해하는 석사 논문도 있다.

사진출처 : 카카오맵 로드뷰(https://map.kakao.com)

* 조금○ 지적지는 왕자산의 백호에 잡은 것이니 길지는 몰라도 명당급이 아니다.

* 김성○은 종종 많은 자료와 참신한 의견으로 간산기를 쓰시지만 세찰(細察)에 치우쳐 대세를 놓친 감이 있다. 두월리 산76은 아래와 같은 약점이 있다.

① 성옥산에서 출발한 龍이 소리기고개의 좋은 과협을 거쳐 왕자산으로

가고 왕자산 배면에서 여력(餘力)이 두월리 산76으로 갔다. 말하자면 회룡고조인 셈이고 그렇다면 왕자산이 주산이 된다. 군신봉조라면 전면에 예를 올리는 신하가 있어야 되는데, 조부모산인 성옥산이 주장지를 내려본다. 군신봉조의 자세가 아니다.

② 수구가 짜여주지 아니하고 청백이 없어서 기운이 모여 있을 국세가 아니다.(2020.1.)

전북 진안군 갈용리 남토 제일지
(어떤 고수님의 친산. 가짜 결록이다)

1. 조심스러운 간산기

필자는 진안 首穴 옥녀등공형의 결록을 보고 간산기를 쓴 적이 있다. 그 글을 보고 ○○님이 운장산 래맥에서 옥녀등공보다 더 큰 혈인 남토제일지라는 결록이 있는데 그 자리를 자기 스승이 찾아서 용사하였다. 스승이 저술한 도선국사풍수비법에 기재되어 있으니 찾아보라는 것이다.

남의 묘에 대하여 나쁜 소리를 하면 주인이 기분 나쁠 것은 인지상정(人之常情)이므로 나는 쓰여 있는 묘는 간산을 즐겨하지 않는다. 그러나 도발을 피하는 것은 자존심 문제이고 호기심도 있는 데다가 책을 판매할 때에는 책을 구입한 독자가 비평하는 것을 받아준다는 뜻도 담고 있으므로 간산하기로 작정하였다. 자연과학은 실험을 통하여 절대적 진리를 추구할 수 있으나 풍수가 속하는 인문사회학은 진리를 입증하기 어려우므로 통계상의 개연성이라는 상대적 진리를 추구하는 것이다. 간단히 말하면 풍수토론은 일방이 백프로 옳고 타방이 백 퍼센트 틀렸다는 경우는 거의 없다. 관객의 지지도에 따라 다수설과 소수설이 있을 뿐이라는 점을 유념하시기 바란다.

2. 산도의 허실
 * 산도-- 작자 출처 불명.(용담. 마이산. 천황산. 구봉산. 寺는 식별되나 그 밖의 지명은 지도에 없다)

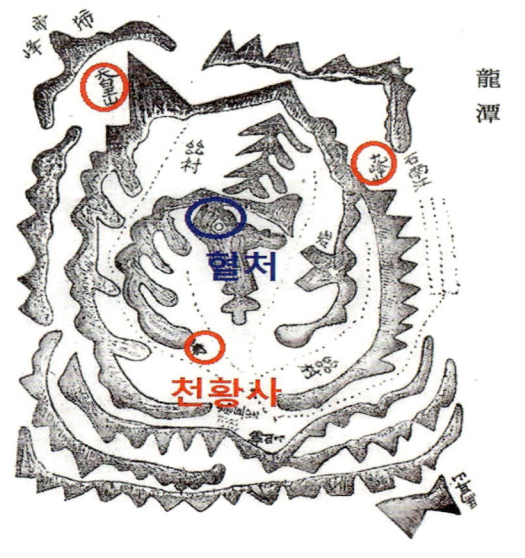

 * 현장 대비-- 산도에 寺는 천황사라고 판단된다. 혈처에서 천황사는 우백호가 되므로 혈처는 산의 前面이다. 그런데 골이 깊고 가늘며 험산을 등에 업고 있어서 결혈되는 곳이 없다. 기도처나 생길 곳이다.

 * 천황봉은 구봉산의 9봉 중 제9봉(1,002m)이고 천황사는 875년 신라 헌강왕 때 무염이 주천면 운봉리(구봉산 전면?)에 수암사를 창건하였고 멸실되자 숙종 때(1674~1720) 중창하면서 현재의 장소로 이전하였다. 1970년부터 수차 증축을 거쳤다 하고, 용담댐 건설 이전에는 상당히 융성하였다고 한다. 위의 산도 중 천황사는 현재의 위치로 표시하였으니 적

어도 1700년대 중반 이후에 작성된 것으로 볼 수 있다. 산도에 물형이라든지 남토제일지란 기재가 없다는 사실도 눈여겨 보아야 한다. 그밖에 전북 공식 블로그에 의하면 구봉산에는 일광선조라는 명당이 있다고 한다.

* 구봉산 전경

3. 결록의 허실

* 결록

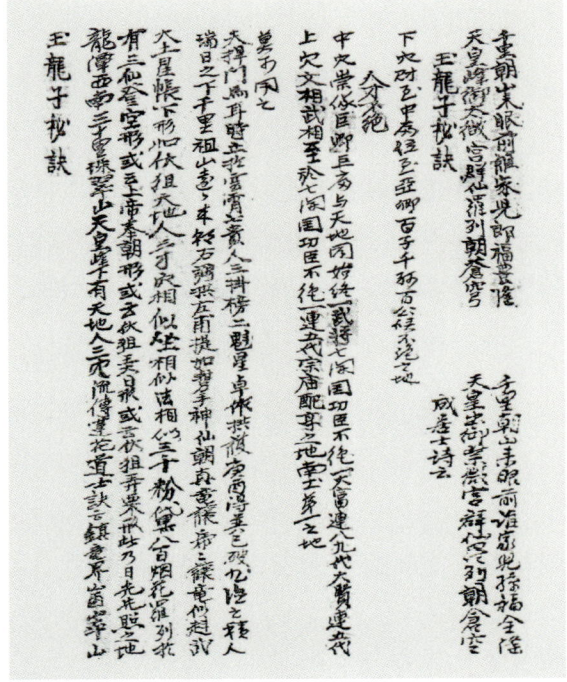

* 번역-- 옥룡자 비결

龍潭 西南 三十里 珠翠山 天皇峰下 有天地人 三穴

(용담서남 삼십리 주취산 천황봉 아래 천지인 세혈이 있다.)

流傳 蓮花道士訣云 (전해오는 연화도사 결록에 의하면)

鎭龍界 ○○山 有三仙登空形, 或云 上帝奉朝形, 或云 伏狙弄日形, 或云 伏狙弄栗形

(진안과 용담의 경계에 있는 ○○산에 삼선등공 또는 상제봉조 또는 원숭이가 엎드려 해 또는 밤톨을 희롱하는 형이다)

此乃日先生 照之地 (이곳에서 선생은 땅을 살피고는)

大土星帳下形狀伏狙 天地人 三才穴 相似坐 相似法相

(큰 토성 장막 아래 원숭이가 엎드린 형상이고 천지인 삼혈은 좌향과 모양이 서로 닮았다.)

三千粉黛 八白烟花羅列(미인과 꽃들이 나열하고)

於瑞日之下 千里祖山遠遠來(상서로운 태양 아래 朝山?은 멀리서 오고)

於右弼無左甫提加携手(우필은 없고 좌보는 --?)

神仙朝 眞龍○○양龍似○질(--?)

武夫悍門 馬耳特立於雲霄

(수구 한문에는 무장이 있고 하늘 구름속에 마이산이 우뚝 솟았다)

七貴人 三掛榜二魁星 卓作拱携 (?) 庚酉得巽巳破

九德之績人莫可用地 (아홉 덕을 쌓지 않은 이는 쓸 생각마라)

上穴:文武將相至於七開國功臣不絶一連五代宗○配亨之地南土第一地

中穴: 崇○巨卿 巨富 興天地同始終 一武將七開國功臣不絶 一大富連八. 九代 大賢連五代 人才不絶.

下穴: 財○中○○○亞卿 百子千孫 百公侯不絶之地

옥룡자 비결

天皇峰御太微宮 群仙羅列朝蒼穹 千里朝山來 眼前 誰家兒郎福豊隆

성거사 결

天皇峯御慈微宮 群仙羅列朝蒼空 千里朝山來 眼前 誰家兒孫全隆

* 전체적 체재를 보면 옥룡자라는 풍수책에 주취산 천황봉 아래 天地人 三혈이 있다고 하면서 연화도사 결, 옥룡자 결, 성거사 결의 三個訣을 손으로 적은 것이다.

우선 옥룡자 결과 성거사 결을 대조해 보면 옥룡자가 태미궁이라 한 것을 성거사는 자미궁이라 바꾼 것 말고는 거의 같다. 성거사는 임란 직전 주로 기호지방에서 야인으로 풍수행을 한 신안이다. 그가 옥룡자 결을 표절하였다는 일은 있을 수 없으므로 위작이다. 또 천문을 지리에 적용한 것은 양균송의 감룡경이라 하는데 양균송은 당 말기(890년)부터 송(960년경)시대인으로 옥룡자(827~898)가 접하기 어려움에도 태미궁이란 별자리 용어를 사용하였으니 역시 위작이다. 네 편의 결록 중 두 편이 위작이니 나머지 두 편도 의심할 수 밖에 없다.

* 연화도사 결은 삼선등공, 상제봉조, 복저농일, 복저율자라고 하는데 삼선인 또는 상제로 볼 수도 있는 물형에 대하여 엎드린 원숭이로 볼 수도 있다는 건 말이 안 된다. 비슷한 물형이나 성격이어야 말이 된다. 또 해는 달과 달라서 물건 중 가장 강력한 형상이므로 상제라 하여도 갖고 놀 물건이 아니고 실제 눈이 부셔서 원숭이 같은 동물이 희롱할 대상이 될 수 없다. 물형은 맘대로 작명하는 것이 아니라 이치에 맞아야 된다.

* 연화도사는 결록 중 상혈에 대하여 남토제일지라 작명하였다. 그러나 상혈발복에 재물을 더 보탠 것이 중혈이므로 오히려 중혈을 상급혈이라 해야 될 것이다.

* 인용한 모든 결록은 모순이 있을 뿐만 아니라 공통적으로 천황봉 아래에 혈처가 있다고 하였으나 앞서 본 것 처럼 천황봉 전면에는 명혈이 없으니 위작이다. 권위있는 옥룡자 유세비록이나 만산도에는 물론 없으니 전북지방의 결록이라 추측된다. 다만 연화도사 결에 경유득 손사파라는 구절과 마이산이 보인다는 구절을 유의하여 답사해야겠다.

4. 고수님의 친산

진혈에 쓰여있지 아니한 묘를 찾기란 진혈 찾는 것보다 훨씬 어렵다. 묘에 상석이나 비석이 없다면 온 산을 뒤져도 찾지 못한다. 장선생님 재혈지에서 이미 경험한 바 있다. 정천면사무소에서 구봉산 가는 도중의 도로변에 있다는 힌트를 받았고 마침 도로변에 묘를 쓸 만한 곳이 많지 않고 묘들도 적어서 발품을 팔았다. 수색 예정지는 A. B. C 세 곳인데 C에서 상, 하장을 찾았다.

* 수색한 곳

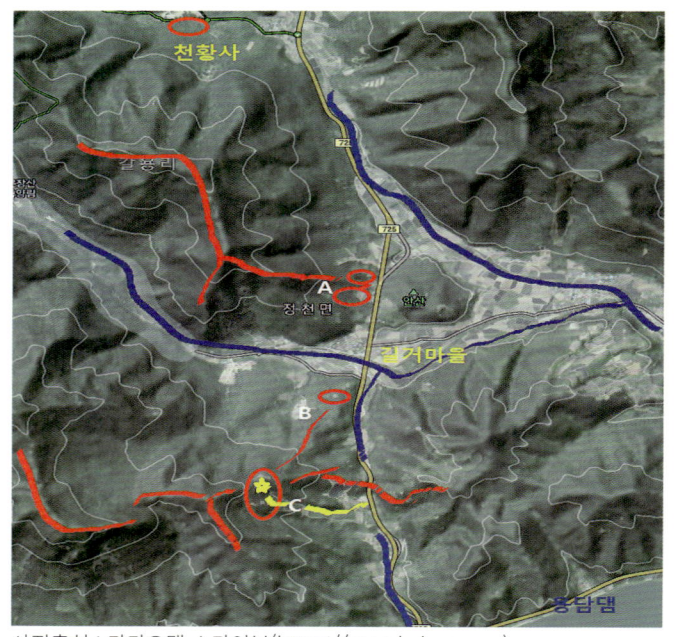

사진출처 : 카카오맵 스카이뷰(https://map.kakao.com)

* 친산-- 결록에 맞는가?

결록은 위작이지만 진짜라고 친다면 천황봉 아래, 眼前 천리조산, 마이산 특립, 경유득 손사파에 부합해야 되는데 천황봉 아래, 마이산 특립은 아니고 파구가 확실치 않다.

5. 허혈이다

결록과 맞지 않더라도 대혈이라면 상관없으니 주산에서부터 전순까지 혈을 점검해본다.

① 주산은 어느 산인가?

마이산을 떠난 행룡은 연석산까지는 조용히 오다가 연석산에서 두 팔을 짝 벌리고 東으로 서봉(1,060m), 운장산(1,126m), 동봉(1,120m), 곰직이산(1,080m), 봉학리 산15-1무명봉(1,050m), 복두봉(1,018m), 구봉산(1,002m)으로 행진하고 구봉산의 제9봉인 천황봉에 정열한 다음 양명마을 과협을 한다. 이런 행룡인 만큼 혈처의 주산은 봉학리 산15-1 무명봉이다.(주산의 개념은 다양한데 책의 저자는 소조산을 말하지만 나는 부모산을 뜻한다) 이 묘소는 천황봉과는 아무런 관련이 없다.

* 혈처 행룡

사진출처 : 카카오맵 스카이뷰(https://map.kakao.com)

② 간룡 결작이 아니다.

주산이 봉학리 산15 무명봉이라면 개장한 것도 아니고 분지한 것도 아니다. 두 팔을 벌리고 동쪽으로 나아가는 형상이므로 혈처로 가는 줄기는 한쪽 곁가지에 지나지 않는다.

③ 혈처란 좋은 기운이 모여 있는 곳이다. 바람을 맞으면 기운이 흩어지므로 청룡 백호가 양옆을 보호해야 되는데 백호가 없어서 바람을 맞고 있다. 기룡혈로 보면 청백이 희미할 수 있으나 그래도 좌우의 바람을 막는 보호장치는 있어야 된다. 예컨대 금산 부사도강, 영광 아룡도강, 광양망덕산 상제봉조는 횡맥혈로서 청백은 없으나 어깨(견장)가 넓어서 청백을 대신한다.

* 묘소-- 진입로에 시멘트 포장길이 있으므로 찾기 쉽다.

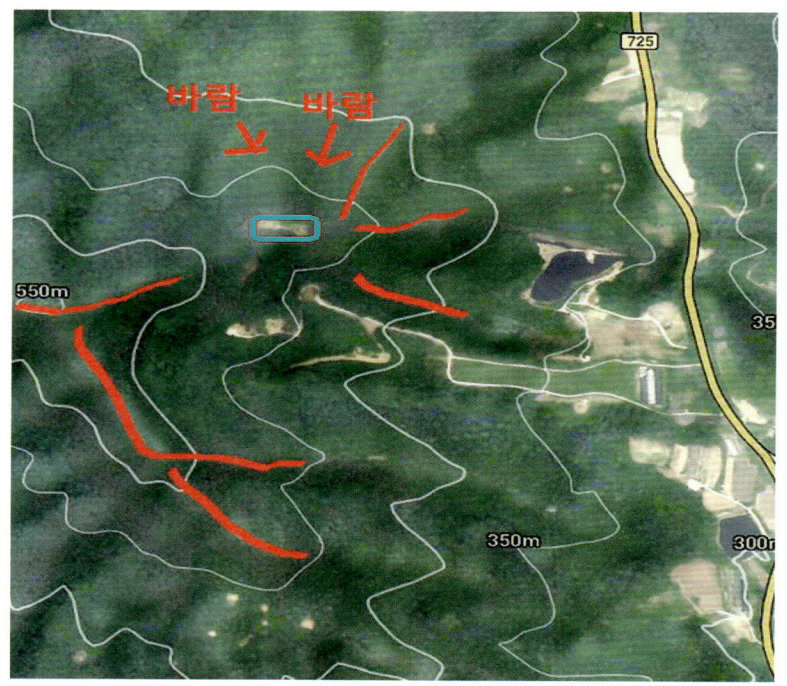

사진출처 : 카카오맵 스카이뷰(https://map.kakao.com)

④ 기룡혈이라 하여드 혈증이 없는 산등에 생기는 것이 아니고 혈장의 받침이 통통하거나 풍후해야 되고 외 청백이 감싸야 되는데 그런 징표가 없다.

⑤ 혈전에 산돼지 버드렁 이빨 세 줄기가 내려가는 모양새이니 기운이 모이질 않는다. 기룡혈은 래팔거팔한다든지 自己案이 되어야 한다.

⑥ 높은 곳에 올라가면 멀고 가까운 산들이 모두 조망되므로 일시적으로 좋은 느낌을 받을 수는 있으나 혈처는 아니다. 등산길에 있는 조망처는 혈이 아니라고 보면 된다.

6. 맺는 말

* 필자는 간산에서 묘주가 현실적으로 크게 성공하였는지 여부는 고려 대상으로 삼지 않는다. 이곳 묘주는 발복추산론을 장기로 삼고 있으나 음양택은 발복가능성을 높여 주는 역할을 할 뿐이고 명당발복이 필연이라고는 생각하지 않는다. 부적합자는 명당에 들어가도 발복되지 않고 눈에 띄는 명당이 없어도 숨은 발복지 또는 다른 발복요인이 있을 수 있다. 인생살이는 여러 환경이 어우러져 결정되는데 유전자와 心性이 가장 많은 역할을 한다고 본다.

* 남토제일이라는 결록은 옥룡자나 성거사 같은 선철이 작명한 것이 아니고 연화도사(나학천?)가 상·중·하 삼혈 가운데 상혈에 갖다붙인 등급이라고 하는데 과연 나학천의 말인지 진위가 의심스럽다. 산도와 결록은 내용이 엉터리이고 혈처라 주장하는 묘소는 가짜 산도 또는 결록에도 부합되지 않고 非혈처이다

* 우리 일행은 토지신과 묘소에 술 한 잔씩 올리고 잘 간산하였음에 감사를 표하고 묘주의 건승을 기원하였다.(2020.10.)

전북 진안군 首穴 옥녀등공
(전설상의 옥녀는 운장산 옥녀봉에,
 풍수상의 옥녀는 구봉산 천황봉 행룡 아래)

1. 전설과 결록 그리고 기존의 간산기

* 전설에 의하면, 진안군 운장산 옥녀봉에 진안 8대 명혈 중 제1의 명당이 있다. 옥녀가 폭포에서 목욕 후 비녀를 꽂는 모습이고 맞은 편 명덕봉에 남근석이 있다.(卽 옥녀봉 동쪽면이다) 산 아래 정천면 소재지 부근이 자궁처럼 생겼다. 옥녀폭포에서 치성 드리면 남자아이를 잉태한다고 한다. 정천면 사무소와 부귀면 황금리 사이의 고개에 노래고개(歌峙)가 있어서 옥녀 창가등공형이라고도 한다.

* 김○설 선생은 2020.8 진안 옥녀등공 결록(일이승)을 공개하고 운장산 아래에 있다고 한다.(구체적인 장소는 밝히지 않았다. 자료 감사합니다)

> 龍潭 嶍(산 높을 추)華山詩
> 天皇山出於 紫微宮 群仙羅列 朝蒼穹 千里祖山 來案前 誰家兒孫 福祿隆 或云 此穴 天皇峰下 陽明過峽下有之 龍潭嶍華山下 中脈 玉女登空形 德裕太祖 馬耳中祖 嶍華山小祖 龍脊 用信柱 雖(수,비록)穴面不似 千里開局 辛酉坐 當代發福 子孫千億 十相八賢之地。〈일이승〉

* 자연인의 간산기와 산도-- 옥녀봉에서 서쪽으로 내린 가지에 있다. 현재 노씨 선영, 간좌로 용사하였으나 갑좌가 옳다.(2018.2 정음정양 카페) 이기론 못지않게 설명이 복잡하고 길다. 그러나 이 방면은 용이 노룡이고 힘이 없다.

* 여기서 한 가지 강조할 점은 생지에 대하여 진혈을 가리는 것은 묘를 써서 발복을 보여주는 단계가 아니므로 절대적 판단은 불가하고 의견이 다를 수 있다는 점이다.

2. 옥녀봉의 전면과 배면

의산과 나는 2020.8. 제1차로 운장산 행룡 일대를 넓게 살핀 다음 귀가하여 지도를 연구하고 재차 탐방하였다. 운장산 래룡 중 유력한 혈처 후보지는 옥녀봉인데 옥녀봉의 어느 방면에 결혈되는가? 이는 어느 방향이 전면이고 어느 쪽이 배면 또는 측면인가의 여부에 달려 있다.(옥녀봉의 생김새로 보아 양방향으로 개면하였다고 볼 수 없다)

* 옥녀봉 국세-- 옥녀봉은 운장산 남쪽 가지이고, 치유의 숲 방면으로 개장하였으며, 옥녀가 목욕한 폭포가 있고, 아래 무시산이 남자산으로 마주하고 있다.

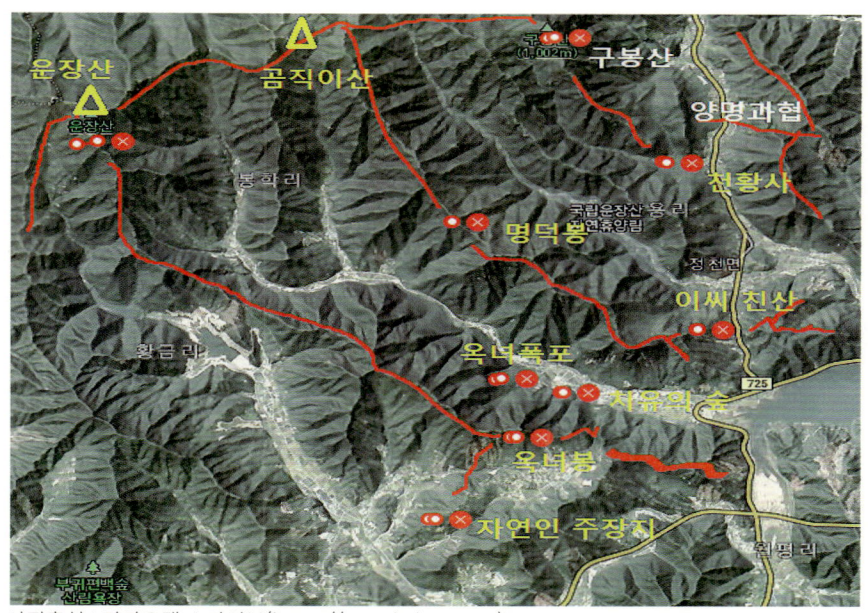

사진출처 : 카카오맵 스카이뷰(https://map.kakao.com)

* 자연인 주장지-- 부귀면 황금리 산104-1로 추정되고 노씨묘가 있다고 하는 바, 옥녀봉의 배면이고 땅이 무르다. 주장지 뒤에 치마주름과 가치(歌峙)마을이 있다.

* 옥녀봉의 동남면

진안 옥녀봉은 예로부터 진안 8대 명당 자리중에 제 1 명당인 '옥녀창가'라는 명당이 있다고 한다.
옥녀봉 아래에 있는 마을 명칭도 풍수적으로 '옥녀창가'에서 유래하여 '노래재'라 하였으며
이를 한자화해 '가치(歌峙)'라 한다.

사진출처 : 카카오맵 스카이뷰(https://map.kakao.com)

* 옥녀 폭포

3. 옥녀봉 아래에 있는 진혈

* 음택-- 치유의 숲에 있다. 그러나 맞은편에 있는 남자산인 아래무시산이 너무 험악하여 쓸 수가 없다.

사진출처 : 카카오맵 로드뷰(https://map.kakao.com)

* 아래무시산

4. 구봉산 래맥의 옥녀등공

마이산-부귀산-주화산-연석산-운장산(1126m)-곰직이산(1080m)-복두봉(1000m)-구봉산 천왕봉(1002m)-(양명 과협)-호계리와 모정리-용담호로 행룡한다.

운장산에서 남쪽으로 내린 가지에 옥녀봉이 있으나 간룡이 아니고 가지이다. 연석산에서 운장산으로 온 간룡은 척추가 되어 양팔을 펴고 여러 걸음걸이로 구봉산으로 간다.(이런 행룡은 남부지역에서는 보기 어렵다) 구봉산은 천왕봉을 세운 다음 비로소 깊고 길다란 협곡 과협(양명동네 과협이다)을 만들었다. 과협 후 올라선 룡은 역시 팔을 벌린 뒤 잔가지로 변하여 호계리와 모정리를 펼치고 용담호에 이르러 끝난다.

* 운장산에 이르기까지

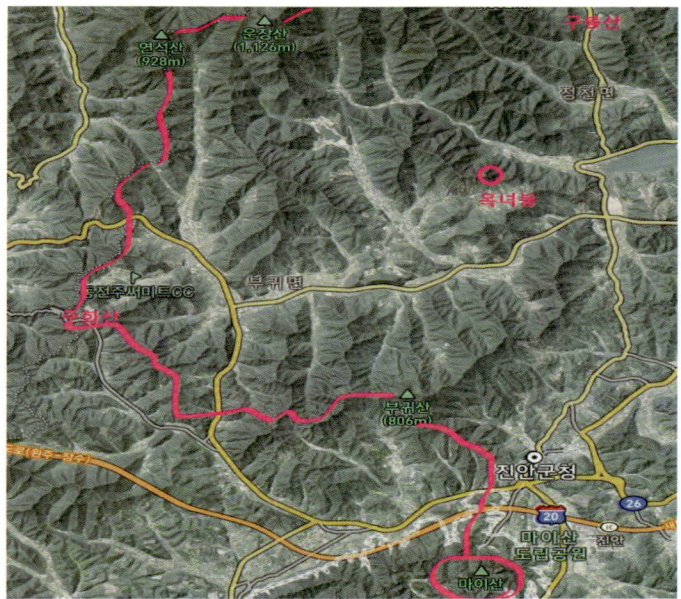

사진출처 : 카카오맵 스카이뷰(https://map.kakao.com)

* 운장산과 구봉산 행룡-- 팔을 쫙 벌리고 나아간다. 옥녀봉은 간룡이 아니다.

사진출처 : 카카오맵 스카이뷰(https://map.kakao.com)

* 천왕봉

* 제1봉부터 제8봉

　* 진혈처는 한씨묘 부근이다. 결록과 대조하면, 천왕봉 아래 양명과협(送舊迎新의 자세가 아름답고 길이도 6.5km나 된다), 소조 추화산(김○설 선생은 운장산으로 해석한다), 용척(용의 척추) 유좌묘향에 부합되고 옥녀(주위에 몇 분의 옥녀가 보이는데 그중 한 분의 옥녀)발에 결혈되었다.

　* 전설상의 옥녀는 운장산 옥녀봉 아래 있고 풍수상의 옥녀는 구봉산 천왕봉 과협(결록상 양명과협이다)을 지나서 있다.(2020.8.)

전북 진안군 양택 대혈
(호남 제일의 양택. 天苑垣局?)

1. 함부로 접근할 수 없는 곳

 진안 옥녀등공과 남토제일지를 찾기 위하여 수차 운장산을 래왕하였다. 진안에 들어서면 마이산(馬耳山)이 먼저 보이는데 그 기묘하고 재미난 모습에 혹하여 다른 곳에 눈길을 줄 여유가 없다. 그러던 중 삼길육수(三吉은 형세론에서 말하는 木土金, 육수는 艮巽兌丙丁辛)를 제대로 갖춘 양택 대혈을 보았다. 젊었다면 이사하여 살고 싶다는 생각이 스쳐 지나갔다. 그러나 곧 내 몫이 아니라는 사실을 깨닫고 머릿속에 새겨두었다가 한 번씩 꺼내보는 즐거움으로 만족하였다. 이의신은 회문산 초입 오룡음수 양택결록을 짓고 부적격자는 천신이 재앙을 내린다고 하였다. 이곳도 함부로 탐하거나 천기누설해서는 안 될 곳이다.

 * 마이산

2. 호남 제일지라고 큰 소리 치는 까닭

 당신이 전라도 양택을 얼마나 구경하였기에 호남 제일지라고 하느냐고 반문하는 분도 있겠다. 사실은 전라도 양택지를 많이 보지는 못했다. 그러나 이의신이 말하는 전라도 제일지라는 오룡음수, 옥룡자 결에 있는 영광 인의산 와우형, 도선국사 비결지에 있는 담양 만물시생도(萬物始生圖)를 보았고 그 보다 이 혈이 크고 잘 생겼으니 전라도 최고지라 하여도 무리는 아닐 것이다.

  토지는 용도에 따라 그리고 사용자의 취향에 따라 선호도가 다를 수 있다. 회문리 오룡음수는 명당은 작으나 강력한 힘이 있는 곳이고, 인의산 와우형은 앞에 펼쳐진 전경은 아름다우나 뒷 배경은 힘이 부족하고, 담양 만물시생도는 아름다운 산천에 문예가 있는 곳이나 국세가 넓은 평야 중 일부만 차지한다. 이곳은 국세가 넓고 제대로 원국(垣局, 빙둘러 담장을 친 곳)을 이룬 가운데 삼길육수가 웅장하다. 그러므로 객관적으로 볼 때 위의 결록지 세 곳보다 대혈인데 선철의 결록에는 없다. 장흥 용산면 양택도 좋지만 이곳보다 못하다. 양택은 음택보다 발복이 빠르고 영향력이 크지만 생활의 근거지를 옮겨야 한다는 어려움이 있기 때문에 사람들이 취할 수 없어서 결록과 용혈도가 전해 오지 않는 것 같다.

3. 회문산 초입동 오룡음수

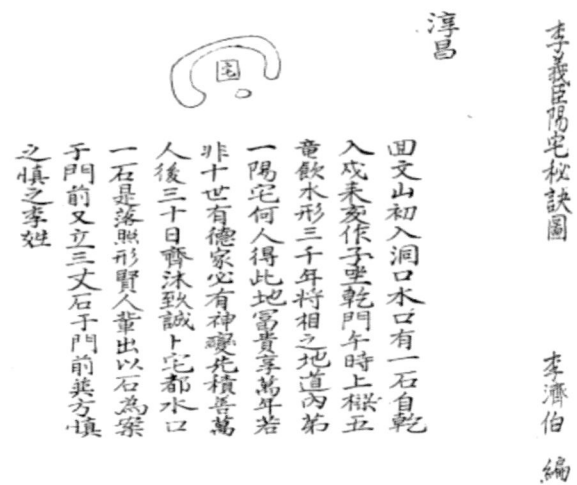

3천 년 장상지, 도내제일 양택, 十世유덕가가 아니면 신의 재앙 있다. 이의신은 광해군 때 국풍으로 교화 천도론을 주장했다.(필자의 작은 희문산 간산기 참조)

4. 영광 인의산 와우형

옥룡자 유세비록(유청림 편저)-- 동령치 넘어가니 와우형이 天基로다. 一大海水조당하니 人才府庫 되겠구나. 오백 년을 지나가면 명현군자 나리로다. 병정봉이 통고하니 대대 인물 나리로다. 화개금성(華蓋金星)되었으니 五姓구발 하리로다.(필자의 간산기 참조)

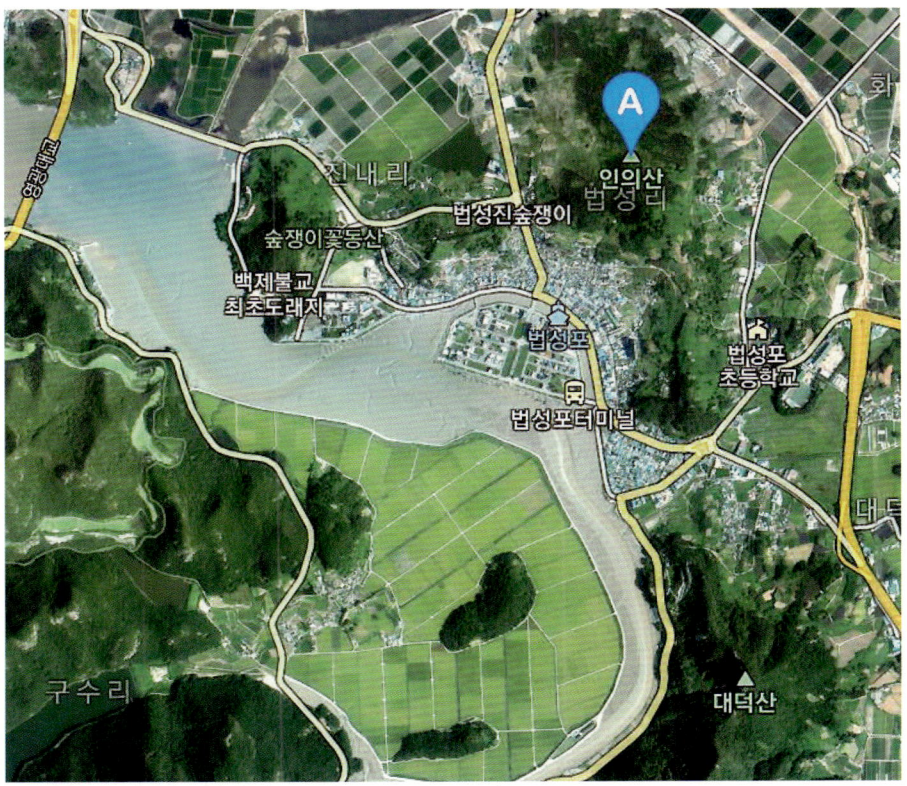

사진출처 : 카카오맵 스카이뷰(https://map.kakao.com)

5. 담양 만물시생도(도선국사 풍수문답, 정관도 해설)

* 부귀무적, 천하제일지지

潭陽三人山下 萬物始生圖 陽宅, 此天下第一之地云 聖賢將相連出地
(담양삼인산하 만물시생도 양택, 차천하제일지지운 성현장상연출지)

富貴無敵 與天地同行
(부귀무적 여천지동행)

담양 만물시생도(萬物始生圖)

潭陽 三人山下 萬物始生圖 陽宅 此天下第一之地 云 聖賢將相連出地
富貴無敵 與天地同行

 * 삼인산 아래는 여러 마을이 있는데 전면에는 평야가 있고 끝에는 멀리 무등산이 보이며 뒤에는 삼인산이 배경이 된다. 웬만하면 모두 길지급이다. 오정 2리 일원을 보는 분이 있으나 언덕 위의 고급주택은 기룡이고 두 다리 사이에 중등초급 명혈이 있으나 그 동네에 대혈은 없다. 진혈은 서쪽 오 리쯤에 있다.

6. 장흥 용산면 양택도 상당히 좋다.(간산기 참조)

7. 보통 하늘의 별자리의 영향을 받아 지상에 생긴 4대 원국 즉 北자미(천자 침궁), 南태미(천자 사무실), 東천시(수렵궁), 西천원을 최대혈로 친다. 나는 하늘의 별자리 영향으로 생겼다는 말은 안 믿지만 대혈의 국세가 원국 모양인 것은 기운이 순환하는 이치상 수긍할 수 있다. 이곳은 원국의 서쪽에 있으므로 天苑垣局이라 할 수 있다. 선철이 칭송한 네 곳보다 대혈이니만큼 생지로는 호남 제1의 양택지라 하겠다. 이의가 있으신 분은 네 곳 결록지를 찾은 다음 오셔서 함께 구경하면 되겠다.(2020.11.)

전라남도·광주(25혈)

전남 광양시 망덕산 상제봉조
(산태극 수태극의 대혈, 장선생님의 발걸음은 비틀거렸다)

1. 德있는 者를 기다리는 山

광양시 진월면 望德山은 상제봉조혈을 차려놓고 글자 그대로 덕있는 사람을 기다리는 산이다. 우리나라 10대혈의 하나라 하여 남부지역 풍수들이 많이 찾았다. 혈이 있다 없다로 의견이 나누이고 혈처후보지로 지적되는 곳도 5개 정도 된다. 2년 前인가 어떤 이가 혈을 찾아왔더니 혈처가 주택지로 개발되어 있는 것을 보고 낙담하여 다른 혈의 간산일정 마저 접고 귀가했다는 글을 보았다. 이 혈에 대하여 장선생님의 유산록은 일관되지 못하고 오점하였다.

2. 결록

유청림의 옥룡자 유세비록엔 결록이 없고 장선생님 유산록에는 서로 배치되는 글이 있다.

* 유산록 전편 398p. 誤傳되는 상제봉조 또는 팔괘혈(八卦穴)이라는 제목 아래, 산도에 의하여 전해지는 결록은, "광양 望德山下 상제봉조 君

臣朝天案 간래건전(艮來乾轉) 자좌미파(子坐未破) 대해조당(大海朝堂) 태극팔괘혈(太極八卦穴) 혈재대석하(穴在大石下) 부귀관세(富貴冠世) 삼천년…"이라 하였고 또 산도를 첨부한 결록에 "성덕산 제자혈, 태극혈, 穴中石石下尋, 천장길지, 賜福人, 積德百年可得用, 옥룡자…"라 하였다. 유산록은 계속하여, 1977.10. 탐방한 즉, 백운산에서 낙맥(落脈)할 때 간지(幹枝)를 호위하는 가지(支枝)로 출발하였으니 망덕산 래맥은 空亡龍이고 결혈될 곳이 없다. 이곳이 아닌 광양 어디엔가 상제봉조가 결혈되었는데도 미숙(未熟)한 속사들이 결록 앞머리에 망덕산을 적어 넣어서 변조한 것이라고 쓰고 있다.(註; 장선생님은 봉강면 봉당리 백운저수지 상에 상제봉조 팔괘의 혈이 있는데 입향재혈을 잘못한 묘 1기가 있다고 한다. 후편 187p. 옥룡면 중흥리 군신봉조 간산기 참조)

＊ 그리고 유산록 후편 190p는 "진월면 천왕산과 萬德山 사이에 상제봉조형이 결혈되었으니 天下명혈大地이다. 노변(路邊)에 결혈되었으니 누가 알아볼까? 海中三公筆, 묘방三台, 회룡결국, 無龍虎, 경태래기, 亥作穴"이라 한다.

3. 결록 검토

＊ 광양 망덕산이 간룡의 호위사인가?

① 망덕산(197m)은 1,902km를 달려온 백두대간의 종점이요, 진안 부귀면 주화산 조약봉(563m)에서 내장산, 장흥 제암산, 광양 백운산(1,222m), 천황산(225m 천왕산이라고도 한다)을 거쳐 오는 호남정맥의 종점으로 공인되고 있다. 현지인들이 정상 표지석에 호남정맥의 종점인데도 시발점이라고 새겨놓을 정도로 존재감이 뚜렷하다.

* 정상 표지석

② 백운산의 중출맥은 만경대, 억불봉, 가야산맥이고 좌출맥은 매봉, 쪽비산, 불암산, 국사봉, 천왕산, 망덕산맥이다. 좌출맥이 중출맥보다 더 많이 간룡의 기운을 받아올 수도 있다. 래맥의 출신 성분은 가려야 되지만 태조산에서부터 가리는 건 옳지 않고 조산부터 가려야 된다.(행진 도중에 변화할 수도 있고 공망룡인가를 정확히 가릴 수 없다) 요컨대 호위사가 아니다.

③ 장선생님은 망덕산 래맥이 공망룡이라고 하면서도 동일한 래맥인 진월면 월길리 국사봉 아래 옥녀직금의 대혈이 있다고 하므로 자체 모순이 있다.

④ 천왕산과 만덕산 사이의 길가에 상제봉조가 있다는 후편 부분은 허무한 내용이다. 진월에 만덕산은 없고 길가에 대혈도 없다. 광양 백운산맥에서 장선생님은 많이 비틀거렸다.

* 천왕산-- 크지 않다.

⑤ 백운저수지 상에 있다는 상제봉조는 결록에서 말하는 대혈과는 거리가 멀다.(백운산 래맥이 아니고 계족산 래맥이다) 이곳과는 비교할 국세가 아니다.

* 결록을 어떻게 볼 것인가?

뒤에 보는 바와 같이 망덕산에는 상제봉조의 대혈이 있는데 현장에 맞추어 보면 앞서 본 세 개의 결록에서 간래건전, 자좌, 대해조당, 혈재대석하, 태극팔괘혈, 회룡결국, 무용호(無龍虎)라는 부분은 맞다. 용호가 없다는 것은 혈처가 머리를 내밀어 바람에 무방비라는 뜻이 아니고 左右어깨(견장)가 청백의 역할을 하여 장풍이 되는 경우이다. 부사도강, 아룡도강이 모두 그러한 형국이다.

4. 국세

* 혈처 부근의 행룡을 보면 평지과협 후 천왕산이 우뚝 서서 남진하다가 동진으로 틀고 국도있는 곳에서 두 가닥으로 나누어 주맥은 북상하여 망덕산을 만들었고 한 가지는 남동으로 돌아서 요대가 되었다. 두 강이 합수하는 곳에 신하가 배알하는 배알섬이 있고 안산에는 커다란 청마가 있다. 강 건너에는 명당마을이 있다

* 망덕산 대국-- 배알섬 명당동 하동나팔이 있다. 명혈의 요건을 두루 갖추었고 특히 조산에서 주산, 주산에서 혈처로 진행하는 행룡이 아름답다. 兩大江의 합수와 합쳐보면 산태극 수태극을 이루었다. 외청룡은 섬진강 건너 지리산맥이니 천리의 기운을 몰고 와서 만든 대국이다.

* 배알섬-- 임금을 배알하는 신하.

5. 혈처 후보지

사진출처 : 카카오맵 스카이뷰(https://map.kakao.com)

410

* 각 견해-- ①, ③이 다수 견해

① 앞이 트여 시원하나 결혈되지 않는다.

② 진혈처이다. 이씨의 큰 묘가 있는데 진혈을 벗어났다. 20년 전에 보았을 때보다 축대 아래가 절토되어 반 계단 낮아졌다. 이씨 묘가 지키고 있는 이상 진혈에 갈 수 없을 것이다. 艮來乾轉을 찾는 것이 중요하다.

③ 최씨 묘가 몇 기 있고 잘 관리되고 있다. 남해를 바라보고 위풍당당하게 앉았다. 배알섬도 아래에 보인다. 보통 이 묘를 진혈로 보고 있지만 바람을 맞고 기운이 미약하다.

④ 묘가 많아서 공동묘지가 되었다. 주택지로 개발되었으면 좋았을 터인데 땅을 허비하여 아깝다.

⑤ 대대적으로 절토하여 주택지로 조성되었다. 일국의 변두리이다. 음택지는 아니고 양택지로도 별로이다. 어떤 이가 대혈이 파괴되었다고 슬퍼한 곳이다.

* 호남정맥의 말락지로서 대혈이지만 오랫동안 적격자를 만나지 못하여 원형이 시들은 것이 참으로 애석하다.(2020.6.)

전남 광양시 천황산에 상제봉조혈이 있는가?

1. 망덕산에 있는가? 천황산에 있는가?

광양 상제봉조는 망덕산에 있다는 의견이 다수이었는데 천황산에 있다는 주장도 있다. 그리고 천황산과 망덕산 사이에 있다는 산도 제시되었으므로 함께 검토하기로 한다.

2. 결록지 탐혈 방법

첫째, 결록을 참조하여 진혈을 찾고 다시 결록과 대조하여 용·혈·사·수·향이 일치하는가를 검토한다. 일치한다면 결록지가 맞다고 판단한다. 이때 결록이나 산도가 여러 개 있다면 어느 것이 진짜결록인가를 정하게 된다.

둘째, 결록 중 일부 내용이 진혈과 다르다면 그 사유를 밝혀야 한다.

셋째, 결록이 지적하는 곳 일원에 진혈이 없는 경우에는 결록이 허위 또는 위작임을 밝혀야 된다.

넷째, 선철들은 대혈에 대하여 결록을 남겼지만 그래도 10~20% 정도는 누락되어 있다고 추측된다. 결록에 없는 대혈을 찾으면 결록에 없다는 점을 밝혀야 된다.

3. 광양 망덕산 상제봉조 산도와 결록

*견해

제1설은 광양 망덕산, 간래건전, 자좌미파, 대해조당, 태극 팔괘혈, 혈재 대석 下.

제2설은 성덕산, 태극혈, 혈중석하심.(현재 성덕산 이름은 없으므로 망덕산으로 추측, 제1설과 같다)

제3설은 천왕산과 만덕산 사이의 노변, 해중3공필, 회룡결국, 해작,

제4산도는 글자 해득이 어려우나 광양 망덕 장자촌(천황산 밑 장재촌?) 혈재노변, 無人知者, 해중3공필 등 제3설과 같다. 有名大地라 쓰여 있는 점으로 보아 대지로 알려진 다음 사후 작성된 것이다

* 산도

4. 산도와 결록의 진위 여부

제1, 2설은 망덕산에 혈이 있다는 견해이고 제3, 4설과 산도는 천황산과 망덕산 사이에 상제봉조가 있다는 견해이다. 답사해 보면 두 산 사이에는 대혈은 없다. 천황산 정상에 있는 안내판을 보면 장재촌(산도에는 長者村)에 거북과 용이 바위를 두고 다투는 명당이 있다고 한다. 장재촌에 그와 비슷한 곳은 있으나 소혈이고 상제는 아니다. 그러므로 산도 및 제3, 4설은 가짜이다.

* 현장 지도-- 천왕산과 망덕산(만덕산은 없다) 사이의 노변.

사진출처 : 카카오맵 스카이뷰(https://map.kakao.com)

5. 천황산 산등에 혈이 있는가?

어떤 이가 제1설을 원용하면서 망덕산에는 혈이 없고 천황산 산등에 혈이 있다고 주장한다.

 * 천왕산 행룡과 좌향-- 지적지는 천왕산에서 망덕산으로 가는 행룡의 방향 전환을 받쳐주는 요도이다.

사진출처 : 카카오맵 스카이뷰(https://map.kakao.com)

* 이 견해에 대한 비판은,
① 천왕산 산등에 있다는 결록은 없다.
② 결록지는 艮來라 하였는데 사람들은 간래 행룡을 찾지 못하여 헤맨다
④ 장풍이 안 된다.(2020.8.)

전남 광양시 옥룡면 중흥산성 군신봉조
(옥룡자의 상제봉조 팔괘혈인가?)

1. 망덕산 상제봉조와 중흥리 군신봉조
광양 망덕산 상제봉조혈은 널리 알려진 혈인데도 장선생님 유산록 전편

398p에 진혈은 광양 어디엔가 있는데 속사들이 망덕산에 있다고 오인하여 와전되고 있다. 절대로 망덕산 아래에 가서 찾지말라고 한다. 그리고 유산록 후편 187p에서, 광양 중흥리에 옥룡자의 상제봉조 팔괘혈인 군신봉조가 있다고 함으로써 광양 어디엔가 있다는 상제봉조가 이 혈을 말한 것이라 이해된다.

그렇다면 이 혈이 어느 정도 대혈인가?

2. 중흥리에 관한 유산록

유산록 후편 187p는, 도솔봉에서 십자로 분지한 大枝는 남행 약 삼십리 백운저수지 상에 진(盡)하여 군신봉조형이 결혈되었으니 천하의 명혈이다. 옥룡자 소위 상제봉조 팔괘혈이다. 애석하게도 예전에 토성(土城)을 쌓노라고 파헤처져 점혈이 어려운데 입향점혈을 잘못한 묘 1기가 있다.

3. 심혈

백운저수지(광양 봉강면 봉당리) 상부에 혈은 없고 부근에 토성도 없었다. 귀가하여 찾아보니 광양에서 제일 큰 토성은 도솔봉 래룡의 중흥산성(옥룡면 운평리)이었고 성안에 중흥사라는 절이 있다. 다시 탐방한 즉 중흥사는 도선국사가 창건한 사찰이고 토성을 쌓아 임란 때 승병과 의병들이 전투를 벌였다고 한다. 토성은 산등을 따라 3.4km인데 현재 흔적 없고 등산로로 되어 있다. 동쪽은 절벽이고 나머지 3면은 산으로 된 천연의 요새로 당시에는 교통의 요지를 지키고 있었다고 한다. 도선국사가 장차 많은 승병들이 기거할 것을 예상하였는지 절 옆에 저수지(중흥제)를 만들었더라.

보물로 지정된 삼층석탑(상층부는 손상)과 쌍사자 석등(모작품을 전시, 진품은 광주박물관)이 있었는데 고려 초에 신라 중흥기의 수법으로 정교하고 화려하게 새겨져 있었다. 혈은 절 뒤에 있는데 태극 팔괘형은 아니고 국세가 좁아서 중등초급? 망덕산 상제봉조와 비교할 처지가 아니었다.(2020.7.)

　* 중흥산성-- 지도에서 보이는 도솔봉은 백운산 도솔봉이 아니다.

사진출처 : 카카오맵 스카이뷰(https://map.kakao.com)

　* 안산 전경

전남 나주 만월괘서
(삼태와 북두칠성이 보름달을 맞이하다)

1. 국사봉과 용진산

나주의 만월괘서(滿月掛西, 보름달이 서쪽에 걸려 있다)형은 옥룡자결에 등장하는데 용지 5년 후 10대 장상 7대 왕비 등 속발대지로 소개되어 있는 까닭에 많이 찾는다. 대체로 나주 국사봉 아래 만월봉(송산리 산50)을 주목하지만 이와 별도로 지방설화에 의하면 西광주 용진산 일대에 만월괘서가 있다고 하고 적잖은 주민들이 동의하는 실정이다. 어떤 분은 금성산 아래 백룡제 부근을 지목하나 동조자가 없다. 만월봉 앞 철성산까지 합쳐 4개(용진산, 철성산, 만월봉, 금성산)의 산이 모두 방장산의 말락지이다. 나주 만월봉과 西광주 용진산을 연계하여 만월괘서를 심혈하였는데 용진산 만월은 별도로 쓴다.

2. 나주의 만월괘서

가) 옥룡자 결-- 다음 결록은 나주 만월괘서혈로 보는 견해가 다수이다.

其中에서 大幹脈이 二十六節 擁衛하니, 大穴나는 根本이라 그뉘라서 分別할까
바쁜걸음 재촉하야 數里길을 내려가니, 華蓋金星 차린後에 滿月掛西 하였구나
穴前으로 올라서서 前後左右 살펴보니, 七星峯과 三台案이 錦繡屛帳 둘렀구나
文千武萬 十代將相 七代王妃 萬鍾祿을, 積善積德 아니하고 사람마다 얻을소냐
姓名坐破 헤아리니 水土山에 坎卦로다. 穴星圓厚 하였으니 上下分別 어려워라
乳中에서 微窩보소 用之五年 速發하야, 三十九代 갈것이니 蠡斯千古 부러울까
- 「玉龍子遊山錄」

나) 용혈사수향

옥룡자결은 화개금성 후 만월괘서, 칠성봉(七星峰) 삼태안(三台星)이 금수병장(錦繡屛帳) 둘렀다, 유중미와이다.(유청림과 장익호는 옥룡자결에 아래의 요건을 추가하였다)

유청림(풍수기행 152p)은 묘자유향, 청룡밖 채석장.

장익호(유산록 전편 423p)는 나주西 40리(註: 30리?), 금성산이 동방에 수려, 만월봉 정상의 혈, 수구가 호수.(湖水, 그러나 만월봉의 수구에 호수는 없다)

다) 칠성봉 삼태안

칠봉산에서 헤어졌던 용은 5십 리를 행진하여 삼태 북두칠성을 펼쳐서 만월을 맞이하였고 건너편 만월은 6십 리를 행진하여 왔다. 滿月 하나 정도로는 대국이 될 수 없고 안산이 중요한 구성요소이다. 삼태안에 부합하지 않는 지적지는 모두 결록지가 아니라고 단언할 수 있다.

* 북두칠성과 삼태-- 자연동화 park병주 블로그 사진을 인용, 감사합니다.

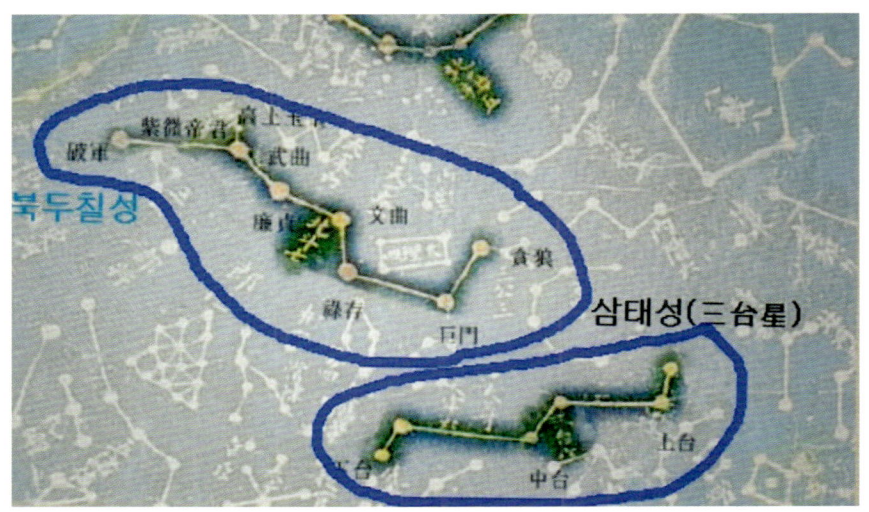

* 삼태 칠성과 만월의 만남

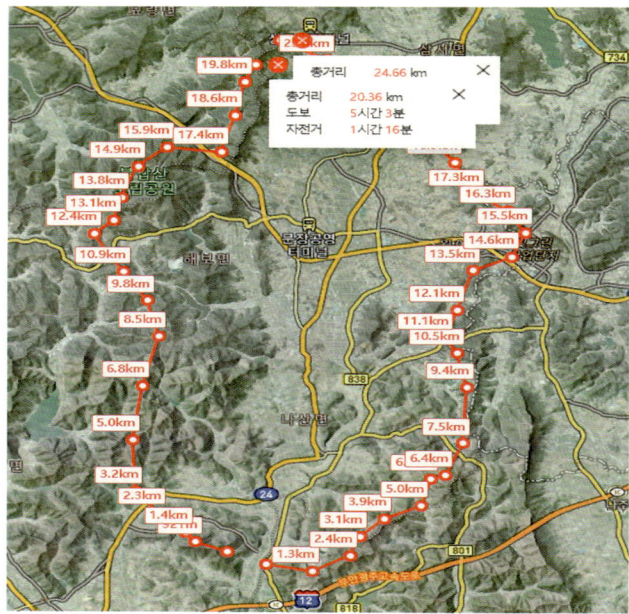

사진출처 : 카카오맵 스카이뷰(https://map.kakao.com)

* 안산과 혈처-- 명하동(유청림 지적지)에서 보면 채석장이 용맥 일부를 훼손하였으나, 가로질러 절단한 것은 아님을 알 수 있다.

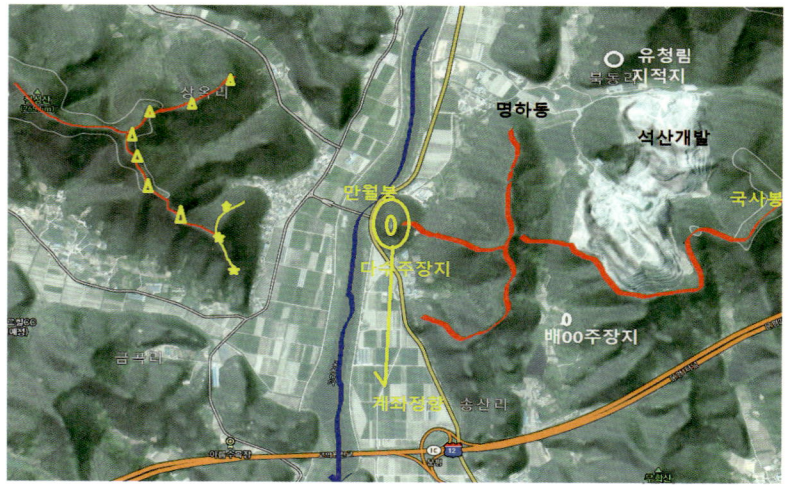

사진출처 : 카카오맵 스카이뷰(https://map.kakao.com)

라) 만월봉에 결혈이 되는가?

다수는 만월봉 정상에 결혈되었다고 한다. 그곳에는 윤씨 묘가 세쌍 있다.(다만 고총 1기는 최씨 묘이고 상석에 계좌로 적혀 있다)

* 만월봉-- 칠성 쪽에서 본 모습

사진출처 : 카카오맵 로드뷰(https://map.kakao.com)

* 만월봉 정상의 윤씨 묘-- 전부 계좌정향이다. 여기서는 삼태 칠성을 안산으로 볼 수 없다.

* 만월봉 남쪽자락을 보는 견해도 있으나 역시 계좌이고 삼태가 안이 될 수 없다. 유청림님 견해도 삼태안이 아니다.

* 만월봉의 정상 또는 남쪽 산자락이 혈이 아닌 이유는 많다. ①삼태 칠

성을 외면하고 공허한 곳을 안산으로 하고(계좌 정향) 물길과 동행하게 된다. ②만월봉은 돌형인데 숨쉴 지맥(다리 또는 수염)이 없어서 생기가 모일 모양이 아니다. ③주변이 거칠다. ④만월은 가득 차서 기울어질 일만 있으므로 감상하는 것은 좋으나 그 자체에서 혈 찾는 것은 피해야 된다. 東반월이나 西반월이 만월로 성장할 형세이므로 吉하다. 진혈은 국을 넓게 보고 이치를 생각하며 산을 사랑해야 찾을 수 있다.

 * 어떤 탐침봉 풍수는 대도지上(대도리 산61?)을 두고 금성산 래룡으로서 만월괘서라 하는데, 장선생님이 수구에 저수지가 있다고 한 말을 맹신한 탓으로 허무한 곳을 찍었다. 국사봉 래맥을 금성산 래맥으로 착각하는 분이 있는데 화개금성 차렸다는 결록구절을 금성산으로 오인한 탓이다.(2021.11.)

광주시 본량동 신촌 만월괘서
(소위 용진산 만월괘서)

1. 산도를 구하여 답사하다

나주 송산리 만월괘서에 관한 자료를 보니 광주 용진산에도 만월괘서가 있고 그곳이 진혈이라는 견해도 있었다. 광주 용진산 일대를 탐사해본 바 용진산 아래 청안 이씨 시조 묘인 선인단좌혈이 있고 일대를 둘러 보아도 만월괘서는 없었다. 뒤에 ○○스님으로부터 만월괘서가 광주 본량동 신촌에 있다는 산도를 구하게 되어 재차 탐방하고 간산기를 정비하였다.

2. 산도

3. 본량동 신촌

금강산에서 남쪽으로 내려온 행룡은 왕동 산5(230m 고지)에서 분지하여 동쪽으로 용진산을 만들었고 남쪽으로 간 가지는 신촌 등의 마을을 만들었다. 산도는 신촌을 지적하고 있고 양송천의 묘 또한 만월괘서라는 견해도 있다.

* 신촌 일대

사진출처 : 카카오맵 스카이뷰(https://map.kakao.com)

* 본량동은 30여 개의 자연마을을 포함하고 있는 행정동이고 북산 등 12개 법정동으로 구성되어 있다. 평림천 건너 칠봉산 일부를 포함하였다.(연잎 옆에 있는 수초로 본 듯?) 生居斗岩 死後本良(생거진천 사후용인을 원용한 말이다)이라고 한다지만 본량동은 옥답이 많고 수려한 산이 있어 광주 북구 두암보다 좋은 주거지이다.

  * 산도 지적지-- 청룡무정, 백호빈약, 전면이 넓게 열려 있다. 장익호 학회는 이곳을 만월괘서로 간산하는데, 선생님의 유산록에서 말하는 곳이 아니다. 작자 미상의 산도는 믿음이 가지 않는다.

  * 신촌은 400년전 류차달이 들어온 이래 류씨 집성촌으로 번성하였는데, 그가 신촌을 만월괘서 명당이라 말하였다고 한다. 만월은 보이지 않으나 문전옥답이 있는 살기 좋은 곳이다. 류차달이 후손에게 이사하지 말고 정착하라는 숨은 의도에서 말한 것? 대동사는 류차달 입향조를 기린 사당이다.

  * 어떤 사람은 양송천 묘가 만월괘서라고 하는데 탐방해 보니, 길다란 장대가 있고 맨 윗쪽에 양송천(양응경 1519~1581 문신, 충효열을 강조했다. 정철의 스승)을 비롯하여 아래로 10여 기가 차례로 쓰여 있다. 중간 위치쯤에 아들 양산숙(임란 때 진주성에서 순절) 묘가 있는데 후손들이 다른 곳에 묻힌 것을 애닯아 하던 중, 2016년 아버지 묘역으로 이장하여 기쁘다는 팻말을 세웠다. 인터넷 검색을 하니 공식적 기록(수정이 필요?)에는 양산숙 묘가 처음부터 이곳에 있었다고 한다. 풍수적으로 본다면 길다란 장대에 8~9마리의 봉황이 앉았는데 제일 늦게 앉은 새(양산숙 묘)가 길지에 앉았고 다른 곳은 평범하더라.(2021.11.)

전남 강진군 월출산 14대 天子지지
(풍수의 기본을 생각한다)

1. 유명한 혈

남원시 보절면 천황산 30대 군왕지지(유산록 전편 387p)를 찾아 갔다가 크게 실망하고, 다른 제(帝)왕지는 어떤가 궁금하여 이곳과 속리산 49대 제왕지 등을 순례한 적이 있다. 마침 어떤 풍수가 간산 사진을 올렸기에 참고가 되었다.

2. 유산록의 기재

 * 유산록 전편 384p-- 천황봉에서 축간으로 낙맥, 박환, 좌우 맥이 극히 존엄한 가운데 수차 홀연히 솟았다가 홀연히 떨어져 결혈되었다. 옥쇄안, 기치 창검 둘러싼 곳이다. 우리나라 유일한 天子지지이다. 적덕 없이 과욕 말라. 유산록 후편 157p, 천황봉에서 낙맥한 구정봉은 관(冠) 같은 형상이다. 그 아래 14대 천자지지. 기암 기봉 두른 곳에 일연지(一軟枝)에 결혈. 기치 창검 삼엄한데 좌중(座中).

 * 산도

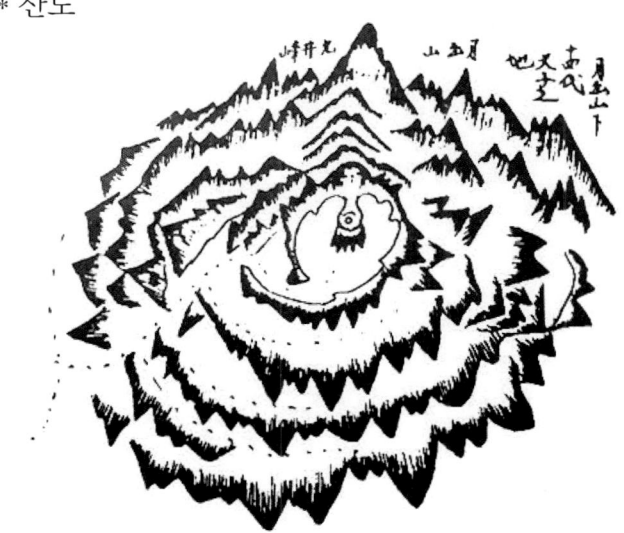

3. 간산 사진

* 유산록 지적지라는 사진-- 구정봉 아래

* 리○○선생님의 지적지라는 사진

* 위의 사진들이 과연 두 선생님이 지적한 곳인지 의문이 있다.

　유산록을 보면 장선생님은 월출산 후면에 있는 천황사(寺) 밑에서 출발하여 천황봉을 등정하고 축간낙맥, 박환(剝換)한 룡을 따라 제자혈(帝字穴)을 찾고 성전(成田)으로 하산하였다고 적었다. 위의 사진은 박환된 곳도 아니고 축간낙맥인지 의심스럽다. 리선생님 지적지라는 사진도 기본이 안 된 곳인데 저명한 분이 그런 곳을 혈처로 지적하였을리 없지 않을까?

4. 풍수의 기본

야구나 축구에서 기본기를 충실히 익혀야 된다는 것은 누구나 알고 있다. 풍수에서도 장풍득수, 혈장에 살기가 없고 생기가 있을 것, 득수(水勢를 얻을 것)를 기본으로 한다. 이러한 기본에 맞는 곳이면 적어도 길지(吉地) 수준은 되고 그 다음 혈장이 튼튼한가, 래룡(來龍)과 사격은 어떠한가에 따라 명당급에 올라서는 것이다.

앞서 본 사진은 장풍과 혈장유연이란 기본에 전혀 맞지 않는다. 혈장은 척박하고 래룡은 살기등등 하다. 암장한 사람은 필시 고통스러울 것이다.

세상 이치상으로 볼 때 적어도 천자지지라면 남의 앞에 버티고 나설만한 자리가 되어야 하고 쥐새끼처럼 바위 틈새에 웅크리고 있는 볼품 없는 자리, 망주석 놓을 여유도 없는 자리는 안 된다. 도선국사도 풍수에는 세상이치를 따져야 된다고 하였다.

장선생님의 유산록은 정확도가 60%, 일이승 옥룡자는 90%(원래는 100%인데 전래과정에서 훼손?) 될 것이고 지금 유명인사들은 30%쯤 될까? 스님네들이 용맹정진할 때 앞에 있는 불상이 장애가 되면 도끼로 쪼개고 나아간다고 한다. 결록지나 산도가 기본에 반하면 부수고 전진해야 된다. 하물며 요즈음 스승의 말씀따위야 말할 것도 없다.

5. 필자의 간산

* 자동차로 월하리 마을을 거쳐 백운동에 갔다가 성전으로 내려와서 월남리를 둘러본 다음 혈처를 찾아 갔다. 운이 좋아 혈처를 찾았는데 옥쇄는 오른쪽에 있고 만월(滿月)이 떠오르는 月出형상이다. 유산록 산도를 보고 구

정봉 바로 아래로 오해할 수 있으나 유산록이 일연지(一軟枝, 부드러운 한 개의 가지)라고 쓴 것과 같이 바위 없는 곳에 결혈되었더라.

14대 천자란 과찬이고 상등초급? 전체적인 국세느낌은 풍파가 거셀 듯하다. 장선생님이 친우 박사장과 동행하였는데 친우에게 이곳을 권하지 않고 인의산 매화낙지를 점지해 준 뜻을 새겨 보아야 한다.(2018.3.)

* 월출산 지도

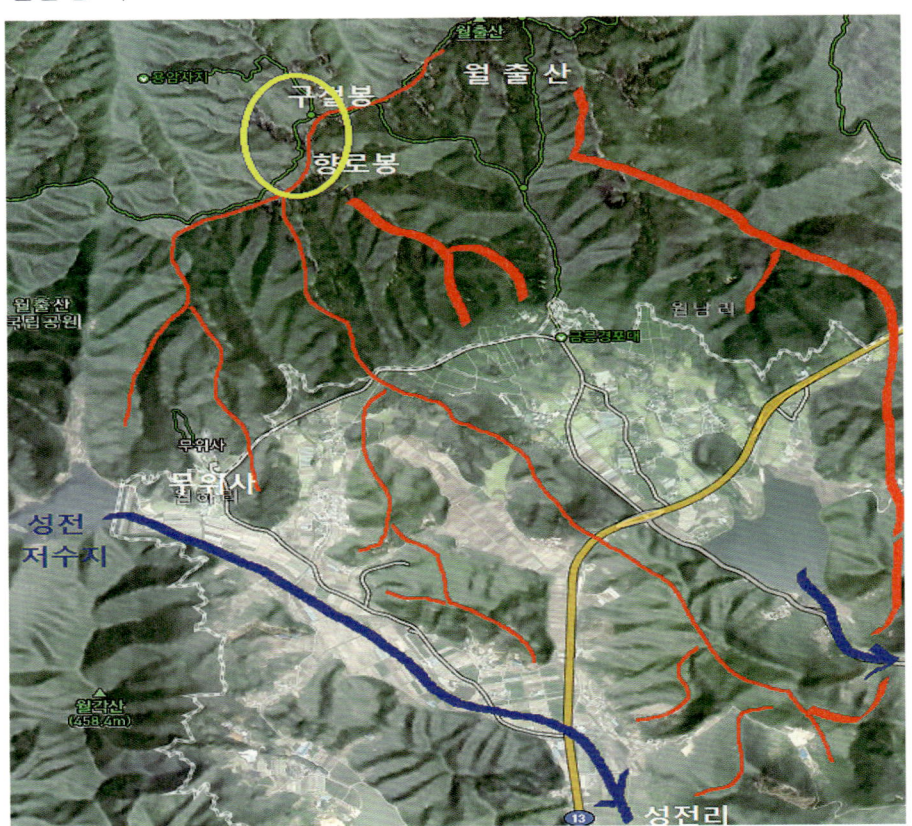

사진출처 : 카카오맵 스카이뷰(https://map.kakao.com)

전남 고흥군 기룡형
(찾기가 까다로운 대혈)

* 일이승 산도

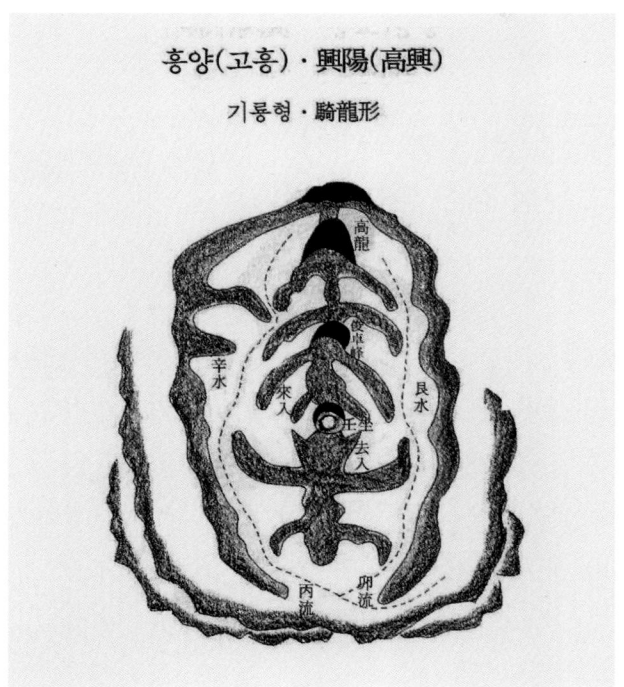

* 결록

흥양(興陽)동쪽 오리(五里)에 기룡(騎龍)형이 연운안(烟雲案)을 하고 있구나. 해래임좌(亥來壬坐)에, 신수(辛水)는 진방(震方)으로 흘러들고, 간수(艮水)는 굴곡병류(屈曲丙流)하고, 준탁일봉(俊卓一峰)지두합혈(至頭合穴)하고, 답절중중열동우(踏節重重列東隅)하고, 십리 밖에 천마(天馬)가 준준(蹲蹲; 춤추다)하니 만약 진혈을 얻으면 장유금곡(長遊金谷)하리라.(己亥四月)

* 운암산 아래 상포리에 있다. 산등에는 풍수들이 다닌 듯 흐린 오솔길

이 있더라. 석물이 있는 커다란 김씨의 묵뫼 부근에 발걸음 흔적이 많았다. 이 혈은 그렇게 찾기 쉬운 곳에 있지 않다. 계축으로 보기 쉬우나 임좌가 맞다. 중등상급.(2022.12.)

전남 고흥군 상수구형(上水龜形)
(명혈은 여러 사람으로부터 칭찬 받는 곳이다)

1. 두 곳의 상수구

장흥 상수구에 대하여 간산기를 쓴 바 있다. 고흥 상수구에 관한 일이승 산도를 보면 바다에 둘러 쌓인 듯 보이나 지금은 많이 매립되었다고 추측된다. 중○님이 간산기를 올렸는데 현장을 답사해 보니 진혈은 다른 곳에 있었다. 물에 조용히 떠있는 거북이는 움직임이 없기 때문에 찾기가 참 어렵다. 장흥 상수구처럼 백 명이 와도 한 두 명만 웃고 갈 것이다.

2. 일이승 산도 -- 갑묘래 을좌

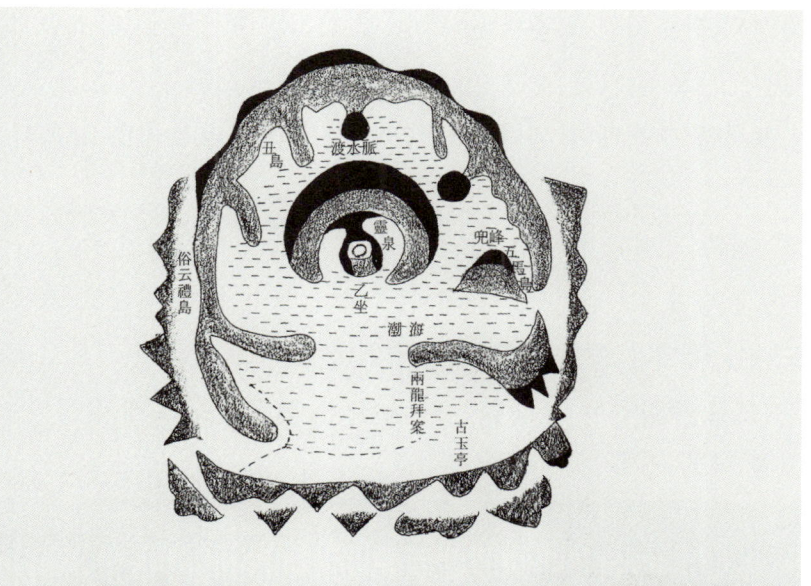

홍양(興陽) 축도(丑島) 앞에 상수구형(上水龜形)이 배룡안(拜龍案)을 하고 있으니, 용래갑묘(龍來甲卯)에 을좌(乙坐)로다. 이는 모든 분야(分野)에 무불등영(無不登榮)할 자리로다.

3. 중○님의 지적지

* 자미원 풍수지리 카페(2019.3.11.)에 실린 간산기를 보면 산도에 축도(현재 축두저수지가 있다), 오마도(현재 오마리가 있다), 고옥정(현재 고옥리가 있다), 양룡(兩龍) 배례라는 표시에 근거하여 혈처를 고옥리산 18-2 일원으로 특정하였고 그 지방풍수도 같은 의견이었다.

* 고증이 탁월하여 혈처지적에 믿음이 가지만 현장에 가서 보니 결혈처가 아니더라. 본체의 덩치가 작아서 당국이 좁고 산은 너절하다. 청백이 한겹이고 독산처럼 생겨서 호위가 없다. 명혈은 여러 사람으로부터 칭찬을 받는 곳이어야 된다.

4. 진혈처

* 통상의 산도처럼 고흥 무슨 방향 몇 리라는 방식으로 장소를 특정하지 아니한 탓으로 위치를 알기 어려운데 산도에 표시된 古玉亭, 五馬島, 丑島 라는 표시를 추적해야 된다. 그렇다면 중○님의 추측대로 고옥리 일원이 유력하다.

고흥 西쪽 국세를 보면 산태극 수태극 비슷한 모양새의 중간 규모의 국세가 3개 있다. 그 중 고소리 국세는 혈이 맺힐 곳이 아니고 고옥리 국세와 도양읍 국세가 혈이 맺힐 국세이다. 산도의 물길은 곤신으로 입해하는 모양이므로 현장과는 맞지 않는다. 산도는 현장과 다르게 작성되어 있다.

* 고흥 서쪽 국세

사진출처 : 카카오맵 스카이뷰(https://map.kakao.com)

* 고옥리 일원

사진출처 : 카카오맵 스카이뷰(https://map.kakao.com)

* 진혈처는 산도 기재와 같이 갑묘로 와서 을좌로 앉았다. 국세가 넓고 자체 청룡과 멀리 안산으로 두른 백호가 일품이고 수구도 잘 짜여 있다. 혈처가 드러나지 아니한 탓으로 찾기가 쉽지 않다.(2021.5.)

전남 고흥군 선인무수형(仙人舞袖形)
(혈처는 이치상 꼭 있을 자리에 있다)

1. 두 곳의 선인무수

장흥과 고흥은 득량해만을 사이에 둔 이웃인데 일이승 용혈도를 보면 각기 선인무수형(仙人舞袖)이 하나씩 등재되어 있다. 비교해 보는 것도 재미 있을 것 같아 먼저 장흥에 있는 혈을 찾아 간산기를 올린 바 있다. 결록과 지도를 보면 고흥 혈은 찾기 쉬울 듯 보이지만 현장에 가서 보니 더 어려웠다. 결록지는 이치상 꼭 맺혀 있어야 될 곳에 있지만, 그것은 찾은 뒤에 할 말이고 찾기 전에는 막막강산이다.

2. 일이승 산도

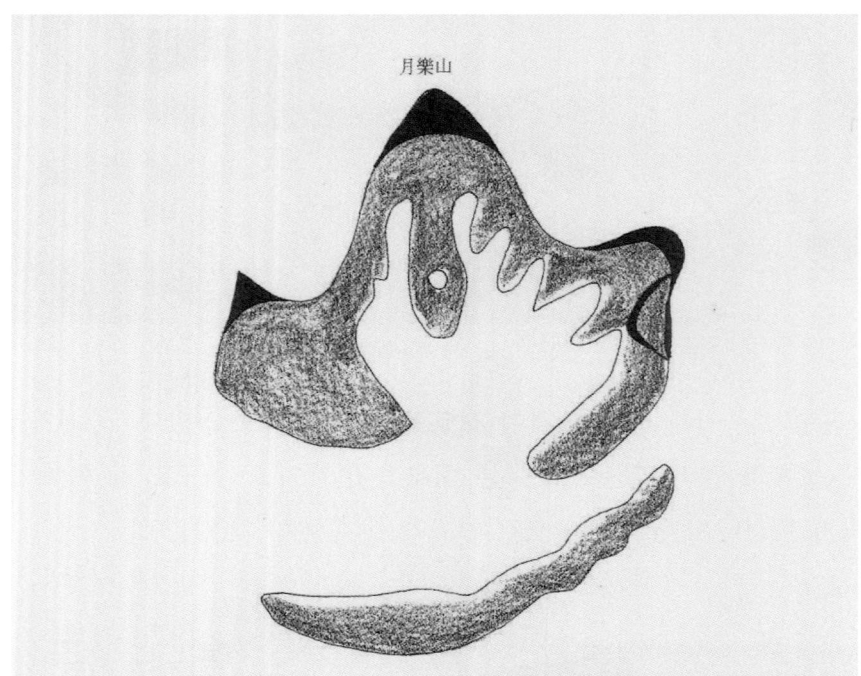

흥양(興陽) 월락봉(月樂峰)에 선인무수형(仙人舞袖形)이 포금안(抱琴案)을 하고 있구나. 이 자리는 해룡(亥龍)에 병혈(丙穴)로, 용호가 기봉(起峰)하여 기산(旗山)이 높이 솟아있고, 간방(艮方)이 나열해 있고, 성봉(星峰)이 수구(水口)에 있고, 인사(印砂)가 호수 위에 떠있으니, 세세문무영화(世世文武榮華)하리라. 〈辛丑二月〉

3. 진혈처

지도로 고흥 월락산을 검색해 보면 그러한 명칭의 산은 없고 고흥 남양면 장담리 월악산이 나온다. 그 사이에 산 이름이 변경된 것이다. 월악산은 고흥반도로 행룡하는 도중에 낮게 오다가 우뚝 솟은 산이다.

현장에 가서 보면 혈 찾기 어렵다는 것을 절감할 것이다. 해룡(亥龍)이 병락(丙落)하고 미좌축향이다. 案은 옥녀가 손에 잡고 있는 거문고이다.(2021.5.)

* 월악산

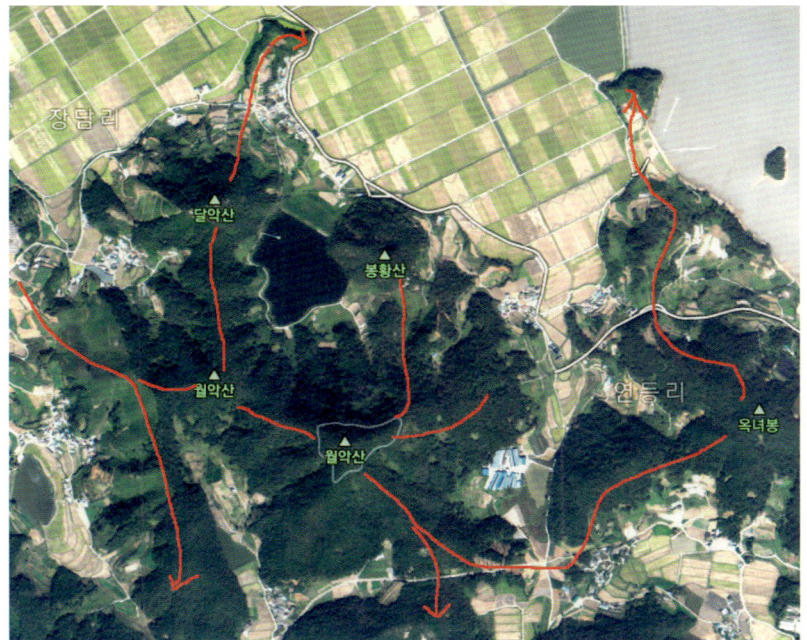

사진출처 : 카카오맵 스카이뷰(https://map.kakao.com)

* 거문고

전남 고흥군 지주결망(蜘蛛結網)과 日月명당

1. 명당의 보고

장흥 제암산에서 광양 백운산으로 행진하는 호남정맥은 벌교에서 丁字로 한 가지를 내려서 고흥반도를 만들고 나로도 우주센터에서 멈춘다. 장흥에 정남진이란 명예를 양보하였으나 고흥을 정남진이라 하여도 손색없다. 고흥군은 명당의 보고로 일이승 산도가 25개, 유산록 결록 20여 개가 있고 결록에 없으나 설화로 전해오는 신안 송씨마을 옥녀직금 등 많은 혈이 있는데 그중에는 대혈이 적지 않다. 유산록이 산과 바다에 명혈을 쏟아 놓았다고 하는 말을 실감할 수 있다.

2. 일이승의 지주결망

* 산도와 결록

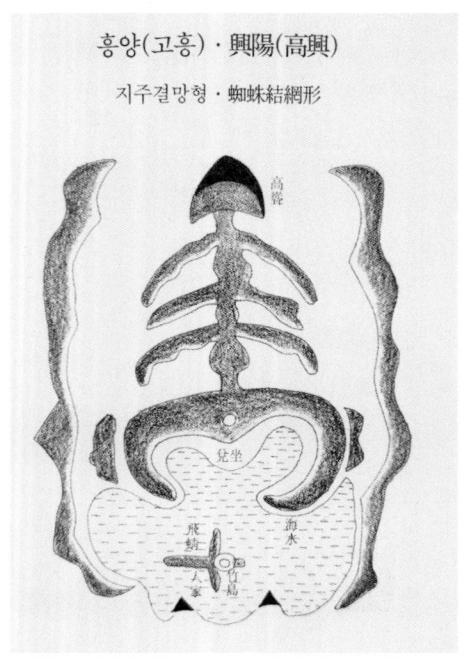

흥양(興陽) 동쪽 사십리(四十里)에 지주결망형(蜘蛛結網形)이 비청안(飛靖案, 나는 잠자리)을 하고 있구나. 해래태작(亥來兌作). 뒤에는 건망봉(建望峰), 앞에는 망지산(望蜘山)이 있어 혈이 사산중(四山中)에 있다. 석숭(石崇)과 같은 부(富)에 배도(裵度) 같은 귀(貴)가 나리라. 〈己亥八月〉

* 위의 혈은 고흥 강동면에 있다는 견해도 있으나, 비청(飛蜻)案, 사산중(四山中)에 있다는 결록과 래룡 중에 거미다리가 있는 도면에 비추어 구암리에 있다. 거미줄을 매다는 4개의 산이 사방에 있다. 풍양면 천등산(550m)을 중조산으로 하고 청룡이 바다로 나아가 혈처를 보호한다. 혈처에서 보면 두 개의 산에 가려서 먼 바다는 보이지 않는다.

* 유산록에 태조산에서 나누어 가는 가지를 보면 혈이 맺힐 수 없는 호송산인지 여부를 알 수 있다면서 옥룡자가 극찬한 광양 상제봉조를 허혈이라 한다. 태조산부터 알아본다는 말은 지나치고(개천에 용 나는 수도 있으니까), 적어도 조부산, 부모산 정도는 챙겨보아야 진혈여부, 성격과 등급을 알아 볼 수 있다. 행룡의 기운은 태조산에서 중조, 소조, 조부를 거치면서 증감되거나 성격이 변화되고 도중에 死龍도 거칠 수 있으나 태조이하 조부의 유전자가 적든 많든 혈처에 스며들게 된다.(덕원著 현장풍수에는 각 산마다 독자적으로 기운이 회전하여 수많은 혈이 생긴다고 하나 소수 견해다) 중등중급.(2018.10.)

3. 日月 明堂

물형론자들은 가장 큰 물형을 해와 달이라 한다. 일월의 물형이라면 당연히 대혈이다. 동강면에 있다는 견해가 있으나 동강면은 중조와 소조가 시원치 않고 조안산이 ㅂ·닷바람을 막아줄 볼륨이 없어서 대혈이 맺힐 국세가 없다.

진혈은 산도에서 보듯이 大간룡이 조부가 되고 두 번의 과협을 거쳐 主山에 이르렀고 백호너머로 海中 삼태가 보이고 바다는 전면에서 반쯤 보이며 해(日)가 안이다. 물론 취향 나름이겠으나 이곳처럼 아름다운 혈을 본 적이 없다. 仙境 같아서 탈속(脫俗)한 느낌을 준다. 詳論不可.(2019.4.)

* 산도

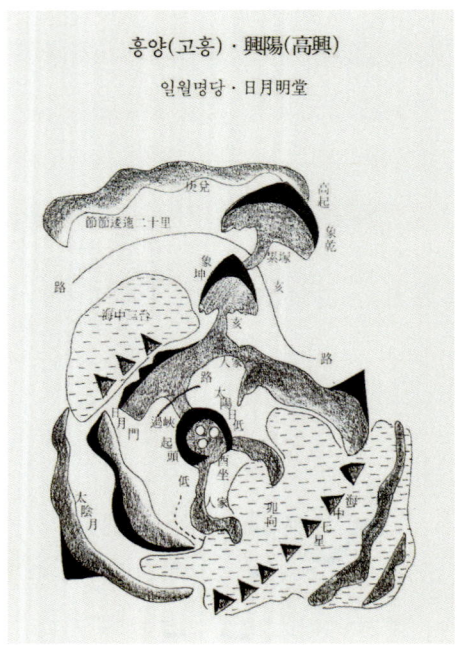

흥양(興陽) 동쪽 육십리(六十里)에 일월명당(日月明堂). 앞에는 칠성안(七星案), 뒤에는 삼태(三台), 혈에는 태양(太陽), 우백호(右白虎)에는 태음(太陰). 동국절승지지(東國絶勝之地). 삼상칠판(三相七判). 홍백화(紅白花)가 세세부절(世世不絶)하고, 백자천손(百子千孫)에 만세무궁(萬世無窮)하리라.

전남 고흥군 팔영산 운중선좌(雲中仙坐)
(假穴이다. 진혈은?)

1. 팔영산의 구조

 * 팔영산은 원래 이름은 팔전산이었는데 중국 천자가 세숫대야 물에 여덟 산봉우리가 비친 것을 보고 찾게 하였더니 조선의 이 산임이 밝혀져 이름을 팔영산으로 고쳐서 부르게 되었다고 한다. 어디에 근거한 이야기인가는 모르지만 중국 천자는 위나라 천자라는 설과 원나라 천자라는 설이 있다. 야담이지만 재미삼아 본다면 위나라는 조조의 손자가 세운 나라

로서 242년 고구려를 침공한 일이 있고 265년 진나라에게 망했다. 나당 연합군은 660년에 백제를 멸망시켰으므로 왕래가 있었던 나라는 원나라 (1271~1368. 말기에는 주원장에게 쫓겨다녔다)이고 고려 말 무렵으로 추정된다. 팔전산에서 팔영산으로 개명한 시기를 알면 알 수 있을 것이다.

　* 고흥반도는 백두산 행룡이 최남단까지 와서 멈추는 곳이고 명혈 많기로 유명한 지역이다. 팔영산은 제8봉(南)부터 제1봉(北)까지 키의 크기대로 남북으로 일렬로 서 있다. 가까이에서 보면 거칠지만 밑에서 보면 둥글둥글한 바위봉이고 제1봉 뒤의 선녀봉, 제8봉 뒤의 깃대봉(609m, 가장 높은 봉이므로 팔영산을 대표한다) 등 암봉이 10여 개 된다.

　풍수적으로 볼 때 이 산의 역할은 무엇인가, 어느 면이 앞면인가가 중요하다. 팔영산은 백두산 행룡이 바다로 미끄러져 내려가는 것을 막아 주는 형상이고 적당한 높이로 웅장하고 힘차다. 크게 깃대봉 아래의 南面, 바다로 향한 東面(자연휴양림 방면), 능가사 쪽의 西面, 선녀봉 쪽의 北面으로 나눌 수 있는데 북면은 의미가 없다. 三面 中 앞면은 어느 쪽인가? 남면은 8개 암봉과 무관한 위치이므로 전면 또는 중심적 위치에 있지 않다.

　멀리서 보면 여덟 봉이 일렬로 서서 능가사 쪽으로 얼굴을 내민 형상이고 반대편인 동면은 背面처럼 보인다. 동면 4부 능선쯤에 국도가 길게 지나고 있는데 국도 아래에서 다시 생기가 살아난다. 선녀봉은 내려가서 우각산을 만들고 팔영산(깃대봉)은 내려가서 우미산을 만든다. 그 중 우미산이 중심인데 잘 알려지지 아니한 大穴 암소교태혈이 있다는 간산기를 발표한 바 있다.

* 팔영산 4면

사진출처 : 카카오맵 스카이뷰(https://map.kakao.com)

* 우각산과 우미산-- 팔봉산 동면의 해변은 깃대봉에서 내려간 우미산이 중심이 된다.

사진출처 : 카카오맵 스카이뷰(https://map.kakao.com)

* 팔봉 동면-- 어떤 산행인의 사진, 감사합니다.

깃대봉 전망처에서 담아본 팔영산 8.7.6.5.4.3봉의 모습

* 팔봉 서면-- 능가사 방향

2. 유산록의 운중선좌 해설

팔영산에 대혈이 있을 것이라 생각했는데 의외로 옥룡자나 일이승 결은 없고 유산록 전후편에 운중선좌 대혈이 있다고 한다.

 * 전편 390p. 석봉아아(石峯峨峨) 팔봉으로 절승 명산이다. 해중 금상 옥인이 수놓고 범선이 유유히 간다. 운중선좌형(구름 속에 선인이 앉은 모양)이고 제갈량 같은 인재가 그칠 날 없겠다.

* 후편 175p. 8봉 중 제4봉 아래 운중선좌형, 석중토혈인데 오래 전에 묘 1기가 입향점혈을 잘못하여 못쓰게 되었다.

* 전, 후편에 산도가 있는데 모두 바다를 향한 面 즉 東面에 혈이 있는 것처럼 그려져 있고 전편 산도는 혈이 한 개, 후편 산도는 혈이 세 개가 그려져 있다. 전편엔 生地처럼 기술했고 후편은 오래전에 묘 1기가 입향점혈을 잘못하여 못쓰게 되었다고 한다.

* 전편 산도

* 후편 산도

3. 지적지는 진혈인가?

운중선좌의 산도를 보면 혈처가 바다를 보고 있는데 수구를 보면 동면(휴양림)은 아니고 깃대봉 아래 즉, 남면이다. 후편에서 제4봉 아래에 있다고 쓴 것은 산도와 맞지 아니하므로 오류이다. 장익호 동호회도 남면의 깃대봉 아래 묘가 있는 곳을 혈처로 본다.

* 동호회의 지적지-- 팔영산에서 저수지 있는 곳은 이곳뿐이다.

사진출처 : 카카오맵 로드뷰(https://map.kakao.com)

그러나 ① 깃대봉은 제8봉을 받쳐주고 선녀봉은 제1봉을 받쳐주어 여덟 봉이 일렬로 서게 하는 지각 요도와 같고 기운이 아래로 내려오지 않는다.

② 주위 산들이 혈처에 무정하다.

③ 수구가 형편 없다. 수구가 방만하거나 허약하면 기운이 새어 나가므로 혈이 맺히지 않는다.

* 청백과 안산 모두 무정하다.

사진출처 : 카카오맵 스카이뷰(https://map.kakao.com)

* 수구가 허술하다.

사진출처 : 카카오맵 로드뷰(https://map.kakao.com)

수구를 보면 그 안에 혈이 없다고 판단되므로 더 들어가지 않는다. 상급 풍수는 천문을 알기에 먼산을 보고 혈처를 지적하고 중급의 풍수는 수구를 볼 수 있고 하급풍수는 아무 것도 모른 채 산을 돌아다닌다고 한다. 물론 필자가 수구를 아는 단계에 이르렀다는 말은 아니다. 이곳은 유명한 곳이므로 골짜기 안의 저수지까지 갔는데 묘소 앞 청백이 무심하고 안산도 바다를 향하고 등을 돌린 것을 보고 우리는 올라가지 않고 되돌아 내려왔다.

4. 또 다른 후보지 제4봉의 서면(성기리) 아래 동산

능가사 입구에 들어서면 골짜기 가운데 힘찬 동산이 있다. 제4봉에서 내려온 동산인데 누구나 한번 혈 찾으려 가보고 싶은 곳이다. 그러나 힘들여 올라가 보면 험한 바위산으로 노기를 풀지 않아 살벌하다. 바위틈에 유골이 드러날 정도로 허술하게 흙을 덮은 묘도 있고 파묘한 흔적도 있다. 묘의 수는 적으나 회문산보다 심하게 살벌하다.

* 능가사 뒤 동산

5. 진혈처

　나는 팔봉산이 아름다워서 그리고 혈을 찾기 어려워서 왕복 6시간 거리를 다섯 번이나 왕래하였다. 팔봉은 8幅 병풍 같다. 진혈처는 8폭 병풍혈 또는 八代 大將相之地라 하겠다. 상등초급 대혈이라 천기누설을 할 수 없어 상론을 피한다.

　어떤 분은 팔영산에 상제봉조가 있다고 말하지만 제8봉부터 제1봉까지의 키가 비스듬히 기울어져 있어서 西面(성기리)에 상제는 없다.

　대혈은 거의 대부분 선철들이 결록이나 산도를 남겼고 약 10% 정도는 누락되어 있지 않나 생각한다. 결록이 없는 혈에 대하여 자기가 지금 처음 발견한 혈이라고 생각하는 건 오산이다. 옥룡자 이래 천년 동안 선철들이 거쳐 갔으되 누설을 꺼려하거나, 글과 산도를 작성할 실력이 없다든지, 작성한 도면이 전래 과정에서 멸실되었을 경우도 있을 것이다.(2019.3.)

전남 곡성군 옥녀단좌(玉女端坐)
(속발 장기발복 대혈)

* 일이승 산도-- 왼쪽 舞童, 오른쪽 尺琴, 金盤案

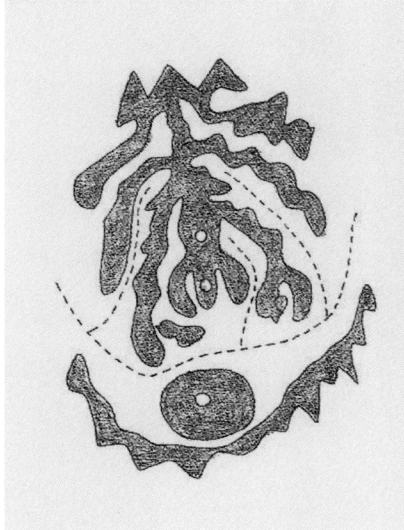

곡성 · 谷城

옥녀단좌형 · 玉女端坐形

곡성(谷城) 북쪽 십리(十里)에 옥녀단좌형(玉女端坐形)이 금반안(金盤案)을 하고 있구나. 이 자리는 왼쪽에는 무동사(舞童砂)요, 오른쪽에는 척금사(尺琴砂)로, 장례 후 7년에 대발(大發)하여 자손만당(子孫滿堂)하고, 남자는 대각(臺閣)에, 여자는 금궁(禁宮)에 출가하리라. 〈一耳僧〉

* 답사
  옥녀는 전면에 있고 선인은 옆에 있다. 척금은 가까이 있고 무동은 멀리 있다.
  과장하자면, 천자손 천금 천년의 대혈이다. 상등초등.(2022.10.)

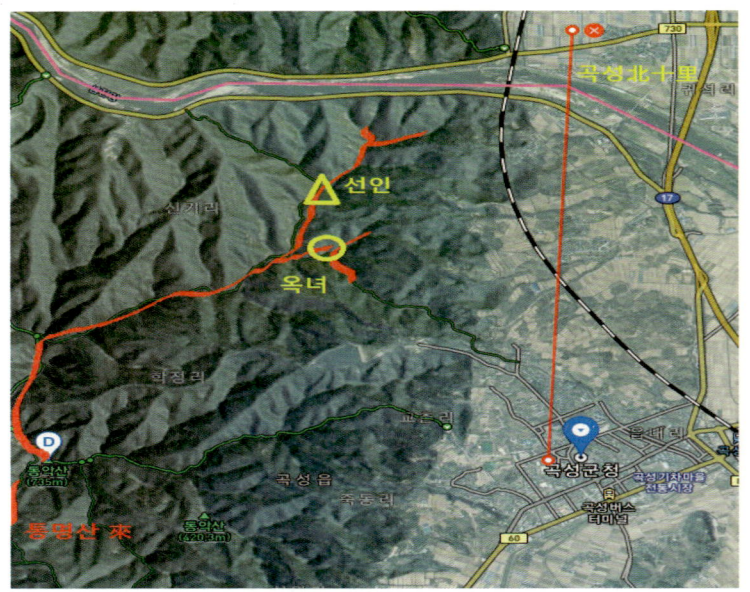

사진출처 : 카카오맵 스카이뷰(https://map.kakao.com)

전남 곡성군 통명산 아래 장군대좌
(高峰 위의 혈, 초대 2백 년 걸식지인가)

1. 곡성은 어떤 곳?

 * 곡성은 남원의 남쪽에 위치하고 옥과면(1914년 곡성에 편입)과 곡성읍 지역을 제외하면 대부분이 산악이다. 멀리 내장산에서 내려온 통명산(764m)이 북쪽으로 동악산(735m), 동쪽으로 곤방산(715m), 남쪽으로 화장산(500m)의 세 갈래로 전개한다. 남원 춘향이에게 밀려서 잘 알려지지 아니하다가 최근 곡성이란 영화 때문에 화제가 되었다.

 * 곡성 목사면 구룡리는 고려 태조 왕건이 견훤과의 전투에서 위기에 몰리자 왕건의 금포를 대신 입고 충절한 평산 신씨 시조 신숭겸의 출생지이

고(재실은 구룡리 용산재, 묘소는 춘천, 사당은 대구에 있다) 석곡면 방송리 장군사당은 이방원의 오른팔인 마천목 장군의 성장지이다. 곡성읍 영운1길 단군전은 일제 때 항일지역으로 백당 신태윤선생님 주도 아래 3·1만세운동을 벌였던 곳이고 섬진강변은 6·25 한국전쟁 때 경찰 300여 명이 인민군 기갑연대를 격파하여(52명을 사살) 일패도지하던 군경(軍警)의 사기를 진작시킨 곳이다.(그뒤 애석하게도 태안사로 피신하였던 경찰 48명이 전사. 태안사 앞 경찰충혼탑) 강골과 고집 센 사람들의 고장이다.

＊태안사(742년 신라 경덕왕 때 창건. 847년 도선국사 스승 혜철국사 때 번창)와 도림사(660년 신라 무열왕 때 원효대사 창건)가 천년 고찰로 이름나 있다. 구절초축제와 장미축제(5월경), 관광열차가 관광상품이고 은어가 별미라 한다.

2. 통명산의 전개

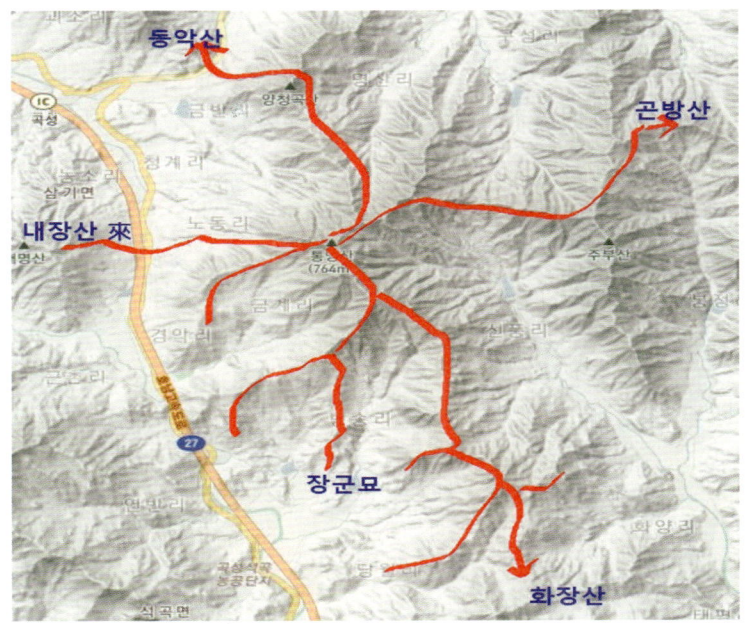

사진출처 : 카카오맵 스카이뷰(https://map.kakao.com)

3. 결록

* 옥룡자결-- 옥룡자 결은 통명산 장군대좌와 곤방산 약마부적을 대혈로 노래하였고 호남 10대혈로 보는 사람도 있다. 옥룡자유세비록73p 결록은 장문이므로 발췌한다.

"통명산 올라가니 장군대좌 이 한 혈은 압록강상 십리허에 혈재고봉(穴在高峰)상상정(上上頂)에… 간계방에 요수(曜水; 물이 반짝거리다)놓고 건해방(乾亥方)이 투구로다… 간병중중(艮兵重重) 정입수 경십절은 간수귀손(艮水歸巽)이라 대강수가 폭주하니 산승수승(山勝水勝) 되었구나. 백자천손 백대장상 문천무만… 천장지비하였으니 허욕일랑 내지 마라…."

* 유산록 전편 418p-- 통명산 장군봉이 특립, 운기삼사봉(運氣三四峰) 상상정(上上頂)에 장군대좌 결혈. 해입수, 양곡수는 혈전 합수하여 대천에 합류하고 손사방으로 돌아간다. 자계방 십리허에 압록강…간병중중… 골육수 2십 리 직거하니 초대 2백 년 걸식… 김모씨 선산으로 모셨다.

* 두 개의 지적지는 穴在 상상정, 압록강 십리허, 간병중중, 요수가 보이는 곳, 간수귀손 등 대체로 동일하다. 발복은 모두 백자천손 백대 장상이다.(회문산 오선위기가 59대 장상지라고 함에 비추어 보면 대단한 대혈이다) 다만 유산록은 골육수 直去 20리로 因하여 초대 2백 년 걸식한다고 한다.

4. 결록지 찾는 방법

결록에 적혀 있는 용·혈·사·수와 물형에 일치하는 곳을 찾고 다르면 결록지로 보지 않는 순수파, 결록을 참조하고 결록과 일부 다르더라도 물형과 주요 부분이 일치하면 결록지로 보는 참조파, 결록지가 있다는 지역에 가서 결록기재를 무시하고 자기 나름대로 혈을 찾고 결록과 대조하지 않는 독자파가 있다. 神眼의 결록이라 하여도 전해 오는 과정에서 변질될 수 있고 위작이 끼어들 수 있다는 점에 유의해야 된다. 그러므로 참조파가 합리적이다. 독자파는 지지자(支持者)가 적다면 오래가지 못할 것이다.

통명산 아래 약마부적혈이 있다는 견해(김○설)가 있으나, 다수설은 통명산 높은 곳에 장군대좌가 있고 약마부적은 곤방산에 있다고 한다. 그 근거는 옥룡자의 장군 결록에 "통명산 장군봉"이라 적혀 있고 약마부적은 "손사맥 32절, 동북향"이라고 하므로 곤방산으로 보는 것이다. 그러므로 통명산에 약마부적도 있다는 견해는 독자파라 하겠다.

5. 마천목 장군 묘 일원

마천목 장군 묘를 명당이라 하고 그 일원을 장군대좌로 보는 분도 있고 약마부적으로 보는 분도 있으나 모두 옥룡자 訣錄과 많이 달라서(예컨대 穴在高峰, 艮水歸巽, 艮丙重重) 독자파에 속한다.

마장군 묘는 혈장이 있는 산등의 폭이 좁아 부부의 묘를 합장하지 못하고 상하로 잇달아 썼다. 가는 줄기들이 여럿 내려오지만 용사취회혈은 아니다. 뒤쪽 현무가 겹겹이 예쁘고 전면이 잘 싸감아 중등중급 명당이다. 이곳은 옥룡자 결록지는 아니지만 청룡쪽 어깨 너머로 커다란 장군봉이 정답게 보인다는 점에서 장군대좌로 볼 수 있다.

* 마장군 묘

＊장군봉

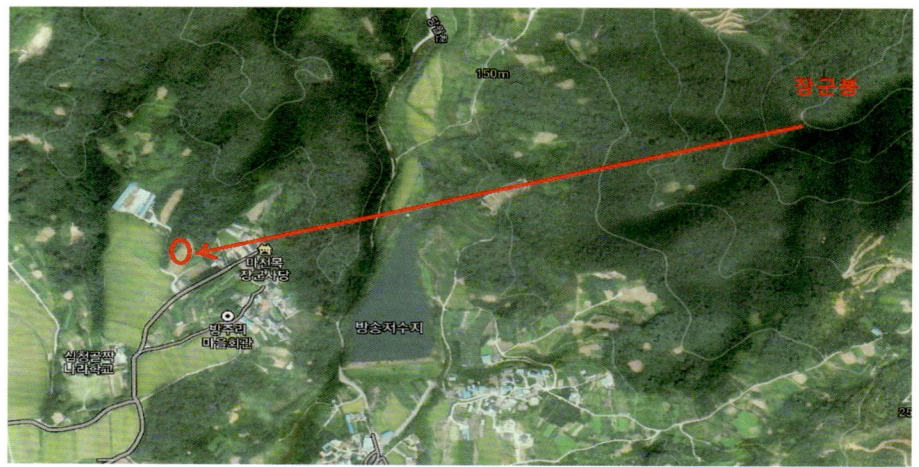

사진출처 : 카카오맵 스카이뷰(https://map.kakao.com)

6. 고봉 정상에 결혈되려면?

　통명산 서쪽면은 방송리 국면이 좋고 동쪽면은 배면(背面)이 많다. 방송리 산자락에는 마장군 묘 외에는 대혈이 없다.

　그러면 혈은 높은 산 정상에 있다는 결록대로 장군봉 정상으로 올라가야 되는가. 지도를 보면 장군봉은 위쪽(上, 500m) 아래쪽(下, 520m) 두 개가 있는데 下장군봉 부근이 후덕하여 혈이 맺힐 가능성이 보이고 다시 그 봉의 청룡 몇 절 아래 590m의 무명봉이 넓게 앉았는데 일대에 빼꼼한 곳은 모두 묘가 있다. 高山峰에는 앙천와혈(仰天窩穴)로 맺혀야 음양이 조화되고 바람을 막을 수 있다. 그러나 앙천와혈은 희귀하여 옥촉조천혈은 간혹 있으나 주산 정상에서 찾기는 어렵다. 일이승 산도에 정상에 있다는 경주 선도산 앙천와혈, 부산 배산 앙천와혈은 답사하여 보면 평지 가까운 경주오릉, 연산동 고분군에 맺혀 있다. 장군봉 산정에 앙천와혈이 없을 뿐만 아니라 유산록은 초기 200년 걸식한다는데 생일잔치 잘 먹으려다가 굶어 죽는 격이다. 다들 도망갈 자리인데 애써 찾을 필요가 있을까.

7. 제2차 간산(장군봉에 오르다)

　제1차 간산시 앞에 쓴 간산기를 작성하였으나 옥룡자결과 유산록이 모두 高峰 上上頂에 결혈되었다고 하는데, 앙천와혈이 없을 것 같다는 이유로 찾아보지 않았더니 영 찜찜하여 진혈을 찾을 겸 다시 찾아갔다.

　은은사 골짜기로 올라가서 上장군봉 뒤에서부터 下장군봉(장군봉 남봉이란 희미한 팻말이 있었다)까지 왕복 3시간을 등산했다. 산등에 군데군데 묘가 있었으나 모두 봉분에 70년생 정도의 소나무가 자라서 수목장이 되어 있더라. 下장군봉 정상은 동쪽 절반이 깎여서 작은 와가 되었고 거기에도 묘가 있었으나 窩의 둘레가 부실하여 혈이 맺히지 않았다. 그 아래 덩치 큰 무명봉이 있었으나 결혈될 구조가 아닌 데다가 돌아올 거리가 멀어서 가보지 않았다.

＊ 장군봉 일원

사진출처 : 카카오맵 스카이뷰(https://map.kakao.com)

8. 진혈처(2백 년 걸식처인가?)

진혈처는 제법 높은 곳이지만 고봉 산상봉은 아니다. 간병방 중중하고 유산록의 해입수 해좌(옥룡자의 정입수는 아니다), 옥룡자 결의 간계방 요수(曜水)이다. 外청룡이 건장하고 백호가 잘 감았고 안산이 4첩안이다.

부근에 재혈을 잘못하여 파묘한 흔적이 있는데 혹시 장선생님 재혈이 아닌지? 강물 비치는 곳이 짧고 옥룡자는 산승(山勝) 수승(水勝)하다는데 장선생님은 골육수 2십 리 直去를 이유로 초대 2백 년 걸식이라 한다. 2백 년 걸식 집안이라면 장가 가기 어려워서 절손 우려가 있고 그 오랜 세월동안 고생할 생각을 하면 모두 도망갈 흉지이다. 요즘은 묘 쓴 지 3년이 경과하면 왜 발복이 없느냐고 안달하는 세상이다. 친우에게 권하고 친우가 고맙다 하고 선산으로 삼았다는 건 믿을 수 없다. 숨은 의도가 있을 것이다. 아니면 후손이 가난을 못이겨서 이장한 것일까?(2020.4.)

전남 무안군 달산리 竹田마을 비봉귀소
(찾을 수 없다)

1. 결록과 간산기

* 옥룡자 결은 승달산 호승예불에 잇달아 죽전 비봉귀소(飛鳳歸巢 봉황이 집으로 날아든다) 및 수월동 운중반월을 쓰고 있다.

날이 저물 무렵 걸음을 바삐하여 죽전으로 내려오니 단구(신선이 사는 곳으로 밤낮 없이 밝은 곳) 아래 날던 봉이 집을 찾아 돌아든다. 오동지(梧桐枝) 있는 곳에 부흥봉 다정하다.-- (이하 이해하기 어려운 구절은 생략하고 발췌한다) 건입수, 안산은 九劍星, 축간봉 높다, 혈후 연단석은 태극

형체, 혈전 펼친돌은 四金帶, 산맥이 수려하고 수세가 명랑, 천륜전대(天輪展帶) 모르거든 이런 혈을 어이 알까. 8년 만에 초발하고 문천무만, 호남대지.

* 유산록 전편 375p, 호남 제3등 대지로 회문산 오선위기보다 좋다. 봉이 오동나무 무성한 곳에 집을 찾아 날아든다. 축간맥에 건해입수, 천륜전대 두른 곳에 勿字體로 생겼으니 누가 알아볼꼬! 東鳳 西鳳 생겼는데 서봉은 假穴이다. 묘를 많이 썼건만 진혈은 남아 있다.

* 유청림 풍수기행 148p, 形氣풍수상의 승달산(註; 승달산 호승예불 간산기를 보면 달산리 산56을 말한다)에서 건해룡으로 오다가 축간맥이 분지하여 봉우리를 세우고 둥지를 틀었는데 동룡과 서룡이 있다. 서룡은 가짜이고 동봉의 봉두에 본신 수구가 당문을 이루는 곳, 건입수, 壬坐原.

2. 결록풀이와 진혈 찾기가 어려운 곳

옥룡자 결록은 장황하고 해득이 어려워서 발췌하였는데 혈 찾기는 더 힘들다. 진혈이라고 찾았으나 솔직히 너무 허접하여 자신이 없다. 옥룡자 결에는 동봉(東龍), 서봉(西龍)이란 말이 없는데 유산록과 유청림은 서봉엔 없고 동봉에 결혈되었다고 한다. 어느 곳을 동·서봉으로 볼 것인가도 헷갈린다.

* 동·서봉의 구분-- 죽전마을 뒷산을 기준으로 하면 노랑색과 같이 동봉·서봉이 되고, 조금 크게 보면 흰색과 같이 죽전마을 뒷산이 서봉이 된다.

사진출처 : 카카오맵 스카이뷰(https://map.kakao.com)

* 각 견해

위 지도의 ①~④가 혈처라고 주장되는 곳이다. ④ 부근이 동봉으로 유력하다. 그러나 대혈로 보기엔 너무 허접하다.

3. 진혈 찾기

옥룡자가 호승예불을 보고 날이 저물 무렵 竹田마을로 왔다고 하였으니 멀리 가지 못했을 것이므로 마을 부근에 혈이 있을 것이다.

노랑색을 동·서봉으로 보아야 되는데 서봉은 달산리이고 동봉은 봉명리이다.

처음에는 서봉을 갔으나 혈이 될 곳이 없었고 동봉에 가서 찾으니 허름한 곳에 혈이 맺히는 듯 보였다. 동봉을 계속하여 올라가니 4부능선에 통정대부 서씨 묘가 있는데 초등 명당이고 더 올라가니 정상 아래에 서씨들 집장지가 있는데 룡이 멈추어 서지 아니하였다. 죽전마을은 이천 서씨와 김씨들의 집성촌이다. 계속 정상줄기를 탔는데 폭이 좁아 묘를 쓸 곳이 없던 중 바위 옆 손바닥 만한 넓이의 땅(봉명리 산43의 꼭지부분)이 생기자 어떤 이가 假墓를 만들어 놓았더라. 가묘봉분을 만들기 위하여 입수 직전에서 흙을 파왔기에 땅을 파낸 흔적이 뚜렷하였고 생지와 봉분의 접촉상태 그리고 잔디 자란 상황을 보면 약 2년 된 것 같았다. 가묘와 眞墓는 구별하기 어려우나 만든 지 오래되지 아니하였으면 주변 상황을 보아서 판별할 수 있다. 풍력발전소를 세울 곳이더라.

　죽전마을 앞에서 래룡을 보면 산이 별로 청수하지 못하고 무기력하게 보였는데 산 뒤로 돌아가서 보니 맹수가 앉아서 날아드는 봉을 노려 보는 형상으로 상당히 박력있게 생겼더라

＊맹수-- 하단에 석산 채취 흔적이 있으나 원래 험산이다.

* 맹수와 봉황

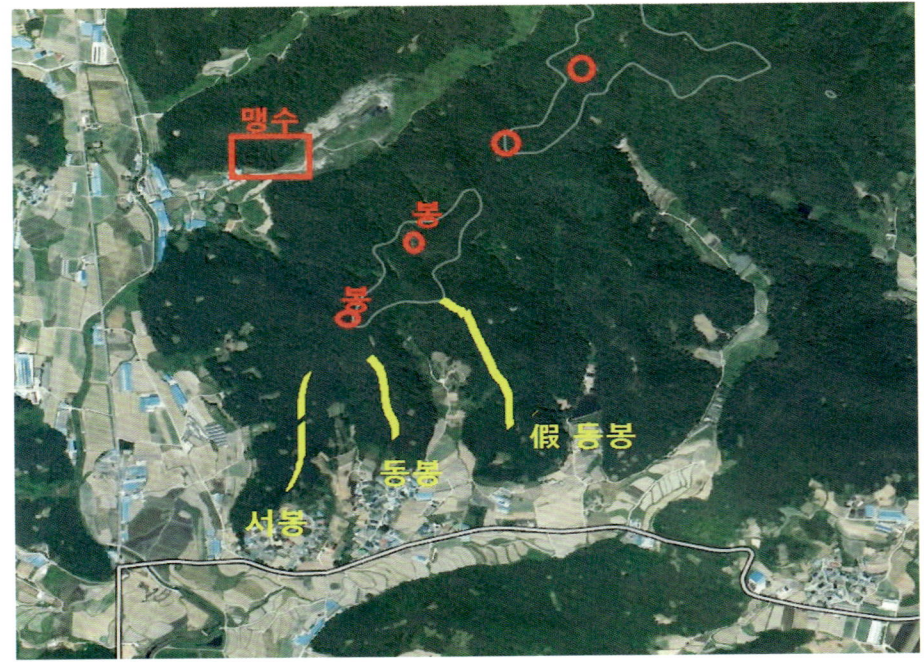

사진출처 : 카카오맵 스카이뷰(https://map.kakao.com)

4. 못 찾겠다

　죽전마을 동봉은 낮은 곳에서 보면 안산이 구검산이 될 지 의문이고 정상 가까운 곳은 안산이 수려하나 기운이 모이는 곳이 없다. 假東峰은 필자의 공부로는 혈이 맺힐 곳이 없는데다가 묘들이 총총히 설치되어 빈 곳이 있을 것 같지 아니하다. 두 번째 갔을 때에도 결국은 처음 보았던 곳에 발길이 멈추었으나, 너무 허접하여 찾았다고 자신할 수 없었다. 원천적으로 산이 청수하지 않고 대혈이 맺힐 국세가 아니다.

　마을 뒤 동봉에서 假동봉까지 연장 2km에 지나지 아니한데 못 찾는 것은 말이 안 된다. 눈 밝은 분이 찾아보고 간산기를 올려주면 좋겠다.(2020.5.)

전남 무안군 승달산 노승진념형
(내가 본 혈처)

1. 결록

유산록 전편 374p, 호승예불형의 서남방 근거리에 차혈(次穴)로서 老僧眞念形이 상하 양혈로 결혈되었다. 곤입수, 곤손득, 간파, 정좌, 결록 중에는 호승예불과 혼동하여 98대 장상, 부귀 3천 년이라 한다. 이미 어떤 인사가 미좌축향으로 상하 묘를 썼으니 발복하였으리라 예측된다.

김○설 선생은 호남 8대혈 중 2위로 치고 있으나 옥룡자, 일이승, 두사충의 결록이나 산도가 없다.

* 유산록 산도

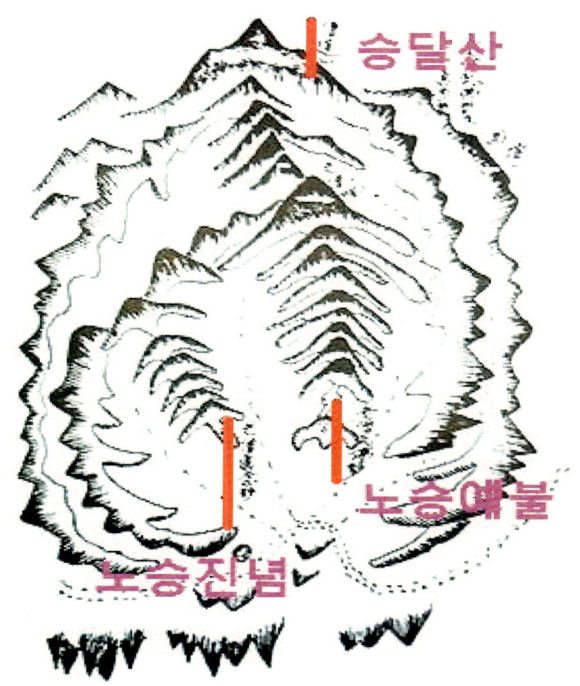

2. 유산록의 지적지

유산록은 승달산과 노승봉에 대하여 지도상의 지명을 무시하고 구리봉에서 왼쪽으로 행룡한 달산리 산56 무명봉(이름없는 봉)을 노승봉이라 하고 노승예불(다수는 호승예불이라 한다)은 양정리 부근에 결혈되었다고 보는 까닭에 진념형도 그 부근으로 추정된다. 유청림님도 동일한데 이 견해는 부당하다.(필자의 승달산 호승예불 간산기 참조) 그러므로 유산록의 산도는 믿을 바 못된다.

3. 진혈

깃대봉에서 죽전방향으로 내려오다가 90도로 꺾여진 곳(몽탄면 달산리)에 스님이 좌정하여 두 손을 모으고 속으로 염불을 외우는 모습이 있다. 수척한 노승이라기보다는 풍만한 중년의 스님 형상이다.

동자는 스님이 진념할 동안 동쪽 개울가에서 놀고 있고 동자 옆에 처사가 지키고 있으며, 목탁은 서쪽에 있고 앞에 있는 연삼봉(連三峯)이 맞이하는데 중앙峰이 案이 된다. 깃대봉에서 잘 내려오고 기운차다.

물형은 물상학이다. 물체 모양으로 물체의 본성을 파악하는 것이다. 혈처에 관한 물형은 혈처의 모양과 본성을 보고 유사한 세상의 물건 모양을 갖다 붙인 비유적 표현이다. 기존의 물형 명칭일랑 한번 보고 잊는 것이 좋다. 800여 개의 물형을 외웠다는 저명한 풍수를 보았는데 그 노력에 존경스럽기도 하고 어리석게 보이기도 했다.

승려가 진념할 때에는 좌정하는 것이고 예불할 때에는 일어서서 목탁을 두드리면서 독경하고 중간 중간에 엎드려 절한다. 진념형과 예불형은 확연히 다른데 노승진념형은 승달산 중에 이곳이 물형에 제일 가까운 모습이다.

4. 결록지인가의 여부를 떠나서 명혈이다

 의산과 내가 보았을 때 혈처는 비어 있더라. 결록 또는 장선생님이 지적하는 곳과는 다른 곳이라 하더라도 이곳은 훌륭한 진념형이라 하겠다. 중등중급 당대발복.(2018.6.)

 * 진념형 지도-- 붉은 색 작은 동그라미는 염주알?

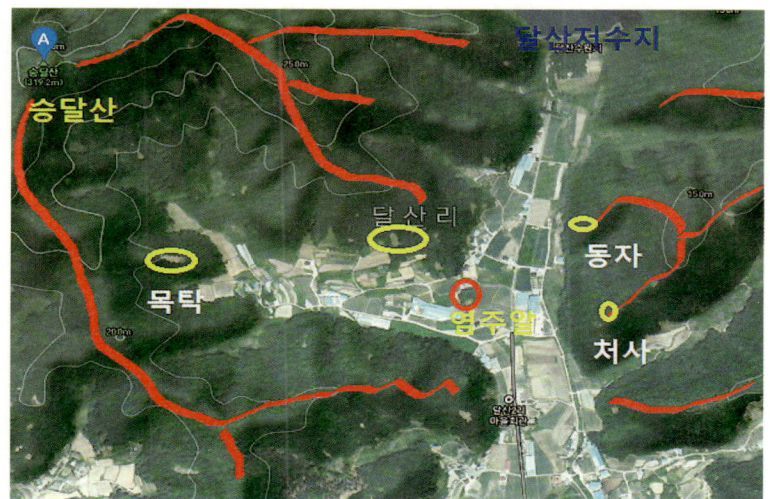

사진출처 : 카카오맵 스카이뷰(https://map.kakao.com)

 * 래룡이 훌륭하고 노승 모습이 뚜렷하다.

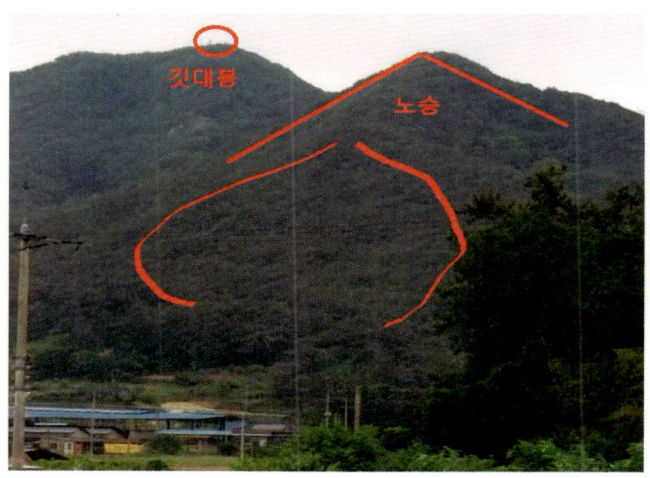

* 동자와 처사

사진출처 : 카카오맵 로드뷰(https://map.kakao.com)

* 다른 견해-- 화산이 강열하니 목포대학 쪽이 아닌가 추측한다. 중머리가 미미하다.

전남 무안군 승달산 운중반월
(장익호 유산록이 믿을 만하다)

1. 승달산 일원의 결록지

무안 승달산 일원의 결록지는 옥룡자의 호승예불, 노승진념, 비봉귀소, 운중반월이 있고 거기에 장선생님은 장군대좌를 추가하였다. 結論을 말하면, 호승예불은 산이 허락하지 않는 한 볼 수 없는 곳이고 비봉귀소는 산이 추루하여 대혈을 찾기 어렵고 장군대좌는 장선생님이 건너편에서 보고 짐작한 곳인데 假穴이다. 장선생님의 소점에 대하여 부정적으로 보는 학회도 있으나 내가 찾아 본 바로는 40% 정도는 틀리고 60% 정도는 정확했다. 그 분은 학식있고 여러 비결지를 수집하여 20대 초부터 평생을 풍수지리 연구에 바쳤다. 방대한 자료를 남겼는데 거의 전부가 기존의 결록지를 찾은 것이고 그 분이 독자적으로 결록을 만든 것이 아니므로 그 분의 실력을 믿지 않더라도 결혈지 답사에 꼭 필요하다. 현장 답사 결과 운중반월에 관한 限 믿을 수 있는 기록을 남겼다고 본다.

* 호승예불에 관하여 장선생님은 만수는 혈전에 모여 을진방에서 영산강과 합류하여 파구를 형성한다고 하므로 양장리와 청룡리이다. 영산강과 을진으로 합류하는 곳은 이곳뿐이고 달산리 계곡물은 전남도청 옆으로 내려간다. 유청림은 혈을 지나 조금 내려가면 조산(朝山)인 월출산이 보인다고 하므로 같은 곳을 지적한 것 같다. 그러나 호승은 높이 솟은 승달산 깃대봉이 분명한데 호승이 보이지 않는 십리 밖에서 호승을 찾으니 말이 안 된다. 대체로 승달산 달산리 계곡, 깃대봉 아래 헬기장(깃대봉을 중시하는 점에 일리 있으나 혈이 아니다) 노승봉 아래 수월동(리귀홍 김○설, 반월형에서 검토하는 바와 같이 혈이 아니다)에서 찾는다. 심지어 탐지봉으로 혈토조사를 하고 귀학리로 단정하는 풍수도 있다.

＊ 노승진념형 또한 승달산을 조산(祖山)으로 하여 달산리에 결혈되어 있는데도 험한 바위산으로 어깨가 딱 벌어진 목포대학 뒷산(모양은 목성이나 필자는 화성으로 본다)을 소조산으로 주장하는 고수도 있다.

＊ 비봉귀소는 모두 죽전마을 뒷산을 지목하고 굉장한 대혈로 치고 있으나 산이 추루하여 찾을 수 없더라. 죽전마을 백호등(서봉)을 지적하는 견해(리귀홍)가 있으나 장선생님과 유청림은 죽전마을 청룡(동봉)에 있다고 한다. 서봉은 전면이 개방된 곳이므로 혈이 없다.

＊ 장군대좌는 장선생님이 풍수상의 노승봉 내지 승달산(지도상 달산리 산100번지, 240m)에서 보니 서편에 깃대봉이 첨수한데 깃대봉 후면이 장군이 되어 그 아래 생겼다고 하므로 헬기장 또는 수월동 山上을 말하는 듯 보이나 강기가 순화되지 않고 바람을 피할 수 없다. 장군대좌는 없다.

＊ 구리봉부터 승달산 깃대봉까지

사진출처 : 등산로 안내에서 인용한 것임

＊승달산 일원의 대혈

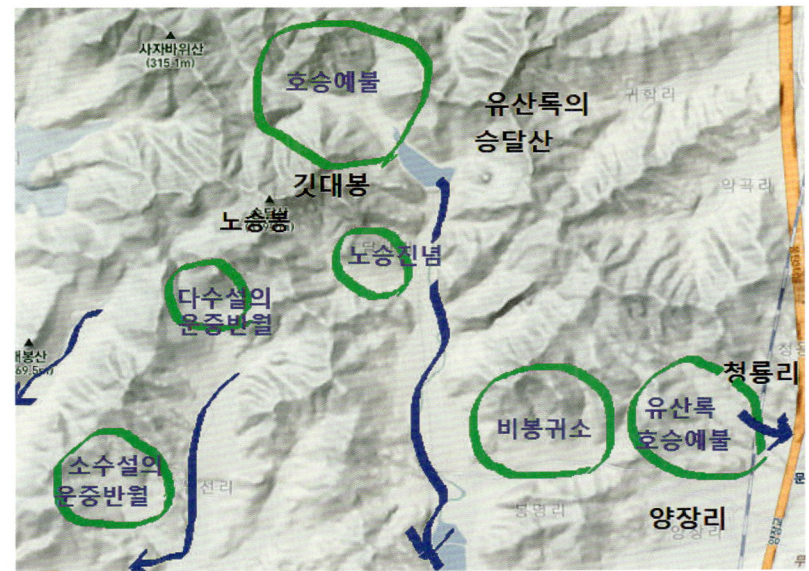

사진출처 : 카카오맵 스카이뷰(https://map.kakao.com)

2. 결록

＊옥룡자결을 보면 옥룡자는 구리봉에 올라 깃대봉으로까지 가서 두루 살피고 호승예불을 찾고 내려와서 노승진념을 찾은 다음 해거름에 죽전으로 내려와 비봉귀소를 찾았다. 그 뒤(다음날에?) 수월동으로 넘어가(수월동에 가보아야 행룡의 출처를 알 수 있다) 운중반월을 찾았다고 추측된다.

＊옥룡자 결록은, 수월동을 넘어가니 구름 속에 숨은 달을 세속사람 알아볼까(雲中半月 또는 雲中微月形) 이 산 기운 헤아리니 백자천손 누대부귀 집집마다 할 것이요, 사람마다 받으리. 艮팔절 癸입수(유산록은 艮입수에 癸일절)에 을수귀미(乙水歸未) 임좌이다.

＊유산록 전편 377p는, 수월동안 골짜기에 이르러 단속(斷續) 행룡하다가 운무가 일어나는 곳에 이르러 반월혈이 결혈되었다. 간입수 계일절하에 임좌이며 을득미파이다. 혈후 백암이 있는데 혈처에서는 보이지 않는

다. 축간봉이 높았고 좌우는 중중단요(重重團繞 겹겹이 둘렀다) 운무천리 案이다. 정미방에 봉수산, 손사방에 국사봉이 특립한다. 병선이 날 것이요, 부귀영화 대대할 것이다. 1979년 김씨가 假墓를 설치했다.(전편 9p 참조)

3. 각 견해

* 수월동 山上-- 노승봉에서 내려온 수월동 뒷산 정상에는 누가 보아도 대혈이 생길 것 같이 보인다. ①표시 지점에 호승예불이 있다는 견해(리귀홍, 김○설), 운중반월이 있다는 견해(유청림), 혈이 없다는 견해(필자), ②표시 지점에 김씨 집장지가 중등초급.(필자)

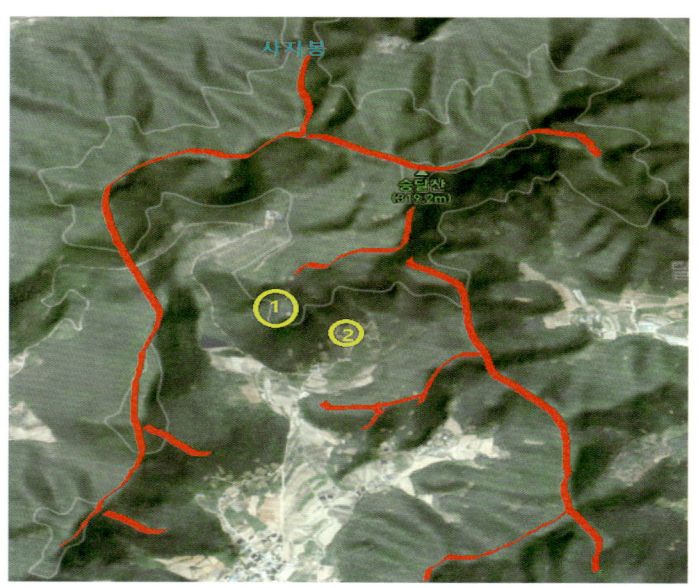

사진출처 : 카카오맵 스카이뷰(https://map.kakao.com)

①은 속기 쉬운 假穴이다. 첫째, 동산처럼 생긴 산의 정상인데 이런 돌혈에는 아래쪽에 지각이나 수염이 있어야 된다. 기운이 빠져 나올 곳이 없으면 기(氣)가 순환되지 않아서 생기가 모이지 않는다. 둘째, 첫 번째의 청

백은 수월동을 향하여 잘 감싸고 있으나 그 다음부터는 도망가는 형상으로 물이 직거(直去)하는 모양새이다. 물이 직거하는 모습이 보이지 않는 김씨 집장지 ②가 중등초급 명혈이다.

* 삼거리에서 장근봉으로 오는 래맥-- 장근봉 아래 초등교와 교회까지 나아가는 룡이다. 노월촌 뒤의 집장지가 가장 유력해 보인다. 그러나 래룡이 단조롭고 혈장이 힘이 없다. 옥룡자결의 간룡 계입수가 아니다.

4. 진혈처

삼거리에서 장근봉으로 오는 래맥에 진혈이 있다. 간입수 계일절 임좌 을득미파가 되고, 백암, 김씨 가묘(그 옆이 혈처이다) 등 딱 들어 맞는다. 행룡절수를 계산한다고 찾을 수 있는 것이 아니고 기감이 중요하다. 장선생님은 오점한 곳도 있고 정확한 곳도 있는데 이곳은 틀림없다. 필자는 유산록의 설명이 있음에 많은 혈을 발견할 수 있었다. 항상 감사하게 생각한다.(2019.10.)

전남 무안 승달산 호승예불
(왜 胡僧禮佛인가? 世俗發福地가 아니다)

1. 찾지 못하는 혈

옥룡자 결록에 천하대혈로 소개되었고 호남 제1지 혹은 제8위라고도 한다. 찾았다는 사람이 많으나 산이 허락하지 않으면 볼 수 없는 혈이다.

유산록에 의하면, 이 혈이 대혈인 이유는 소백산, 내장산(태조산), 방장산, 불갑산, 연징산, 승달산으로 이어지는 천리행룡 끝에 맺힌 혈이기 때문이라 한다. 지도를 보면 불갑산에서 대치고개로 온 다음 왼쪽으로 간 행룡은 연징산을 만들고 끝나며 대치고개에서 오른쪽으로 간 행룡이 구리봉을 만들고 사자봉 쪽으로 간다. 다시 말하면, 연징산은 승달산 행룡 과정에 있지 아니한다. 다만 연징산이 높고 대치고개가 낮은 이런 지형에서 옛 사람들은 대치고개도 연징산에 속한다고 이해하여 연징산 행룡이라 하였다.

달산저수지 쪽에 목우암과 법천사가 있는데 목우암은 553년 중국 원나라에서 온 덕예스님이 창건하였고, 법천사는 775년(신라 성덕왕) 西아시아 금지국에서 온 정명스님이 창건하였다고 한다. 그 뒤 1031년 고려 인종 때 원나라 임천사에서 온 원명스님이 두절을 중창하고 뒤따라 온 500명의 제자들과 함께 득도하여 僧達山이라 이름했다. 임란 때(1592년) 불에 타 수차례 중창했다.

2. 결록과 산도

* 옥룡자 결록

사십삼절 건해맥의 승달산이 특립(特立)하니 금수병장 둘렀는데 우리 스승 계시도다. 當局이 平順하고 규모가 광대하다. 帝坐기상 높았는데 山水會同하였구나.(일절 생략)

백천(百川)이 회동하고 만산이 폭주(註; 輻湊 빗살을 지으며 모여 들다)하니 갑산정기 뫼운 곳에 說法袈裟 벌였으니 아름다운 저 안산은 十二上佐 분명하다. 발우는 東에 있고 雲石은 南에 있다. 저 老僧 거동 보소. 백팔염주 손에 쥐고 칠근가사 떨쳐 입고 모든 제자 講받을 제 그 중 늙은 중이 스승에게 문안할 제 염주하나 내려져서 水口圓峰 되었구나.(이하 생략)

* 결록은 유산록 367p에서 인용하였다. 유산록 산도는 오점하였다고 생각하기 때문에 인용하지 아니한다.
* 만산도-- 정좌, 곤손득간파, 富貴삼천년, 영상강에 합류.

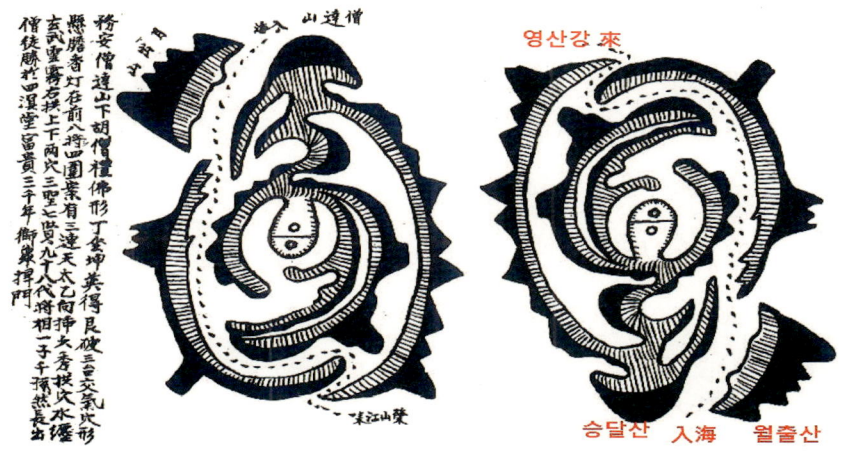

* 각 견해의 요지-- 아래에 요지를 대비한다. 크게 나누면 달천계곡 쪽과 양장리 부근으로 구분된다. 결록들은 모순된다.

	래용	사격	안산	혈처
옥룡자	43절 건해맥 승달산 특립 百川 會同 萬山 輻輳	발우는 東 牛岩은 南 건곤간손특립 丙丁손신 高	12상좌	승달산 금수병장 두른 곳
유산록	소조산은 구리산직전의 마래봉	손사방에 월출산이 보인다. 깃대봉은 노인봉 서쪽	안산 12봉	영산강구곡조당. 을진방에서 영산강합류 (파구)
유청림	형기 풍수상 구리봉의 왼쪽 첫봉이 승달산 (소조산이다)			소조산이 박환한 양장리와 청룡리
이정암 (만산도와 같다)	구리봉에서 깃대봉		정좌 곤손득 간파	영산강
김기설	노승봉 서쪽 월선제 저수지 제1방죽上이라 한다.			

3. 각 견해 검토

혈처로 다수는 ①달산리 승달산(깃대봉) 부근을 지목함에 대하여 ②양장리를 지적하는 견해(유산록, 유청림), ③월선리에 있다는 소수 견해(리○홍, 김○설)가 있다.

가장 큰 차이점은 달산리는 계곡물이 일로읍을 거쳐 바다로 들어가고 월출산이 보이지 않음에 대하여 양장리 부근은 물이 영산강에 들어가서 바다로 가고 월출산이 보인다는 점이다. 다만 이정암은 달산리설을 취하면서 계곡물이 영산강에 합류한다고 잘못 알았다.

* 전체 구도

사진출처 : 카카오맵 스카이뷰(https://map.kakao.com)

＊유산록은 영산강 구곡조당, 을진 방향에서 영산강 합류(파구), 손사방에서 월출산이 보인다고 하므로 양장리와 청룡리 경계일원이다. 영산강에 을진으로 유입되는 곳은 이곳밖에 없다.

＊유청림은 형기상의 승달산은 구리봉이 좌선룡한 첫 봉(지도상 달산리 산56 무명봉이다. 유산록은 이곳을 주산인 노승봉이라 한다)이고 그 룡이 박환된 곳에 결혈된다고 하여 유산록과 같은 곳을 지적한다. 두 분은 승달산에 관하여 지도상의 명칭을 무시하는 탓으로 상당히 혼란스럽다.

그러나, ① 어찌하여 무명봉이 금수병장 두른 곳이고 풍수상 승달산호승봉(또는 노승봉)인가를 설명하지 않아 납득할 수 없다. 오히려 지도상의 승달산이 이름에 걸맞은 호승의 모양을 갖추고 있다.

② 지도상 승달산은 일련의 봉우리 중 가장 높은 봉우리인 깃대봉에 표시되어 있는데 그 산의 일련의 봉우리 중 최고봉이 대표가 되는 건 당연하다. 일반적이고 행정적으로 통용되는 지도상의 명칭을 임의로 바꾸는 것은 인정받을 수 없고 혼란을 가중시킨다.

③ 구리봉에서 사자봉-노승봉-승달산(깃대봉)으로 진행한 룡이 산56의 무명봉보다 기운이 충만하다.

④ 옥룡자 결은 만산이 모여들고(萬山 幅湊) 4신8장이 호위하는 국세인데 양장리 쪽은 산이 연약하고 호승이 보이지 않는다. 소백산의 말락지는 여러 곳이므로 말락지라는 이유만으로 대혈이 맺힌다고 할 수 없다.

4. 왜 호승예불인가?

이 혈의 명칭에 관하여 옥룡자결에는 명시적인 기재가 없는데, 유산록은 노승예불, 일지승은 노승진념, 다수의 풍수인과 일반인은 호승예불이라 한다. 어느 쪽이 정확할까?

현장의 생김새를 어떻게 보느냐에 달린 문제이다. 현장의 모양에 비슷한 세상 물건 모양의 이름을 갖다붙인 것이 물형이다. 노승과 호승은 모양이 다르고 진념과 예불 또한 모양이 다르다. 진념은 소리를 죽이고 앉아서 염불하는 것이고, 예불은 독경하며 예식을 거행하는 것이다. 예불도 우리나라 예불과 호승의 예불이 다르다. 호승은 만주를 거쳐 우리나라로 온 승려인데 고깔같은 모자를 쓰고 탁발 다니다가 저녁이 되면 길에서 선 채로 먼 산을 보면서 목탁을 치고 예불드린다.(밀레의 만종과 같은 풍경이다) 우리나라 승려는 법당 건물안에서 독경하면서 중간중간에 엎드려 절하고 목탁을 친다.

우리나라 승려의 예불이라면 왜 호승이란 이름이 입에 오르내리겠는가.
* 목어봉(목탁봉)-- 목우암과 법천사 사이에 짤막하면서 힘찬 봉우리 하나가 있다. 지도상 이름은 없으나 뭉툭한 나무토막의 속을 파내고 목탁으로 사용하는 소박한 목탁형상이다. 필자는 편의상 목어봉이라 부르기로 한다. 목우암에서 목어봉을 보면, 뾰족하게 보이나 실제는 長乳이다.

* 전체 약도

* 깃대봉-- 깃대봉은 고깔모자를 쓴 키큰 스님 같다. 목에 염주 두른 모습이 확연하다.(목우암에서 촬영한 여름과 겨울 모습) 옆을 보면 목우암과 법천사 사이에 뭉툭한 목탁같이 생긴 짤막한 산(목어봉)이 있다. 목어봉은 이상하게 생겨서 목우암에서 보면 仙人으로 보이나 올라가 보면 옆으로 누운 長乳形이다. 전체적으로 보면 호승이 서서 목탁 치면서 예불하는 모습이다.

멀리서 보면 염주 두른 모습이다.

즉, 승달산 깃대봉과 목우봉을 합쳐서 멀리서 보면 키 큰 호승이 목탁 치면서 예불하는 모습이다. 아무 까닭없이 호승예불이라 할 리 없는데 다

른 사람들은 형상을 설명하지 않고 무턱대고 호승예불이라 한다.

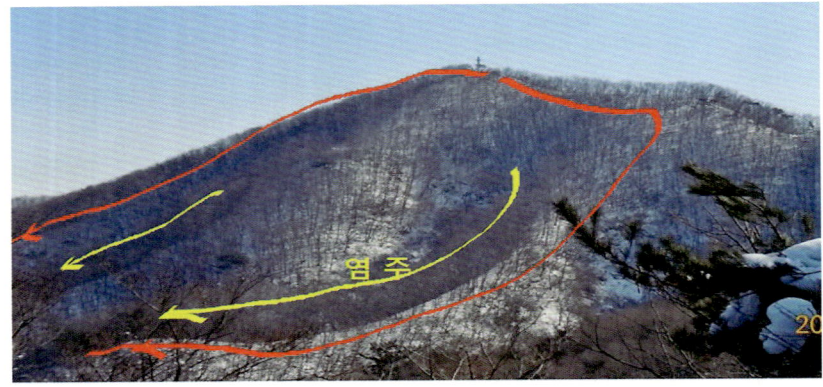

* 결록이 스승되는 노스님이 法床에 앉아 제자들에게 설법하거나 강론하는 모양(老僧講論形이고 예불형이 아니다)처럼 표현한 것은 이상하다.(전 전과정에서 변질?)
* 목어봉 위에 6개의 묘가 있는데 명치(1870년대)시대의 박씨와 1890년경 둘레석을 한 나씨 할머니, 최근 만든 제주 양(良)씨 묘 등 3기가 식별되고 그 중 나씨와 양씨 묘는 관리가 잘 되고 있다.
* 목어봉(목탁봉) 위의 묘

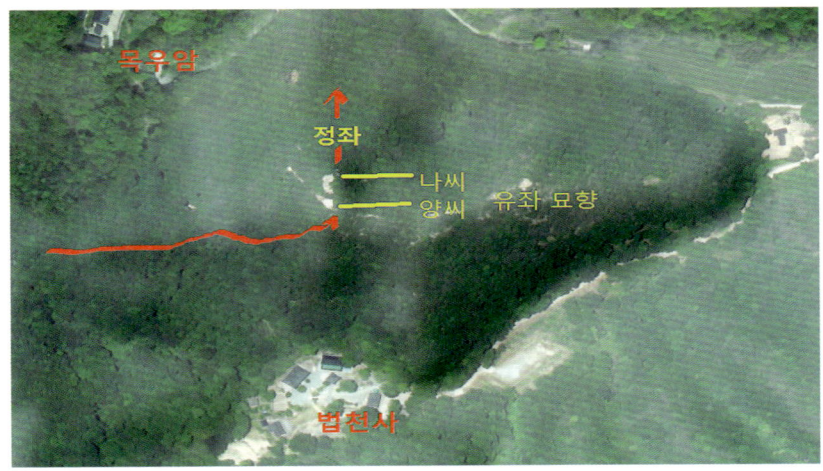

사진출처 : 카카오맵 스카이뷰(https://map.kakao.com)

그런데 양씨 부부 묘는 특이하다. 즉 석곽과 좁은 묘역을 온통 시멘트로 포장하였다. 비석에 良씨로 적었는데 탐라국 개국 良乙那 후손은 良씨 姓을 쓰다가 신라 진흥왕으로부터 梁씨를 하사받아 濟州梁씨로 바꾸고 良씨는 사라졌다는데 良씨로 고집하고 있는 것이 예사롭지 않다. 또 비석에 임진생(1892년생) 현125세 9월 2일 쭈로 적혀 있다. 망인은 125세를 살고 2017년 돌아가셨다는 말인데 그렇게 장수한 노인이 있었다는 이야기는 못 들었다. 사실 여부가 아리송하다.(2018년 답사시 묘지 조성을 한 직후 이었다) 이곳은 기운이 미약한데 래룡(來龍)대로 쓴다면 丁坐도 가능하다. 나씨와 양씨 묘는 유좌묘향으로 썼다. 여기 묻힌 분은 매일 듣는 목탁소리에 감화되어 모두 스님이 되었을 것이다. 그 스님 가운데 사명당 같은 위인이 탄생하면 만산도에 적힌 勝於四溟堂이 실현되는 셈이다. 어찌 되었든 자연훼손이 심하여 못마땅하다.

* 량씨 석묘-- 묘역이 좁아 상석은 입수쪽에 설치

* 비석 전면-- 濟州 良씨　　　　* 비석 측면

5. 세속적인 발복지가 아니다

옥룡자 결은 대대로 장원급제와 장상, 子孫 천억, 98대 향화라 하였고 사람들은 만세토록 온갖 부귀영화를 다 차지하는 대혈인 것처럼 떠든다. 그러나 현장을 보면 주위 산들이 장엄하다. 노적봉, 청마, 부용, 거북, 옥인, 문필봉 같은 세속적인 발복사격은 없다. 그러므로 이순신이나 사명당 같은 구국의 영웅이 날 자리이고 세속적인 부귀영화지가 아니다. 양장리 부근은 진혈처가 아니므로 日人들이 인물 날 걸 두려워하여 파혈했다는 유산록 글은 근거 없다.

6. 오랫동안 숨겨질 자리

이 자리는 구경하기 어려운 대혈이다. 진실된 佛子가 아니면 참관자격심사에서 탈락되어 호승과 목탁이 보이지 않을 것이다. 수많은 사람들이 왔지만 호승과 목탁을 본 분이 몇이나 되겠는가. 흑심 있는 자에게는 산신이 허용치 않을 것이며 진혈을 본 자는 천기누설을 아니할 것이니 오랫동안 비밀이 유지될 것이다. 그러나 때가 되면 山神이 현몽하여 적임자를 불러들일 것이다. 결록에 一夜間의 영장처로 귀신이 도운다 하였다. 사람은 아는 만큼 본다고 한다. 이 글은 필자의 눈높이에서 간산한 것임은 물론이다.(2020.5.)

전남 영광군 구수리 어옹수조
(남들은 그게 혈처냐고 웃을 자리)

1. 구수리 아룡도강과 어옹수조

* 구수리 산68 이씨 묘 부근에 대하여 옥룡자결의 아룡도강이란 의견이 많은데 유청림 선생은 옥룡자결록의 어옹수조(漁翁水釣 늙은 어부가 낚시하는 形)라고 한다. 위의 이씨 묘 부근은 아룡도강인가 어옹수조인가?

* 옥룡자 결록은 법성포 쪽에서 아룡도강을 비롯한 三奇穴을 보고 "선진나루를 건너가니 海中에 높은 산인 구수산(九岫山)이 가깝구나. 구수산에 올라가니 고기잡는 어옹들이 낚시대 드리우고 구럭 망태 자주 본다. 당대 발복 장구(長久)하야 향화 부절(不絶)하겠구나"라고 하고 구수리에는 어옹수조 외에 다른 결록은 없다.

그럼에도 구수리에 아룡도강이 있다고 주장하는 사람들은 은선동이란 지명이 있고 산세가 좋다는 사실 때문일 것이다. 구수리에 아룡과 어옹이 함께 있다면 옥룡자 결록의 스타일로 보아 두 혈이 가까이 있다는 표현을 하였거나 四奇穴이 있다 하였을 것이다

* 간산 결과 구수리에는 어옹수조만 있고 아룡도강은 없으므로 아룡도강혈은 법성포 대덕산 아래에 있다고 보는 견해가 옳다.

2. 어옹수조의 진혈처

　우리는 2020년 4월 오전 곡성 곤방산 악마부적을 간산하고 구수리로 달려와서 어옹수조를 찾아 나섰다. 산세를 보니 뒷산 일대가 구수산의 주맥인데 이씨 묘 쪽은 아니고 그 옆 청룡등이 굵고 기세가 좋다. 꿈틀거리며 바다쪽으로 내려가 작은 금성을 맺고 평지로 숨었다. 그 아래 마을은 청주 한씨 집성촌이고 마을 이름도 한시랑이다.(한시랑 묘는 영광 법성면 신장리 산105-8에 있는데 그 묘를 오봉산 용사취회혈로 보는 견해가 다수이다) 행룡은 마을 정자나무 동산에 잠깐 모습을 드러내고 다시 숨었다. 아래는 농촌체험관과 오토캠핑장이 조성되어 원형을 찾기 어려우나 룡은 다시 논으로 숨었다가 동그랗고 조그마한 돌(突)을 만들었더라. 혈장 뒤를 보호하는 자연방축이 있고 결인이 논고랑으로 되어있다. 혈전에는 전순이 넓게 전개되었다. 평지에서는 한 치의 높낮이가 태산 같다는 말이 있으니 바람을 피할 수 있다. 구수산, 옥녀봉, 대덕산, 인의산을 아우르는 대혈이다. 뇌두에 한시랑洞 유허비가 있는 사실로 보아 한시랑 마을 사람들의 쉼터나 회의장소이었을 것이다. 물형으로 보면 낚시찌에 해당된다. 룡이 마을을 거치면서 사라지기를 거듭한 것은 낚싯줄이기 때문일 것이다. 사용할 수 없으나 한걸음만 벗어나도 大흉지가 될 터인데 재혈이 참 어렵다. 옥룡자가 구수리로 들어오면서 어부를 만날 수 있는 곳은 여기뿐이다.(10리를 더 가야 다음 마을이다) 우리는 진혈을 찾았다고 춤을 추었으나 사람들은 그렇게 허접한 곳이 혈처냐고 웃을 것이다.(2020.4.)

* 어옹수조 래룡

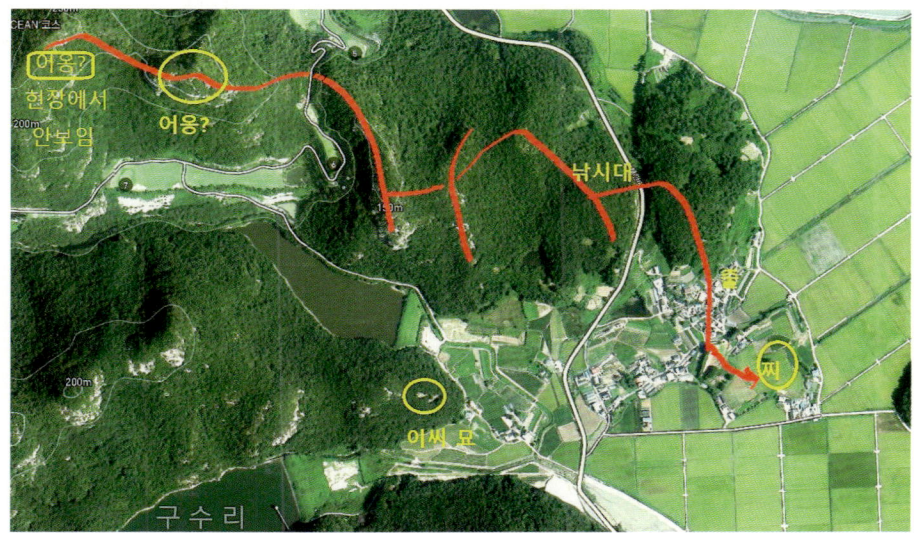

사진출처 : 카카오맵 스카이뷰(https://map.kakao.com)

* 어옹수조 국세

사진출처 : 카카오맵 스카이뷰(https://map.kakao.com)

* 한시랑동 기적비

전남 영광군 구수리 아룡도강
(구수리에도 아룡도강혈이 있는가?)

1. 구수리에도 아룡도강이 있는가?

법성포 대덕산에 아룡도강이 있다는 견해가 다수이나 구수리 산68에 있다고 주장하는 고수들도 많다. 대덕산 아룡도강에 대하여 별도의 간산기를 작성한 바 있다.

2. 과연 진혈일까?

이곳을 진혈처로 보는 고수가 김○설, 김○암, 이○계 등 의외로 많았다. 한편 유청림은 이곳을 어옹수조형(漁翁垂釣形)이라 하는데 옥룡자의 행보를 보면 일리있는 말이다. 결론을 말하면 이곳에는 소혈이 맺히고 청룡등에서 내려간 마을 아래에 어옹수조의 대혈이 있다.(어옹수조 간산기 참조)

가) 혈장의 기본에 반한다

 온갖 논리는 잠시 접어 두고 혈처(구수리 산68)라는 곳을 보면 사진에서 보는 것과 같이 백호가 혈처를 배신하고 법백교 쪽으로 돌아갔고 전면이 넓게 열려있다. 나는 월출산 천자지지 간산기에서 풍수의 기본은 장풍득수와 험기가 없을 것을 요건으로 한다고 하였는데, 그 各論으로 혈처에서 볼 때 모두(특히 청백과 안산) 정다워야 하고 배신 또는 무정하거나 넓게 열려있으면 대혈이 될 수 없다고 본다. 혈장은 기를 담는 그릇인데 백호가 저렇게 돌아가고 앞면이 광활한 곳에 기운이 모여 있겠는가. 혈처는 제법 높은데 청룡 끝은 감싸주지만 낮아서 평지 같다. 이 점은 양보할 수 없는 기본이므로 백호쯤이야 돌아가도 대혈이라는 분과는 대화가 안 된다.

 이곳에는 능참봉 이씨 묘가 상단에 있고(그 위쪽에도 묘가 있는 듯 보이나 의미없다) 그 아래 2기가 있다. 참봉 묘는 주룡이 힘차고(이 정도이면 아룡이 아니라 어른 룡이다) 혈처 바로 옆의 청룡이 좋다. 그러나 기운이 내려와도 곧 흩어지겠지만 주변 산세가 워낙 좋아서 초급명당으로 좋은 향화지지는 되겠다.

 * 참봉 이씨 묘의 비석과 봉분-- 입수가 강하다.

* 혈처 형세

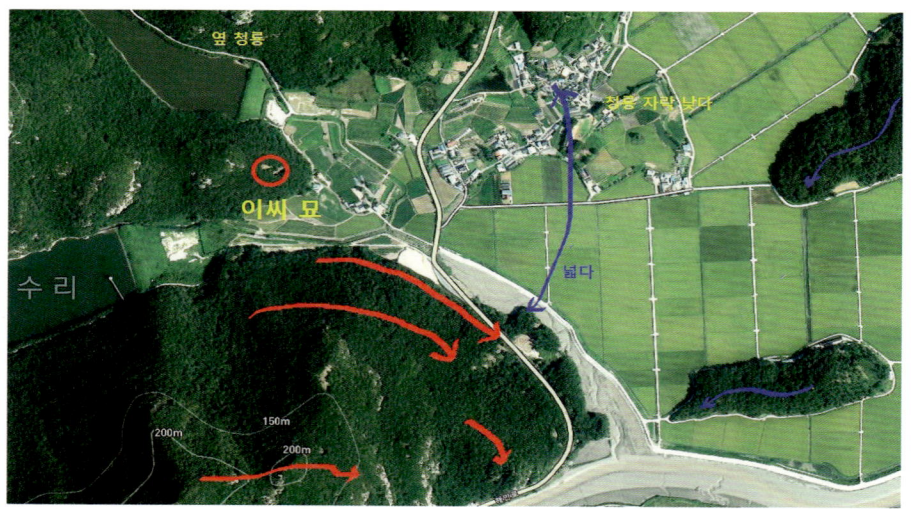

사진출처 : 카카오맵 스카이뷰(https://map.kakao.com)

나) 옥룡자 결에 맞지 않는다

옥룡자결에 맞추어 보면 이곳은 아니라는 것이 명백해진다.

* 옥룡자 결록

① 영광북 20리 자기목성-- 일지맥은 서(西)로 가서 용사취회 (龍蛇聚會)되었구나….

② 동령치(東嶺峙) 넘어가니 와우형이 천기로다.

③ 장상치에 결인하고(宰相峙 과협하고) 은선봉이 돌아드니(隱仙峰을 일어서니) 용호없이 생긴 혈은 아룡도강(兒龍渡江) 정녕하다, 운사(雲沙)가 나열하고 병정(丙丁)이 중중(重重)하니 {발복추론 생략} 아름다운 혈성(穴星)을 눈으로 다 못 보겠다 {발복추론 생략} 그리하여 삼기(三奇) 중 제일 혈이 되었구나, 혈전에 묘방수(卯方水)가 대해(大海)로 들어가니 제임자 못 만나면 열번 써도 다 패(敗)하리(다 파리라).(玉龍子遊世祕錄 유청림편 저 117p, 장익호 유산록 전편 425p, 후편 204p, 파랑 글은 유산록)

④ 그리 저리 구경하고 선진나루 건너가니 구수산(九岫山)이 가깝구나…
당대발복 향화부절하겠구나.(祕錄 118)

* 옥룡자의 행보

위의 결록을 풀이하면 아래와 같은 추론이 가능하다.

비결이 지적하는 영광북(北) 20리에는 초포산밖에 없고, 용사취회혈이 있다는 초포산 평지결인 후 서쪽지역은 오봉산이고, 오봉산 행룡은 와탄천에 이르러 인의산과 대덕산을 세웠는데 와우형 양택이 있다는 동령고개 넘어선 곳은 생김새로 보아 인의산임이 분명하다.(꽃동산이 소머리산이다) 그리고 아룡이 있다는 은선봉을 돌아선 곳의 은선봉이란 현재 은선암이 있는 대덕산의 정상을 말한다.

이와 같이 옥룡자는 초포산에서 출발하여 오봉산, 인의산, 대덕산을 거치면서 용사, 와우, 아룡을 보고 이 3개 혈을 三奇穴이라 명명하였고, 그 다음 선진나루를 건너 구수산에 가서 당대발복 향화지지인 어옹수조를 보았다는 내용이다. 사리에 비추어 볼 때 구수리에 어옹 외에 아룡이 있었다면 두 개의 혈을 함께 결록으로 작성했을 것이다. 구수리에 아룡이 있다는 주장자는 어옹수조가 구수리 어디에 있는지 밝혀야 할 것인데 밝히는 고수가 없다.

다) 그 밖에 아래와 같은 사유가 있다

① 구수리에는 은선봉은 없다.

② 丙丁重重하다는데 지적지에서 특별히 눈에 겹겹이 보여주는 산이 없다. 이에 반하여 법백교 쪽에서 보라. 丁方의 옥녀봉이 얼마나 아름답게 보이며, 丙方의 구수산이 어떻게 겹겹이 보여주는가.

③ 여기서 穴前묘방수란 혈앞 묘방에 있는 물을 말한다. 혈앞 와탄천이

다. 옥룡자 결에서 묘방수입해라는 구절과 부적격자는 열번이라도 다 파낸다(혹은 다 敗한다)는 구절은 서로 연관되어 있다. 부적격자는 홍수시에 와탄천이 범람하여 바다로 쓸어내린다는 의미이다. 구수리 이씨 묘에는 혈 앞 묘방수가 없다.

④ 옥룡자 결은 혈성이 풍후하다는데 지적지는 암반에 척박하다.(2020.4.)

* 여러 견해를 정리해 보면 아래 도면과 같다.(법성포 아룡도강 간산기 참조)

사진출처 : 카카오맵 스카이뷰(https://map.kakao.com)

전남 영광군 법성면 용사취회형
(韓公 墓는 의리장? 그리고 비혈지?)

1. 법성포 三奇穴

옥룡자 유세비록을 보면 오봉산 용사취회, 인의산 와우형 양택, 대덕산 아룡도강의 順으로 구경하고 선진나루를 건너 구수산 어옹수조를 찾았다고 한다. 법성면에 있는 위의 三穴은 오봉산에서 나누어졌는데 법성포 삼기혈이다.(유청림은 와우형을 빼고 구수리 어옹수조를 넣는데 래룡이 다르다) 그 중 아룡도강을 제일로 치는데 혈처가 어디인가를 두고 의견이 분분하다. 와우형 양택에 대하여는 다들 관심이 없는지 간산기가 없다. 용사취회형(龍蛇聚會形 용과 뱀이 모여 회합을 하는 형)은 청주 한씨 묘가 정혈이라는 것이 통설인데 필자가 생기가 없다고 이의를 제기하자, 이 묘에 대하여 발복추산까지 밝힌 모학파가 좀더 공부하라고 핀잔을 주었다. 필자는 여전히 의문이 남기에 다시 점검에 나섰다. 한 두 사람에 불과하지만 대혈이 아니라는 반가운 견해도 있었다.

2. 옥룡자 유세비록(註는 필자가 기입)

北二十里 대과협에 자웅三穴(註: 삼기혈을 말하는 듯)이 더욱 좋다.
자기목성(紫氣木星, 註; 초포산인 듯) 數三節 아래
평지결인 자주 하니
일지맥(一枝脈)은 西로 가서 용사취회 되었구나
혈후에 天財(註: 天梯가 맞을 듯) 土星 태산으로 생겨 있다
四승상 七왕비 백자천손 문무과는 대대마다 날 것이나
사람마다 얻을소냐
주인봉을 알자하니 목토산에 革卦로다.

3. 청주 한씨 묘(법성면 신장리 산105-8)

가) 계보

* 청주 한씨의 시조는 한란(853~916)인데 그는 청주 방서동(現방정리)에 살았고 고려 왕건이 견훤을 정벌할 때 종군하여 개국공신이 된 사람이다. 2천년 현재 총 인구는 64만 명으로 우리나라 10위권이다. 시조 한란 묘는 청주 남일면 가산리 537 머미마을 뒤에 있는데 조선8대 명혈로 12정승 6왕비 난 자리라 하고 2대부터 5대까지는 파주 비무장지대에 있어서 실묘지경이다.

* 이곳의 묘는 6세 한광윤(1134~? 서재공파 시조)의 묘인 바, 그는 고려 명종 때 예빈경 벼슬을 하였고 개경에 살던 사람이다. 그 분의 아들인 7세 한강은 광정대부를 지낸 분으로 묘량면 덕흥리 산80-1 비봉귀소에 있고 8세 한사기는 우의정을 역임하고 광주 사봉동 송정리에 봉강재가 있다. 모두 한광윤보다 높은 벼슬을 하였다.

나) 묘의 내력

* 이 묘의 내력은 묘역에 있는 2개의 신도비, 3개의 묘비를 보면 알 수 있다. 언제부터인가(증손 한영의 덕택으로 한광윤이 자금광록대부로 추서되었으니 그때까지는 묘 관리가 되었던 것 같다) 실묘되어 四五百年 가까이 실전되어 있었는데, 호남 한씨 문중원들이 1741년 한정승 묘로 불리우는 고총이 있는 것을 보고 탐사한 끝에 마모된 비석을 찾아 판독한 즉, 앞면에 "조정대부행예빈경 한광윤지묘" 뒷면에는 처 나주진씨와 판독이 안되는 아들(한강?)이 적혀 있었다. 이를 보고 한씨 종중은 한광윤 묘임을 확인하고 종중적 차원에서 복원하였다.

* 1934년 漢文 신도비-- 17대손 한원진(1682~1751. 호서학파 거두) 근찬(謹撰 삼가 작성), 190년 이상의 후손인 24대손 금호謹銘(제작), 23

대손 익교謹刻(조각), 25대손 익수謹書(글씨)로 1931년(신사년) 세웠다. 한원진이 묘개수3년 뒤(갑자년)에 근찬한 신도비문을 보면,

"원진은 종중인 기명 현철 증치로부터 아래와 같은 편지를 받았다. 선조 예빈궁은 의리장(衣履葬, 의복과 신발을 매장하는 묘)을 하였는데 세대가 흘러 장소를 알지 못함에 부끄럽던 중 호남 영광군 西 진량면 지장산(支藏山) 아래의 신사동에 예부터 한정승이라는 고총이 있기에 辛酉(1741년) 가을 호남종인 덕윤 중언 희맹 세구 종선 일주가 묘앞 단갈(短碣 짧은 돌비)을 찾았다. 오랜 이끼에 삭아 알아 볼 수 없어서 물과 모래로 닦고 보니 조정대부행예빈경 한광윤지묘라는 13자의 문자가 있고 뒷면에 음각으로 6행이 각인되어 있으나 심히 부석되어 나주 진씨 그리고 아들 ○○의 관직 등을 희미하게 알 수 있었다. 보첩과 맞추어 보니 한광윤의 묘가 틀림없었다. … 한광윤은 서울에 살다가 죽어서는 남쪽 땅에 묻혔으나(주어 송경몰장남토; 住於松京沒葬南土) 묘주변 사람들의 얘기는 정승이 유배되어 살다가(謫居) 여기서 죽어 장사지냈다고 한다. 호남 종인이 갈문을 탁본하여 서울 종중에 알리니 서울 종중은 다음 해인 임술년 봄에 희철을 유사로 임명하여 묘를 개보수하게 하니 남쪽 종중인 또한 돈을 내고 관가의 힘으로 침범한 10여 기 묘를 철거시켰다.… "

(이하의 비문은 번역 비문에 소개함)

* 한문비석 전면

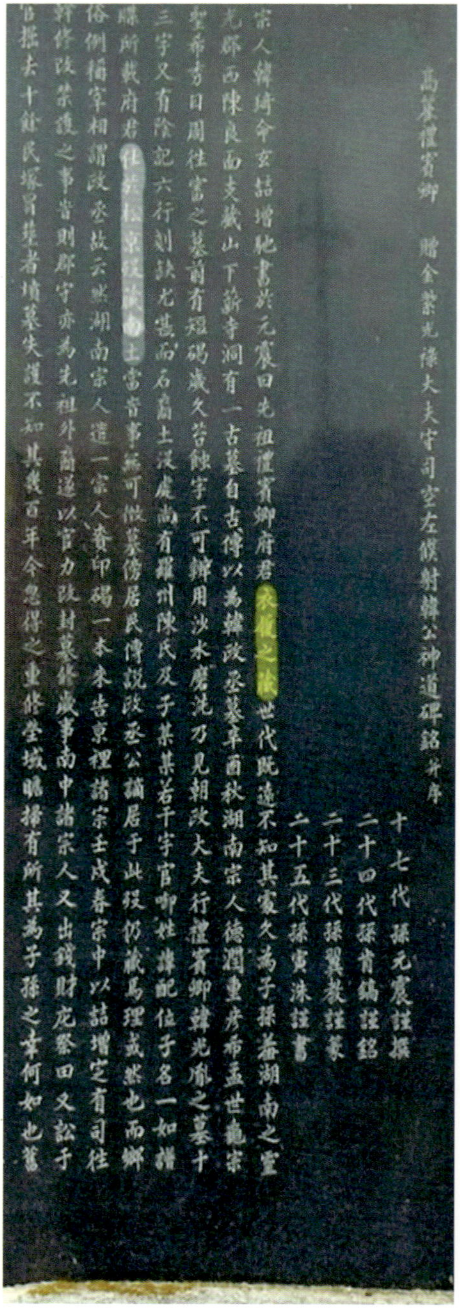

* 한문비석의 측면

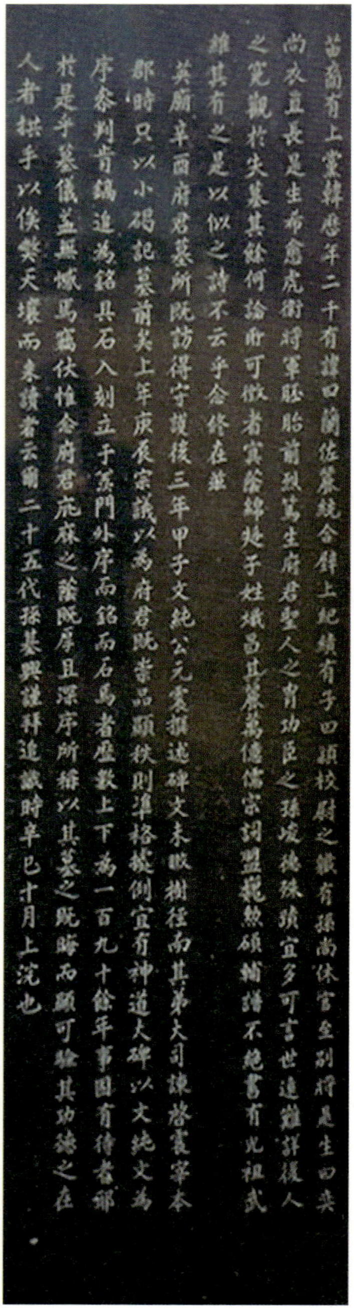

＊ 1993년 번역 신도비문-- 번역비문은 후손들이 1993년(계유3월) 한문 비문을 읽기 쉽게 번역한 비문이다.(23대손 희천 謹書 25대손 관수 謹堅)

"… 때마침 그 곳 군수가 선조의 외손인 덕에 관의 힘으로 묘소를 개봉 축하고 호남 종인의 헌금으로 제전을 마련하고 관에 소송을 제기하여 10여 기의 도장한 묘를 파내게 하였고 1747년 후손이 군수로 부임하여 재각을 중수하였다…."

중요한 점은 번역 비문에는 의리장이란 말은 쏙 빼고 그냥 묘소라고 썼다는 사실이다.

＊ 번역 신도비 전면

＊ 번역비 측면-- 신도비 사진은 삽짝풍수(권근호) 블로그에서 원용. 감사.

* 묘 앞에 비석 3개가 있다. 낡은 묘비는 1741년 발견된 옛 묘비이고 그 다음은 이조 때(한문 신도비건립시?) 세운 것이고 그 옆은 근자(번역 신도비건립시인 1993년?)에 세운 것이다. 그런데 옛 묘비(단갈비)에는 한광윤 단독묘라 하였음에도 그 뒤의 묘비에는 부인 나주진씨와 합장묘로 쓰여 있다.

* 부부 합장 비석-- 부인 묘는 헛 묘?

* 우리의 관심은 의리장인가의 여부이다. 한광윤이 유배생활을 하였다는 것은 그의 아들과 손자가 높은 벼슬을 한 사실로 보아 믿을 수 없고 귀양살이를 하였더라도 잠깐일 것이다. 그러나 영광 일원에 청주한씨가 많은데 모두 한광윤의 후손이라면 장기간 거주하였을 수 있다. 가장 합리적인 추론은, 한광윤은 개경에 살았는데 잠깐 영광에 귀향살이를 한 연고가 있어 내왕하다가 행방불명이 되는 바람에 이곳에 의리장을 하게 되었다.

　호남 종중원들은 의리장이라 알고 있었고 유림 17대손 한원진이 그 말을 듣고 쓴 것이다. 한원진이 시신장 혹은 유골장인 것을 감히 의리장이라고 作文하였겠는가? 더욱이 24대손 금호, 23대손 익교, 25대손 익수가 신도비건립에 관여하였는데 헛말을 묵과할 리도 없지 않은가? 의리장인데다가 아들과 손자가 더 높은 벼슬을 하는 바람에 이 묘는 관리에 소홀한 탓으로(이런 경우는 많다) 실전하였을 가능성도 있다.

　* 한씨들은 2005년 석판에 옥룡자결을 새겨 놓고 아울러 묘를 쓰려는 사람이 있으면 새들이 짖어대어 막았다는 설화와 풍부한 샘이 있었다고 써붙여서 아예 용사취회혈임을 기정사실화하고 있다. 그러나 오백 년간 실전되고 있는 동안 吳, 姜, 金 등 10余人이 점령하고 있었던 것을 송사 끝에 철거시켰으니 새들이 관리하고 있었다는 말은 거짓이다.

다) 발복

　보통 청주 한씨는 조선 태조비, 덕종비, 예종비, 성종비, 예종비, 인조비(1627년) 합계 6왕비와 한명회 등 9정승을 배출하였다고 한다. 또 명나라 태종과 선종의 후비에도 한씨가 있다. 모학파는 공민왕비까지 합쳐 7왕비가 모두 났다고 하고, 어떤 분은 청주 한씨로 정식 왕비가 된 분은 3명뿐이라 한다. 6왕비 9정승(용사취회형의 결록은 7왕비 4승상)이 전부이 묘의 발복이라면 한광윤 사후(1200년경) 약 200년(1400년 이태조 왕비 입궐)부터 약 400년 이상 발음(6왕비 탄생)했다는 말이 되니 대단하다.(모학파도 사후 200년부터 왕비발복이 시작된다고 추산은 하지 못한 것 같다) 그런데 시조 한란 묘 또한 12정승 6왕비의 발복이 있는 옥호저수형으로 조선 8대 명당이라 한다.(필자의 청주한씨 시조묘 간산기 참조)

* 시조 한란의 묘-- 인바위 카페는 옥호저수형이라 보았다.
* 한공 묘의 안산-- 청백 중 백호 끝이 안산. 손사파 임좌

* 검토-- ①명당이 좁고 ②청룡이 낮아 외풍이 있고 ③특히 수구가 형편없다. 수구는 물이 나가는 곳인 동시에 기운도 나가는 곳이므로 개 이빨같이 양쪽이 교차하여 조여 주고 물은 곡곡으로 돌아나가야 명혈이다. ④용사취회는 여러 마리 용과 뱀이 모여들어야 된다. 이곳은 혈처와 청백 3자 모임이고 多者모임이 아니다 ⑤생기가 없다 ⑥옥룡자 결은 "… 혈후에 천재 토성 태산같이 생겨있다…"라 하였는데 혈후 천재토성에 대하여 다수설은 오봉산으로 보고 있으나, 오봉산은 대단한 토성은 아니고 主간룡은 인의산과 대덕산으로 나아간다.

* 도대체 이곳에서 특히 빼어난 장점은 무엇인가? 모학파는 초포산에서 이 묘에 이르는 래룡(來龍)의 굴절 박환을 발복의 근거로 보지만. 기복은 없고 박환도 한 곳 정도이니 대단할 것이 없다. 명혈이 되려면 용호가 중중, 안산과 특히 좋은 사격, 수구긴쇄가 필요하다.

4. 장익호 유산록 전편 424p 이하

가) 同龍(註: 초포산)은 천전과협하고 五峯山이 높았는데 貴砂중첩(重疊)하는 곳에 용사취회혈이 결혈되었으니 자좌에 정미파 되었구나. 수구한문 높았는데 수구에 森立한 秀峰들과 구사(龜蛇) 등 諸般貴砂 한없이 나열하였고 水口긴쇄(緊鎖) 곡곡입해(曲曲入海)하니 어찌 대혈大地 아니겠는가?

나) 자좌 정미파, 수구한문에 구사나열, 수구곡곡입해라는 구절을 보면 청주 한씨 묘와 달리 진혈은 수구가 長點임을 알 수 있다. 장익호 유산록이 좋은 점은 이미 쓰여진 곳은 게재하지 않고 게재하는 경우에는 용사한 사실을 적어둔다는 것이다.(일이승 산도도 같다) 수구 파구 좌향을 보면 다른 장소임이 분명하다. 장익호 풍수학회 간산기를 보니 청주 한씨 묘를 진혈로 보더라. 유산록을 잘 읽어 보면 그게 아니다.

다) 장선생님 지적지는 어딘가?
* 지적지 일원의 지도-- 곡곡 입해

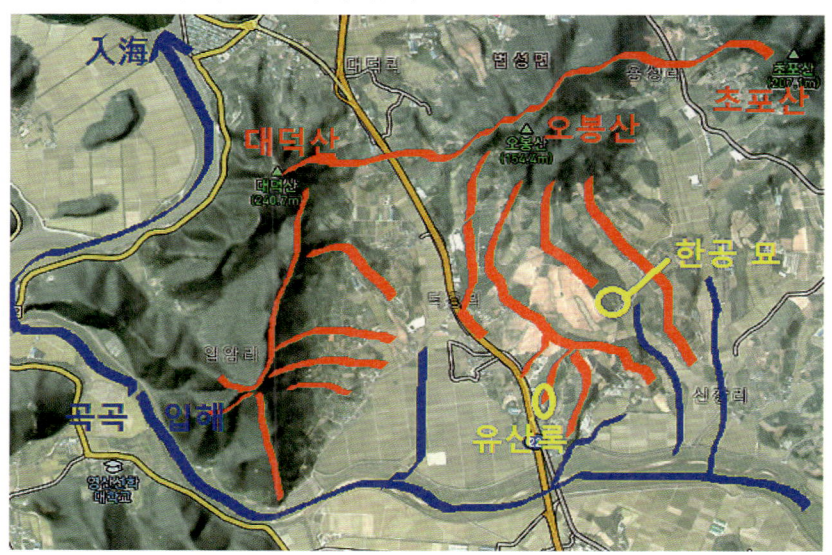

사진출처 : 카카오맵 스카이뷰(https://map.kakao.com)

* 지적지는 덕흥리 산5-4이고 全局을 보면 용사(龍蛇)가 다수 모여 있다. 장유로 왔고 이씨 집장지인데 적중하지 못했다. 재혈이 어렵지만 작은 변화를 찾아야 된다. 결록 상의 발복은 대부분 과장되었다. 2천 년 장상지, 14대 천자지, 만대영화지가 있겠는가? 중등 대혈이다.

5. 정리

한광윤 묘는 의리장일 가능성이 있고 그럼에도 발복하였다면 명당발복이 아닌 혼령발복이다.(필자의 "동기감응론을 비판함" 참조) 혼령만의 발복이라면 長期大發하지 못한다. 한란 묘는 전국 서열 4위에 들 정도로 대혈임에 대하여 한광윤 묘는 진혈 여부가 논란될뿐만 아니라 진혈이라 하더라도 대혈은 아니다. 하물며 옥룡자가 삼기혈 중 아룡이 으뜸이라 했는데 사람들은 아룡을 호남8대혈로 순위를 평가한다. 그보다 못한 龍蛇를 전국 8대혈로 치는 것은 맞지 않다. 그러므로 한란 묘의 발복으로 6왕비가 탄생하였다고 본다. 두 묘의 합작으로 발복하였다면 소위 중분합력(衆墳合力)인데 주도적 발음이 중요하고 보조 발음은 대수롭지 않다. 그리고 六왕비가 두 묘의 합작품이라면 두 묘를 합쳐 조선 8대 명당이라 말해야 된다. 만약 400년(1200立墓 1741발견) 실묘한 기간에 6왕비 발복처가 어디냐고 물었다면 풍수들은 한란의 묘라고 이구동성으로 확신에 차서 말하지 않았을까. 한란 묘로는 부족하고 다른 발복처를 찾아야 된다고 말하는 풍수가 있었을까? 이 묘는 의리장일 가능성이 짙고 非穴地내지 소혈이다.(2021.8.)

전남 영광군 법성포 아룡도강형
(무엇이 부적격자를 파묘하는가? 명혈발복은 필연인가?)

1. 논쟁이 많은 곳

호남 8대혈의 하나로 꼽는데 주장지가 5~6곳에 이른다. 옥룡자 유세비록은 초포산에서 출발한 행룡은 오봉산 용사취회형, 인의산 와우형 양택, 은선봉 아룡도강형을 결혈하였고 법성포 3기혈 중 으뜸이라 한다. 은선봉(隱仙峰)에 대하여 다수설은 현재 은선암이 있는 법성포 대덕산이라 하고 소수설은 벽수읍 구수리 구수산으로 본다. 필자는 용사취회혈과 구수리 아룡도강에 대하여 별도로 간산기를 쓴 바 있다. 여기서는 아룡도강을 主로 쓰고 와우형은 부차적으로 쓴다.

2. 옥룡자 결
가) 옥룡자 결록

① 영광북 20리 자기목성 수절 아래 평지결인 자주하니 일지맥은 서(西)로 가서 용사취회(龍蛇聚會) 되었구나.(이하 생략)

② 동령치(東領峙) 넘어가니 와우형이 천기로다. 일대(一大) 해수조당(海水朝堂)하니 인재(人才) 부고(府庫) 되겠구나. 병정봉이 통고(通高)하니 대대로 인물 나리로다.

③ 장상치에 결인하고(宰相峙 과협하고) 은선봉이 돌아드니(隱仙峰을 일어서니) 용호없이 생긴 혈은 아룡도강(兒龍渡江) 정녕하다. 운사(雲沙)가 나열하고 병정(丙丁)이 중중(重重)하니 {발복추론 생략} 아름다운 혈성(穴星)을 눈으로 다 못 보겠다. {발복추론 생략} 그리하여 삼기(三奇) 중 제일혈이 되었구나. 혈전에 묘방수(卯方水)가 대해(大海)로 들어가니 제 임자 못 만나면 열번 써도 다 패(敗)하리.(다 파리라) (玉龍子遊世祕錄, 유청

림 편저, 2010년 發行, 종려나무刊 117, 장익호 유산록 전편 425p, 후편 204p, 푸른 글은 유산록)

④ 그리 저리 구경하고 선진나루 건너가니 구수산(九岫山)이 가깝구나…어옹수조…당대발복 향화부절 하겠구나.

나) 옥룡자의 행보

옥룡자 유세비록은 1900년경 호남지사(地師)가 사용하던 필사본을 유청림 선생이 보완한 것이고 필사본은 오류가 많고 옥룡자의 원본은 없다는 것이므로 현장점검이 중요하다. 위의 결록을 검토하면 아래와 같은 추론이 가능하다. 비결이 지적하는 영광북(北) 20리에는 초포산밖에 없고, 용사취회혈이 있다는 초포산 평지결인 후 서쪽지역은 오봉산이고, 오봉산 행룡은 와탄천에 이르러 인의산과 대덕산을 세웠는데 와우형 양택이 있다는 동령고개 넘어선 곳은 생김새로 보아 인의산임이 분명하다. 그리고 아룡이 있다는 은선봉을 돌아선 곳의 은선봉이란 현재 은선암이 있는 대덕산의 정상을 말한다. 이와 같이 옥룡자는 오봉산, 인의산, 대덕산을 거치면서 용사, 와우, 아룡을 보고 선진나루를 건너 구수산에 가서 당대발복 향화지지인 어옹수조를 보았다는 내용이다.

다) 유산록 해설

* 아룡도강형에 대하여, 묘수는 대해(大海)로 돌아간다 병정중중(重重) 고발(高拔)하고 쌍엽(双葉)이 춤을 춘다.(전편 425p) 고창군 왕제산 뒤에서 법성면 초포산(初布山)으로 간 뒤 오봉산(五峯山)을 세우고 다시 천전도수(穿田渡水)하여 대덕산이 높았는데 그 아래 청룡 백호없이 아룡도강이 결혈되었으니 호남 8대혈의 하나이다. 갑묘득 신술파, 안산(安山) 환산(環山)이 아름답고 혈성이 풍후(豊厚)하여 알아보기 어렵지 않다.(후편

204p) 위에서 추론한 온룡자의 행보와 일치함을 알 수 있다.

3. 불교 도래지

백제불교는 인도 고승 마란난타가 384년 중국 동진을 거쳐 법성포에 최초로 들어 왔다. 법성포란 성인(마란난타)이 법(佛法)을 들여온 포구라는 뜻이다. 백제불교 최초 도래지는 뒤쪽 도로에서 보니 강건너편에 커다란 목탁을 앞에 두고 노승이 엎드려 절하는 모습이었다. 도래지 불상 있는 곳은 좌대이고 동산의 모든 산세(山勢)가 그 곳으로 집중하고 노승이 예불드리고 있는 모습이다. 관광객과 불자들이 수시로 찾아와서 우러러 보고 승려들이 향 피우는 만년향화지지이다. 좌대를 보면 음택 같지만 음택은 아니고 양택이 될 듯한데 양택도 아니다. 이런 非陰 非陽은 매우 드물다. 영광 제일의 명당이다.

* 최초 백제 불교 도래지

사진출처 : 카카오맵 로드뷰(https://map.kakao.com)

4. 와우형 양택

* 오봉산 북락일지는 법성포 인의산을 세우고 양택이 결혈되어 주인을 기다린다.(유산록 후편 204p, 전편 425p)

인의산 아래 양택은 와우형이라고 하는데 불교 도래지 동산을 소머리로 보고 되새김하는 소장에 양택이 결혈되었다고 본 것 같다. 안산해변을 대규모로 매립하여 인재배출의 요인이 되는 해수조당은 없다. 그러나 안산이 아름답고 부귀 문무 용모를 고루 갖추었으며 여의도가 생겼다. 옥룡자가 본 그때의 벽해(碧海)는 상전(桑田)이 되었으나 혈이 파괴된 것은 아니고 이제는 오룡농주로 볼 수 있다. 중등상급 명당이다. 근자에 여의도를 크게 만들었으니 발복시기가 도래한 듯하나 부적격자는 패(敗)할 것이다.

5. 아룡도강형
가) 후보지

사진출처 : 카카오맵 스카이뷰(https://map.kakao.com)

나) 검토

① 불교 도래지 동산에 있는 팔각정 쉼터-- 앞이 훤히 트여 있고 바람이 살랑거린다. 모든 기운은 불상좌대에 모이므로 혈이 아니다.

사진출처 : 카카오맵 스카이뷰(https://map.kakao.com)

② 대덕리 759, 680-- 유청림 등 다수설이다. 도강형(渡江形)은 용(龍)이 강(江)을 건느려고 긴장하기 때문에 기(氣)가 충만하다. 현장 분위기에서 용이 강을 건너려고 벼르는 것을 느낄 수 있다. 그러므로 혈처는 용이 도강하려고 강을 바라보는 강변이다. 강가에 있지 않으면 도강형이 아니고 강이라도 개울이나 메마른 강이라면 가난하여 기가 모이지 않는다. 지적지는 큰 강(와탄천)을 겹내어 뒤돌아 먼산을 보고 있으니(兒龍望遠山形?) 어찌 기운이 모이겠는가. 결록에 적힌 병정통고, 혈전묘방수 入海의 국세가 아니다.

③ 대덕산 은선암 방면-- 탈살이 안 되고 빈궁수이다.

④ 입암리 438의5, 16-- 필자의 주장지, 그 이유는 뒤에 본다.

⑤ 강 건너 구수리-- 모양이 좋아서 김기설, 김성암 등 적지 않은 고수

들이 아룡도강이라 주장하나, 전면의 짜임새가 허술하고 백호가 배반한다. 구수리에는 어옹수조가 있고 아룡은 없다.(구수리 아룡도강 간산기 참조)

6. 진혈처
가) 아룡이란?

성장한 용은 뿔과 수염이 나고 험상궂게 생겼는데 비하여 몸체와 얼굴이 부드러워서 아기같이 생긴 용을 아룡(兒龍)이라 한다. 용은 상상의 동물이기는 하지만 뱀과 같은 파충류로 정형화(定型化)되어 있다. 파충류는 어미가 알을 낳고 나면 스스로 부화하고 어미가 돌보지 않는다. 새끼를 데리고 다니거나 알을 품고 있는 용 그림은 없다. 그러므로 어미용을 찾아서 새끼용이 어디에 있는지를 추적한다든지, 옥룡자가 칭찬한 아룡을 볼품 없다고 평가절하하는 견해에는 찬성할 수 없다.

나) 진혈처

이곳 국세에서 와탄천이 가장 좋은 물이고 오봉산에서 강변까지 행룡한 산은 대덕산과 인의산이다. 진혈을 찾으려면 첫째로 지맥이 강변까지 행진한 곳, 둘째로 만궁이 되는 곳(만궁은 용이 기운차서 물을 밀어내기 때문에 생기고 빈궁은 물에 못이겨 뒤로 밀려서 생기는 현상이다), 끝으로 용의 몸체처럼 가늘고 긴 래룡이 있는 곳을 찾아야 된다. 지도를 보면 딱 한 곳 즉(卽), 대덕산 자락인 법성면 입암리 438의 5, 16밖에 없다. 지금은 도로와 교량시설로 원형이 파손되었으나 진혈이 있던 곳을 짐작할 수 있다. 강따라 용의 뼈대인 암벽이 내려오다가 끝머리가 강 상류로 약간 틀었다. 암벽 끝머리는 청룡역할을 대행(代行)하여 강을 밖으로 밀어내어 혈을 보호하고 만궁을 만들었다. 백호는 달리 없어도 두둑한 흙 산자락이 폭 넓게 받쳐준다. 혈성이 풍후(豊厚)하고 득수파구도 맞고 좌향은 묘좌로 안산의 낮은 곳을 향했다. 옥녀봉과 설레바위봉이 병정(丙丁)방향에서 겹겹을 이루고 빼어나기 높다. 춤추는 쌍엽은 자계(子癸) 쪽 大小소드랑섬을 말하는데 수구에서 나성이 되었다. 이처럼 옥룡자결과 유산록에 딱 들어맞는 장소는 달리 없다. 교량관리소 뒷길에서 기 탐지봉으로 재어보니 혈처가 있었다고 짐작되는 곳에 아직도 기운이 있더라. 동행한 일행이 혈이 쌍분으로 결혈되었다 했다. 혈전에 있는 물은 혈처에서 보면 묘방이다. 다른 곳은 옥룡자가 말한 병정중중, 혈성풍후를 맞추기 어려울 것이다. 이 혈은 유산록에 찾기 쉽다고 했다. 만궁된 곳만 찾아도 반은 찾은 셈이다.

다) 어찌하여 대혈인가?

방장산에서 출행한 용은 구황산에 이르러 한 가지(一枝)는 왕제산을 거쳐 70리를 행진하여 법성포에 이르렀고, 다른 일지는 군서면을 천전도수하여 구수리 옥녀봉까지 100리를 행군한 끝에 법백교에서 와탄천을 사이에 두고 헤어진 용과 불과 120m 폭의 거리에서 부드럽게 만난다. 2룡은 2개 읍과 8개 면을 싸안고 그 중앙에서 와탄천이 물을 모아 60리를 흘러 법백교 밑을 지나가는데 강폭이 좁은데도 급류도 아니고 산만하지도 않다. 평야는 물병이고 법백교는 병목이다. 구수산은 옥녀봉과 설레바위봉으로 개장하고 병정방향에서 겹겹이 혈처를 옹호한다(丙丁高拔, 重重). 대혈의 국세이다.

* 아룡도강 대국-- 안산의 국세를 보라. 구수산 전체가 환포 또는 공읍한다.

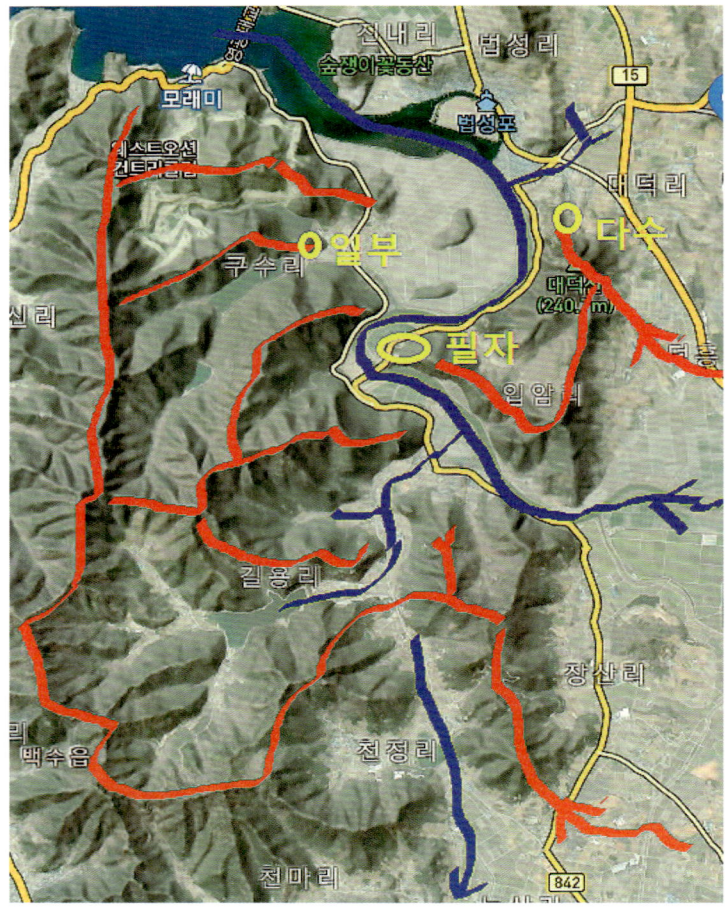

사진출처 : 카카오맵 스카이뷰(https://map.kakao.com)

* 아룡도강 중국

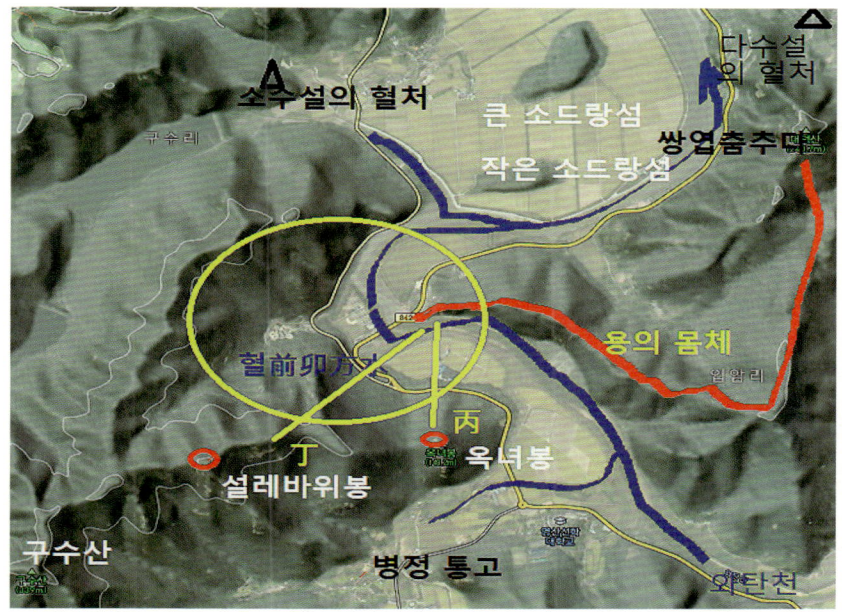

사진출처 : 카카오맵 스카이뷰(https://map.kakao.com)

라) 무엇이 부적격자를 파묘하는가?

옥룡자결은 혈앞 묘방수(卯方水, 전체 국세에서 묘방)가 대해로 들어가니 제 임자 못 만나면 열 번 써도 다 파내리라 하였다. 무슨 뜻인가? 옛날에는 해변 수위(水位)가 상당히 높았다. 부적격자는 대홍수 시에 와탄천물에 쓸려간다는 뜻이다.

7. 이미 사용하여 발복하였는가?

* 아룡도강에 대하여 "혈이 있다 없다. 명당은 발복으로 증명되는데 어떤 묘에서 여러 명의 후손이 탄생하였으니 이미 발복하였다. 그렇지 않다"는 논쟁이 있었다.

* 명혈에 묘를 쓴다는 것은 그 혈의 성상(性象)에 따른 발복가능성을 높

여 준다는 뜻일 뿐 필연적으로 발복한다는 뜻이 아니다. 작은 혈에 용사(用事)하여도 대명당보다 많은 발복을 받는 경우가 있고 명혈에 용사하여도 연이 맞지 아니하여 아무런 효험이 없는 경우도 허다하다. 대명당인 이 혈의 발복이라면 전국적인 인물이 배출되어야 한다. 소소한 그 지방인물이 배출되었다면 아룡도강혈의 발복이 아니다.(2020.4.)

전남 장성군 북하면 삼손룡
(증산교의 성지, 판을 새로 짜야 혈이 보인다)

1. 의문이 많은 곳

전남 장성군 북하면 단전리와 대악리에 있다는 삼손룡(三巽龍)은 전국적으로 이름난 명당이지만 증산교가 성지(聖地)로 삼은 덕택에 더욱 유명해졌다. 증산교의 간산기가 흥미롭다. 종교가 풍수를 이용하는 특수한 경우이다. 대손룡은 증산교주 강증산이 몰래 차지(밀장?)하였다는데 사실일까? 대·중·소의 3개 손룡이 있는가? 베틀, 북, 베짜는 손, 기타 어느 곳에 결혈되었는가?

2. 증산교의 성지

* 증산교는 전북 정읍출신 강일순(강증산 1871~1909)이 만든 신흥종교로서 그의 사후에 여러 계파로 나누어졌다(통칭하여 증산계 종교라고 한다). 96년 연구 자료에 의하면 50개 계파에 200만 신도로 추산 한다. 증산도 태극도 대성진리회가 규모가 큰데 그 중 박한경이 1969년 만든 대성진리회가 가장 신도가 많다. 증산의 사후에 추종자들이 평소 그의 언행을 적

어서 모은 책을 도전 또는 전경(典經)이라 하여 교과서로 삼는데 그 속에 명당의 발복으로 후천 5만 년을 이상향으로 만들 수 있다고 하는 교리가 포함되어 있다. 명당 중에도 4대 명당(四明堂이라 한다), 즉 회문산 오성위기, 승달산 호승예불, 태인(현재 정읍 산내면) 군신봉조, 장성 삼손룡의 역할에 관하여 다음과 같이 설명한다.

"9절에서 12절-- 후천은 이 4대 명당발음으로 이상적인 유리세계가 건설된다. 오선위기 명당발음으로 싸움과 전쟁이 없어지고 호승예불의 발음으로 후천 창생들이 하느님을 예배하며 수행자적 삶을 살게 되고 군신봉조의 발음으로 성현들이 많이 나와서 이상적인 정치가 벌어지고 선녀직금 명당발음으로 후천창생들이 잘 먹고 잘 살 수 있는 이상 세계가 건설된다."

* 풍수 인구가 2만 명이라면 증산교는 2백만 명을 넘어서니 풍수가 입에 올리지 아니하여도 증산교의 덕택으로 四명당은 날로 명성이 퍼지게 되어 있다.

* 강증산이 전주 지역에서 무속과 선도를 기반으로 증산교를 만들었던 연고로 대순진리회 교인 중에는 풍수고수가 있어 四명당 답사기를 쓰고 다수의 교인끼리 공유하면서 블로그에 공개하고 있다. 그러나 풍수의 시각에서 보면 사명당은 호승예불을 제외하고는 전국 생지 중 10위권에도 들지 못하는 순위이다. 강증산이 정읍 모악산 금평저수지 오리알터(세상의 기운이 분출하는 곳이라 한다)를 본거지로 삼았던 탓에 전북 3혈 전남 1혈을 최고 명당으로 치켜세운 듯하다. 우물안 개구리格이다. 강증산 사후에 각 파의 신자들이 시신을 나누어 여러 곳에 묻었다고 하는데 간산기를 보면 풍기마을 방향으로 짐작된다.

3. 삼혈(三穴)

　내장산을 떠난 행룡은 추월산을 거쳐 용구산을 세우고 병풍산(담양 최고봉 822m)에서 가지가 북서(北西)로 가서 송대봉(520m), 장군봉(550m)을 세운 다음 장군봉에서 가운데 몸통은 매봉(470m)을 거쳐 옥녀봉(310m)에서 다하고 장군의 왼쪽 팔은 연수봉(390m)이 되고 오른쪽 팔은 솔룡골의 무명봉이 되었다. 장군봉을 중심으로 한 세 가지가 손룡용맥이라 할 수 있다. 산도를 보면 세 개의 가지 중 장군봉에서 옥녀봉으로 내려온 가지에 2개 또는 3개 혈이 맺히고 물형은 선녀직금형 또는 선기낙사형이다. 그러나 답사한 결과 이러한 기존의 견해에 의문이 있다.

4. 결록과 산도

　가) 옥룡자 결-- 장익호 유산록은 몇 개의 요건을 추가하였다(전편 421p).

　① 대손룡은 (앞부분 생략) 병오 7봉 옥녀봉 아래 맥이 나니-- 을진개장(乙辰開帳), 와중석곽(窩中石槨), 안산천문(案山天門), 명당긴숙, 수구한문 三匝(삼잡, 세 겹으로 두르다), 천장지비, 귀신이 지킨다. 7代 한림 五代 왕비 백자천손(百子千孫). ⇐ 옥녀봉 서편(西便)낙맥, 을진개장에 옥녀는 왼손을 들어 베를 짜고 있다. 주변에 무수한 묘와 암장흔적이 있다.

　② 중손룡은 석중혈(石中穴) 재화부귀는 없으나 백자천손. ⇐(추가하는 부분) 건너다 보니 석봉아아(峨峨, 높고 험하다)한 곳에 무수히 묘가 써여 있다.

　③ 소손룡은 래팔거팔(來八去八) 기룡혈, 전후좌우 산천이 금수병장 둘렀다. 장상부귀 만세지지. ⇐ 소손룡은 옥룡자 결을 인용.

나) 산도-- 산도 3개가 있으나 모두 물길이 현장과 다르다.

* 한국 최고의 명당 이정암- 대손룡혈을 선녀직금형이라 한다. 중소손룡혈은 언급 없음.

● 장성(長城) I혈穴)

장성(長城) 손방(巽方)에 있는 선녀직금형(仙女織錦形)인 석곽혈(石槨穴)이다. 이곳은 손룡(巽龍)에 석곽혈(石槨穴)을 이룬 천장지비(天藏地秘)로서 5대왕비(五代王妃)에 7대한림(七代翰林)이 나고 종묘(宗廟)에 배향(配享) 할 대길지(大吉地)이나 귀신(鬼神)이 지키고 있어 함부로 탐하지 못한다.

* 일이승 산도-- 무학대사 지리전도서 274p, 대손룡혈 하나만 표시하고 갑묘횡작, 갑좌. 선기낙사형(베틀속의 북)이라 한다.

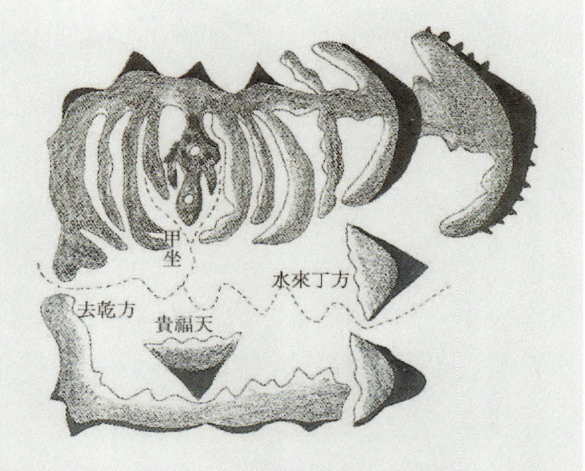

장성 · 長城

손룡 선기낙사형
巽龍 仙機落梭形

장성(長城) 손룡(巽龍)에 선기낙사형(仙機落梭形)이 되어 있구나. 이 자리는 병오곤(丙午坤) 행룡(行龍)이 칠봉(七峰) 아래에서 손기(巽氣)로 12절(節), 다시 횡석(橫石) 아래 3~4절에서 갑묘(甲卯)로 횡작(橫作)하였도다. 백자천손(百子千孫)에 부귀지지(富貴之地)로다.

* 일지승 산도-- 옥룡자 유세비록(유청림274p). 용구산이 태조이고 巽방향에서 내린 룡줄기가 대손룡·중손룡·소손룡의 세 줄기가 있고 혈은 중손룡의 하단(옥녀봉 있는 곳)에 上中(손좌)下(갑좌) 3혈이 모두 있다. 이 도면이 정확하다. 그런데 다른 산도와 결록은 혈을 손룡 가지와 분리 구별하지 않고 대·중·소 손룡혈이라 함으로써 헷갈리게 된다. 나는 상단혈, 중단혈, 하단혈이라 표기한다.

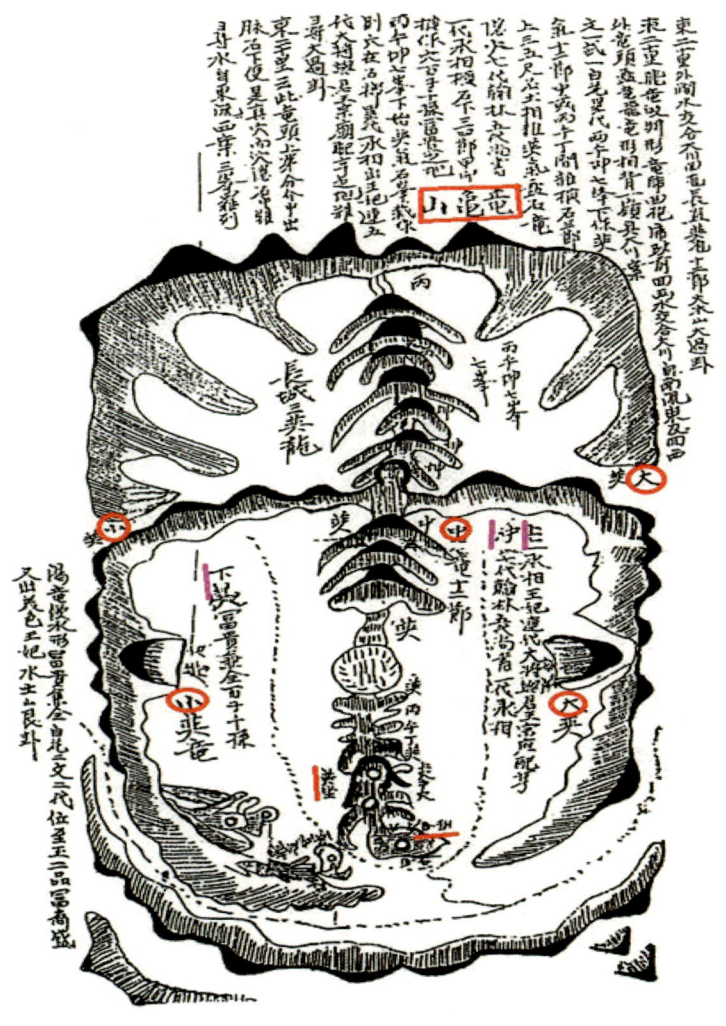

5. 여러 견해

 * 보통 3혈 중 가장 큰혈을 대손룡혈(일지승 산도의 상단혈)이라 보고 심혈하는데 다수는 옥녀봉 아래 을진개장, 갑좌라는 결록과 산도 부분을 근거로 옥녀봉 서쪽에 갑좌로 된 대손룡 혈처(일지승 산도의 하단혈)가 있다고 한다.

 * 배○○ 간산기-- 2019.7. 네이버 블로그, 대손룡혈은 옥녀봉 아래(연수봉이 옥녀의 베짜는 왼손)이다. 주변에 광산 김씨 묘가 다수 있다.

 * 증산교-- 2009.6.12.stone 다음 블로그, 대악리 풍기마을 방면의 손룡(맞은 편이 대방 장사마을이다)이 대손룡혈이고, 단전리의 신촌마을 방면이 중손룡혈이며, 거기에 맞닿아 있는 마을이 단전마을로서 소손룡혈이 있다. 이 견해는 일지승 산도와 다르다.

6. 대국과 중국

 * 대국

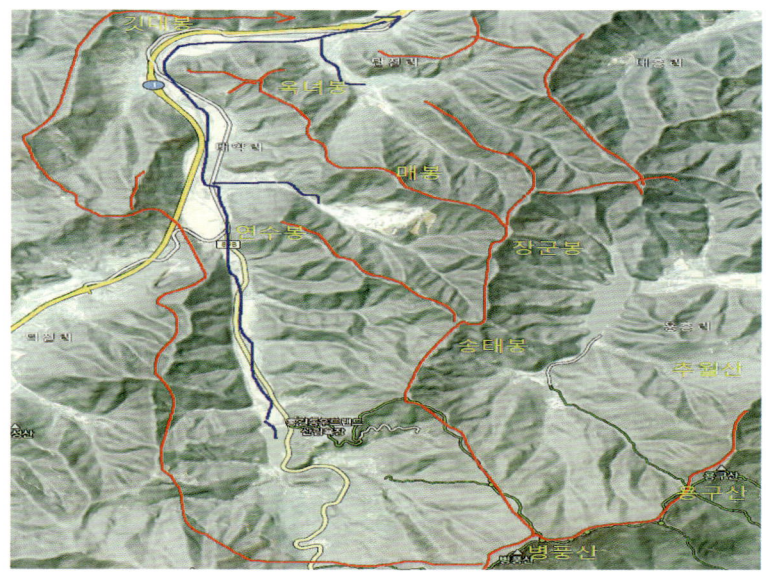

사진출처 : 카카오맵 스카이뷰(https://map.kakao.com)

* 중국

사진출처 : 카카오맵 스카이뷰(https://map.kakao.com)

7. 간산

　*　우리는 중간 손룡 줄기의 매봉 아래 새허리재에 올라가 산등을 타고 내려가면서 양옆으로 내린 가지 중에 결혈될만 한 곳이 있는지 점검하고 옥녀봉까지 간 다음 옥녀봉을 돌아 풍기로 내려 왔다. 그 뒤 솔룡골로 가서 탐사함으로써 일대를 모두 둘러보았다.

　산등에는 무주(無主) 고혼(孤魂)이 즐비하게 누워 있어서 걷기가 불편하였고 옥녀봉 뒷꼭지에도 일렬종대로 거꾸로 보고 쓴 묘들이 있었다. 다수가 대손룡혈이 있다고 하는 옥녀봉 서남쪽 갑좌에도 광산 김씨, 하동 정씨의 집장지가 있고 산 구석구석에 묘를 쓸 만한 곳은 어김없이 유연(有緣) 무연(無緣)의 묘가 있었다.

* 옥녀봉은 어디에 있고 어떻게 생겼는가?

다수가 옥녀봉 서쪽에 대손룡혈이 있다고 하므로 옥녀봉이 어디인가, 어떻게 생겼는가가 중요하다. 지도상 옥녀봉이라고 표시되어 있는 곳(보통 풍수들이 옥녀봉이라 부르는 곳이다)의 정상에 올라보면 팻말에 옥녀봉이란 글자와 촛대봉이란 글자가 함께 쓰여 있다. 어느 쪽이 맞는가? 지도상으로는 옥녀봉과 별도로 10m 거리에 촛대봉이란 기재가 있으나 봉우리는 한 개뿐이다. 정상의 모양새가 한 사람이 앉을 면적이 없이 뾰족하고 몸체가 짧고 홀죽한 편이다. 옥녀는 물론이고 선녀봉도 아니고 촛대봉이 맞다. ○○풍수가 2019.7. 간산기에서 옥녀봉인데 촛대봉을 병기한 것은 잘못이라 하였다. 그때는 안내판이 깨끗하였다. 이번 간산 시에 보니 촛대봉이란 글자를 검은 사인펜으로 지웠더라. 이곳은 일반인이 지나다니는 길이 아닌 만큼 간산기를 읽은 반풍수의 소행이 틀림없다. 풍수들이 심심찮게 다닌다고 짐작된다.

* 옥녀봉 정상 안내판 2020.11. 사진-- 촛대봉을 지웠다.

* 주산 내지 현무봉이 촛대이니 체구가 볼품없다. 그 아래 있는 산줄기 또는 와(窩)는 내려받는 기운이 없어서 허혈이다. 촛대봉우리는 주먹만 한

데 건너편에 있는 커다란 연수봉을 두고 베짜는 옥녀의 왼손이라 하니 소가 웃을 일이다.

　＊대손룡 혈처 부근이라는 광산 김씨 묘-- ○○풍수 간산기 인용.

　8. 판을 새로 짜고 보아야 된다

　＊옥룡자결을 보면 와중석곽(대손룡혈), 석중혈(중손룡, 유산록은 석봉 아아하고 무덤 총총한 곳), 기룡혈(소손룡) 등 3개의 손룡혈이 있고 가장 큰 대손룡혈(갑좌)은 옥녀봉 서쪽에 있다는 것이다. 다수가 그렇게 믿고 있으나 ①옥녀가 너무 왜소하여 현무 역할을 할 수 없다. ②물형에 관하여 仙女직금 또는 선기낙사형이라 하여 옥녀보다 날카로운 선녀를 강조한다. ③혈처가 어떤 역할(예컨대 베짜는 손이라든지 북이라는 것)을 하는 곳인지 설명이 없다. 오직 일지승 산도가 사(梭; 북)라고 한다. ④옥녀의 서쪽면은 손바닥만 한데 수백 년 간 풍수들이 찾아다녔어도 이론(異論)을 잠재울 곳이 없다.

　＊지도상의 옥녀를 믿고 판을 짜면 진혈을 찾을 수 없다. 선녀직금이 있다는 단순한 생각 하나만을 갖고 판을 새롭게 짜서 보아야 된다. 답사한 결과 소손룡(기룡혈) 한 개를 찾을 수 있었다. 상등초급 대혈이지만 주변이 다수의 묘로 훼손되어 등급이 한두 단계 강등되었다.

* 다시 요약하면, 결록과 산도는 물길이 현장과 맞지 않고 내용이 혼잡하다. 옥룡자 결은 을진(乙辰)개장 대와혈이라 하는 바, 이 조건에 맞는 곳은 옥녀봉 서쪽이 분명하고 묘가 즐비하지만 옥녀봉이 왜소한 탓으로 어디에도 혈다운 곳이 없다. 나는 판을 새로 짜서 겨우 기룡혈 하나를 찾았다.(2020.11.)

전남 장흥군 대덕읍 금구농월형
(명혈은 자랑거리가 있어야 된다)

1. 산도가 이상하다

* 장흥 금구농월(金龜弄月, 금거북이 달을 희롱하다)에 관하여 일이승 산도는 도면과 거기에 부기(附記)된 결록이 서로 다른 것처럼 보인다. 즉 산도의 도면은 천관산에서 천전 도수맥(밭을 뚫고 물을 건너는 맥)으로 진행하여 결혈되었다고 그려져 있다. 그러나 결록은 대흥면 거정리에 결혈되었다고 하는 바 거정리는 오늘날 대덕읍 행정복지 일원인 신월리이고 청교저수지와 신월리 사이의 평야를 거정평야(연정리)라 하였다. 그렇다면 도면상으로는 혈처가 천관산 래맥(主山이 천관산)임에 대하여 결록상으로는 부곡산 래맥(主山이 부곡산)이므로 주산을 달리하는 것이다.

* 박○○(기문풍수지리학회)은 도면에 따라 탐사하였고 유청림 풍수기행은 결록에 쓰여있는 거정리를 탐사하였다. 그밖에 대덕읍 신리(521-1 등)를 지적하는 견해도 있으나 산도와 연관이 없을뿐만 아니라 용이 작고 수구가 광활하여 큰 혈이 생길 국세가 아니므로 논외(論外)로 한다.

2. 산도와 결록

* 산도

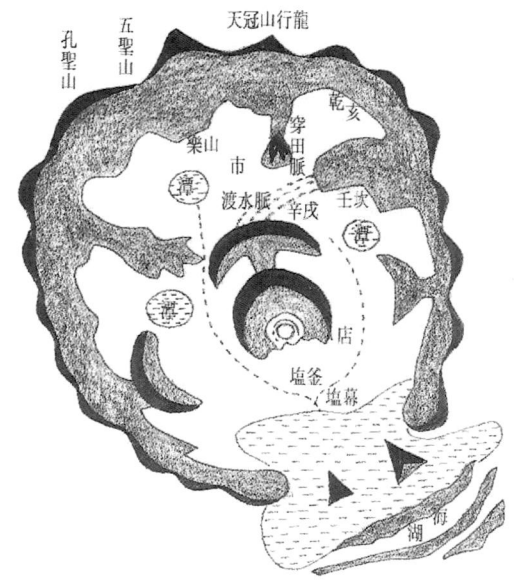

* 결록-- 유좌, 수구쌍화표

장흥(長興) 대흥면(大興面) 거정리(巨鼎里)에 금구농월형(金龜弄月形)이 태입수(兌入首) 유좌묘향(酉坐卯向)에, 간수귀갑(艮水歸甲)하고, 수구(水口)에는 쌍화표(雙華表)가 펼쳐져 있구나.
삼담월인은장백・三潭月引銀粧白・삼담은 달을 끌어 은장같이 희고,
구절운송금토홍・九節雲送錦吐紅・구절치는 비단같은 붉은 구름을 토하네.
술포곤만장백록・戌抱坤巒藏百彔・술뫼는 곤봉을 안았으니 백록을 갈맜고,
간인갑수격삼공・艮引甲水格三公・간수가 갑수를 끌었으니 삼공격이로다.
수지광야평원상・誰知廣野平原上・어느 누가 알아볼꼬 광야의 평원위를,
농월금구입토중・弄月金龜入土中・땅속에 들어있는 농월금구.
좌혈견락불견야색・坐穴見樂不見野色・앉으면 낙산이 보이나 들판은 보이지않네.
훈필양중미음・暈必陽中微陰・훈각은 반드시 양중의 미음이로다.
  이 자리는 7대 후에 대성(大聖)이 날 땅이로다.   〈庚子二月〉

3. 산도에 따른 탐사

가) 우선 3개의 전제를 염두에 두어야 된다

첫째, 모든 땅은 主山에서 흘러나왔다. 바꾸어 말하면 모든 산은 주산으로서 각자 영역이 있다. 마치 姓씨의 문중이 大小宗支가 겹겹으로 구성되듯이 山(龍) 또한 대소간지(幹枝)가 각자의 영역을 차지하고 있다. 2개의 산이 만나는 경계지점에는 개울이 생기기 마련이므로 용은 물을 만나면 행진을 멈춘다고 하는 것이다. 도수맥이라는 것도 강물 속을 헤엄쳐 건너온다는 것은 아니고, 논바닥 같은 저습지를 건너는 개념이다.(다만 섬은 바다 밑을 건넌다)

둘째, 산도는 이미지 도면이고 축적을 적용한 지도가 아니므로 새겨서 활용해야 되고 네비게이션 지도로 이용할 수 없다.

셋째, 산도는 천기누설을 피하려고 고의로 흐트려 놓거나 혹은 手記로 전래된 탓으로 훼손 오기된 경우가 있다는 점이다.

나) 전체 구도

제암산에서 출발한 용은 사자산, 억불산, 부용산을 거쳐 영암봉에서 분지하여 하나는 천관산으로 가고 다른 가지는 천태산, 부곡산, 오성산으로 간다. 혈처 가능성이 있는 곳은 ①~⑤이다.

①은 거정리에 있다는 혈처(유청림 견해).

②는 천관산 아래에 있다는 혈처(다수 견해).

③, ④는 천관산 말락지로 도면상 혈처라고 볼 수 있는 곳.

⑤는 평지낙맥을 중시한 견해이다.(뒤에 검토한다)

＊산의 영역과 수구, 혈처 후보지

연정천과 대덕천을 기준으로 하여 동쪽은 천관산 영역이고 서쪽은 천태산, 부곡산, 공성산, 오성산의 영역이다. 대덕천 수구는 바다로 들어가는 해변이고 천관산 전면의 수구는 회진항이다.

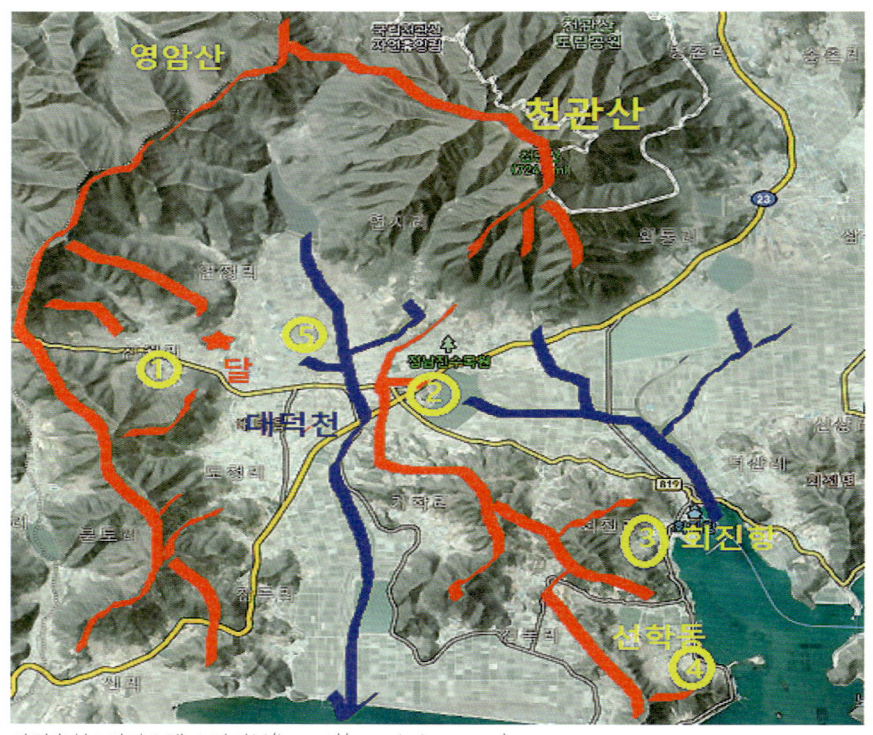

사진출처 : 카카오맵 스카이뷰(https://map.kakao.com)

다) 산도를 근거로 한 견해

＊대덕읍 연지리376-8(②표시 지점)이라는 견해-- 도수맥인 까닭에 대혈이라 하고 횡작혈(결록에 없다?)임을 강조한다. 그러나 도수맥의 위치가 다르고, 간수귀갑에 맞지 않고, 수구가 회진항임을 알지 못하고 정남진 쪽으로 오인하였고 혈처에 생기가 없다.

* 주장하는 도수맥-- 도수맥이 틀렸다.(아래 지도 참조)

사진출처 : 카카오맵 스카이뷰(https://map.kakao.com)

* 주장하는 쌍화표-- 수구는 회진항인데 주장하는 수구는 정남진 바다이다.

* 천관산 말락지-- 산도에 따른 혈은 ③, ④인 것 같으나 찾기는 어려웠다.

사진출처 : 카카오맵 스카이뷰(https://map.kakao.com)

* 선학동-- 혈처의 가능성이 있는 곳이다. 이청준(1939~2008, 회진면 진목리 출생)의 소설 "선학동 나그네"(1976년 作)의 배경이 된 동네이다. 공기산이 학체로서 뚜렷하고 산아래 마을이 선학동(원래는 山低마을)이다. 위의 소설은 김승옥(1941~전남 순천 출생)의 무진기행(1964년 作)과 더불어 그 무렵 유행하던 대표적 허무주의 작품이다. 선학동에는 명당이 있다는 전설이 있는 탓에 묘 쓰려 오는 사람들이 있었는데 묘를 쓰면 동네에 해롭다는 말 때문에 동네 사람들이 묘 쓰는 것을 막고 암장하면 파묘하였다. 어느 날 눈 먼 판소리꾼 여인이 자기 아버지 유골을 들고 찾아왔다. 옛날 마을에 판소리꾼 홀아비가 어린 딸을 명창으로 만들 심산에 눈을 해쳐 봉사로 만들고 소리를 가르치다가 함께 유랑을 떠났는데 그 딸이 돌아온

것이다. 동네사람들은 묘를 쓰면 막겠다고 벼르고 있었다. 여인은 묘를 쓰지 않고 한달 간 판소리를 불렀는데 눈 먼 여인으로 판소리를 부르며 살아갈 수밖에 없었던 恨을 토해내는 절창(絶唱)이었다. 모두 숙연해 하던 중 여인은 홀연히 사라졌다. 동네사람들은 여인이 아버지 유골을 암장하고 떠났다는 것을 알았지만 다들 모른 체 하였다.(내 오래된 기억에 따른 풍수적 줄거리이므로 다소 틀릴 수도 있다)

이 동네에 선학등공의 혈이 있는지 모르겠다. 두 소설은 작가의 출생지가 가깝고 연배가 비슷하고 배경장소가 해변이다. 전자는 임권택의 영화 "천 년 학"으로, 후자는 정훈희의 노래 "안개"로 한 때를 휩쓸었다.

* 선학동

사진출처 : 카카오맵 로드뷰(https://map.kakao.com)

4. 결록상 혈처로 기재된 거정리

* 유청림은 신월리 월정마을에서 보니 건너편 내동마을에 부곡산에서 밭 가운데로 내려오는 금구 몰니형이 보였다. 천전과맥, 정입수(결록은 태입수), 신좌인향(결록은 유좌묘향), 간득갑파, 부곡산의 곤봉이 낙산이고 주변에 기존 묘가 있다고 한다.

* 답사한 바 부곡산이 주산이고, 앞에 있는 도루봉산이 천관산을 배경으로 아름답게 솟아오르고 있고(신좌인향) 천태산이 낙산으로 아름답게 보인다. 실제 보름에 가서 보면 천관산에 만월이 올라 오는 것을 볼 수 있으리라. 상당한 대혈인데 주변에 묘가 많이 있다고 하는 점으로 보아 정확한 혈처는 다르다고 생각한다. 산도는 오성산과 공성산을 뒤바꾸어 놓고 현장과 맞지 않는다. 결록 또한 간득갑파를 맞추기 어렵다. 도면과 결록을 참조하되 명혈을 찾는다는 일념 아래 움직여야 된다. 名穴은 남다른 자랑거리가 있는 법이다. 평범한 용혈사수이라면 명혈이 아니다.

* 달과 천관산

사진출처 : 카카오맵 로드뷰(https://map.kakao.com)

* 거정리들-- 주장지 ⑤부근에 묘가 많이 있다. 그러나 만월을 볼 수 있을지 모르겠고, 도면을 보면 염부(鹽釜 소금 솥가마) 염막(鹽幕)이 있는데 지적지는 강으로 둘러싸여 있어 바닷물을 끌어올 수 없으므로 염막이 있을 수 없다. 보호사격 없이 거정리 평야에 버려진 독산(獨山) 같다.(2021.8.)

사진출처 : 카카오맵 스카이뷰(https://map.kakao.com)

전남 장흥군 상수구形
(백명이 와서 한두 명만 웃고 갈 자리)

1. 두 곳의 상수구(上水龜)

 일이승 용혈도를 보면 장흥과 고흥에 상수구형(거북이 물 위에 떠있는 모양)의 명혈이 하나씩 올려져 있고 유청림의 기행문도 있다. 장흥 상수구는 답사해보니 선인무수(필자의 간산기 참고)와 동일한 中局內에 있는데 선인무수는 결혈되는 모양이 짐작할 수 있지만 상수구는 그곳에 혈이 있다고 도저히 생각하기 어려운 곳에 있었다. 새삼 결록의 존재가 고마운 줄 알겠더라. 혈처 찾기도 어려운데 산도가 현장과 다르게 작성되어 있기 때문에 더욱 어렵다. 백 명이 간산을 오면 한 명만 웃고 갈 자리이다.

2. 일이승 산도

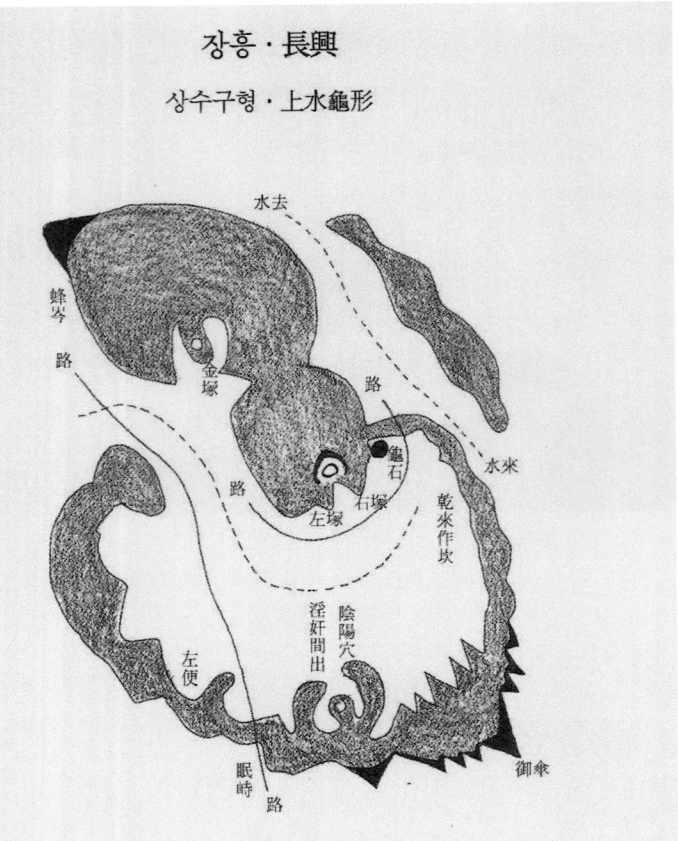

장흥(長興) 서쪽 열 세마장(十三里)에 상수구형(上水龜形)이 되어있구나. 이 자리는 건래감작(乾來坎作)으로, 이진태이회고(以震胎而回顧)하고, 좌견유수(左肩流水)하고, 좌과면치지하(左過眠峙之下)의 봉잠(蜂岑)이 남쪽에 있고, 혈 앞에는 길이 있고, 혈은 견구(肩口)에 졌도다. 만약 이 혈을 얻으면 삼성(三聖)이 나고, 현인양사(賢人良士)가 간간이 나와 제정(帝庭) 가까이에 있게 되리라. 〈庚子二月〉

3. 유청림 풍수기행

* 광춘산 자율재의 건해맥이 우선으로 돌아 태(兌; 경,유,신)입수에 午坐

子向이다. 큰길에서 거북머리 쪽으로 돌아가니 둘레석을 갖춘 4~5기의 분묘가 있고 순전에 있는 바위가 거북머리인데 바위 부근 흙을 파헤쳐 상처를 내었다. 거북이 물을 거슬러 올라가는 형상으로도 보인다.

 * 교도소 부근-- 유청림 선생은 자율재 건해맥이 우선으로 돌아 태입수 오좌, 거북이 물을 거슬러 올라간다고 함에 따라 장흥교도소 부근(장흥 용산면 어산리 어산동)을 지적한 것처럼 보인다. 그러나 교도소처럼 갇힌 곳으로 볼품이 없다.

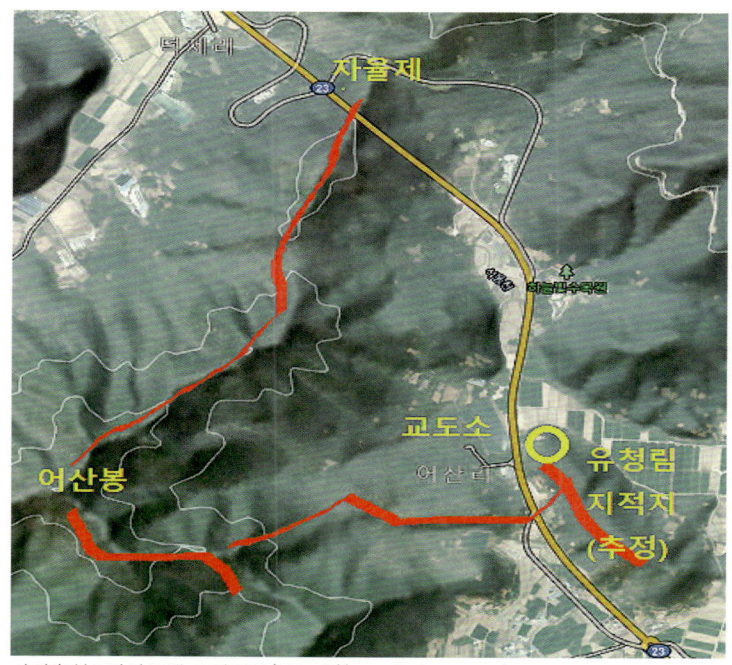

사진출처 : 카카오맵 스카이뷰(https://map.kakao.com)

4. 진혈처

 * 진혈은 선인무수와 동일한 中局內에 있고 안산이 겹으로 서고 수구도 좋다. 당처에서 보면 국이 아름답고 사격이 좋아서 명혈이라고 탄복하겠으나, 결록이 없다면 명혈이 있을 것이라 짐작할 수 없을 것이다. 일대를

둘러보면 기운이 온통 혈처로 집중하고 있다.

 * 그런데 용혈도를 보면 본체에서 왼쪽 가지가 길게 돌아서 혈처를 만들고 수구는 을진방향에 있는데 현장은 아래 지도와 같이 中局內에는 그런 장소가 없고 대국(大局: 중국과 합쳐 대국이 된다는 표시이다)에는 왼쪽 가지가 길게 돌고 있으나 수구가 헤퍼서 결혈되지 않는다.

 * 이와 같이 결록이 현장과 다른 경우는 첫째, 혈이 있는 장소(혈처)를 잘못 찾은 경우가 있고 둘째, 혈처는 바로 찾았는데 도면이 잘못 그려진 경우가 있다. 두 번째 경우는 도면이 필사로 전해오는 과정에서 훼손되었거나 작성자가 천기누설을 두려워하여 인연있는 者만 찾으라는 의도로 흐려놓은 경우이다. 여기서는 도면이 현장과 다름이 틀림없다.(2021.5.)

 * 中局과 大局

사진출처 : 카카오맵 스카이뷰(https://map.kakao.com)

* 현장과 도면 대조-- 물길이 반대 방향이다. 도면이 맞다는 견해가 있으나, 결록은 건래감작이라 하므로 도면의 방향을 거꾸로 놓아서는 안 된다.

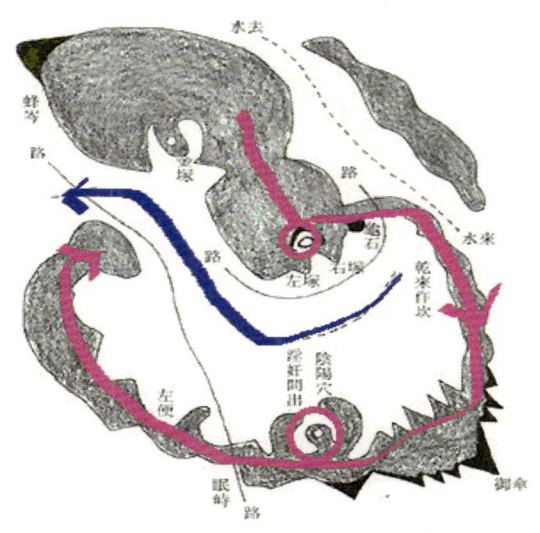

전남 장흥군 선인무수
(논의가 많은 곳)

1. 간산기를 보충하다

이 혈에 대하여 간산기를 쓴 바 있으나 현장을 다시 가보니 산도와 현장을 연결시키는 작업이 필요할 것 같았다. 일이승결록의 장흥 선인무수(장흥 西十里)와 상수구(장흥 西十三里)는 五里 이내의 가까운 거리에 있고 현장의 물길 구조가 같은데도 불구하고 상수구는 건래감작을 거꾸로 놓아서 그린 탓으로 알기 어렵다. 나는 한때 상수구의 산도가 잘못 그려졌다고 생각하였다. 장흥 선인무수의 산도중 임감래라는 글귀는 북에서 남으로 왔다는 뜻이니 혈처부근에 표시해두어야 옳고 장흥西십리라는 부분도 뒤에 보듯이 南이 옳다. 일이승 산도중 종괘산 현종혈도 두 개가 실려 있고 만산도(1975년 고광창 수집)에는 서천 복종형, 예산 해복형등 같은 혈을 두고 작가미상의 산도가 여러 장 게재되어 있다. 산도는 맹신해서는 안되고 자세히 검토할 필요가 있다는 말이다.

2. 일이승 산도와 결록

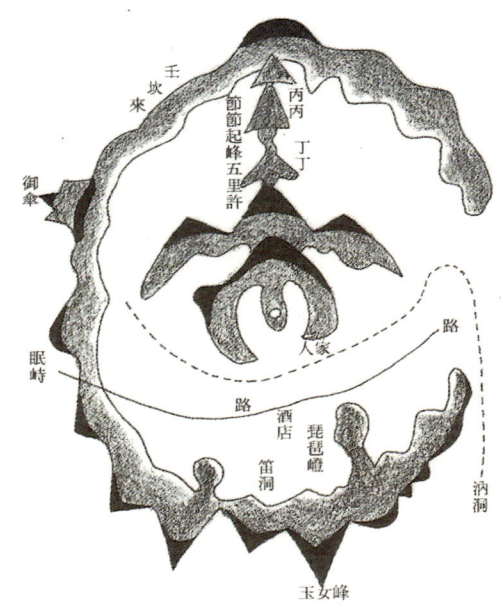

* 산도에 부기된 결록

장흥(長興) 서쪽 십리(十里)에 선인무수형(仙人舞袖形)이 횡금안(橫琴案)을 하고 있으니, 이는 풍잠지상(風岑之上), 예강지하(汭江之下), 적동지내(笛洞之內)에 병정(丙丁)으로 수두(垂頭)하여 신좌인향(申坐寅向)에 을수유임(乙水流壬)으로 되었도다. 혈심(穴深)은 다섯자 다섯치(五尺五寸)로, 오색(五色)이 나온 다음 금사간(金沙間)에 보검(寶劍)이 있을 것이니, 이 자리는 일부구남(一父九男)에 구경입상(九卿入相)하리라.
〈庚子二月〉

3. 답사

 위의 산도를 다음 지도와 맞추어 보면 대체로 용산면사무소를 중심으로 한 지형과 비슷하고 장흥군청에서 南으로 十五里이다. 산도에는 장흥 西 十里라고 하였으나 지금의 장흥군청 서쪽 십 리는 강진군 용소리 부근이므로 엉뚱한 곳이다. 현장에서 구조(국세)를 둘러 보고 혈을 찾았는데 산도 중 일부는 현장과 맞지 않았으나 전체적 구도는 맞고 혈처도 기운이 감지되었다.

 * 大國세-- 광춘산이 선인이고 오른쪽 어깨에서 춤추는 팔이 내려와서 옷소매가 펄럭인다. 절절기봉오리허(節節起峰五里許 마디마디 봉우리를 세우고 五里쯤 되는 곳)가 여기 말고 어디 있겠는가.(2021.10.)

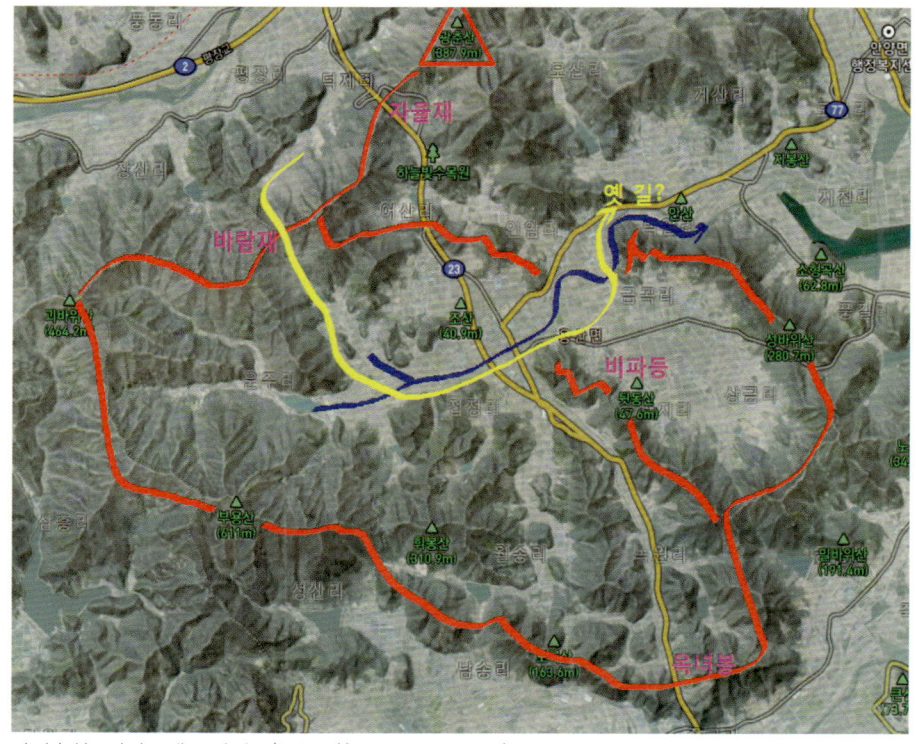

사진출처 : 카카오맵 스카이뷰(https://map.kakao.com)

* 중간 국세

사진출처 : 카카오맵 스카이뷰(https://map.kakao.com)

* 小 국세

사진출처 : 카카오맵 스카이뷰(https://map.kakao.com)

* 산도와 현장대비

장흥 · 長興

선인무수형 · 仙人舞袖形

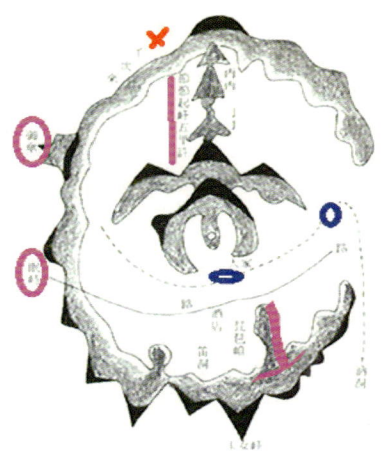

* 덕제리로 보는 견해-- 신좌인향이 되지 못하다.

사진출처 : 카카오맵 스카이뷰(https://map.kakao.com)

4. 追記

이규상 著『천하명당 여기에 있다』122p를 본 즉, 一父九男 九卿八相이나 장손이 간간 양자를 들인다(무슨 이유인가?)고 쓰여 있다. 사실이라면 즐겨할 혈이 아니다.

전남 장흥군 유치면 군왕대좌
(혈찾기 어려운 곳, 유산록은 오점)

1. 일이승 산도와 결록
 * 산도-- 영천과 보림사

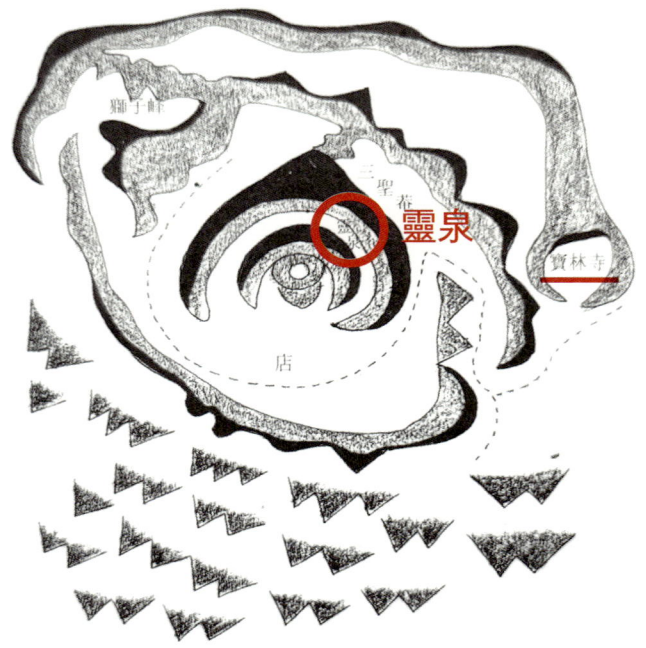

* 결록-- 건해룡 간진갑맥

  장흥 北 오십 리에 군왕대좌형(君王大坐形)이 군신안을 하고 있으니 건해룡 간진갑맥(艮震甲脈)에 혈은 포중(抱中)에 있도다. 안유천봉(案有千峰)에, 용삼호사(龍三虎四)하고, 왼쪽에는 영천(靈泉)이 있고, 수전(水纒)현무하고, 인사(印砂)가 수면에 떠있고, 진(鎭)밖에는 화표가 둘러쳐져 있고 화개(華蓋)는 백호머리에 있고, 고열오호(鼓烈五戶)하였으니, 발복장구(發福長久) 하리라.(庚子二月)

  2. 유산록 해설

  유산록 후편 153p는 위의 일이승 결록지에 관하여
  "용문리 상제봉조는 고결에 장흥 北 오십 리 군왕대좌라는 곳이다. 안유천봉 용삼호사 수회(水回) 현무 수구화표(水口華表) 후유보림사(後有 寶林寺) 제왕지지"라고 한다. 다시 말하면 유산록은 일이승결의 군왕대좌형을 인용하면서 일부를 변경하였다. 즉 왼쪽에 영천 있고, 혈은 포중에 있다는 부분 및 간진갑맥을 삭제하고 후유보림사라는 구절을 기입하였다.

  위의 유산록에서 말하는 後有 보림사 즉 보림사 앞이고, 물이 현무를 돌아가는 곳은 용문리 산130이다. 모 풍수는 유산록의 지적지를 산도로 작성하였는데 내삼골 마을 뒤로 추정된다.

  3. 답사

  * 일이승 산도 중 "장흥 北五十里, 건해룡 간진갑맥에 혈은 포중(抱中)에 있다. 왼쪽 뒤에 영천(靈泉)이 있다"는 점이 키포인트이다. 산도를 보면 사격이 복잡하고 굉장한 대혈이다. 실제 찾고 보면 용문리 대상마을 부근으로 장흥 북 3~40리인데 산도는 혈처 남쪽 고금도까지 100리 거리가되는 바다를 그려 넣었으니 알기 어렵다. 산도에서 말하는 수면에 떠있는

인사(印砂), 화표, 화개 등의 사격은 혈처에서 보이지 않는다. 혈 뒤의 과협에 영천이란 작은 글자가 있고 혈이 포중에 있다는 구절로 진혈임을 알 수 있었고 갑좌이다. 산도에 적힌 영천은 풍수에서 말하는 혈 밑에 있는 진응수의 영천이 아니다. 주민들 말에 의하면 대상마을 안쪽 계곡이 영천이라 한다. 중등 상급.

4. 다른 견해

* 결국 일이승 결록의 군왕대좌에 대하여 용문리 산130 부근이라는 견해, 내삼마을이라는 견해, 대상마을이라는 견해가 있는 셈이다.

* 내삼마을은 혈이 생길 국세가 아니고 유산록이 말하는 보림사 앞도 아니다. 유산록이 말하는 보림사 앞은 답사를 해본 바, 일이승 결록에 적힌 艮震甲脈이 되는 곳에 대혈을 찾을 수 없었다. 유산록은 오점한 것이다.(2022.2.)

사진출처 : 카카오맵 스카이뷰(https://map.kakao.com)

전남 장흥 유치면 월조계림
(혈처일원이 달인가? 월출산이 달인가?)

1. 일이승 결록

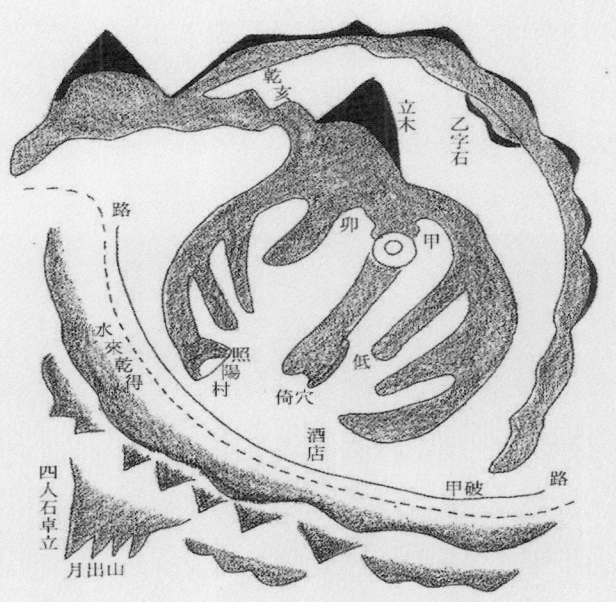

　장흥(長興) 북쪽 삼십리(三十里)에 월조계림형(月照桂林形)이 되어있구나. 이 자리는 건해주봉(乾亥主峰)에서 삼정행룡(三丁行龍)이 을자체 석로상(乙字體石露上)에, 일자강류(一字江流)하고, 아래에는 논(畓)이 있고, 대로(大路)는 횡장(橫長)하고, 안산(案山)에는 사인석(四人石)이 우뚝하고, 갑좌경향(甲坐庚向)에, 혈토중(穴土中)에는 제비집(鷰巢)이 있으리라. 혈은 주점(酒店)에서 바라다보이는 곳에 있으니, 혈이 높이 져있고, 입술은 볼 수 있어도 다리는 볼 수 없고, 지동(枝洞)에서는 잘 보이도다.

〈庚子二月〉

2. 답산

장흥 북 삼십 리는 유치면이고 산도에 표시된 조양리도 면사무소 옆에 있다. 결록은 발복에 관하여 기재한 바 없으나 상당한 대혈로 예상되는 혈이다. 산도를 보면 쉽게 찾을 수 있을 것 같으나 의외로 힘들었다.

가) 첫 번째 시도

유치면사무소 서편에 반월마을도 있고 해서 뒷산 팔각정과 산 정상까지 올라갔으나 없었다. 강성서원에서 산등을 타고 가야 되고 빗나가면 가시밭길이다. 다시 내려와 반월리 골짜기를 둘러 보았으나 허사였다. 오전을 허비하고 오룡쟁주를 찾으러 갔다.

* 유치면 사무소 일원

사진출처 : 카카오맵 스카이뷰(https://map.kakao.com)

나) 두 번째 시도

 산도에 비슷한 곳으로 보이는 조양리 산46, 산61(2필지에 걸쳐 있다)을 찾아 갔다. 임도가 오래 방치되어 힘들었다. 지도를 보면 2008년에는 문씨들의 묘가 10여 기가 있었는데 모두 이장하였고 그 위에 무연 고묘 2기가 있다. 고묘는 바람치고 혈이 안되며 문씨 파묘지는 기운이 내려오지 않아 혈이 아닌 곳이므로 이장한 것은 잘한 일이다. 요즈음 차에서 내려 30~40분 걸어가야 되는 고산지대의 혈은 흉지이다. 산길이 없어져서 찾아가기 어렵고 산돼지들이 있어서 껄끄럽다. 1년에 벌초 때 한번 가기도 어렵고 여자들은 엄두를 내지 못한다. 망인도 찬 바람속에 무주고혼이 되기 십상이다. 효자가 발복 받는다는 말이 있다. 후손이 돌보지 않고 래왕이 없으면 동기감응이 있겠는가?

 * 2008년 문씨 묘

다) 세 번째 시도

두 번의 실패를 참고 삼아 세 번째에는 진혈을 찾았다. 혈 찾기가 어려운 것은 혈처가 또렷하지 않고 허접한 이유도 있었다. 두 번의 실패없이 바로 찾아갔다면 놓치기 십상이었을 것이다. 결록대로 월출산 4人石이 뚜렷하였다.

* 안산인 월출산 4인석이 우뚝하고 갑좌경향이다.

* 의산이 혈을 찾고 달(月)이 어디 있느냐고 물었는데 혈처 부근에는 달의 모양체가 없어서 모르겠다고 했다. 돌아오면서 생각하니 안산인 월출산이 달이고(험하게 생겼으나 이름이 月出아닌가) 혈처쪽이 계수나무이다.(2021.1.)

경상북도(8혈)

경북 건천읍 여근곡
(풍수적 시각에서 보면)

1. 건천읍 오봉산 아래 여근곡

우리나라 여러 곳의 女根谷 중 가장 신비롭게 여근(자궁)처럼 생긴 곳이고 육이오 때 미군들이 북진하면서 사진을 찍어 세계에 알렸다는 말이 있다. 신라 선덕여왕이 636년(삼국통일은 676년) 여근곡에서 두꺼비가 울어댄다는 보고를 듣고 여근곡에 백제군이 매복한 사실을 추측하고 군사를 보내어 격파하였다는 설화가 삼국유사에 있다. 경주 부윤이 부임할 때 점잖지 못하다는 이유로 영천으로 둘러갔다고 한다.

2. 풍수적 관심사는?

이 곳의 생김새가 여근과 흡사하다는 사실은 자타(自他)가 공인하는 터인데 풍수적으로 본다면 구조는 어떠한가, 여근에 대응하는 남근은 어디에 있는가, 음택명당이 있는가, 어떻게 활용할 것인가가 문제이다. 사실 자궁은 생산성을 의미하는 물형으로 우리 삶의 근본적인 밑바탕이 되는데도 유림에서 표면적으로는 불순, 부정한 물형으로 보고 기피하였으나 각 성씨의 시조 묘 중 예컨대 경북 청도 유등에 있는 철성이씨 묘, 경남 함안 조려(漁溪), 부산 동래정씨 묘, 경북 지보김씨 묘 등 자궁혈이 적지 않다.

3. 여근곡의 여러 사진
  * 원경

  * 여근곡 가을-- 어떤 산행기에서 인용

4. 여근곡의 구조

* 국도에서 여근으로 진입하는 길은 외길이고 고속도로 밑을 지나기 전에 개인이 운영하는 性박물관과 전망대가 있고 산자락에 유학사(신라 때 부근에 영묘사가 있었다)와 옥문지 안내판이 있다. 유학사에서 직진하는 등산로와 옥문지로 가는 옆길이 있다. 옆길로 십 분가량 가면 작은 옹달샘인 옥문지가 있는데 심한 가뭄이 아니면 한 잔씩 마실 수 있다. 계속 나아가면 위로 올라가는 길이 있고 오솔길 따라 올라가면 下단전에 해당하는 편편한 곳에 이르른다. 묘 몇 기가 있었는데 2018년에 갔을 때 이장하였더라. 보통 이 곳을 옥녀개족혈(玉女開足穴)로 보는데 대혈은 너무 뻔한 곳에 맺히지 않는 법이다. 좀더 올라가면 유학사에서 직진한 등산로와 만나서 정상으로 간다.

* 여근곡 중국

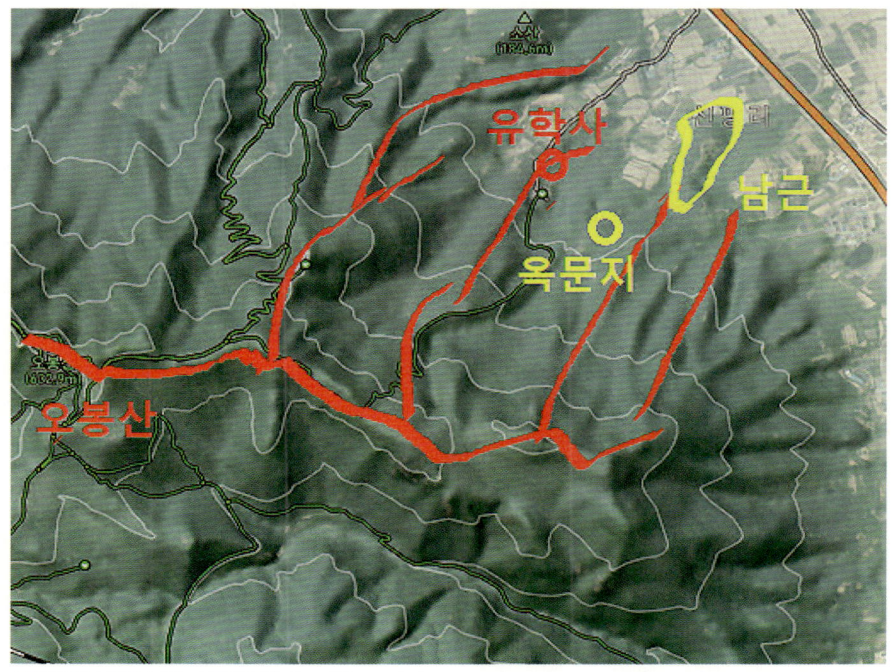

사진출처 : 카카오맵 스카이뷰(https://map.kakao.com)

* 여근이 있으면 남근이 있어야 구색이 맞는데 어디에 남근이 있는가? 박물관 주인에게 물어보니 고속도로로 잘렸다는 말도 있고 풍수들은 맞은편 앞산(산업단지 부근)이라고 말한다고 한다. 그러나 그렇게 멀리 있는 남근은 약효가 없다. 우리가 여근곡 부근을 탐색하여 보니 오봉산 굵은 봉우리에서 여근곡 백호로 내려와 썹들 옆에 자리한 남근이 있었다. 여근곡에 옥문지가 있고 산 아래 마을 이름이 원신(元腎?)이고 썹들(十들)이 펼쳐져 있으니 전체적으로 구조를 잘 갖추고 있는 셈이다.

* 유학사와 옥문지 안내

* 옥문지 옹달샘

5. 어떻게 활용해야 할까?

여근곡은 신비한 모습에 음양이 조화를 이루어 생산 기운이 왕성하다. 요즘같이 출산율 저하로 고민이 깊을 때에는 이곳을 임신촉진공원으로 지정하여 출산에 보탬되지 않는 50대 이상은 전망대에서 간산하도록 하여 출입을 제한해야 한다(?). 어지럽게 흩어져 있는 묘지를 이장시켜 후대에 아름다운 모습으로 물려주는 것이 옳다. 여근곡에 음택명당이 있지만 어느 개인이 독점할 곳은 아니므로 상론을 피한다.(2022.2.)

경북 경주시 교동 행주형 양택대혈

경주 최부자집을 간산 갔다가 행주형 양택을 보았다. 최부자보다 재물은 적으나 다양한 인물이 나겠다. 생지이므로 상론을 피한다. 중상급 (2023.5.)

경북 대구시 달성군 달창저수지 위 금계포란
(닭과 까마귀의 암투)

1. 유산록

유산록 후편 39p, 달창저수지 근처에 금계포란형(金鷄抱卵形)이 대결(大結)하였다. 中堂水 20里 역국, 낙동강 건해조당(乾亥朝堂), 신술파, 부귀여태산(富貴如太山) 제왕지지.

2. 간산

비슬산(1,083m)-월광봉-조화봉-관기봉(950m)-비둘산(650m) 자락으로 혈처는 대구 달성군 유가면 본말에 있다.

금닭이 알을 품고 있는데 까마귀가 알을 훔쳐보자 닭은 날개죽지를 펴면서 까마귀에게 위세를 보이는 형국이다. 저 까마귀 좀 보소, 비슬에서 화악산, 청왕산, 왕령산을 거쳐 60여 리 길을 횡으로 날고 다시 북상하여 달창저수지 둑에 내려 무심한 듯 능청을 떨고 있으나 틈만 있으면 알을 훔칠 기세이고 금닭은 까마귀 내심을 잘 아는 터라 전투태세에 들어갈 형국이니 그 기운 어떻겠는가. 산이 보여주지 않으면 찾기 어렵다 했다. 초보자는 닭알에 올라가 보면 쉽게 찾겠다 하더라. 진혈은 그 고생을 할 필요 없는 곳에 있다. 비봉포란이나 금계포란형에는 알이 있어야 되지만 알에 혈이 생기지 않는다. 내가 본 가운데 제일 큰 금계이다. 중등상급.(2018.1.)

  * 유산록의 산도

* 금계포란 대국

사진출처 : 카카오맵 스카이뷰(https://map.kakao.com)

경북 문경시 연주패옥과 아호리 양택
(두사충 소점지와 약포 정탁대감)

1. 두사충이 정탁 대감을 위하여 잡은 음양택

 문경시 황장산(1077m) 아래의 동로면 적성리에 두사충(1627년 死?)이 약포 정탁(1526~1605) 대감을 위하여 신후지로 잡아준 연주패옥(옥을 꿰어 만든 악세사리, 여기서는 당상관 이상의 면류관에 매어다는 장식)형의 명당이 있다. 그 사실은 말무덤이 현존해 있고 인근인들과 정대감 고향인 예천 정씨 문중들에 의하여 확인된다. 당시 함께 잡아준 양택이 있는데 정대감이 집짓기 전에 평복을 하고 문경에 가서 민심동향을 보니 문경 백성들은 장차 정대감 주택 신축에 부역을 해야 할 걱정을 하는 걸 보고 건축을 포기했다. 약포문집에 있는 말이다.

약포대감은 왜란 때 많은 공을 세운 명정승이고 덕망을 겸비한 학자이었는데 연주패옥혈이 받아주지 아니한 것은 이상하다.

설화로 이곳은 금관자 서말과 옥관자 서말이 나는 조선 八大 명당 중 하나이고 당상관(정3품이상)만 쓸 수 있다. 두사충이 구리 술잔과 은 3백 냥을 묻어 두었다 한다. 신안 행세를 하던 손석우가 며칠간 찾았으나 실패했다. 지금도 풍수들이 찾을려고 다니지만 찾지 못했다고 한다.

나와 의산은 몇 개월 전에 연주패옥을 찾으러 와서 생달리로부터 적성리 야차골까지 두루 찾아 보았으므로 이번에는 김○설 선생이 지적하는 동로중학 뒤를 추가하여 보고 혈처를 단정지었다.

2. 말 무덤(馬塚)

동로면 적성리 965에 넓게 퍼진 큰 소나무가 있고(수령이 360년이라 추정되므로 마총 이후에 심었다), 이름없는 무덤, 그 아래 馬塚(말무덤)이라 새긴 돌비가 있는 무덤, 문경군의 안내판이 있다. 그 사연은 대략 아래와 같다.

두사충은 정유재란 시(1597~1598) 명나라 이여송의 참모로 따라 왔다가 고양 벽제관 전투에서 명군이 대패하자 그가 진지터를 잘못 잡은 탓으로 패전하였다는 죄로 처형당할 처지에 있었는데 정대감이 구해주었다. 두사충은 救命에 대한 보답으로 정대감의 신후지로 연주패옥을 잡고 정대감이 거주할 아호리 양택을 잡아주었다. 두사충은 정대감의 머슴(驅

從)에게 연주패옥의 위치를 알려주고 귀국길에 올랐으나 국경에서 되돌아 와서 귀화했다. 정대감 死期에 아들(문중에서는 2남으로 추정한다)이 머슴을 데리고 답사를 가서 지금 마총이 있는 곳에 이르러 아들이 어디냐고 물으니 머슴은 갈밭골 쪽을 가리키며 장소를 말하려 하자 아들이 타고 간 말이 머슴을 발로 차서 죽였다. 장소를 알 수 없게 된 정대감 아들은 홧김에 말을 죽이고 머슴을 묻고 돌아갔고 말은 동네사람들이 묻었다고 한다. 그 뒤 정대감 아들이 여러 명의 풍수를 데리고 찾았으나 찾지 못하고 고향땅에 장사를 지냈다. 어떤 분은 정대감 본인이 찾으려 갔다고 하나 온화한 성품의 정대감이 늙은 나이에 칼을 휘둘러 말 목을 치겠는가? 또 말이 발길질한 이유에 대하여 다수는 천기누설을 막을려는 행동으로 보고 있으나 머슴이 자기가 몰래 쓸 흑심으로 딴청을 부리자 말이 발길질 했다는 이야기도 있다. 머슴 시신을 운구하지 않고 그 자리에 묻은 점으로 보아 일리 있는 말이다. 현지인들에 의하면 적성리 마을 앞에 옥녀봉(475m) 경대봉(384m) 빗접봉이 있고 동쪽에 처마바위가 있으며, 명당은 옥녀가 화장하면서 풀어 놓은 패옥이라 한다.

  * 마총 부근 소나무-- 춤추는 형상이라 하여 무송(舞松)이라 하고 이곳을 무송대라 한다.

* 말 무덤-- 소나무 아래 머슴무덤이라는 허름한 묘가 있고 그 아래 말 무덤이 있다.

3. 결록

* 문경군지의 결록

  日岩之上 月岩之下 開張尾端 癸丑龍壬坎坐 明鏡沙龍挑花虎 功德峰案 不見天柱峰 右水左流 未破辰去 九代青孀 三十六代將相之地。

* 위의 번역

  일암(日岩)위에, 월암(月岩)아래 꼬리 끝에 열어 놓았네
  계축용(癸丑龍)에 임감좌(壬坎坐)이니,
  청룡에는 거울이 있고 백호에는 복숭아 꽃이 피었네,
  안산은 공덕봉(功德峰)이요, 천주봉(天柱峰)은 보이지 않네.
  물은 오른쪽에서 왼쪽으로 흐르고 미방(未方)이 파구되고
  진방(辰方)으로 흐르네.
  구대(九代) 청상에 삼십육대(三十六代) 장상지(將相地)로다.

* 만산도결-- 결록상의 동로西는 동로면의 오기이다. 문경군지의 원전(原典)과 같은데 9대 청상이란 말이 없다.

  萬山圖訣-聞慶東魯西連珠佩玉形裁日岩上月岩下盖粘尾端癸丑龍壬子坐明鏡砂龍桃花虎功 德案不見天柱峰 右水左流未破二十六代將相之地。

* 명산의 혈에서-- 2015.12.27. 자미원풍수, 김○설에서 인용.

名山穴에서 聞慶郡東魯面生達里連珠佩玉形不言之地。神不知水口如之玄四十里案玉女峰萬山拱揖之局乾坐巽向坤申壬坎得震破癸丑戌峰乾亥作局亥入首乾坐三千粉黛八百烟花之像語之地。名筆王蘇白之文人一道開不堯舜孔孟大聖賢君王文筆水口龜蛇日月捍門華表貴之砂萬代榮華之地。

* 명산혈에서 인용한 결록은, 혈처가 생달리이고 해입수 건좌, 대성현 大문인 발복이라고 하므로 임좌에 관직이 많이 난다는 만산도의 혈과 다르다. 생달리를 둘러 보아도 그런 대혈이 없으니 가짜 결록이다. 만산도 결과 문경군지 결록을 비교해보면 開張尾端(문경군지)과 差粘尾端(만산도), 9대청상(문경군지, 다른 결에는 없다) 36대 장상(문경군지, 만산결은 26대 장상)이라는 차이밖에 없다. 9대 청상이라면 명혈이 아니고 흉지에 가깝다. 청룡이 험하지만 9대 青孀이 나올 殺氣는 없다. 부적격자는 오지 말라 이야기 아닐까?

4. 여러 견해

* 김○설-- 게재한 사진을 보면 不見이라는 천주산을 공덕산으로 착각하여 안(案)으로 하였다. 공덕산案, 천주산不見이라는 결록에 반한다. 동로중학교 뒤로 추정되는데 오점이다.

안산(案山)인 공덕산(功德山)을 바라보고 찍은 사진

* 김○암-- 참풍 2015.4.19. 음택 답사기

아래 사진 장소(적성리 산150)에 上下 2혈이 건해작으로 결혈되었는데, 상혈은 생지이고 하혈은 좌향 오점으로 실효되었다고 한다.

모두들 성의 없이 현장에 가보지 아니한 채 좋은 자리라고 인사치레를 하였다. 그러나 현장에 가보면 마사흙으로 산이 무르고 골짜기가 패여서 추루하고(死穴이다) 천주봉이 빼꼼이 넘어다 본다.

* 김성수(名堂, 2013.6. 신아출판, 181p)는 결록대로 일암지상, 월암지 하로서 석중토혈이고 효자를 기다리고 있다 한다. 구체적인 장소는 모르겠다.

* 소나무 밑 머슴 묘와 마총은 혈이 안 된다는 것이 다수임에 반하여 소수(자연인, 지산)는 마총자리가 혈이 된다고 본다.

* 모두가 황장산을 뒤져서라도 혈처를 찾을 생각은 하지 않고 마총자리만 보고 가면서 진혈은 없다고 의심하더라.

* 전체 지도

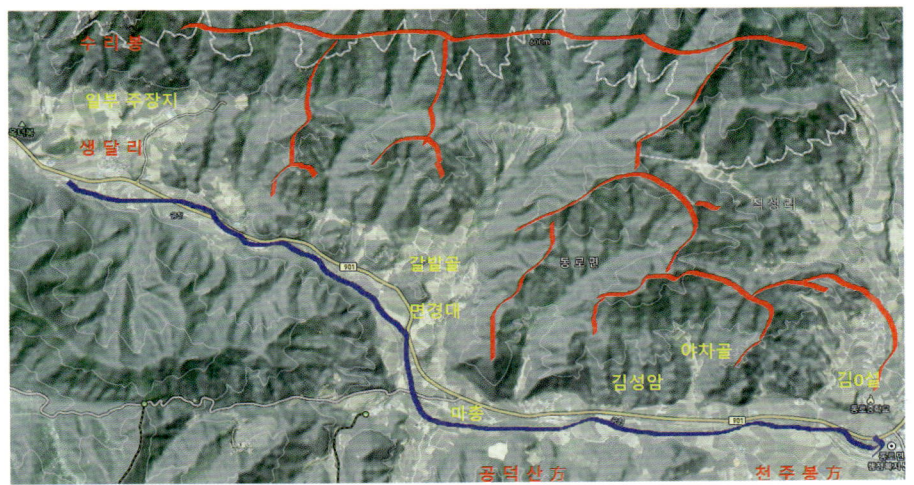

사진출처 : 카카오맵 스카이뷰(https://map.kakao.com)

5. 심혈

진혈은 적성리에 있다. 조산으로부터 주산까지의 행룡이 참 아름답고 주산으로부터 입수까지의 행룡이 기이하다. 결코 지도로는 알 수 없다. 크게 보면 오기조원국 유사하다. 상등초급. 상론 불가.

손석우는 장삿속으로 찾았으니 산신이 혈을 보여줄 리 없고 지금까지 혈처를 발표한 분은 적중하지 못했다. 문경시는 풍수들이 찾지 못하는 수

수께끼 혈이 있는 것처럼 자랑하고 있으나 아마도 진혈을 찾고도 천기누설을 하지 않으려고 입 닫은 숨은 고수가 적지 않을 것이다.

6. 아호리 양택

연주패옥을 보고 점심 먹은 뒤 혈처(문경시 가은읍 갈전리 아호마을, 견훤 아버지 출생지 마을이다)를 찾으니 오후 세 시가 넘었는데 주인 영감이 밭일을 하면서 무엇하러 왔느냐고 험한 인상을 보이기에 들어 가지 못했다. 영감이 퇴근할 때까지 기다릴까 하다가 그냥 왔다. 앞 전경은 말할 것 없고 뒷 래룡도 기가 막히더라. 사진에서 보이지 않으나 백호 쪽에 높은 문필봉이 있다. 작은 옥녀가 案이고 을좌 신향이다. 아호(鵝湖, 거위湖水)라는 지명은 두사충이 오리들이 떼지어 날아내리는 모습을 보고 지었다고 하고, 약포문집에도 아름답다고 쓰여 있다. 상등초급 이상의 대국이지만 은은한 위압감이 있어서 만만한 사람은 살 수 없을 것이다. 이의신 명사가 회문산 오룡음수 양택결록을 만들면서 적덕선인이 아니면 천앙을 받게 된다고 주의를 준 것이 상기되더라.

* 양택 전경-- 물형은 群鵝낙호형.

6. 정탁 대감과 풍수지리

약포 정탁 대감은 서애 유성룡 대감과 함께 왜란 진화에 공이 큰 명재상이고 덕망과 학식을 갖춘 인물인데도 서애에 가려서 모르는 사람이 많다.

예천 금당실에서 1526.10. 출생하여 8세에 글을 깨우치고 33세에 대과 급제를 한 이래 벼슬길에 올라 42년을 멸사봉공하였다. 75세에 낙향하고 80세(1605년)에 별세하였다.

정유재란 직전에 선조가 倭의 모함에 빠져 이순신 장군을 죽이겠다고 국문할 때 왕의 노화를 겁내지 않고 상소(신구차)를 올려 구명한 일은 유명하다. 두사충은 은인에 대한 보답으로 예천지방 명당 10여 곳을 적은 감여요람이라는 책을 증정하였는데 후세에 2곳만 찾았다고 한다.

약포대감은 재물과 관직에 연연하지 않더니 명당에도 욕심을 내지 않아 26대 장상지를 챙기지 않았고 3정승이 연이어 난다는 양택도 포기하고 고향에서 安分知足했다. 75세(1600년)에 예천읍 고평리466(약포 유물각, 靖忠祠)으로 낙향하고 그 다음해 예천 황지리 417 내성천 언덕에 읍호정(挹湖亭)이란 초당(도정서원 앞이다)을 건립하여 집과 초당을 오가며 유유자적하였고, 나라로부터 江의 관리권을 얻어 고향 농민들과 공동으로 농토 조성사업을 했다. 묘소는 안동 풍산읍 오미리 산166에 있는데 명당이라는 견해가 있는가 하면 수구가 좋지 않다는 견해가 있다.

두사충은 정유재란 후 명군을 따라 가다가 국경에서 돌아와 청주 은적산 아래 백천동에서 살다가 대구로 옮겨 나라로부터 땅을 하사받고 정착하였고, 1620년(1627년? 정확하지 않다) 사망하였다. 정대감이 꼭 연주패옥을 차지하려면 두사충을 초대할 시간이 20년이나 있었다. 또한 갈전리 양택도 자신 돈으로 짓는다면 문경 백성의 노역이 필요없는데 집 지을 돈이 없었다고 추측되고 뿐만 아니라 고향에서 백성들과 함께 사는 생활을 선호하였다고 추측된다. 정대감 자신도 지리에 밝았다고 하니 두사충의 소점지를 마다하고 고향 근처에서 구산한 것이라 생각된다.

슬하에 삼남 일녀를 두었는데 삼남 정윤목이 이름난 성리학자이고 그의 가계가 번성하였다. 두사충의 소점지에 쓰지 않은 탓인지 정승에 오른 후손은 없었지만 정대감은 지하에서 만족하였을 터이고 후손들도 자부심이 대단하고 유적 보존에 힘쓴다.(2020.7.)

경북 문경시 조령비조형(鳥嶺飛鳥形)
(옥룡자 9대 혈의 정체)

1. 우리나라 9개 대혈

* 옥룡자 이르기를 "아국대혈자(我國大穴者) ①태백지원기(太白之元氣) ②조잠지비조(鳥岑之飛鳥) ③속리지진기(俗離之眞氣) ④덕유지운제(德裕之雲梯) ⑤대방지귀룡(大方之貴龍) ⑥지리지낙매(智理之落梅) ⑦백운지룡학(白雲之龍鶴) ⑧향산지정혈(香山之頂血) ⑨운장지루맥(雲長之漏脈)은 甲地中 갑지 당대발복 만세영화지라 예찬했다.(유산록 후편 83p)

* 위의 9개 대혈이란 9산에 각기 명당혈처가 있다는 의미로 오해하는 사람도 있으나 9개 명산의 기세(氣勢) 내지 기상(氣像)을 말하는 것이다. 다시 말하면 예컨대 태백산에 원기라는 혈이 있고 지리산에 매화낙지라는 혈이 있다는 의미가 아니고 우리나라 9개 명산(대방은 방장산, 향산은 향로봉인 듯하다)이 있는데 태백산은 각 명산 기운의 원천이 되고(태백산은 백두대간이 남한의 모든 지역에 산맥을 보내는 원천이 된다. 太白山元氣之勢) 지리산은 매화낙지와 같은 기세(지리산은 남쪽으로 내려와서 매화낙지처럼 넓게 자리 잡았다. 智異山落梅之勢)라는 뜻이다.

＊ 탈살이 안 된 산정에는 혈이 맺히지 않으므로 위의 산정 또는 위의 산을 주산으로 하는 결록처는 없다. 다만 광양 백운산 산정에는 신안이 아니면 재혈 不可한 금계란익형(유산록 전편 400p, 후편188p)의 대혈이 있고 조령에는 文千武萬의 발복이 있는 비조형(유산록후편 88p)의 대혈이 있다는 결록이 있다. 결론을 말하자면, 옥룡자 9대 혈이라는 것은 9대 풍수상의 명산에는 기재한 바와 같은 기상이 있다는 뜻이고 그러한 기상과는 별개로 조령과 백운산에는 비조형과 금계란익형의 음택 혈처가 있다는 말이다. 그러므로 위의 음택혈이 전국 9등급 반열에 있다는 뜻은 아니고 어느 정도 대혈인가는 실제 현장을 보아야 판별할 수 있다.

2. 조령비조의 결록과 문경새재

＊ 하늘재와 조령 사이, 천봉만봉 둘러놓고 高結하였다. 부귀영화불가형언 문천무만, 長遠之勢, 太山中 묻힌 혈을 어느 적덕군자 알아볼까?(유산록 후편 88p) 문경 하늘재와 조령 사이라는 장소는 고결(古訣)에는 없고 유산록이 추가한 것 같다.

＊ 조령(鳥嶺) 또는 조잠(鳥岑)은 문경새재라고도 하는데 험하기 때문에 새나 넘나들 수 있는 고갯길이란 뜻이다. 문경새재길은 주흘산(1076m)과 조령산(1,017m, 괴산과 문경의 경계) 사이의 협곡길이고 계곡의 제일 높은 고개가 조령(642m)이고 문경읍과 괴산 연풍면의 경계이며 제3관문이 있다. 신라 때 하늘재가 있었는데 고려 때 대체하여 문경새재를 개설하였다. 추풍령, 조령, 죽령이 한양가는 대표적 고갯길이었다.

3. 답사

＊ 전체 국세-- 소백산맥은 하늘재를 지나 속리산으로 행진하면서 횡맥으로 주흘산을 세우고 본간룡은 제3관문을 지나 조령산을 세웠다. 조령산

보다 주흘산이 더 높다.

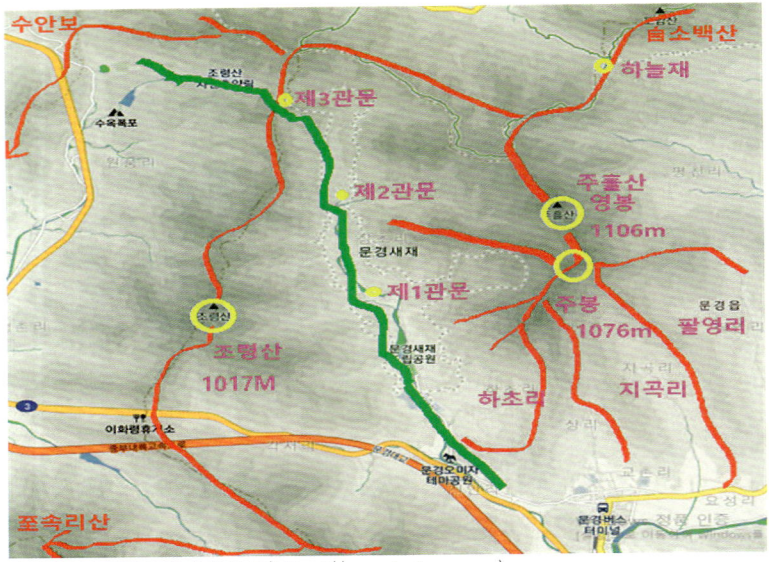

사진출처 : 카카오맵 스카이뷰(https://map.kakao.com)

* 주흘산 국세

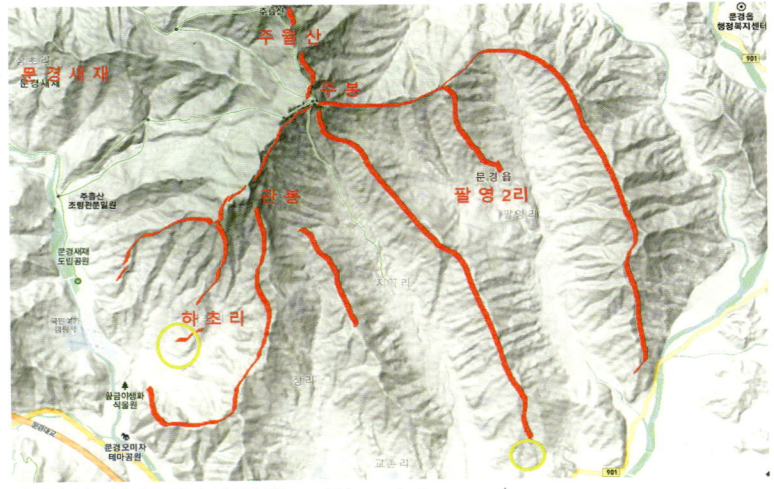

사진출처 : 카카오맵 스카이뷰(https://map.kakao.com)

＊ 주흘산 관봉 아래 하초리에 사찰을 건립할 만한 양택 명당이 있고 주봉 건해맥 아래 음택 명당이 있는데 개간으로 파혈되었다. 주봉 동남에 있는 팔영 2리(영산)는 주봉이 아름답게 보이는 마을인데 이곳에 조령비조가 있다는 견해가 있다. 주봉은 관봉으로 가는 도중의 기룡이고 주흘산은 조령산 방면으로 개장하였다. 유산록이 말하는 하늘재와 조령 사이도 아니다.

＊ 팔영 2리

4. 九大혈의 정체와 진혈처

진혈은 하늘재와 조령산 사이에 있다.(유산록과 같은 장소인가는 알 수 없다) 9대 혈에 붙여진 원기형 진기형 등의 물형은 없으므로 9대 명산의 기상을 설명하는 것이다. 따라서 조령비조는 조령 일대의 산(조령산과 주흘산 일대)이 나는 새(飛鳥)와 같은 기상이라는 의미이고 이런 기상과는 별개로 조령에 비조형의 음택이 있다는 결록이 있는 것이다. 백운산 용학은 산의 기상이 학과 같다는 뜻이고 마침 백운산 정상에 금계란익(卵翼)형의 음택이 있으므로 금계란익형의 결록을 만든 것이다. 조령비조 진혈은 제3관문 부근에 현무에서 가느다란 한줄기가 내려와 뚜렷한 혈장을 만들었다. 절경을 예상하고 찾아 갔으나 큰 산들이 둘러싼 곳이었다. 중등상급.(2022.6.)

경북 상주시 화령 근처 상제봉조
(주산은 비룡이고 혈처는 상제이다)

1. 유산록 후편 93p

천황봉에서 봉황산으로 내려온 룡은 남거 2십리 화령 근처에 비룡형의 대혈을 맺었고 상제봉조 격이다. 봉황산, 지장산, 천택산, 노악산(노음산), 팔음산, 백화산, 백학산이 둘러싸고 건해좌. 계축간득하여 병오방으로 흘러간다. 부귀는 말할 것 없고 만세 장상지지이다.

* 상제봉조 지도

사진출처 : 카카오맵 스카이뷰(https://map.kakao.com)

2. 답사

* 용은 순하게 기복하면서 길게 내려와서 주산 뒤에서 몇 개의 봉을 우뚝 세워서 호위하고(비룡형이다), 주산 아래의 혈처는 상제봉조 격이다. 봉황산에서 갈라진 외백호는 천택산을 거쳐 혈 앞에 오고, 외청룡은 무지개산을 거쳐 혈 앞에 모여 대원국을 구성하였다. 물이 굽이굽이 돌아간다. 공주시 馬化爲龍은 말의 형태로 오다가 룡으로 변하였는데 이곳은 비룡의 모습으로 오다가 상제모습으로 변한다. 상제봉조이로되 험한 곳이 없어서 권세는 부족할 듯. 상등초급명당이다.(2018.8.)

경북 영양군 日月山 상운봉일
(풍대사 부친 묘가 있다는 곳)

1. 풍대사 부친 묘가 있는가?

학조(세조시대 승려), 일이승(1600년대 승려), 성거사(임란직전)의 상운봉일형(祥雲奉日形) 산도 및 장익호(유산록 후편) 산도가 있다. 주한 대만대사 풍뢰가 부친 묘를 쓰고 귀국 후 화교가 관리한다는 말이 있다. 대혈이라 하여 많이 찾는데 카페를 뒤져도 뚜렷한 간산기가 없어 아쉽다.

유산록 후편 27, 28p. 일월산은 우리나라 최대의 영산이요, 명산이다. 천하의 대혈 상운봉일형이 결혈되었으니 상운천리안(祥雲天里案)이다. 풍박사가 중국에 비장되어 있는 한국의 비결지를 보고 이곳을 찾아 "생기와 영기 있는 한국 일월산에 모시니 조용히 잠드소서"라는 비문을 새겼다고 한다. 장선생님 답사 시에 주혈(主穴)은 그대로 보존되어 있고 묘를 쓴 흔적이 없으니 그 아래 어디엔가 풍대사 묘가 있을 것이라고 기술하였다.

2. 결록과 산도

* 학조 산도

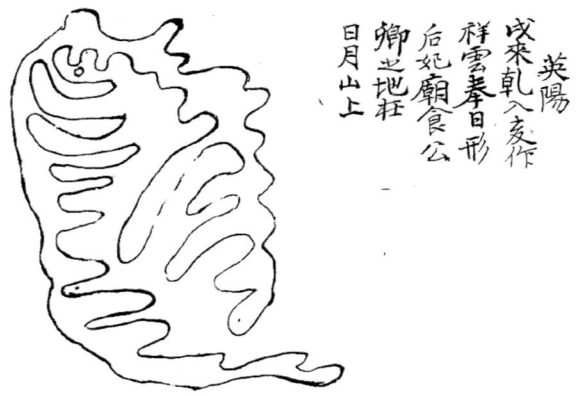

英陽
戌來乾入亥作
祥雲奉日形
后妃廟食公
卿之地柱
日月山上

* 일이승 산도

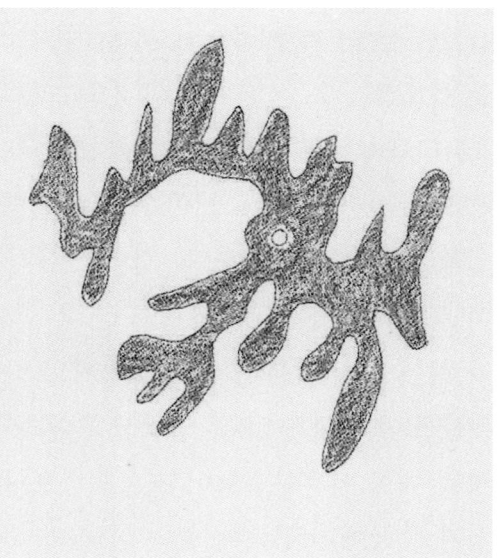

영양 · 英陽

상운봉일형 · 祥雲捧日形

영양(英陽) 일월산(日月山) 산정(山頂)에 상운봉일형(祥雲捧日形)이 건래술(乾來戌)로 입수(入首)하여 해좌(亥坐)로 되어있구나. 이 자리는 만세영화(萬世榮華) 공후지지(公侯之地)로다. 혈심(穴深)은 석자 반(三尺半). 하관(下棺)은 신시(申時). 주인은 이·권(李·權)씨.

* 성거사 산도(李濟伯 錄)

* 유산록 산도

3. 제1차 간산

  * 태백산맥이 전라도 소백산맥과 경상도 태백산맥으로 나뉘어진 뒤 경북 영양 일월산이 높이 섰다. 영기있는 산이기 때문인지 몰라도 일본가서 순국한 박재상의 부인 황씨 위패를 모신 무술인 집이 많다.

  2016년 초 지인을 따라 천화사 앞 산등을 올라가니 월산에서 내려온 중출인데 급히 내려갔다가 솟구쳐 올라 달처럼 둥글고 작은 봉우리를 만든 다음, 그 아래 넓직한 장판을 만든 곳이 있었다. 장판 중심 부분에 커다란 봉분이 있고 봉분 꼬리엔 작은 봉분 2개가 붙어 있었다. 언뜻 보기엔 진혈 같으나 바닥에 부스러기 잔돌이 구르고 생기없는 사혈(死穴)이다. 그래서 큰 봉분 묘가 무연고 되었는데 그것도 모르고 어리석은 두 사람이 꼬리에 암장하였다.

  * 그해 여름 지인 풍수노인의 청에 따라 탐방하였는데 이번엔 저수지 쪽에서 바로 치고 올라갔다. 중간에 임도가 있으나 오래 관리하지 않아 오리목이 무성하고 그 길이 끝나고도 급경사를 한참 가서 완만한 산등이의 고묘에 이르렀다. 왕복 2시간 가까이 쉬엄쉬엄 갔다오니 목이 말랐는데, 고맙게도 저수지가에 있는 농가의 농부가 맞아주어서 말을 나누게 되었다. 그는 겨울철에는 시내로 가서 지내고 봄철에 온다고 하더라. 일년에 풍수들이 두터운 책(아마도 유산록?)을 들고 5~6차 방문하는데 혈이 있던가 물어보면 "대부분이 없다고 하더라". "자기도 부모 묘를 이장하려고 래방하는 풍수를 유심히 보는데 대구에서 왔다는 어떤 풍수가 믿음이 가더라. 그 풍수는 이곳엔 혈이 없고 칠성리 쪽에 가면 찾을 수 있겠으나 그가 사용할 것도 아닌데 고생할 것 없다면서 그냥 간다고 하더라." "그 풍수가 다시 오면 부모 묏자리를 잡아 달라고 부탁할 터인데 종내 오지 않는다." 한다. 이곳에 혈이 없으니 그 풍수가 재차 올 리 없다. 덥기도 하였지만 남이 그냥 갔다는데 우리가 찾으러 간다면 체면 손상이므로 농부에

게 우리도 찾을 수 있으나 그냥 간다 하고 작별했다. 이 가혈(假穴)은 일월산 전체의 중앙처럼 보이고 혈장이 묘하게 생겨서 사람을 홀리는 허혈이지만, 진혈을 찾을 때 한번 가서 볼 만한 코스는 된다.

  * 가혈이 있는 곳

사진출처 : 카카오맵 스카이뷰(https://map.kakao.com)

4. 진혈처

2017년 봄 의산과 다시 찾아갔다. 찾고 보니 래룡이 굽이굽이 치고 몸체는 튼튼하고 풍성하지만 혈처는 작더라. 백호가 안이 되고 부와 권세. 속발 장구 지세. 상등초급 대혈이다. 중국에 한국비결지가 있다는 것도 의심스럽고 유산록 글과 같이 풍대사가 묘비를 세웠다면 여태 발견되지 않고 있겠는가? 또 혈처 아래 어딘가에 풍대사 부친 묘가 있을 것이라 하나 우리가 찾은 혈처 아래에 다른 묘는 없고 혈처 뒤에 고총이 있다. 일이승 결과 학조 결에는 발복추정이 후비(后妃)조식 공경지지라고 간단히 적었는데 성거사결에서 천년세세 영화지지라고 하는 바람에 사람들이 모여드는 것 같다. 산도는 해좌가 둘, 축좌가 하나이고, 학조 산도가 정확하더라.(2017.5.)

경북 포항시 옥녀봉 아래 옥녀금반형
(경주 포항지역 생지 중 최대혈)

1. 유산록 후편 53p
시루봉에서 북락한 일지는 연일읍 옥녀봉(註; 포항 연일읍 우복리) 아래 옥녀금반형이 결혈되었으니 말락지 혈이다. 전유(前有) 형산강이 금성수로 횡류하고 凡人은 볼 수 없다. 만세에 비장한 혈이다. 福人이 얻으면 富貴世世하리라.

2.혈처
재물을 기준으로 본다면 생지로 남아 있는 경주 포항 지방의 최대 거부지지 대혈이다. 소위 俗師는 볼 수 없는 혈(俗師不可見之地)이다.
(2019. 가을)

* 옥녀봉 아래

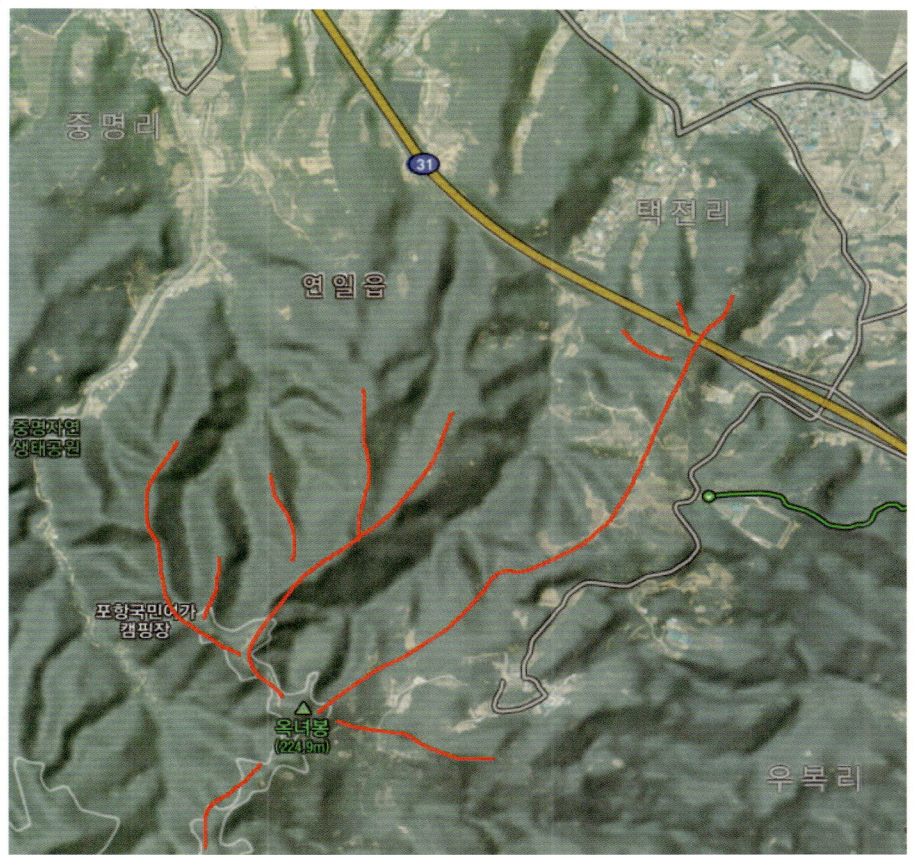

사진출처 : 카카오맵 스카이뷰(https://map.kakao.com)

경상남도·부산(12혈)

가짜 영남 제일명당 합천 황매산 무지개터

1. 소문난 가짜 명당

황매산 동쪽 정상에 있는 무지개터가 영남제일 또는 팔도제일의 명당이라는 말이 있고, 합천군에서 아래와 같은 안내판(비룡상천, 제왕지지, 금혈)을 세웠다. 2016년 봄 탐방하여 산 아래 마을 할머니를 만나 말을 걸어 보니, "무지개 터가 명당이지만 묘를 쓰면 가뭄이 들어 흉년이 된다. 오랫동안 비가 안 오면 동네사람들이 마을 뒤 정상에 가서 무지개 터에 묘를 들였는지 보고 파묘하고 묘를 쓰지 못하도록 돌무더기를 쌓았다. 자기 혼자 잘 살겠다는 심보를 갖고 잘 되겠는가?" 옳은 말씀이다.

* 안내판 사진

* 돌무덤 사진

2. 재차 확인

1차 간산 시에는 영암사 못 미친 지점에서 정상으로 가는 길을 택하였는데 급경사라 고생했다. 황매산 동쪽 산 정상에 등산객들이 점심을 먹고 있었고, 그곳에 조그마한 돌무덤이 있는데 한 눈에 무지개 터임을 알 수 있더라. 같이 갔던 풍수노인은 돌무덤을 힐끗 보고 지나갔고 나는 기 탐지기로 기가 없다는 사실을 확인하고 위로 올라갔다. 5분가량 올라간 지점에서 주위를 탐색하니 길다란 바위(용바위?)가 옆으로 누워 있었다. 그곳에서 노인과 마주쳐서 혈이 맺히지 않는데 굳이 묘를 쓴다면 여기라고 의견 일치를 보았다. 뒤에 의산은 그곳도 묘 쓸 곳이 아니라 했다.

다음 해 가을, 몇 사람을 안내하고 2차로 탐방하면서 이번엔 영암사 마당을 지나는 길을 택하였다. 가는 도중에 사당이 있고 바위로 된 모산재를 지났다. 모산재는 생기가 강한 곳으로 알려져 있는데 바위 아래 쪽은 모르겠으나 바위 위는 기운이 없었다. 무지개 터가 假穴임을 재차 확인하였으나, 보는 사람 중 절반은 혈이 된다고 한다.

혈이 안 되는 이유는 입수가 없고 전순도 미미하고 혈판이 대와(겨우 강한 바람은 면한다)인데 변화가 없다.

* 등산로 사진

3. 황매낙지

무지개 터에서 산이 흘러가는 형세를 보니 어떤 곳에 기운이 모여 들더라. 옆 사람에게 물어보니 가회라 했다. 훗날 가회에 가보니 황매낙지(黃梅落地) 대혈이 그곳에 있었다. 하산하면서 본즉, 건너편에 조계종에서 이단시하는 큰절 법연사가 있는데 탑 2개가 선 곳이 좋고, 나머지는 평범하더라. 황매산 동쪽 방면에는 국사당 터가 기운이 제일 충만하다.(2017.10.)

경남 거제시 서상리 제왕 등단형
(왕릉 세 개를 쓸 수 있는 곳)

1. 제왕지지는?

우리나라가 황제호칭을 사용한 것은 고종 때인데 외국에서 알아 주지 않는 자칭 황제에 불과했고, 그나마 당시 청국이 제 앞가림도 못했기에 가능한 일이었다. 제왕 또는 군왕이라 하면 임금을 말한다고 보면 된다.

역적은 멸문지화를 당하므로 군왕지지는 피하고 결록도 명시적으로 군왕발복지라고 쓴 것은 없다. 이조 후반기쯤 군왕발복지라는 말이 등장하였을 것이다. 대체로 물형은 상제봉조, 연소혈, 장군대좌인데 근래 대통령의 선조 묘 중 제왕지지는 없고 박정희 대통령의 조모 묘가 장군대좌로 그 중 최고로 보였다. 그러나 역대 대통령의 양택지는 어김없이 좋아 보였다. 다만 문재인대통령은 6·25 한국전쟁 때 함흥에서 월남하여 거제에서 출생한 탓으로 선대 묘는 모른다.

대혈은 선철들의 결록에 대부분 올려져 있고 생지가 적은데 이곳은 결록에 없고 부근에 묘가 없다. 내가 본 생지 중 최대혈로서 왕릉 세 개를 쓸 수 있는 곳이다. 지금은 공원이 되어 남녀노소가 즐겨 찾고 접근성이 좋아 유치원생들의 놀이터로 되어 있다.

2. 제왕 등단형(帝王 登壇形)

거제 계룡산(거제시 고현동 570m)에서 남으로, 다시 서쪽의 작은 선자산을 거쳐 옥산 성지를 만들고 결인 후 왕이 오를 단상을 만들었다. 옥산 성지는 계룡의 머리 같고 혈장은 왕릉 세 개를 만들 만큼 넓다. 국세가 중후하고 사방사격이 풍요롭다. 혈처 오른쪽에 멀리서 개울을 사이에 두고 한가닥 산줄기가 내려와서 혈처를 보호하는 양 커다란 주먹바위를 세웠고 그 아래 옛날 포도청 건물이 있다. 전체 국세가 강약을 두루 갖추고 바다가 조당한다. 산세가 전부 순하면 위엄이 없는데 조산인 계룡산이 받쳐주고, 우측 멀리 산방산 둔덕바위가 규봉 역할을 하여 긴장감을 형성한다.

왜 이런 대혈이 결록에 없고 생지로 남아 있을까? 바로 밑에 거제관헌이 있고 임란 이후 200년 가까이 거제도를 소개하였기 때문이라 추측한다. 앞 들녘 작은 마을에 문대통령 생가가 있다. 구경꾼이 많이 오는데 대통령은 그곳에 잠시 자랐을 뿐 다른 의미가 없다는 이유로 거제시가 정화작업을 하겠다는 것을 반대하였고, 지금도 초라한 판자집으로 있다. 동행한 일행들도 이구동성으로 출생지가 명당은 아니라 하였다.(2018.10.)

* 혈처 일원

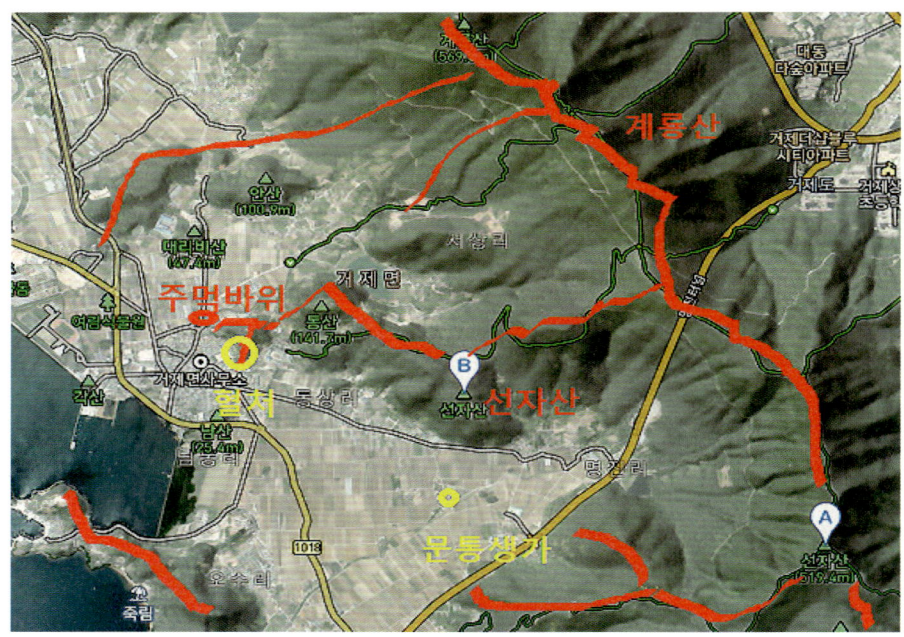

사진출처 : 카카오맵 스카이뷰(https://map.kakao.com)

* 혈처

경남 김해시 대동면 초정리 와우형(臥牛形) 양택 (거부지지)

 * 主山은 지리산의 동쪽 행룡이 낙동강에 이르러 멈추어선 백두산(白頭山, 이북 백두산과 이름이 같다)이다. 머리가 90도로 꺾어서 변환하여 혈처를 만들었고 먹이가 되는 풀더미가 앞에 있어 안이 되었다.

 * 물은 서쪽 예안천이 초정리 앞으로 흘러 西낙동강에 합류한다.(西出東流水, 예안천이 직진하여 서낙동강으로 바로 들어가지 않는다는 점이 중요하다)

 * 내(內)청룡 쪽에 크고 둥근 젖무덤이 있고 이 젖무덤 동산이 부(富)의 원천이다.(젖무덤 자체에는 혈이 없다) 골짜기 안에 있는 원명사는 젖무덤을 청룡안으로 하여 날로 부자(富者) 절이 된다.(2019.3.)

* 성지 산도

* 지도

사진출처 : 카카오맵 스카이뷰(https://map.kakao.com)

경남 밀양시 상동면 30대 거부지지(巨富之地)

 * 유산록 후편 54p 낙화산, 보두산에서 상동면 후에 이르러 용호없이 수청룡(水靑龍)수백호(水白虎)로 이루어졌고 건해임감, 간인득병오파, 서향, 부귀(富貴) 30대(代).

 * 주산은 조금 너절하다가 혈처 전에 변화하였고, 안산은 빼어났으며, 물은 만궁이고, 청백은 미미하지만 어깨가 바람을 충분히 막아주었다. 재물이란 원래 너절한 법이므로 혈장형세도 너절하지만 안산이 잘 걸러주었다. 유산록에 적힌 득수 파구, 묘좌에 부합된다.

 현풍 비슬산에서 온 안산과 산내면 운문산에서 온 주산이 중간에 밀양강을 사이에 두고 마주하고 강물은 청도천과 동창천이 유호파출소 앞에서 합류하여 밀양강이 되고 발원지로부터 100리를 흘러와서 상동역 앞에서 용트림한다. 국세를 만든 산수(山水)가 크고 물은 천년을 지나도 마를 리 없으니 대국 아니겠는가? 부자 3대 가기 어렵다는데 30대 900년 발복한다니 대단하다. 후손(後孫)은 돈 걱정 없을 테니 부럽다.(2019.3.)

사진출처 : 카카오맵 스카이뷰(https://map.kakao.com)

경남 밀양시 종남산 비봉포란(飛鳳包卵)
(유산록의 대표적 오류)

1. 국세

 * 유산록 전편 445p부터 2쪽에 걸쳐 기술하였는데 요약하면, 옛 결록엔 없고 구전으로 밀양에 천하대지가 있다고 한다. 종남산(終南山)은 태백산 래맥(낙동정맥)으로 현풍 비슬산에서 천왕산, 화악산을 거처서 낙동강변에 왔고, 강 건너 남쪽은 소백산에서 출행한 낙남정맥으로 지리산을 거쳐 김해 무척산(註: 필자가 보충한 것)을 세우고 삼랑진 강변에 이르러 북쪽과 마주보고 을진 수구를 형성하고 있다. 7백리 낙동강은 금대수가 되어 동남방으로 돌아간다. 一大개장하여 10~20리를 나아가 성곽을 이루고 정상에서 일지(一枝)는 낙맥하여 일대평와(平窩)로 결실하였다. 은밀히 비장되었으니 신안(神眼)이 아닌 자 어찌 알아 볼 수 있을 것인고? 삼현팔상, 부귀, 천지동행이라 한다.

 * 종남산은 북남으로 내려오면서 밀양시의 중추가 되었고 가느다란 과협을 거쳐 봉황체(664m)로 높이 솟았다. 대략 묘좌 유향으로 개장하였다. 동쪽 헬리콥터장은 뒷 꽁지에 해당되고 정상의 봉화대에서 남산리로 숙인 곳이 앞이마이다.

2. 유산록 도면

3. 후보지와 진혈

* 현장 사진

사진출처 : 카카오맵 스카이뷰(https://map.kakao.com)

① 초동면 봉황리 182를 혈처로 보는 이도 있으나 종남산 뒷면이고 수구가 형성되지 않아 음택이 될 수 없다. 최근(2019.4.) 가서 보니 대형 초호화 음식점 더미량이 건축되어 제 임자를 만난 듯 하더라.

② 산161의 산등성은 장선생님의 제자 김이중씨가 지목한 곳이다. 일지(一枝)가 봉머리 옆에서 남산저수지 둑 옆까지 1.8km를 내려가서 머리를 우뚝 세우고 섰다. 봉황 속날개 같지만 기세가 사납고 길고 가늘게 내려가면서 옆가지가 없어서 뱀이다.

③ 손씨 종산(남산리 산181-4)은 봉의 앞머리에서 가느다란 능선인 일눈지가 내려오면서 노기를 풀고 밑에 와서 풍성하게 자리를 만들었다. 진혈이다.

* 비봉 포란은 알(卵)을 품고 있는 형상이므로 알이 가까이 있어야 된다. 손씨 종산은 덕대산에서 내려온 크고 예쁜 알이 전면에 있다. 구배곡 입구가 성곽을 이루고 저 멀리 밀양강과 낙동강이 합류하는 삼랑진이 보인다. 화려하다. 청룡쪽 뱀이 구배곡 입구를 보고 머리를 치켜 세우고 있으니 알은 해가 없으나 봉황이 경계를 늦출 수 없어 기운이 응집되는 것이다.

* 봉두와 사두

사진출처 : 카카오맵 로드뷰(https://map.kakao.com)

* 혈처 부근에서 본 봉란-- 녹음에 가려서 옆으로 이동 촬영함. 혈처에서 보면 크고 둥글다.

4. 구배곡(九拜谷)의 전설

정상에서 서남으로 내려온 가지는 덕대산을 세운 다음 구배곡 입구로 오고 봉의 뒷머리에서 한 가지는 동남으로 흘러 팔봉산을 세우고 구배곡 입구를 만들었다. 구배곡은 남산리 일원인데 옛날 노스님이 이 골짜기를 지나다가 절을 아홉 번 했다고 하여 지어진 이름이다.

노승이 무얼 보고 아홉 번 절하였을까? 장차 절(寺刹)이 아홉 개 창건될 줄 알고 절(拜)한 것인데 현재 골짜기 입구에 여덟 개 절을 안내하는 간판이 있고 내가 진혈로 주장하는 손씨 종산 밑에 구배사(九拜寺)가 있다.

5. 진혈처와 발복

현지 할머니 말에 따르면, 일제 때 손씨들이 말타고 성묘하러 다녔는데 어느 해 성묘하는 도중에 아래에 있는 구배사에서 목탁과 예불소리가 들려오자 양반으로 내노라 하던 손씨들은 크게 노(怒)하여 구배사를 불태워 버렸고 그 뒤 교동 손씨들은 망했다고 한다. 손씨 집성촌인 밀양시 교동은 봉소(鳳巢)형으로 양택 명당인데 종산인 종남산이 보여서 상승 효과가 있다. 교동 손씨는 토호세력으로 일제 때 기차선로가 동네 앞으로 지나는 것을 반대하여 둘러가게 하였고, 이로 인해 밀양 시가지 발전이 늦어졌다는 원망을 들었다. 교동 손씨가 망한 건 절을 불사른 때문은 아니고 해방 후 농지개혁 때문인 것 같고, 그 뒤 구배사도 복원되고 교동은 만석꾼 집이 몇 채 보존되고 있으며, 지금도 기운이 왕성하고 기와집들이 호화롭다. 그러므로 손씨 종산은 진혈로 이미 발복하였다.

6. 삼혈(三穴)

손씨 종산에는 10여 기의 묘가 있는데 중간에 비석 있는 큰 묘와 맨 밑에 있는 묘 2기가 좋다. 12명의 일행 중 위쪽 묘를 제일로 치는 분이 몇 분 있고 다수가 밑에서 두 번째를 꼽았고 맨 밑 유인 허씨 묘를 지목하는 소수도 있었다. 여기 묘는 어느 하나를 떼어놓으면 중등중급이겠으나 손씨 묘 여러 基를 합치면 상등초급이 된다. CT 단층 촬영처럼 정상으로부터 산 아래까지 수많은 단층으로 쪼개어 보아 이곳보다 더 좋은 곳, 다시 말하면 더 많은 발복을 기대할 수 있는 곳이 있는지 검토하는 방법으로 진혈을 가려보면 된다.

7. 뱀등에 거미줄

남동마을 동쪽 산등은 앞서 보았듯이 뱀등인데, 7년 전쯤에 없던 묘가 그 사이 2~3기 생겼더라. 장선생님 제자 김이중씨가 가르켜 준 곳이라 주장하면서 가묘를 쓰고 장사하려는 수작이다. 김○설 선생도 해좌라고 하는 걸 보아서 뱀등 어딘가를 지적한게 아닌가 싶다. 뱀등은 청룡 쪽이 매우 낮아 바람을 막지 못하고 알(卵)이 유정하지 않으니 헛된 곳이다.

어느 신안이 알아 볼꼬 하는 애매한 말 한마디가 풍수들로 하여금 아직 생지로 남아 있다고 믿게 하여 오늘도 뱀등에 거미줄 치고 눈 먼 돈을 노리는 독거미가 있다. 유산록의 대표적 오류 중 하나이다.

8. 알이 없어도 포란인가?

＊봉란이 잘 보이지 않는 뱀등에 진혈이 있다는 사람들이 있다. 그중에는 장사속도 있으므로 주의를 환기시킨다.

＊김이중씨 지적지에 대하여 동의하는 사람은 40% 정도 될 듯하다. 필자가 김씨를 만났을 때 물어보니 진혈은 도로 아래 6자를 파야 된다고 말하더라.(차도 겸 임도가 있다. 얼핏 보아도 한두자 파면 암반이 나올 듯하다) 대개장 중출처럼 보이므로 속기 쉽다. 포란은 알을 품는 형상이므로 알(卵)이 혈처에서 보여야 되는데 지적지는 알과 연관되지 않는다. 알이 없다면 봉소(봉집) 또는 비봉 行雲形이 결혈될 수 있다. 금계포란이나 비봉포란형에서 알(卵)자체에 결혈되지 않는다.(2019.4.)

＊혈처 사진

사진출처 : 카카오맵 스카이뷰(https://map.kakao.com)

경남 산청군 금서면 복호
(숨은 대혈)

1. 일이승 산도

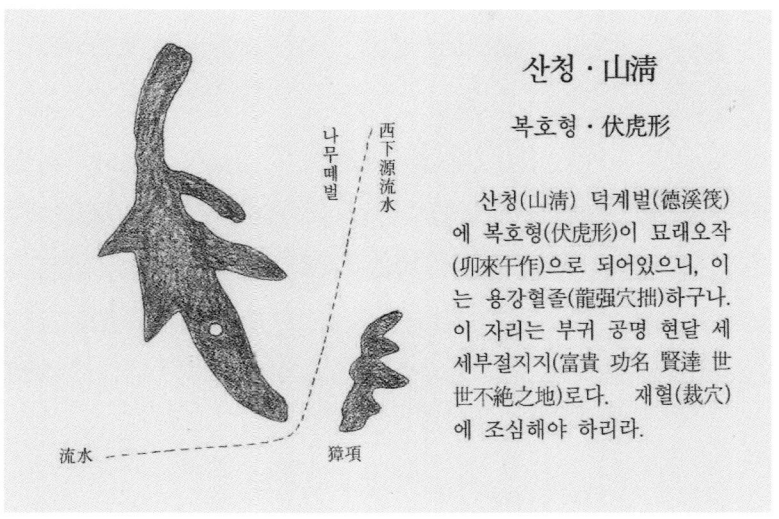

2. 탐사

신아리에 있는데 범인은 넘볼 수 없다. 상론 불가.(2022.5.)

경남 양산시 교리 삼룡복수형

1. 성지결

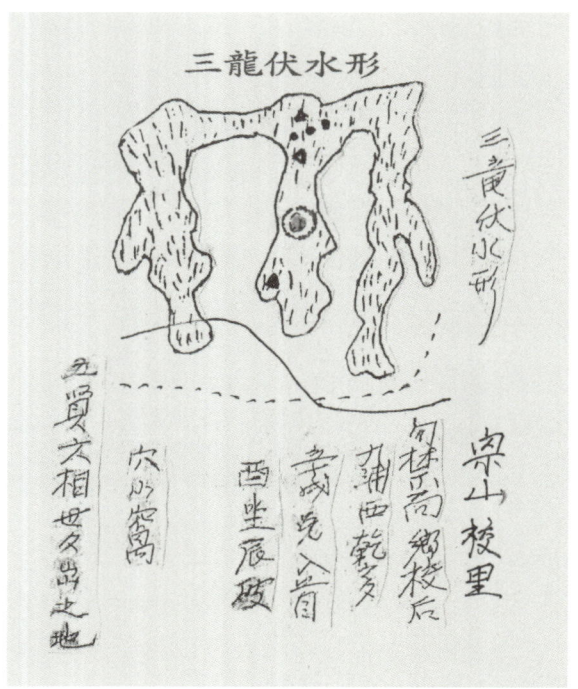

2. 혈처

양산 향교 충렬사 뒤에 있다. 속발거부지지. 중등상급 대혈.(2021.1.)

경남 의령군 자굴산 상제봉조
(옛 풍수들이 찾아 헤맨 곳)

1. 설화가 있는 곳

어떤 의령 고을 원님이 서울 가는 길에 진등고개(현재 의령장례 예식장이 있는 고개)에 이르러 가마를 세우고 절을 하고 지나갔다. 하인이 연유를 물으니 상제봉조 혈을 보고 절하였다고 대답했다. 이런 설화 때문에 후세 사람들이 이 고개를 중심으로 혈 찾기에 혈안이 되었다.

나도 이 고개에서 찾았으나 래룡이 부실하고 약해서 혈이 없었다. 고을 원님이 반드시 마주보이는 곳을 보고 절하였을까? 생지로 남아 있는 남부의 三大 상제봉조로서 광양 망덕, 의령 자굴산, 진해 천자봉을 꼽는다.

2. 일이승 산도

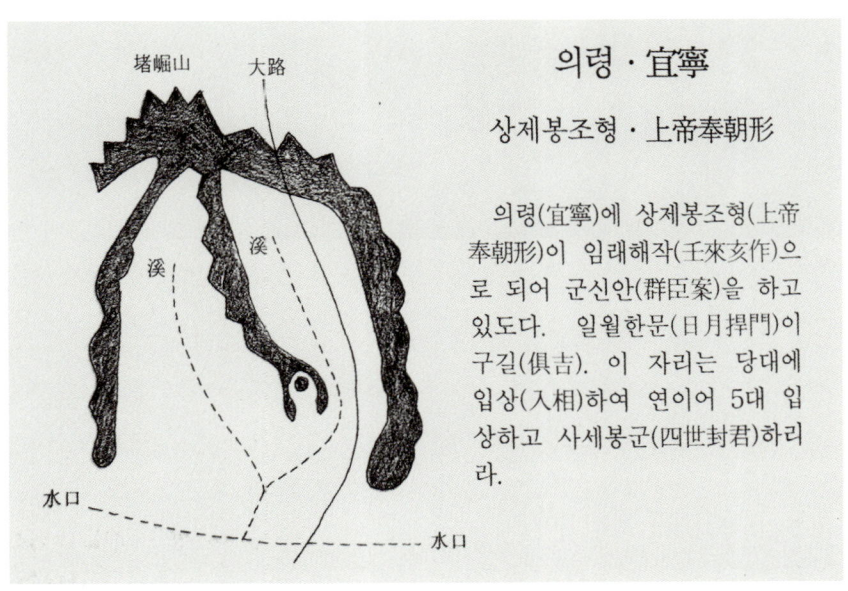

3. 진혈처

자굴산은 충절의 고장 의령의 진산이고 남명 조식 선생이 여러 번 올라 시를 남겼다. 진혈처는 단단하고 풍후하다. 장선생님의 유산록을 보면 공주 마화위룡에서 결록에 誤記가 있는 것을 찾는 자가 진혈을 찾는다고 하였다. 이곳도 비슷하다.(2017년. 가을)

* 전체 지도(진등고개)

사진출처 : 카카오맵 스카이뷰(https://map.kakao.com)

경남 창원시 천자봉 아래 대혈
(상제봉조, 찾기 어려운 혈)

1. 일이승 산도

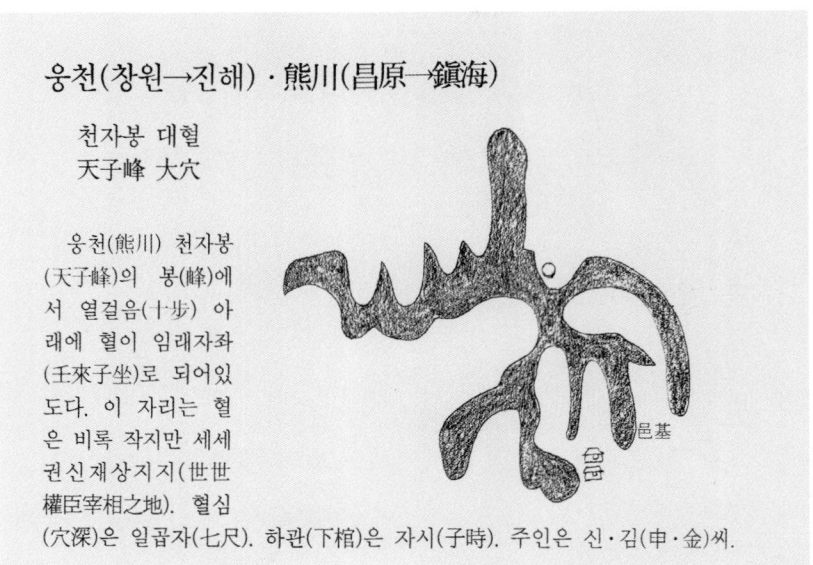

2. 옛 풍수들이 찾아 헤맨 곳

옛날부터 진해 천자봉 아래에 대혈이 있다는 말이 경남 일원의 풍수들 사이에 전해오고 있다. 결록에 10보 아래(어떤 결록은 7보 아래)에 임래자작이라 한 것을 보고서 실제 천자봉 바위 아래 일곱 걸음쯤 되는 곳에 쓴 묘도 있고, 시루봉 부근 또는 천자봉 남쪽 산줄기에 묘들을 촘촘히 쓰고 있다.

* 전체 지도-- 백일리에는 주기철 목사 탄생지가 있고, 주천자가 태어나서 중국 상인을 따라가 천자가 되었다는 설화가 있다.

사진출처 : 카카오맵 스카이뷰(https://map.kakao.com)

3. 진혈처

천자봉 일곱 걸음 아래에는 바위틈 사이에 겨우 봉분하나 쓸 만한 평평한 면적이 있는 바, 그러한 험기 속에서 바람에 노출되어 있으니 혈이 맺힐리 없다. 어리석은 사람들이 이때 일곱 걸음이란 신선의 걸음걸이를 말한다는 걸 깨닫지 못하였다. 칠보란 칠봉과 같다고 보아야 된다. 인연이 없으면 구경하기 어렵다. 상론 불가.(2018. 가을)

지리산 청학동
(풍수의 시각에서 보다)

1. 청학동 개념의 변천사

＊지리산은 방장산, 삼신산, 또는 백두산이 멀리 둘러 왔다고 하여 頭流山 이라고도 하며 제일 높은 천왕봉은 1,915m로 남한에서 한라산 다음으로 높다.

＊지리산 청학동은 원래 신라말경 사람들이 동경하는 이상향이었는데 유학의 시조 고운 최치원 선생(857~?)이 쌍계사 부근에 장기 체류하는 바람에 고려와 이조의 선비들은 고운선생이 거주하던 곳을 청학동으로 알고 많이 찾아왔다(기대승 1527~1572의 詩, 최치원을 찾아서). 그 뒤 임란(1592~1598)과 병자호란(1636)을 격어면서 전란으로 목숨을 잃거나 기아에 허덕이던 사람들은 목숨을 보전할 피난처로 청학동을 찾았다.(영조4년 1728, 사색당파로 일어난 무신의 亂 이후 난민이 많이 몰려 들었다)

처음에는 목숨 보전만 바랐겠지만 정감록의 십승지가 알려지자(청학동은 십승지에 포함되지 않았다) 그에 버금가는 오복(食,色,壽,財,孫)을 갖춘 유복한 길지라고 인식되었다. 정감록은 잡다한 감결(풍수)록과 비결서가 집성된 예언서인데 작자미상이고 다수설은 양란 이후 작성되었다고 본다. 내용이 반(反)이씨왕조적이었기에 금서가 되어 입에 올리기 거북하자 정감록에 대체하여 도선 무학의 비결지인 명당이라 하였다. 다시 말하면 도선국사(827~898)와 무학대사(1327~1405)의 풍수론과는 관계가 없는 피난지 개념이었는데 도선등의 명당결록에 결부시켰고 결록 내용 또한 위작 수준으로 추가되어 변질되었다고 본다. 말타면 경마잡히고 싶은게 사람의 마음이다. 도선결, 무학결, 두사충결은 원본이 없고 한글체로 된 것으로 보아 결록이 있었다 하더라도 구술로 전해 오면서 내용이 추가되거나 내용이 비숫한 여러 필사본이 생겼다고 보아야 된다. 청학산비결 산도가 20여 매에 이르르는 점도 위조라는 증좌가 된다. 이런 변천을 거쳐 지리산 청학동은 지금은 피난지 겸 명당 개념으로 정착되었다.

2. 청학동의 여러 모습

위와 같은 개념이 지리산 현장에 적용된 결과 다음과 같은 다섯 개의 모습으로 나타난다. 첫째 실존하지 아니하는 상상속의 이상향, 둘째 고운 최치원선생이 살았던 선경으로서 선비들의 유람지, 셋째 현대인들의 관광지로서 청학동, 넷째 십승지와 같은 피난처, 다섯째 피난지겸 명당길지로서의 청학동이다. 청학동의 개념에 따라 지리적 요건도 달라지는데 풍수적 의미가 있는 것은 넷째와 다섯째 개념이고 이 글의 주된 관점이다.

3. 상상속의 이상향

* 옛사람들은 중국의 곡부와 기산 그리고 지리산 청학동을 東洋三大 이상향으로 쳤다. 청학동은 중국에도 알려져 강희제(1662~1722)때 연감유함에서 조선 지리산에는 청학동이 있는데 넓고 비옥한 토지에 청학만 살고 있다 하였다. 우리나라 삼대 이상향은 지리산 청학동, 속리산 우복동, 합천 만수리를 꼽는다. 정감록과 남사고는 피난처로서 십승지를 들고 있는데 청학동은 그 속에 없다. 아마도 십승지 차원으로 넣기에 벅찼던 것 같다.

* 원래 동양에서 이상향의 원조는 도연명(365~427 동진후기의 전원시인, 신라중기 눌지왕시대)의 도화원기에 나오는 무릉도원이다. 억압과 수탈을 당하지 않는 이상향을 그린 글인데 줄거리는, 무릉지방 어부가 막다른 계곡에서 복숭아 꽃잎이 떠내려 오는 것을 보고 계곡입구 석문을 열고 들어가자 복숭아꽃이 잔뜩 핀 별천지가 전개되었고 난세를 피하여 들어 온 사람들이 평화롭게 살고 있었다. 어부는 며칠 간 환대를 받고 돌아와 그 사

실을 마을 사람에게 알리자 사람들이 그 곳을 찾으려 했으나 석문을 찾지 못했다는 것이다.

　*예부터 청학동을 찾으려던 기록이 있으니, 이인로(1152~1222)는 파한집에서 노인들의 말에 산속에 청학동이 있는데 들어가는 길이 좁아서 한참 기어가야 된다. 안에는 트인 동네가 나타나는데 사방이 농사짓기 좋은 옥토이고 청학만이 살고 있어 청학동이라 한다. 화엄사에서 출발하여 신흥사(현재, 화개초등 왕성분교)에 묵었는데 못 찾고 바위에 시를 새겼다. 조선 후기 실학자 이규경(1788~?)은 청학동 변증설에서 청학동은 조선조에 이르러 모르는 사람이 없고 안 가본 사람이 없다 했다. 삼선궁 건립자 한풀선사는 청학동은 실존하지 않는 이상향이다. 함께 만들어야 한다고 말한다.

　이와 같이 많은 사람들이 예부터 지금까지 이상향으로서의 청학동을 찾고 있으나 모두 실패하고 맘 속에 청학동이 있다는 식으로 위로하고 만다. 세상에 명당은 있으되 이상향은 없으니 당연한 일이다.

4. 선비들의 유람지로서 청학동

　*고운 최치원(857~?)은 12세에 중국에 유학 가서 과거에 합격하고 관직에 나아가 명문장으로 이름을 날렸다. 29세에 귀국하여 벼슬을 하다가 푸대접을 받고 40여 세에 은퇴하여 주유천하를 하고 합천 해인사, 지리산 쌍계사 등지에서 장기 거주하였다. 쌍계사, 불일폭포 등지의 선경을 노닐다가 어느날 홀연히 사라졌는데 908년까지 생존한 기록은 있다. 명문장가일 뿐만 아니라 명필로 쌍계사 "진감선사비문"은 유명하다. 진감선사 혜조는 804년 중국 당나라에 유학가서 범패음곡을 배워 와서 쌍계사에서 널리 전파한 범패의 원조이다.

　*진감선사비문-- 6·25 한국전쟁 때 총탄으로 파손되어 해득 불가하고 추사의 탁본이다.

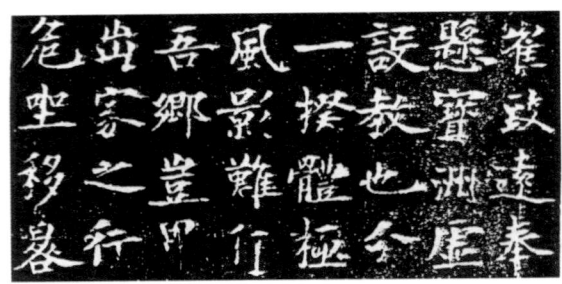

쌍계사 '진공선사 대공탑비' 비문 탁본. 최치원이 비문을 짓고 글을 썼다. 秋史 金正喜가 탁본했던 사본으로, 중국에서는 글씨교본으로 삼았던 글씨체로 유명하다.

＊고려·이조 선비들은 유학의 시조 고운 선생이 거닐던 쌍계사, 불일폭포 일원이 선경인 만큼 그 곳이 곧 청학동이라 생각하였을 것이고 선생이 새긴 글씨들이 남아 있으니 한번 가보는 것을 원으로 삼았을 것이다. 선비들은 풍수명당인가를 따지지 않고 고운선생의 유적지인가에 관심이 있었을 뿐이다. 노이처사란 분이 옛 선비들이 남긴 기행문 18편을 정리해 놓았는데 16편이 화개동천(洞天은 산과 내로 둘러 싸인 아름다운 신선마을) 卽, 쌍계사 불일폭포 일원을 지목하였다.(불지산악회카페 글 인용, 감사합니다) 그밖에도 유람록 70여 편이 전해온다고 한다

＊선비들의 시

선인들의 시에 나타난 청학동		
성명	출전	내용(청학동 언급)
이인로 (1152~1220)	파한집	고려때 청학동을 찾아 화개에 옴
박 항 (1227~1281)	동문선	가을이면 외가가 있는 청학동~
이 색 (1328~1396)	잔양지	두류산 신선, 무릉도원
이 첨 (1345~1405)	여지승람	지리산 신선 옥피리 소리~
유방선 (1345~1443)	신증동국여지승람	청학동, 병속의 별천지
이 행 (1478~1534)	용재집	청학 떠난 청학동
조 식 (1501~1572)	남명집	청학동/시
박지화 (1513~1592)	청학동 변증설	청학동 고운/참 비결
최남선 (1890~1957)	조선유람가	청학동/칠불암/아자방
정병욱 (1966~)	하동군사	청학동 깃든 신선
서산대사 (1520~1604)	서산대사집	화개동/불일폭포등 시집

선인들의 시에 나타난 청학동		
성명	출전	내용(청학동 언급)
기대승 (1527~1572)	고봉선생문집	불일폭포 신선을 못만나
정관일선 (1533~1604)		칠불암/청학동/쌍계석문
사명대사 (1544~1610)	하동군사	가을 청학동에 앉아서
성여신 (1546~1682)	부사집	방장동 선유일기
허 목 (1595~1682)	미수기언	불일폭포, 학 떠난 신선세계
침굉현변 (1616~1684)	침굉집	청학동가, 불일폭포
정 식 (1683~1746)	명암집	청학동록, 불일폭포
황 현 (1855~1910)	매천집	신선이 사는 곳 청학루

* 기대승(1527~1572)은 청학동에 들어가 고운을 찾는다는 詩를 남겼다. 선비들의 심경을 대변한다.

　　고운천재인(孤雲千載人)　고운은 천년전 사람
　　연형이기학(練形已騎鶴)　수련을 쌓아 학을 타고 다녔다.
　　쌍계공구적(双溪空舊蹟)　쌍계에는 옛 자취만 허전하고
　　백운미동학(白雲迷洞壑)　흰구름이 골짜기에 아득하여라
　-이하 생략-

5. 현대인의 관광지로서 청학동

* 경남 하동군 청암면 묵계리 도인촌은 삼신봉 동쪽 능선 아래 800m 고지의 계곡에 길다랗게 펼쳐진 마을이다. 원래 이름은 학동인데 조선시대부터 100여 가구가 살아오다가 6·25 때 소개되었다. 몇 년 뒤 단군계 신흥종교인 갱정유도교가 집단으로 이주하여 마을을 형성하고 상투 틀고 갓 쓰고 도포 입으며 자녀들을 서당에 보냈다. 한 때는 약 200가구가 살았으나 창시자가 죽은 뒤 교세가 기울고 생활불편으로 주민이 줄어서 지금은 30여 호가 산다. 그들의 특수한 생활양식이 TV에 보도되자 점차 많은 관광

객이 찾았고 1986년 당국이 관광객 유치를 지원하는 차원에서 청학동이란 행정동 명칭을 부여했다. 인근에 한풀선사가 1984년 선도 중흥을 내걸고 삼성궁을 건설하여 관광객을 받는다. 손으로 쌓은 돌담장과 탑이 눈길을 끄는 관광지가 되었다.

* 요컨대 관광객이 찾는 청학동은 볼거리가 있는 도인촌이고 명당 길지 여부를 따지지 않는다.

6. 유복한 피난지

* 동국여지승람(성종때인 1481년 왕의 지시로 각도의 지리 풍속등을 기록)에 청학동은 진주 147리 거리의 지리산 중에 있고 오복을 누릴 수 있는 곳이라 했다. 남사고(1509~1571)와 정감록은 유복한 생활을 할 수 있는 10개의 장소 즉 십승지를 들고 있는데 장소가 약간 다르다. 남사고의 격암 십승지론은 정감록에 수록되어 전해 오는데 1977년 유족이 격암유록 책을 공개하였으나 위작이라는 견해가 다수이다. 정감록은 풍기 금계촌, 봉화 춘양면 도심촌(남사고결은 안동 화곡, 現 봉하군 내성면?), 보은 속리산 우복동(남사고결은 속리산 증항 現 충북과 경북 경계 시루봉下 안부지역?), 남원 운봉 두류산 동점촌(남사고결은 단양 영춘면 남천리를 넣는다), 예천 금당동(예천군 용운면 죽림동 분지), 공주 유곡사와 마곡사 사이, 영월 정동상류(영월 상동읍 연화리), 무주 무풍동(명례궁터?), 무안 변산호암, 성주 만수동(가야산 해인사 부근?)이다.

* 피난지로서 십승지의 특징은 전란을 피하기 위하여 큰 길에서 멀고 분지형태로서 외부 침입이 없고(군사적 경제적 가치가 없어 적군이 탐내지 않는 곳), 기아를 면하기 위하여 자족적인 주거생활이 가능하며, 질병을 피하고 장수하기 위하여 자연환경이 좋은 곳이다. 처음에는 피난 위주의 주거지로서 벼슬에 오르지 말고 부지런히 농사 지어라는 가훈을 걸었으나 욕

심이 생겨 생활이 풍요하고 자식이 번성하며 장수하는 오복길지를 목표로 하다가 더 발전하여 벼슬과 명성을 날리는 명당길지의 요건을 추가하기에 이르렀다.

7. 명당 길지

* 발복에 관하여 보건대, 각종 결록은 전하여 오는 과정에서 부풀어져 위작으로 변질되었으나 핵심을 추려 보면, 옥룡자는 신선이 되고 성현이 태어나는 곳, 무학대사는 문장 명필, 부귀영화, 남극성이 안대가 되니 사람마다 무병장수 150세를 바라보는 곳, 목성이 좌우로 특별하니 효자 선비가 대대로 나는 곳, 청학날개가 좌청룡 우백호가 되는 곳, 여러 성씨들이 들어와서 크게 번성하는 곳이라 한다.

* 국세에 관하여 보건대, 청학동을 연구한 사람은 도선비기 청학동결 격암일기등과 20여 장의 청학동도를 종합하면, 지리산 남쪽 하동땅, 백운산을 정면으로 보고 바다가 보이는 곳, 주위 40리가 평탄한 풀밭, 작답 천여석, 천여 호가 지낼만 한 곳, 중앙에 큰 북, 십 리 밖 내외 석문, 동쪽 기암, 후룡에 석각삼봉, 달바위, 돌우물이 있고, 바위벽에 李靑年이라 새겨 있고, 큰 연못이 있고, 西出 東流水라 하고 옥룡자는 백운산 삼봉이 안이 되고, 자좌 또는 임좌라고 한다.

8. 현장 탐사

가) 청학동은 피난지와 명당길지를 합친 개념으로 찾아야 되는데 육이오 사변후 70년이 지나면서 많은 사람이 찾아 다녔고 요즈음 교통과 인공위성이 발달한 세상인데 들어나지 않는 장소는 없다고 본다. 영신대 밑의 동굴 또는 형제봉의 동굴속에 있다는 황당한 이야기는 논외로 하고 사람들이 말하는 8청학(세석고원, 덕평고원, 의신, 불일폭포, 악양, 피아골, 고운

동, 청학동)을 점검하고 풍수적 평가를 함과 아울러 새로운 후보지가 있는지 찾아 보기로 한다.(위 8청학에 논골 절골 동점 쇠밭고원을 추가하여 12 청학이라 하는데 평범한 장소로 보인다)

탐사의 편의상 지리산 동부인 악양지역, 남부인 도인촌지역, 서부인 화개지역, 上部인 세석지역, 기타지역으로 나눈다.

그리고 감평은 피난지 요건인 큰 길에서 멀고, 외부에서 잘 안보이고, 자급할 농토가 있고, 수백호 이상 살 수 있는 넓은 곳, 경치가 수려한 곳과 명당요건인 백운산과 바다가 보이는 남향, 청학 날개가 좌청 우백이 되는 곳, 큰 연못, 십 리 밖 석문 등의 요건이다. 물론 전부 충족해야 되는 것은 아니라 할지라도 전체적 국세는 맞고 기운이 함축되어야 한다.

나) 악양 지역

매계리는 이중환의 지적지이고(김종직의 지적지라고 하나 유두류록에는 없다) 최참판댁은 그 남쪽 평사리에 있다. 대로에서 훤히 보이는 곳이므로 난리가 나면 피난 보따리를 싸야 할 곳이다. 풍수적으로는 매계리 일원이 좋게 보이지만 산이 잘게 쪼개져서 대명당은 아니다. 악양 등촌리 산47-4에 서울 부자가 헬리곱터를 타고 터를 잡아 지은 한옥이 있다. 도교 건물(財천은 미륵불원)로 사용하다가 주인이 사망한 뒤 폐허가 되고 있다.

＊악양 지역

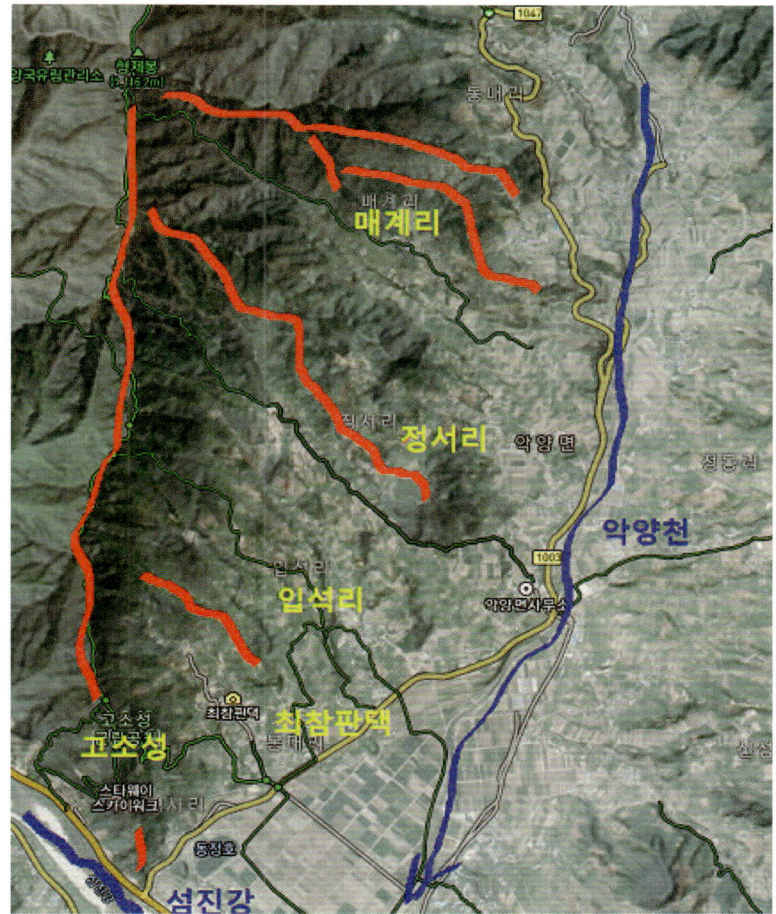

사진출처 : 카카오맵 스카이뷰(https://map.kakao.com)

다) 도인촌 지역

청학동(옛 지명 학동)과 묵계리 일원은 육이오때 잠시 소개(疏開)되었지만 임란, 호란, 이조 말, 일제강점기의 어려웠던 시기에 십승지에 버금가는 피난지이었다. 지금 양택이 되려면 피난처 용도로는 가치가 없고 최소한 오붓하고 경치 좋은 별장지는 되어야 한다. 도인촌 일원은 국세가 좁아서 대명당은 될 수 없다.

* 도인촌(청학동, 묵계리, 고운호 일원이다)-- 하동군청까지 오십 리 산골이다.

사진출처 : 카카오맵 스카이뷰(https://map.kakao.com)

* 모성학은 천년의 터라는 책에서 청학동을 찾았다(묵계인 듯?)고 주장하면서 "도선국사가 구천현묘비서를 지리산 청학동 석갑 속에 비장하여 두고 후세에 사람을 기다리겠다"고 한 결록을 믿고 그가 찾은 청학동에서 사방 바위틈을 파보았으나 실패하였다고 실토한다.

라) 화개지역

쌍계사, 불일폭포, 신흥사(지금 폐쇄된 왕성 분교자리)가 있고 작은 부락이 계곡 따라 띄엄띄엄 의신까지 이어져 있다. 의신은 덕평봉 아래 최고명당이지만 대혈로는 부족하다. 선비들과 일부 결록은 불일폭포와 작은 부락들을 洞天이라 불렀으나 넓은 농토가 없고 명당은 아니다.

* 무학의 청학동결은 미사여구로 가득하여 한편의 詩이다. 그 중에 "질병, 전란 들어오지 않고 자손 번창하니 그런 승지 또 있으랴. 36姓이 각자 정

한 곳이 있으니 잊지 말고 터 잡으라."하였다. 여러개의 화개동천을 염두에 둔 것 같으나 그런 명당은 보이지 않는다. 가짜 결록이다.

마) 세석평전

*세석고원은 촛대봉(1,703m 지리산봉중 네 번째 높다)과 영신대(1,652m) 사이에 있고 지리산의 심장으로 일컬어지며 한신계곡, 대성골, 거림골, 도장골이 여기서 발원 된다. 노고단에서 천왕봉(1,915m)을 종주하는 45키로 등산로는 모든 등산인의 꿈인데 종주 등산로는 물론 대부분의 산행로가 이곳을 경유한다. 세석고원은 해발 1,600m, 둘래가 30리가 넘는 드넓은 평원으로 남녘의 최대 고원이다. 수십 만 평 면적에 평균 15도의 남향 들이다.

*조선시대부터 화전민이 가난과 수탈을 면하려고 올라와 살았는데 일제 때가 가장 많았다고 한다. 정결방은 1920년 도교를 믿고 신선이 되려고 무리지어 살았다. 다섯 마을이 있었다고 하는데 해방 후 정부의 농가육성책으로 소멸되었다. 지리산에 혹하여 수십 년 간 산 구석구석을 탐사한 산사나이들이 많은데 그들의 조사 결과에 의하면 세석평전은 현재 야생 풀밭이나, 30여 가구가 살았던 집터와 돌담, 우물, 돌탑과 제단, 청학연못, 12개의 바위굴이 있고 영신대 아래는 생기가 강하여 최고의 기도처라고 한다.

지리산 10경중 제1경은 天王日出이고 제6경이 세석(細石) 철쭉이다. 수십만 그루의 철쭉이 6월에 투명한 분홍 꽃망울을 터뜨리며 장관을 이룬다고 하며, 옛날 살았던 농민은 하늘에 구름변하는 것만 보아도 세상을 잊는 곳이라 한다.

*피난처의 요건을 보면, 외부와 차단, 드넓은 평원, 선경같은 풍광이다. 명당요인을 보면, 천왕봉에서 오는 용의 기세, 커다랗게 산으로 싸인 원국, 남풍을 막아주는 영신대가 있다. 남향, 맑은 날이면 보이는 삼천포 바다(바

다가 보이는 곳은 세석고원 아래에는 없다), 남부 능선에 있는 석문, 좋은 기운을 갖추었다.

　물형을 보면, 촛대봉은 학의 머리, 양날개는 청룡 백호가 되어 길게 내려가 거림에서 만난다. 청학의 가슴에 안겨 백운을 향해 날아가는 형상이다.

* 천왕봉 래룡(來龍)

* 세석의 구조

사진출처 : 카카오맵 스카이뷰(https://map.kakao.com)

＊지도상 세석평전의 평평한 곳-- 대략 21만 평

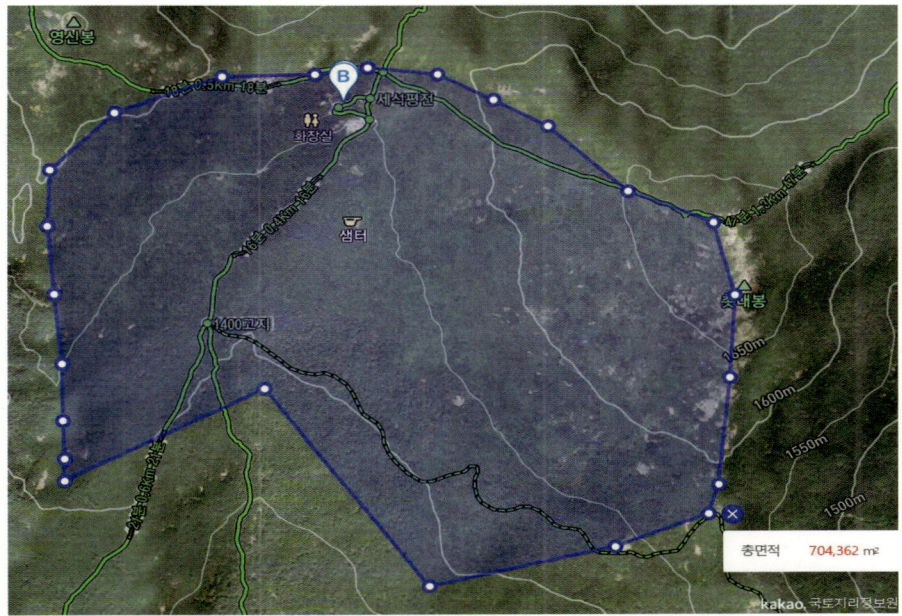

사진출처 : 카카오맵 스카이뷰(https://map.kakao.com)

8. 언제 운이 도래할가?

＊세석평전이 피난지겸 명당길지로서의 청학동이다. 문제는 교통인데 최단 코스인 거림에서 3시간, 의신에서 6시간이 소요되는 高地 등산길이니 살 수가 없다. 그러나 앞으로는 태양광과 풍력 발전으로 전기는 넘쳐난다. 교통은 드론이나 비행겸용 자동차가 개발되면 해결될 것이다. 현재의 하원갑자(1984~2043)에는 어렵겠지만 다음의 하원갑자(2163~2223)에는 별유천지 대명당이 되지 못한다는 법도 없다. 아직 운이 도래하지 않았다는 말은 결록(唯識智異靑鶴洞 三千年間 人不知 運回世世將相出…)에도 있다. 박혁거세가 서기 원년에 살았으니 삼천 년이 되려면 아직 멀었다. 세석을 청학동이라고 말하는 사람도 많이 있었으나, 현실적으로 사람이 살기 어렵다는 점에 막혀 더 나아가 주장을 펼치지 못하였다.

*나는 종래 도인촌을 청학동으로 오인한 나머지 6·25 한국전쟁 전 입주자는 초입자로 돌아 나오고(初入者來) 지금은 중입자로 흥할 시기이라 생각했다(中入者興). 격암유록에는 2021년까지를 중기로 본다. 세석평전은 지금까지 살았던 사람들이 초입자에 해당되어 떠났고, 다음의 하원갑자에 들어간 사람들이 흥하다가 언젠가 알 수 없는 변고로 세석에 뼈를 묻고 나올 수 없게 될지 모른다(未入者不來). 급변하는 세상에 백오십 년 뒤의 일을 누구가 알겠는가?

*세석은 산대와 야생초목이 무성하여 탐사하지 못하고 다음지도, 구글어스, 각종 산행기와 카페글, 김경열著『지리산』(1988.11.刊)을 참고하였다.

9. 기타

최근 하동군은 심마니 회장 정형범이 2018.10. 삼신봉 아래에서 문자 그림이 새겨진 돌을 발견하였다는 신고를 받고 현장을 확인을 하였고, 세계문자연구소 신유승 소장이 각골문자 이전의 원형 문자로서 최소 5천년 전(BC. 3천 년)내지 7천 년 前의 글자이고 일부를 판독하였다고 한다. 어느 정도 믿어야 될지 모르겠으나 청학동의 신비를 더해준다.(2020.9.)

경남 합천군 가야산 천년 도읍지와 오백 년 천자지
(한 가닥 근거는 있는 곳)

1. 천년 도읍지

유산록 후편 117p를 보면 가야산은 불타오르는 화성인 廉貞星으로 천리에 하나 있는 존귀한 산이다. 모든 귀룡명혈(貴龍名穴) 대지는 이 星으로부터 태어난다. 예로부터 가야산은 趙씨의 천년 도읍지로 유명하다. 가야산 대룡이 다한 곳에 일대 개장하고 큰 와(窩)의 둥근 국(局)을 만들었으니, 기운 도래하면 조씨가 와서 도읍을 정할 것이다.(일부는 필자의 의역이다)

2. 답사

* 가야산에 趙씨 천년 도읍지와 오백 년 天子地가 있다는 말은 왠 귀신 씨나락 까먹는 소리인가 싶지만 찾아보면 혈처는 있다. 다만 그 정도의 대혈은 아니고 음택은 중등상급 대혈이고 양택은 부족국가의 도읍지가 될 수 있겠다. 후천 개벽을 기다려 보라는 뜻인지?

* 가야산은 속리산에서 백화산, 황악산, 대덕산, 수도산을 거쳐 왔고 두리봉에서 남산을 세우고 그 일대에 큰 와국(窩局)을 만들었다. 일국의 수도가 되려면 작은 나라라 하여도 만 명 이상의 인구가 살아야 할 것이니 매화리, 사촌리, 매안리, 구미리, 가천리, 죽전리, 대전리 등 합천군 가야면 일대가 분명하다. 도읍지가 될 곳은 높은 산으로 둘러싸여 있고 물이 청현교에 모여 좁은 협곡을 거쳐 월광리로 빠져나가고 출입통로도 한 곳뿐이다. 십승지 중 합천 만수리는 이곳을 말하는 것 같은데 청학동, 우복동, 금계리보다 넓은 농토가 있어서 훨씬 사람이 살 수 있는 여건은 좋다.

* 천년 도읍지 원국

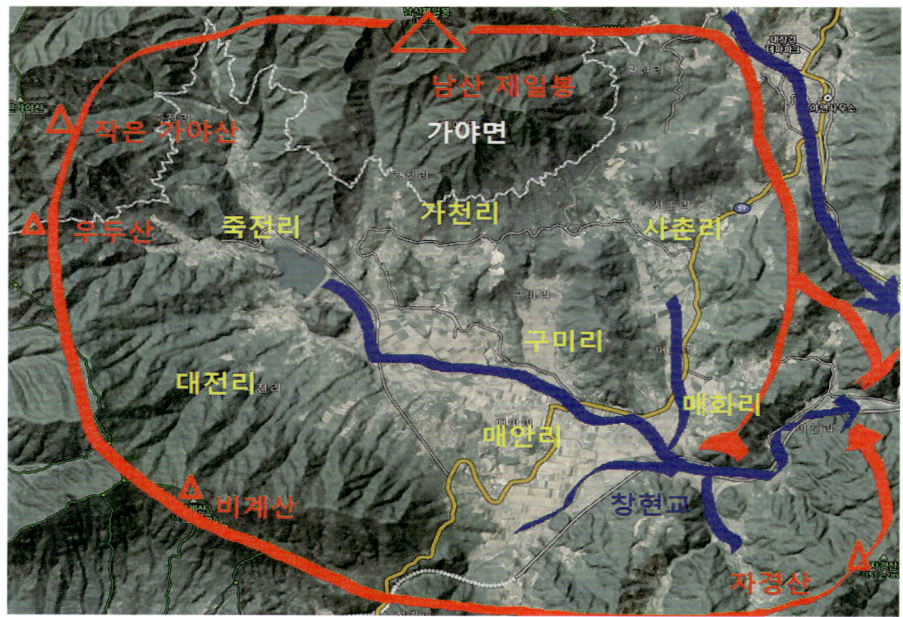

사진출처 : 카카오맵 스카이뷰(https://map.kakao.com)

3. 음택인 오백 년 천자지지(天子之地)

* 유산록은 불타는 화성이 험한 冠같은데 한 줄기 연한 가지에 연소(燕巢)형이 결혈되었으니 오백 년 천자지지라고 한다.

* 결록지에 기재된 제왕지의 장기발복 순서는 속리산 49대 제왕, 남원 만행산 30대 군왕지, 합천 가야산 500년 제왕지, 영암 14대 제왕지 순서이다.

가야산 도읍지는 찾기 쉬우나 천자지지는 찾기가 까다롭다. 혈처는 토산인데 험한 가야산 정상이 보이는 곳이므로 깊이 파야 할 것이다. 첩첩 백호안이 황홀하다. 세상에 오백 년 왕조가 어디 있는가. 역사상 이씨 조선 외에는 2~3백 년 왕조가 고작이다. 제왕지가 있다 하여도 조씨 외에는 효험을 못볼 터이니 구경거리에 지나지 않겠다.(2018.4.)

* 가야산 행룡

부산시 금정산 조자양혈
(성지스님은 용상팔살을 무시하였다)

1. 금정산 정상 음택 2혈

* 금정산(정상은 고단봉 801m)은 태백산 래룡이고 부산의 진산이다. 봄 가을이면 수만 명이 입산하여도 충분히 수용될 정도로 규모가 크고 늙지도 젊지도 않고 화강암과 마사토가 적당히 어우러져서 기운이 충만한 산이다. 9부 능선 쯤에 있는 금샘이 유명하다. 범어사는 160개 암자를 거느리고 조계종 교구본산의 하나로서 3대 사찰에 속한다.

* 음택은 많지 아니하나 고당봉 부근에 있다는 금샘혈과 호포동(狐浦洞, 행정구역상 양산시 관할) 여우혈이 대혈이다. 금샘이 표시되어 있는 혈로 일이승의 토성혈(건래해좌)과 성지의 조자양혈(棗子樣穴, 棗는 대추나무 조이다. 조자란 대추를 말하는 것 같다. 건해입수에 자좌)이 있다. 우리는 년초에 시산제를 지낼 요량으로 결록에 적힌 제품(흰 닭은 제외)과 제문을 준비하고 금샘혈을 찾아 나섰다.

2. 금정산과 금샘

* 금정산 정상

* 금샘 안내문

"바위군 맨 끝에 우뚝 솟은 바위 정수리에 언제나 금빛 물이 고여 있다는 금샘이 있다. 금샘의 유래에 대해서는 1432년에 편찬된 『세종실록지리지』「경상도」〈동래현조〉와 1481년에 편찬된 『동국여지승람』「동래현」〈산천조〉에 기록되어 있다.

금샘 주위에는 낙동강에서 올라온 안개가 낮에 햇빛의 열기로 데워지고, 데워진 바위가 밤이 되면 주변 수분을 빨아들이는 작용으로 샘물이 차게 된다고 한다. 지금도 10월의 해질 무렵에 금샘을 보면 물 안에 물고기 형상의 홈이 파여 있어 석양과 단풍빛이 반사되어 금빛 물로 변화하고, 바람에 파장이 일렁이면 마치 금빛 물고기가 헤엄치며 노니는 것 같아 보인다."

3. 일이승 산도와 성지

* 토성혈 산도-- 일이승

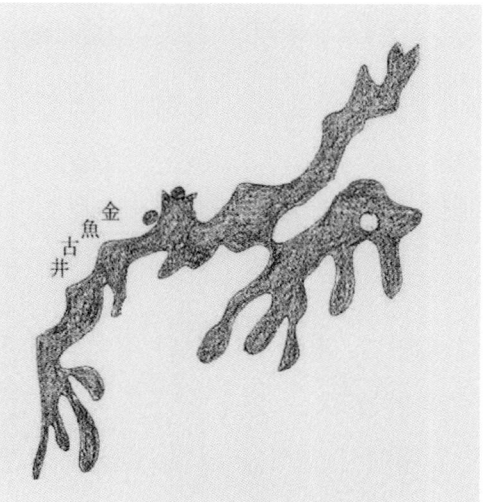

* 조자양혈 산도-- 성지

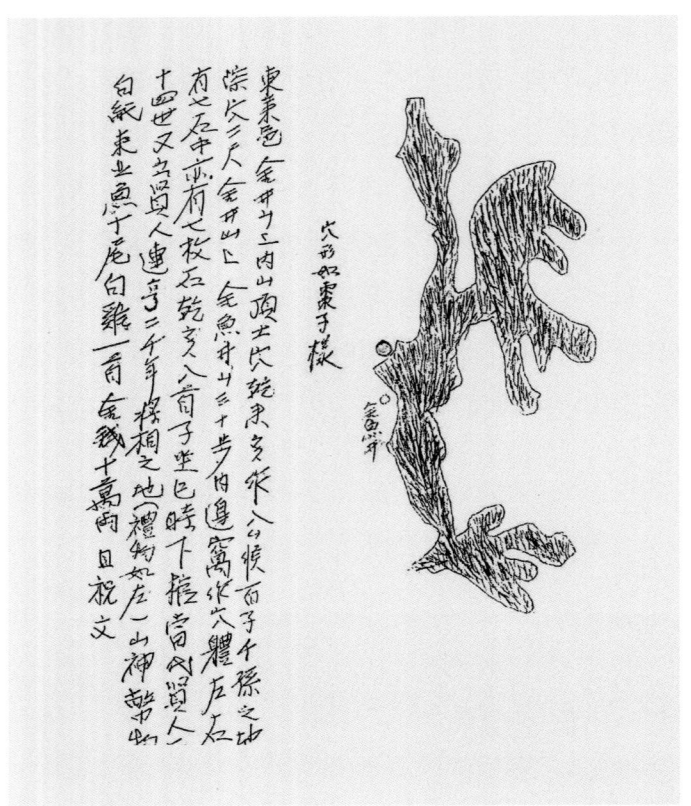

4. 탐혈

* 우리는 두 개의 산도가 동일한 장소라고 오해하면서 발품을 팔아 혈처를 찾았다. 혈처에서 보니 일이승의 해좌는 의문이고 조금 오른쪽인 자좌로 좌향을 트는 것이 좋았다. 성지 결을 꺼내어 보니 자좌였다. 성지는 경남일대에서 명성을 얻어 서울로 진출하여 광해의 총애를 받았으나 인조반정(1623.3.)으로 처형되었다고 추측된다. 그렇다면 일이승이 한 세대 늦다.

뒤에 ○○스님의 조언을 받고 2개의 결을 비교해보니 성지 결은 2천 년

장상지지인데 일이승 결은 공후지지이고 산도 바탕은 같아도 일이승은 계명산에 있다고 한 것이 분명했다. 계명산에 결혈되었다면 중등초급일 것이므로 토성혈은 탐혈하지 않았다. 이곳은 대단한 권세지지로 상등초급 대혈이다.

　＊ 문제는 건해입수에 자좌오향인데 소위 용상팔살(가장 무섭다는 황천살)에 해당된다. 성지스님이 살(殺)을 무시하는 순수 형기론자인가 알 수 없다.

　＊ 고산지에서 시산제를 지낸 탓인지 그 해에는 높은 곳 혈을 많이 찾게 되어 고생했다.(2017.2.)

부산 호포 금정산 복호봉호(伏狐逢虎)

　＊ 성지 산도

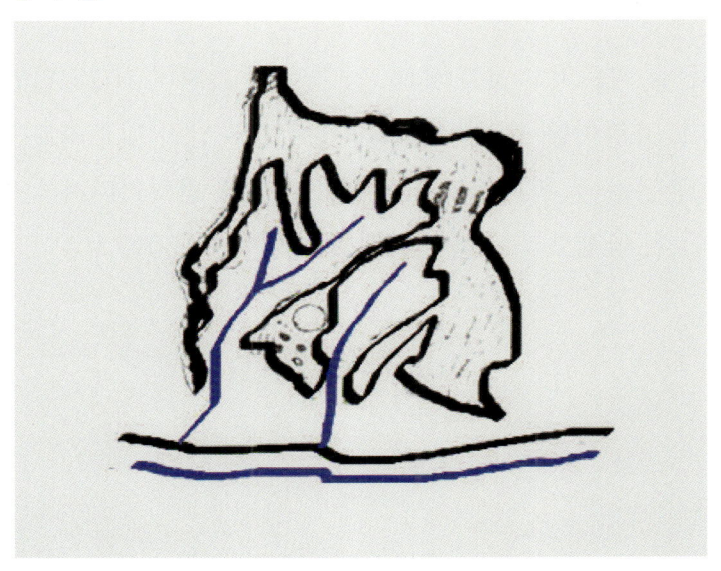

* 산도의 결록-- 東面狐浦 高堂峰下 兄弟岩 狐浦里後 丙午巽巳乙晉 甲卯坐坤破 億萬子孫 億萬貴 五賢之地。

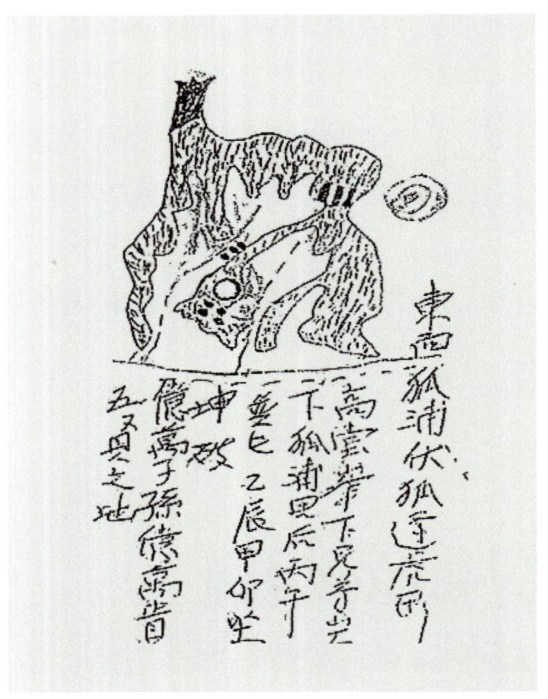

* 여우가 새끼들을 거느리고 호포(狐浦. 양산 동면 가산리 1017 일원 마을)로 내려오다가, 호랑이를 보고는 들키지 않으려고 납작 엎드리고 숨을 죽이고 있다. 호랑이는 두 마리이고 낙동강이 햇빛에 반짝거리며 들어오는 모양이 일품이다. 금샘혈과 더불어 부산 최대혈이다.(2017.9.)

저자 하남촌장은 변호사,
보조자 의산은 고등학교 교사.

제1권
풍수의 근본문제와
생지백대명혈 간산기

초판 1쇄 발행 2024년 7월 30일

저 자/ 하남촌장
보조자/ 의산
         010-7565-3949(주문)
         ardo03@hanmail.net

펴낸이/ 남기수
펴낸곳/ 도깨비
         출판등록. 제 1989-3호(1989년 5월 8일)
         부산시 북구 양달로 9번길 21(벽산강변타운 103-1302)
         전화. 051-747-0621

ISBN 978-89-88104-77-4   93180

* 책값은 뒤표지에 있습니다.
* 잘못 만들어진 책은 구입처에서 교환해 드립니다.